Peter Rieker

Ethnozentrismus bei jungen Männern

Jugendforschung

Im Namen des Zentrums für Kindheits- und Jugendforschung
herausgegeben von Dieter Baacke,
Wilhelm Heitmeyer und Klaus Hurrelmann
Universität Bielefeld

Peter Rieker

Ethnozentrismus bei jungen Männern

Fremdenfeindlichkeit und Nationalismus und die Bedingungen ihrer Sozialisation

Juventa Verlag Weinheim und München 1997

Der Autor

Peter Rieker, Jg. 1962, Dr. phil., Dipl. Soz., Studium der Soziologie in Frankfurt/Main und Berlin, hat in verschiedenen Forschungsprojekten zu Vorurteilen sowie zu verschiedenen Aspekten von Migration und Sozialisation gearbeitet und ist zur Zeit als wissenschaftlicher Mitarbeiter an der Fachhochschule Potsdam tätig.

Die vorliegende Arbeit wurde mit dem Titel „Ethnozentrismus. Qualitative Analysen enthnozentrischer Orientierungen und der Bedingungen ihrer Sozialisation bei jungen Männern“ vom Fachbereich I der Universität Hildesheim 1996 als Dissertation angenommen.

Die Deutsche Bibliothek - CIP-Einheitsaufnahme

Rieker, Peter:
Ethnozentrismus bei jungen Männern : Fremdenfeindlichkeit und Nationalismus und die Bedingungen ihrer Sozialisation / Peter Rieker. - Weinheim ; München : Juventa Verlag, 1997
(Jugendforschung)
Zugl.: Hildesheim, Univ., Diss., 1996 u.d.T.: Rieker, Peter: Ethnozentrismus
ISBN 3-7799-0462-4

Umschlaggestaltung: Atelier Warminski, 63654 Büdingen
Umschlagfoto: Hanns-Christoph Eisenhardt, Oberursel/Taunus
Printed in Germany

ISBN 3-7799-0462-4

Vorwort

In der vorliegenden Arbeit wird der Versuch unternommen, ethnozentrische Orientierungen junger Männer gründlich zu analysieren. Sie entstand im Verlauf eines längeren Prozesses, der mich von verschiedenen Seiten immer wieder an das Thema 'Ethnozentrismus' herangeführt hat. In erster Linie sind hier zwei Forschungsprojekte zu nennen, in denen sich relevante Fragen und Themen herauskristallisierten. Im Zusammenhang des Berlin-Forschungsprojektes 'Probleme beim Zugang junger Ausländer zur Berufsausbildung' am Institut für Soziologie der Freien Universität Berlin haben mich die gemeinsamen Gespräche und Lehrveranstaltungen mit Erhard Stölting für grundlegende Fragen der Vorurteilsforschung sensibilisiert.

Die sozialisationstheoretische Perspektive dieser Untersuchung wurde ganz entscheidend durch die Arbeiten am Projekt 'Soziale Beziehungen in der Familie und Persönlichkeitsentwicklung' am Institut für Sozialwissenschaften der Universität Hildesheim geprägt. Während unserer gemeinsamen Diskussionen reiften nicht nur entscheidende Ideen, die in der vorliegenden Untersuchung aufgegriffen wurden, sondern auch das empirische Material, auf das ich mich in der vorliegenden Arbeit stütze, haben wir in den Jahren 1991 bis 1993 in diesem Forschungsprojekt erhoben und teilweise ausgewertet. An der Datenerhebung und den Auswertungsarbeiten waren Christel Hopf und Christiane Schmidt beteiligt, die das Projekt auch leiteten; zahlreiche Interviews wurden von Regina Breymann geführt und an den Auswertungsarbeiten haben Martina Sanden-Marcus und Nicola Röhricht mitgewirkt.

Mein herzlicher Dank gilt zunächst den Kolleginnen und Kollegen, die mir wertvolle Anregungen für diese Untersuchung gaben, und allen denen, die mir dabei in verschiedener Form Hilfe und Unterstützung gewährten. Besonders dankbar bin ich den jungen Männern, die unsere Fragen geduldig beantworteten und in den stundenlangen Interviews bereitwillig von sich erzählten. Auch die Hilfe derjenigen, die uns Interviewpartner vermittelten, bildet eine unverzichtbare Voraussetzung für diese Arbeit. Die Entwicklung der vorliegenden Studie wurde durch Christel Hopf wirksam gefördert; für ihr Engagement und ihre konstruktive Kritik bin ich dankbar. Für Unterstützung und die Bereitschaft zur Diskussion danke ich auch Wilhelm Heitmeyer und Burkhard Müller. Daß es mir möglich war, mich eine längere Zeit auf die Arbeit an diesem Buch zu konzentrieren, verdanke ich einem Promotionsstipendium der Universität Hildesheim. Die manchmal undankbare Aufgabe, erste schriftliche Entwürfe kritisch zu lesen, übernahm Christine Glander, die mich bei den Arbeiten der letzten Jahre in vielerlei Hinsicht unterstützte.

Berlin, im April 1997 Peter Rieker

Inhalt

Übersichten und Tabellen

Die Angaben zu solchen Dimensionen, die in Übersichten, Tabellen und der in Anhang C präsentierten Fallübersicht mit einem Sternchen (*) gekennzeichnet sind, gehen auf die gemeinsamen Auswertungsarbeiten unserer Hildesheimer Forschungsgruppe zurück.

1. Einleitung: Begrifflichkeit - Tradition und Stand der Forschung - Fragestellung

Die vorliegende Untersuchung thematisiert ethnozentrische Orientierungen, womit Vorstellungen gemeint sind, die sich sowohl durch Fremdenfeindlichkeit als auch durch nationalistische Überheblichkeit auszeichnen. In den letzten Jahren gehörten entsprechende Orientierungen zu den auffälligen Aspekten unserer sozialen Realität. Für Deutschland sind in diesem Zusammenhang zunächst die spektakulären Ausschreitungen von Hoyerswerda, Rostock, Mölln und Solingen zu nennen. In repräsentativen Befragungen zeigt sich außerdem, daß ethnozentrische Orientierungen in der gesamten Bevölkerung weit verbreitet sind. So sprachen sich 1992 fast 20% derjenigen, die für die ALLBUS befragt worden waren, für eine absolute Zuzugssperre für Ausländer aus (Hill in Willems 1993, S. 47). Nach den Ergebnissen einer Untersuchung, deren Daten 1993 erhoben wurden, kann bei etwa 15 % der Deutschen sowohl von einer „überdurchschnittlich stark fremdenfeindlichen“ wie auch von einer „stark ethnozentrisch-nationalistischen Weltanschauung“ gesprochen werden (Silbermann und Hüsers 1995, S. 98 f). Angesichts dieser Aktualität ethnozentrischer Orientierungen sollte jedoch nicht übersehen werden, daß wir es hier nicht mit einem neuen Phänomen zu tun haben. Entsprechende Grundstimmungen und Wellen fremdenfeindlicher Gewalt mußten in den vergangenen Jahrzehnten immer wieder festgestellt werden, ganz zu schweigen vom staatlich organisierten Ethnozentrismus zur Zeit des Nationalsozialismus.

Dieser andauernden Brisanz und Aktualität ist eine längere Forschungstradition angemessen. Nachdem die Entscheidung für den nicht häufig gebrauchten, eher unbekannten Begriff Ethnozentrismus, der für diese Arbeit zentral ist, erläutert wurde (1.1), soll die Entwicklung dieser Forschungstradition in ihren wichtigsten Etappen nachgezeichnet werden (1.2). Anschließend wird der gegenwärtige Erkenntnisstand in der erforderlichen Vielschichtigkeit referiert (1.3). Dabei werden Fragen deutlich, die ich in dieser Arbeit aufgreifen und weiterführen möchte (1.4).

1.1 Zur Begriffswahl

Das zu bearbeitende Thema wird nicht nur inhaltlich, sondern auch auf begrifflicher Ebene äußerst kontrovers diskutiert. Diese Debatte über begriffliche Fragen ist inzwischen kaum noch zu überschauen; so zahlreich sind die ganz unterschiedlichen, einander widersprechenden und aneinander vorbeizielenden Definitionsversuche, daß hier mit Recht von einem „Wirrwarr von Begriffen" (Silbermann und Hüsers 1995, S. 98) gesprochen werden kann. Im folgenden beschränke ich mich darauf, die für diese Arbeit getroffene Entscheidung für den Begriff Ethnozentrismus bzw. ethnozentrische Orientierung zu erläutern und kurz auf die wichtigsten Gründe einzugehen, die hier m.E. gegen die Verwendung anderer, populärerer Begriffe sprechen.

1.1.1 Ethnozentrismus

Der Begriff Ethnozentrismus wurde bereits 1906 vom amerikanischen Sozialwissenschaftler William Graham Sumner erwähnt und folgendermaßen definiert.

> Ethnocentrism is the technical name for this view of things in which one's own group is the center of everything, and all others are scaled and rated with reference to it. Folkways correspond to it to cover both the inner and the outer relation. Each group nouriches its own pride and vanity, boasts itself superior, exalts its own divinities, and looks with contempt on outsiders. Each group thinks its own folkways the only right ones, and if it observes that other groups have other folkways, these excite its scorn. Opprobrious epithets are derived from these differences. (...) For our present purpose the most important fact is that ethnocentrism leads a people to exaggerate and intensify everything in their own folkways which is peculiar and which differentiates them from others. It therefore strenghtens the folkways. (Sumner 1959, S. 13)

In dieser Definition nennt Sumner verschiedene Aspekte einer Orientierungsweise, die sich auf das Verhältnis zwischen sozialen Gruppen bezieht. Seine Aussagen lassen sich folgendermaßen bündeln: Die Orientierung an den Maßstäben der eigenen Gruppe prägt die Beziehungen zu dieser und zu anderen Gruppen. Während man die eigene Gruppe positiv beurteilt, werden andere Gruppen als minderwertig diffamiert, sofern sich Unterschiede zeigen. Differenzen zwischen den Gruppen werden auf diese Weise ebenso wie die Ähnlichkeiten innerhalb einer Gruppe betont, was zur Stabilisierung dieser „typischen", einseitig bewerteten Unterschiede führt.

Was die Verwendung des Ethnozentrismus-Begriffs besonders empfehlenswert erscheinen läßt, sind die aufeinander bezogenen Dimensionen der Eigengruppen-Glorifizierung und der Fremdgruppen-Diffamierung (vgl. LeVine und Campbell 1972, S. 8). Explizit wird damit einerseits ein häufig zu beobachtendes Neben- und Miteinander dieser Haltungen - wie es sich z.B. in den Parolen „Ich bin stolz, ein Deutscher zu sein" und „Ausländer raus" zeigt - beschrieben; andererseits wird die Aufmerksamkeit auf die Zusammenhänge zwischen beiden Dimensionen gelenkt - die Behauptung, Fremde seien minderwertig, beinhaltet die Annahme der eigenen Überlegenheit.

Das Konzept des Ethnozentrismus bezieht sich zunächst auf inhaltlich spezifische Konstruktionen sozialer Gruppen, die anhand ethnischer Kriterien definiert und bewertet werden, und damit auf eine Perspektive kollektiver Identität, die gegenwärtig als besonders wichtig anzusehen ist (vgl. Elias 1987, S. 275 ff). Darüber hinaus hat das Ethnozentrismus-Konzept auch eine strukturelle Dimension: Die oben beschriebenen Prozesse und Zusammenhänge beschränken sich nicht auf ethnische Beziehungen, sondern finden sich in ganz verschiedenen Konstellationen, in denen eine Situation durch den Unterschied zwischen Eigen- und Fremdgruppen definiert wird. Ethnozentrische Perspektiven können damit sowohl in den Verhältnissen zwischen Völkern, Nationen oder Kulturkreisen als auch im Kontext anderer Gruppenbeziehungen thematisiert werden, z.B. in bezug auf Familien, Schulklassen oder Berufsverbände (vgl. Herrmann und Schmidt 1995, S. 289 ff; Murdock 1948, S. 613). Diese inhaltliche Offenheit wird auch dem Umstand gerecht, daß je nach Situation bzw. abhängig von den jeweils Beteiligten ganz unterschiedliche Differenzierungs- oder Bewertungskriterien virulent werden können.

Im Sinne der oben beschriebenen Explikation wurde bereits in den Studien zur Autoritären Persönlichkeit ein zentraler Aspekt der Sumner'schen Definition betont und zugespitzt: Nicht die reale Zugehörigkeit zu einer Gruppe, sondern eine Denkweise, bei der Gruppenzugehörigkeiten konstruiert und ein antagonistisches Verhältnis zwischen diesen Gruppen festgeschrieben wird, gilt als Merkmal einer ethnozentrischen Orientierung. Es geht den Autoren dabei um eine Geisteshaltung, die die soziale Umwelt beständig in Eigen- und Fremdgruppen aufteilt. Die Gemeinschaft, mit der ein Ethnozentriker sich bei einer bestimmten Gelegenheit identifiziert - z.B. „Wir Amerikaner" -, wird bei Bedarf ihrerseits in Gruppen zerlegt, die einander als unversöhnlich gegenübergestellt werden - z.B. weiße und schwarze Amerikaner oder Protestanten und Katholiken (Adorno u.a. 1969, S. 147 f). Die Kriterien, anhand derer Eigen- und Fremdgruppen bestimmt werden, sind demnach austauschbar. Entscheidend ist jedoch, daß der Ethnozentriker in jeder Situation eine unaufhebbare Differenz konstruiert und seine Gruppe als jeweils überlegen definiert (Adorno u.a. 1969, S. 116).

Dieses Ethnozentrismus-Verständnis hat sich teilweise durchgesetzt, wie aus den Definitionen neuerer Fachlexika zu erschließen ist. Im angelsächsischen Raum bezieht man sich dabei auch auf die Studien zur Autoritären Persönlichkeit (Mann 1984, S. 115; Mitchell 1979, S. 70), die im deutschen Sprachraum zumeist nicht erwähnt werden (Endruweit und Trommsdorff 1989, S. 170 f; Fuchs u.a 1978, S. 212). Es muß hier jedoch festgehalten werden, daß es auch andere Begriffsauslegungen gibt. Dazu gehören solche Ethnozentrismus-Deutungen, die sich auf den ersten Satz der Sumner'schen Definition konzentrieren und damit vor allem die Unfähigkeit zur Übernahme fremder Perspektiven verbinden. Damit geht die Vorstellung einher, daß fremde Kulturen durch die Fixierung auf die eigene Kultur nicht verstanden werden können (Reinhold 1991, S. 150).

Die Tatsache, daß der Begriff Ethnozentrismus im deutschen Sprachraum weder kontinuierlich verwendet, noch sorgfältig tradiert wurde, hat zur Folge, daß viele der hierzulande Diskutierenden sich mit der Geschichte des Begriffs nicht lange aufhalten, sondern ihn benutzen, wie es gerade paßt. So bezeichnet beispielsweise Erich Wulff Ethnozentrismus als „kaschierten Rassismus" (Wulff 1992, S. 757); Wilhelm Heitmeyer beschränkt die Bedeutung des Begriffs auf die Aufwertung der Eigengruppe (Heitmeyer 1992, S. 677), so wie es tendenziell übrigens auch in anderen Arbeiten festzustellen ist (z.B. bei Silbermann und Hüsers 1995, S. 85 ff). Zum Teil entsteht geradezu der Eindruck, daß man „Ethnozentrismus" in Deutschland neu definiert (z.B. bei Kalpaka und Räthzel 1986) und diese Neuschöpfung dann aufgreift (z.B. Leiprecht 1990b), ohne die bestehende Tradition überhaupt zur Kenntnis zu nehmen.

1.1.2 Andere Begriffe

Im hier zur Debatte stehenden Zusammenhang werden eine Reihe sehr unterschiedlicher Begriffe verwendet, von denen hier nur einige genannt und kurz diskutiert werden sollen.

Die Begriffe *Vorurteil* und *Stereotyp* werden in erster Linie verwendet, um emotionale oder kognitive Aspekte des Urteilens über andere Menschen zu beschreiben (vgl. Hoffmann und Even 1984, S. 174 ff; König 1958, S. 303). In diesem Zusammenhang steht die vorschnelle, unfundierte Meinungsbildung, die zu Fehlbeurteilungen führt sowie die Frage der Revidierbarkeit bzw. Unvermeidbarkeit solcher Prozesse im Vordergrund (vgl. Reinhold 1991, S. 643 bzw. 588; siehe auch Abschnitt 1.2.4 dieser Arbeit). Da es hier aber weniger um den Prozeß der Meinungsbildung oder um kognitive Mechanismen der Kategorisierung geht, sondern um ganz bestimmte Orientierungsmuster, von denen nicht mit Sicherheit gesagt werden kann, wie sie entwickelt wurden, halte ich es im Kontext dieser Arbeit nicht für hilfreich, von Vorurteilen oder Stereotypen zu sprechen.

Verbreitet ist auch von *Fremdenfeindlichkeit* oder von *Ausländerfeindlichkeit* die Rede. Auf den ersten Blick werden beide Begriffe sowohl den „Objekten" als auch der Qualität der zu analysierenden Einstellung gerecht. Bei genauerem Hinsehen zeigen sich jedoch die Grenzen dieser Begriffe. Es ist zu berücksichtigen, daß die Opfer ethnozentrischer Diffamierungen zum Teil schon lange in Deutschland leben, so daß von „Fremden" keine Rede sein kann. Auch ist zu bedenken, daß sich entsprechende Ressentiments zum Teil gegen Gruppen richten, die formal häufig gar keine Ausländer sind - z.B. im Fall von Juden oder Aussiedlern (vgl. Silbermann und Hüsers 1995, S. 90 f). Hinzukommt, daß nicht alle Ausländer angefeindet werden, sondern vor allem bestimmte Ethnien oder anders zu definierende Gruppen - z.B. Asylsuchende. Schließlich muß berücksichtigt werden, daß die Feindlichkeit nur eine Komponente in einem komplexen Beziehungsgefüge zu sein scheint (Kalpaka und Räthzel 1988, S. 29 f).

Besonders vehement wurde in den letzten Jahren der Begriff *Rassismus* diskutiert, auf den ich im folgenden etwas ausführlicher eingehen möchte. Nachdem bis vor kurzem noch das Fehlen des Rassismus-Begriffs in der (west-)deutschen Diskussion konstatiert wurde (Dittrich 1991, S. 51), verwendet man ihn inzwischen bewußt als Alternative zu der als verharmlosend eingeschätzten Bezeichnung „Ausländerfeindlichkeit“ (z.B. Essinger 1993, S. 23 f). Befürwortet wird der Begriff auch deswegen, da man auf diese Weise hofft, Anschluß an die internationale Diskussion zu finden und um die rassistische Kontinuität, die in Deutschland seit der Zeit des Nationalsozialismus gesehen wird, angemessener ausdrücken zu können (vgl. Leiprecht 1990b, S. 27). Angesichts dieser vielseitigen Ansprüche warnt man an anderer Stelle vor einer inflationären Verwendung (Heitmeyer 1992, S. 676; Kowalsky 1992, S. 696).

Inzwischen gilt es als hinreichend gesichert, daß im biologischen Sinn nicht von verschiedenen Menschenrassen gesprochen werden kann (vgl. Vogel 1990, S. 222 f). Stattdessen werden unterschiedliche Rassen von Rassisten erst erschaffen (Dittrich 1991, S. 114). Beim Rassismus handelt es sich demnach um die Naturalisierung sozialer Tatbestände und speziell um den Glauben an die zentrale Bedeutung ererbter Eigenschaften. Bei der Konstruktion unterschiedlicher Menschengruppen orientieren sich rassistische Ideologien an biologischen Kriterien, berufen sich auf körperliche Merkmale und deren genetische Fixierung. Von physischen Differenzen schließt der Rassist auf geistige und moralische Unterschiede (Poliakov u.a. 1992, S. 108). Diese physischen Merkmale, mit denen geistige Eigenschaften assoziiert werden, gelten dem Rassisten als Indikatoren für die positive Bewertung der einen und die Minderwertigkeit der anderen Rassen (Poliakov u.a. 1992, S. 21).

Abgesehen von dieser Bestimmung, die Rassismus als biologisierende Ideologie auffaßt, bezieht man sich in der Rassismus-Debatte aber auch auf andere Dimensionen. So gibt es Wissenschaftler, die die Ansicht vertreten, Rassismus gründe sich nicht ausschließlich auf 'rassische' Kategorien (Anthias 1992, S. 96). Andere Autoren gehen noch weiter und sind der Meinung, die Lehre einer auf rassischen Kriterien beruhenden Rangfolge sei heutzutage obsolet, dafür trete das *kulturelle* Element des Rassismus in den Vordergrund (Essed 1992, S. 379). John Rex bestimmt Rassismus vor allem durch die *ökonomisch* bestimmten Beziehungen zwischen verschiedenen sozialen Gruppen. Phänotypische Differenzierungsmerkmale sind nach seinem Verständnis nur eine Möglichkeit beliebig austauschbarer Verschleierungen im Dienste ökonomisch bestimmte Unterdrückungs- und Ausbeutungsverhältnisse (Rex 1990, S. 143). Für Rex sind damit z.B. auch die Lebensbedingungen der englischen Arbeiterklasse zu Beginn der industriellen Revolution durch eine Rassenbeziehung gekennzeichnet (Rex 1990, S. 144).

Den vorläufigen Endpunkt dieser theoretischen Erweiterungen, die das biologisierende Kriterium der Rasse durch kulturelle oder ökonomische Merkmale ergänzen oder ersetzen, bildet die Definition Etienne Balibars, demzufolge es gegenwärtig einen „Rassismus ohne Rassen“ gibt (Balibar 1989, S. 373). Kernpunkt eines derart erweiterten Rassismus-Verständnisses ist der Bezug auf Strukturen der Ungleichheit (Balibar 1989, S. 377). Nicht mehr der ideologische Gehalt ist entscheidend, sondern die Tatsache, daß im Rassismus nach beliebigen Kriterien inferiore Gruppen konstruiert werden. Gegen solch eine Definition, die sich an der Funktion, und nicht am Inhalt eines Diskurses orientiert, wendet sich der englische Rassismus-Theoretiker Robert Miles (Miles 1991, S. 68). Er plädiert dafür, Rassismus als besondere Form des Ethnozentrismus zu verstehen, die sich durch den Bezug auf „Rassen“ und biologische Gruppen auszeichnet.

> Wenn wir also die im ersten Kapitel umrissene lange Geschichte der europäischen Darstellungsformen des Anderen betrachten, dann können wir als Rassismus nur diejenigen bezeichnen, welche seit dem Ende des achtzehnten Jahrhunderts einen expliziten „Rassen“-Diskurs entwickeln, um auf eine je besondere biologische Gruppe zu verweisen. Aus dieser Definition von Rassismus sind alle zeitlich früheren Darstellungsformen ausgeschlossen und gelten von daher als Beispiele für eine andere Ideologie (oder andere Ideologien). Für gewöhnlich sind diese früheren Darstellungsformen als „Ethnozentrismus“ bezeichnet worden (vgl. etwa Puzzo 1964; 579 ff., Montagu 1974: 21). (Miles 1991, S. 63)

Ein ähnliches Verständnis vom Rassismus als einer speziellen Ethnozentrismus -Variante findet sich auch bei Poliakov.

> Damit Ethnozentrismus zu Rassismus wird, ist es notwendig und ausreichend, daß in den Augen des Rassisten zu den objektiven Unterschieden ein nur in seiner Einbildung vorhandender Unterschied tritt: das notwendigerweise falsche Bewußtsein eines biologischen Unterschieds zwischen ihm und seinem Opfer. (Poliakov u.a. 1992, S. 39)

Oberflächlich betrachtet zeichnet sich Rassismus demnach durch seine spezielle Ideologie aus, die rassische oder biologische Unterschiede postuliert. Diese den Rassismus kennzeichnende Tendenz zur Naturalisierung sozialer Tatbestände verweist auch auf einen ganz eigenen Argumentationstyp, der vorgibt, den Gesetzen der Naturwissenschaften zu folgen und daher als pseudowissenschaftlicher Determinismus bezeichnet werden kann (Poliakov u.a. 1992, S. 198). In diesem, die Naturwissenschaften imitierenden Auftreten und den aus Ungleichheiten abgeleiteten Konsequenzen liegt ein weiteres Spezifikum, durch das Rassismus vom Ethnozentrismus unterschieden werden kann.[1]

---

[1] Als Alternative zu diesem Versuch, Rassismus genauer zu definieren, kann die Einführung diverser Rassismus-Begriffe angesehen werden. So bezeichnet beispielsweise Balibar den Antisemitismus seit der Zeit der Aufklärung als „kulturellen“ Rassismus (Balibar 1989, S. 375 f). Einen in der Gegenwart konstatierten „differenzialistischen“ Rassismus - etwa die Behauptung kultureller Grenzen oder Unvereinbarkeiten - bezeichnet er als „Rassismus zweiter Linie“ (ebd., S. 374). In der Zukunft sieht er die

Im Interesse einer klaren Begrifflichkeit schlage ich vor, dann von Rassismus zu sprechen, wenn durch den Bezug auf biologische Kriterien, also auf pseudo-naturwissenschaftliche Art, Unterschiede zwischen Menschengruppen behauptet werden, die als Rechtfertigung verschiedener Wertungen oder Chancen herangezogen werden. Haltungen, die zwischen Eigen- und Fremdgruppen differenzieren, ohne diesem diskursiven Typ zu entsprechen, sind m.E. besser als ethnozentrisch zu charakterisieren.[2]

1.2 Traditionen der Ethnozentrismus-Forschung

Im Zusammenhang mit Ethnozentrismus untersucht man vor allem interkulturelle oder interethnische Konflikte bzw. die Einstellungen, die in solchen Situationen beobachtet werden können. Auch wenn es dabei nicht immer um akute Konfrontationen geht, so ist doch zumindest der Gedanke potentieller Konkurrenz oder solcher Antagonismen, die sich aus der Zugehörigkeit zu verschiedenen Gruppen ergeben, ein wichtiger gemeinsamer Bezugspunkt dieser Forschungen. Bei genauerer Betrachtung zeigen sich in der Ethnozentrismus-Forschung allerdings erhebliche Differenzen: „The result is an extensive literature on topics related to ethnocentrism (...) without substantial aggreement about what it is or how it works" (LeVine und Campbell 1972, S. 2). Im folgenden thematisiere ich zunächst ethnologische Studien, in denen Ethnozentrismus zuerst beschrieben wurde (1.2.1). Anschließend geht es um soziobiologische Ansätze, die den frühen ethnologischen Untersuchungen in der Annahme eines pauschalen Ethnozentrismus ähneln (1.2.2). Danach wird ausführlicher auf die Entwicklung einer stärker differenzierenden Vorurteils- und Stereotypenforschung eingegangen; zunächst auf diverse frühe Forschungsrichtungen (1.2.3) und anschließend auf weitere Entwicklungen in diesem Bereich (1.2.4).

1.2.1 Ethnologische Untersuchungen

Entwickelt wurde das Ethnozentrismus-Konzept im Kontext verschiedener ethnologischer Studien, in denen man vergleichbare Mechanismen der Eigengruppenloyalität und der Feindseligkeit gegenüber anderen Gruppen feststellte. Gegen Ende des letzten Jahrhunderts zeigte sich beispielsweise, daß in verschiedenen Sprachen jeweils nur Angehörige des eigenen Volkes als Menschen bezeichnet werden, während andere Ethnien mit diffamierenden Ausdrücken

---

Möglichkeit, daß sich ein „Post-Rassismus" entwickelt, worunter er die psychologische Bewertung intellektueller Fähigkeiten und daraus abgeleitete Normalitätsstandards versteht (ebd., S.378).

[2] Die vorliegende Arbeit thematisiert ethnozentrische Orientierungen gemäß dem hier erläuterten Begriffsverständnis; dabei werden selbstverständlich auch solche Ergebnisse und Reflexionen berücksichtigt, die diesem Ethnozentrismus-Verständnis der Sache nach entsprechen, auch wenn in diesen Fällen eine andere Begrifflichkeit bevorzugt worden ist.

belegt werden (vgl. Sumner 1959, S. 14 f). Entsprechende Bewertungen wurden auch bei einer Sekundäranalyse ethnologischer Studien zu Beginn der 60er Jahre dieses Jahrhunderts festgestellt: Relevante Informationen konnten damals zu 36 Ethnien erhoben werden, von denen 35 als ethnozentrisch eingestuft wurden (Campbell und LeVine 1961, S. 84). Bei der Beobachtung sogenannter „primitiver" Gesellschaften ging man in der klassischen Ethnologie davon aus, daß Ethnozentrismus durch Interessengegensätze und Verteilungskämpfe zwischen einzelnen Gruppen entscheidend geprägt wird (vgl. LeVine und Campbell 1972, S. 29 ff). Entsprechende Modelle setzten voraus, daß die Mitgliedschaft in diesen konkurrierenden Gruppen durch ethnische Zugehörigkeit geregelt und festgelegt ist. Zum anderen nahm man an, lebensnotwendige Ressourcen stünden nur begrenzt zur Verfügung; eine Folge sei der ständige Kampf zwischen den ethnischen Gruppen um diese knappen Ressourcen. In solchen Konfliktsituationen seien ethnozentrische Orientierungen äußerst funktional; die einzelnen Gruppen würden wettbewerbs- und überlebensfähig, indem sie interne Konflikte vermeiden und die Wehrkraft nach außen stärken.

In vielen Arbeiten der klassischen Sozialanthropologie erscheint Ethnozentrismus daher als quasi naturgesetzlich festgelegter Mechanismus. Man bemühte sich darum, die Faktoren für die in verschiedenen Gesellschaften unterschiedlichen Ausprägungen von Ethnozentrismus zu finden. Wird Ethnozentrismus durch Nähe oder Distanz, durch Stärke oder durch Schwäche, durch Gleichheit oder Verschiedenheit einer anderen Gruppe gefördert? Für jede dieser Alternativen lassen sich gute Gründe - und auch entsprechende empirische Resultate - anführen (vgl. LeVine und Campbell 1972, S. 130 ff). Zusammengenommen wirken diese Versuche jedoch eher fragwürdig, wofür es verschiedene Gründe gibt.

Bei genauerer Betrachtung erweist sich das Modell homogener, klar voneinander abgegrenzter Gruppen, die sich durch gemeinsame Kultur und/oder Sprache von anderen unterscheiden, als unangemessen. Edmund Leach, der in Burma multilinguale Lebenszusammenhänge vorfand, weist in diesem Zusammenhang auf die teilweise willkürlichen Konstruktionen ethnischer Gruppen durch die Forscher hin, so daß er resümiert: „Many tribes are, in a sense, ethnographic fictions" (Leach 1954, S. 290 f, zitiert nach LeVine und Campbell 1972, S. 66; vgl. hierzu auch die Ausführungen von Clifford Geertz 1990). Aus Afrika ist bekannt, daß sowohl die Organisation in „ethnischen" Gruppen, als auch die interne, hierarchische Struktur dieser Gruppen häufig als Produkt der kolonialen Verwaltungspraxis anzusehen sind (vgl. Elwert 1989, S. 445; Gronemeyer 1991, S. 55). Auch Fredrik Barth berichtet von ethnischen Gemeinschaften, die im Gegensatz zu den üblichen Vorstellungen keinen Bezug zu einem bestimmten Territorium haben (vgl. Barth 1969). Aus soziologischer Perspektive gibt Robert Merton zu bedenken, daß die Mitgliedschaft in einer Gruppe nicht notwendig zur Loyalität mit dieser Gruppe führt; außerdem gehe loyales Verhalten nicht per se mit Feindseligkeiten gegen andere einher (Merton 1957, S. 297 ff, nach LeVine und Campbell 1972, S. 61).

Die Resultate ethnologischer Forschungen stehen demnach in dem dringenden Verdacht, ganz entscheidend von den Vorurteilen der Forscher geprägt zu sein und zwar in der Weise, daß diese ihre eigenen nationalistischen Vorstellungen auf die ihnen unbekannten Gesellschaften, z.B. in Afrika übertragen haben (vgl. LeVine und Campbell 1972, S. 103 f). In neuere Arbeiten der Sozialanthropologie haben diese Erkenntnisse in der Weise Eingang gefunden, daß ethnische Gruppen vor allem als Konstrukte der Beteiligten verstanden werden; untersucht werden dann die sozialen Prozesse der Grenzziehung entlang ethnischer Merkmale (Barth 1969, S. 14 f; vgl. auch Anderson 1988). Dabei sind innerhalb der untersuchten Gruppen erhebliche Inkonsistenzen festzustellen. Für identische Eigengruppen werden ganz unterschiedliche Bezeichnungen gewählt und auch Fremdgruppen werden uneinheitlich benannt (LeVine und Campbell 1972, S. 89 f), so daß hier schon bei der Datenerhebung vorsichtig und differenzierend vorgegangen werden müßte.

1.2.2 Soziobiologische Ansätze

In Arbeiten, die der sogenannten „Soziobiologie" zuzurechnen sind, wird die These vertreten, ethnozentrische Orientierungen gehörten zur biologischen Grundausstattung des Menschen.[3] Besondere Bedeutung wird ihnen für die Entwicklung und Stabiliserung persönlicher Identität zugerechnet (A. Flohr 1994, S. 227). Ethnozentrische Orientierungen gelten dabei als übertriebene Produkte der Suche nach einer Gruppenidentität (Meyer 1987, S. 93). Eine noch entschiedenere Biologisierung ethnozentrischer Orientierung findet sich im Zusammenhang mit dem Verweis auf die Notwendigkeit des Gruppenzusammenhalts. Dieser werde erst durch einen gemeinsamen Ethnozentrismus gesichert. Daher sei nicht nur die Überhöhung der Eigengruppe, sondern auch die Abwertung von Fremdgruppen biologisch überlebensnotwendig. (Flohr 1987, S. 197)

Fremdenangst und Fremdenfeindlichkeit werden darüber hinaus als instinktive bzw. ererbte Abwehraffekte gegen Fremde oder Abweichler von der Gruppennorm gedeutet. Dies geschieht vor allem auf der Grundlage fragwürdiger Vergleiche und Analogien zu tierlichem Verhalten: Sowohl kranke als auch solche Tiere, deren biologische Ausstattung von der Normalität abweiche, würden stigmatisiert, ausgestoßen und getötet (Flohr 1987, S. 201; van der Dennen

---

[3] In der Argumentation der Soziobiologen unterstellt man sozialwissenschaftlichen Ansätzen, sie würden sich darauf beschränken, situative Elemente für die Erklärung von Ethnozentrismus heranzuziehen (vgl. A. Flohr 1994, z.B. S. 239 f). Die Tatsache, daß ethnozentrische Orientierungen in verschiedenen Gesellschaften zu unterschiedlichen Zeitpunkten verbreitet sind, deute jedoch darauf hin - so die Soziobiologen -, daß diesen eine gemeinsame stammesgeschichtliche Verwurzelung zugrundeliege. Diese verkürzte Argumentation kann nur gelingen, indem die Ergebnisse ganzer Forschungstraditionen ignoriert werden, die die Weitergabe ethnozentrischer Muster im Kontext der Persönlichkeitsentwicklung und soziokultureller Tradierungen aufgezeigt haben.

1987, S. 23). Um die Vergleichbarkeit zwischen Tieren und Menschen zu belegen, wird in diesem Zusammenhang gerne auf die Fremdenangst kleiner Kinder hingewiesen (Flohr 1987, S. 198; van der Dennen 1987, S. 19). Auf der Grundlage solcher Verallgemeinerungen wird dann sogar auf die biologische Disposition zum Vorurteil geschlossen. Flohr unterscheidet zwischen drei biologischen Dispositionen, die soziale Vorteile notwendig machten: Die Veranlagung zum normativen Verhalten, die Disposition zur Aggression gegenüber Abweichlern und eine Neigung zur Zurückweisung Fremder (Flohr 1987, S. 200).

Die beschriebenen Vorstellungen aus dem Bereich der Soziobiologie erweisen sich bei genauerer Betrachtung als unhaltbar. Der Vergleich zwischen Tieren, die kranke oder abnorme Artgenossen töten und fremdenfeindlichen Haltungen bei Menschen (Flohr 1987, S. 201; van der Dennen 1987, S. 23) ist dabei genauso falsch, wie die Generalisierung des kindlichen „Fremdelns" zur allgemein-menschlichen Fremdenfeindlichkeit (Flohr 1987, S. 198; van der Dennen 1987, S. 19). Während das erste Argument allenfalls zur biologistischen Untermauerung der Euthanasie geeignet wäre, wird beim zweiten Argument die ganze Bandbreite erkundender und neugieriger Verhaltensweisen vernachlässigt, die ein Interesse an Unbekanntem verdeutlichen (vgl. Erdheim 1993, S. 79 f). Zu berücksichtigen ist ferner, daß es sich beim „Fremdeln" um eine vorübergehende kindliche Entwicklungsphase handelt. Außerdem kann man weder die Gleichsetzung natürlicher Affekte (z.B. Furcht) mit komplexen kognitiven Strategien (z.B. Diffamierung oder Verleumdung) noch die zwischen den biologischen Unterschieden innerhalb des Tierreichs mit den verschiedenen sozialen Organisationen beim Menschen plausibel belegen. Geradezu grotesk erscheinen diese Vergleiche angesichts der Erkenntnis, daß es sich bei sozialen Organisationen, z.B. bei Nationen, um sehr wandelbare, „imaginierte Gemeinschaften" (Anderson 1988) handelt, so daß - nicht nur deswegen - ethnozentrische Feindbilder einem schnellen Wandel unterliegen können.

Obwohl diese Positionen mangels Substanz nicht aufgegriffen und diskutiert werden müßten, wurden sie hier thematisiert, was damit zusammenhängt, daß sie in der öffentlichen Diskussionen breiten Raum einnehmen (vgl. Schwagerl 1993, S. 126 f; siehe auch die dreiteilige Serie „Die Angst vor dem Anderen" in DIE ZEIT - Zimmer 1993). Hinzukommt, daß sich einzelne der hier beschriebenen Argumente - ungeachtet ihrer zweifelhaften Herkunft - auch in sozialwissenschaftlichen Texten hartnäckig halten. Ethnozentrismus erhält u.U. den Stellenwert einer menschlichen Verhaltensdisposition (Bartels 1991, S. 194 f) oder das kindliche „Fremdeln" wird als Hinweis auf die biologischen Grundlagen der Fremdenfeindlichkeit gewertet (z.B. Nunner-Winkler 1995, S. 88). Die Argumentationen der Soziobiologen sind demnach als Reservoir anzusehen, aus dem man sich auch in sozialwissenschaftlichen Debatten versorgt. Umso bedauerlicher ist das dann, wenn dabei nicht deutlich wird, daß sozial vermittelte Normen und Vorstellungen auf diese Weise zu natürlichen, unveränderbaren und nicht zu hinterfragenden Grundlagen ethnozentrischer Orientierungen stilisiert werden.

1.2.3 Frühe Ansätze der Vorurteils- und Stereotypenforschung

Solche pauschalen Aussagen zu ethnozentrischen Neigungen ganzer Gruppen oder Völker bzw. zu angeblich biologischen Grundlagen für solche Orientierungen, die empirisch nicht abzusichern sind, machen den Bedarf an fundierten und differenzierenden Untersuchungen deutlich. Entsprechende Ansätze, die sich bis in die 20er Jahre zurückverfolgen lassen, unterscheiden sowohl zwischen den verschiedenen Objekten ethnozentrischer Orientierungen als auch hinsichtlich derjenigen, die sich diskriminierend äußern.

Emory Bogardus, der als Pionier der systematischen Erforschung ethnozentrischer Orientierungen angesehen werden kann, erfragte Sympathie und Antipathie gegenüber einer Reihe ethnischer und nationaler Gruppen. Seinen Ergebnissen zufolge wurden folgenden Gruppen in den USA damals die größten Antipathien entgegengebracht: Türken, Negern, Mulatten, Japanern, Hindus, deutschen Juden, Mexikanern, russischen Juden, Deutschen und Chinesen (Bogardus 1925, zitiert nach Katz und Braly 1978, S. 35). Anschließend untersuchte er die soziale Nähe, bis zu der Angehörige verschiedener Ethnien geduldet bzw. erwünscht sind. Gefragt wurde nach der Akzeptanz in folgenden Beziehungen: Ehe, Freundschaft oder Clubmitgliedschaft, Nachbarschaft, Arbeitsverhältnis, Mitbürger, Besucher im Land. Die größte Distanz wurde auch hier gegenüber Türken, Hindus, Mulatten und Negern artikuliert, während Kanadier, Engländer, Schotten und Iren in diesen Beziehungen überwiegend akzeptiert wurden (Bogardus 1925, zitiert nach Katz und Braly 1978, S. 35 f). Beide Formen sogenannter „Bogardus-Skalen" werden übrigens bis heute in fast unveränderter Form verwendet; die Sympathie-Antipathie-Skala, allerdings als Rassismus-Maß deklariert (z.B. Oesterreich 1993a, S. 74 f), genauso wie die Skala zur sozialen Nähe bzw. Distanz (Silbermann und Hüsers 1995, S. 32).

In den 30er Jahren wurden diese standardisierten Verfahren, die Aufschluß über die Bewertung verschiedener ethnischer oder nationaler Gruppen geben, von Daniel Katz und Kenneth Braly weiter entwickelt. Auch sie interessierten sich vor allem für die Unterscheidung zwischen sozial hoch geschätzten und eher unbeliebten ethnischen Gruppen. Zu diesem Zweck erhoben sie zunächst Angaben zur Bereitschaft, mit den Angehörigen diverser Ethnien soziale Kontakte zu pflegen. Dabei versuchten sie, zwischen der „privaten", persönlichen Bereitschaft zur Kontaktaufnahme und den „öffentlichen" Faktoren - soziale Erwünscht- oder Unerwünschtheit solcher Kontakte - zu differenzieren. Die durchschnittliche „öffentliche" Rangfolge sah gemäß ihren Ergebnissen folgendermaßen aus: Amerikaner - also die eigenen Landsleute -, Engländer, Deutsche, Iren, Italiener, Japaner, Juden, Chinesen, Türken und Neger. Die „private" Rangfolge fiel ganz ähnlich aus, allerdings wurden hier die Japaner eher als die

Italiener und die Neger stärker als die Türken akzeptiert. (Katz und Braly 1978, S. 51)

In einem zweiten Schritt erfragten Katz und Braly zunächst die Eigenschaften oder Merkmale, die den Angehörigen diverser Ethnien und Nationen zugeordnet werden. Anschließend klärten sie anhand einer Kontrollgruppe, welcher Stellenwert den vorgegebenen Eigenschaften bei der Aufnahme freundschaftlicher Beziehungen beigemessen wird, d.h. wie diese Merkmale im Alltag ganz konkret bewertet werden. Die so ermittelten Sympathie-Werte ergaben eine Rangfolge, die der obigen in etwa entspricht. Die beliebtesten waren auch hier die Amerikaner, gefolgt von Engländern und Deutschen. Am schlechtesten bewertet wurden demgegenüber Türken und Neger (Katz und Braly 1978, S. 53). In späteren Untersuchungen werden aus solchen Angaben recht detaillierte Eigenschaftsprofile abgeleitet, von denen man sich Aufschluß über die inhaltlichen Komponenten ethnischer Stereotypen erhofft (z.B. bei Stephan und Rosenfield 1982, S. 100).

Als Ausdruck einer bestimmten Persönlichkeitsstrukur wurden ethnozentrische Orientierungen in den Arbeiten psychoanalytisch orientierter Sozialforscherinnen und -forscher thematisiert. So verglich man im Kontext der Studien zur Autoritären Persönlichkeit Probanden, dic sich ethnozentrisch äußerten mit solchen, die dies nicht taten. Untersucht wurden dabei Zusammenhänge zwischen diesen Orientierungen und anderen Persönlichkeitsmerkmalen, um auf diese Weise das Phänomen des Ethnozentrismus zu beleuchten. (Vgl. hierzu auch Abschnitt 8.2 dieser Arbeit) Deutliche Zusammenhänge konnten zwischen Ethnozentrismus und einer konservativen politischen Grundeinstellung gefunden werden, während sich die liberaleren Probanden eindeutig nicht-ethnozentrisch äußerten (Adorno u.a. 1969, S. 181). Interessant ist ferner, daß die Neigung zu einer ethnozentrischen Betrachtungsweise in dem Maße abnahm, in dem die einzelnen eine von ihrem Vater abweichende politische Einstellung entwickelt hatten (Adorno u.a. 1969, S. 192) und in dem sie generell weniger zur Idealisierung ihrer Eltern neigten (Frenkel-Brunswik u.a. 1958, S. 644 f). Ferner stellte man bei Ethnozentrikern ein ausgeprägtes Status- und Fassadenbewußtsein fest, während der Zugang zu inneren Prozessen und Wahrnehmungen zumeist fehlte (Frenkel-Brunswik u.a. 1958, S. 644 f).

In anderen Arbeiten, die mit dieser Forschungstradition verbunden sind, konnten Zusammenhänge zwischen Ethnozentrismus und weiteren Merkmalen gefunden werden. In einer Studie zu Vorurteilen bei Kindern und Jugendlichen standen ethnozentrische Orientierungen mit folgenden Faktoren in Zusammenhang: Abwehr von Schwäche, dichotomisierendes Geschlechtsrollenverständnis, Wertschätzung von Macht und Geld, Unterordnungsbereitschaft gegenüber Autoritäten, moralisierende und konformistische Äußerungen, fehlende Ambiguitätstoleranz (Frenkel-Brunswik 1948). Milton Rokeach stellte in seinen Untersuchungen einen Zusammenhang zwischen ethnozentrischen Orientierungen und der Neigung zu „geistiger Rigidität“ beim Lösen unterschiedlicher Denksportaufgaben fest (Rokeach 1948).

Im Rahmen ihres figurationstheoretischen Ansatzes zur Erklärung sozialer Vorurteile betonen Norbert Elias und John Scotson die Bedeutung unterschiedlicher sozialer Positionen. Sie unterscheiden diesbezüglich zwischen Etablierten und Zugewanderten, die durch andauernde Diskriminierung zu Außenseitern würden, wobei es gleichgültig sei, ob auf diese Weise Konflikte zwischen ethnischen Gruppen oder zwischen den Angehörigen sozialer Klassen entstünden (Elias und Scotson 1993, S. 248 f). Als entscheidend betrachten die Autoren das Machtgefälle zwischen Etablierten und Außenseitern; erstere besetzen die Schlüsselpositionen, sie sind besser integriert, d.h. sie haben stärker vereinheitlichte und elaborierte Normen und können sich außerdem auf eine gemeinsame Vergangenheit beziehen (Elias und Scotson 1993, S. 241 f). In diesen Konstellationen dienten Vorurteile den Etablierten als Mittel, um ihre Privilegien gegenüber den Außenseitern zu verteidigen (Elias und Scotson 1993, S. 253). Bei diesem Ansatz werden ethnozentrische Orientierungen nicht mit einem bestimmten Persönlichkeitstyp in Verbindung gebracht, sondern mit den sozialen Normen einer etablierten Gruppe. Der einzelne könne sich diesen Gruppennormen nicht ohne weiteres entziehen, wenn er nicht selbst zum Außenseiter werden wolle (vgl. Elias und Scotson 1993, S. 39 ff).

1.2.4 Weitere Entwicklungen der Vorurteils- und Stereotypenforschung

Im Rahmen der Untersuchungen zur Autoritären Persönlichkeit konnte festgestellt werden, daß ethnozentrische Orientierungen mit einer Denkweise in Zusammenhang stehen, die sich vor allem durch Rigidität auszeichnet. Diese wurde als Organisationsprinzip einer Persönlichkeitsstruktur angesehen, durch die der einzelne zur Ausprägung sozialer Vorurteile neigt. Als Gegentyp einer Persönlichkeit, die zu Vorurteilen neigt und deren Denken durch Rigidität gekennzeichnet ist, galt hier die liberale oder tolerante Persönlichkeit, deren Denkweise flexibler ist. (Adorno u.a. 1969, S. 479)

In seinem Standardwerk zum Thema Vorurteile hat Gordon Allport diese Differenzierung aufgegriffen und äußert die Ansicht, die kognitiven Prozesse solcher Menschen, die zu Vorurteilen neigten, seien grundsätzlich verschieden von denen toleranterer Personen (Allport 1954, S. 175). Von bereits verfestigten Vorurteilen unterscheidet Allport eine weichere Variante, die er als Vorannahmen bezeichnet. Aus diesen könnten unter bestimmten Bedingungen Vorurteile werden: „Prejudgements become prejudices only if they are not reversible when exposed to new knowledge“ (Allport 1954, S. 9). Diese Vorannahmen betrachtet Allport als ständige (Zwischen-)Produkte menschlichen Denkens, dem nun einmal die Neigung zu Generalisierungen, Kategorisierungen und übermäßigen Vereinfachungen innewohne (Allport 1954, S. 27). Allport entwirft also ein zweistufiges Modell: 1. Wir alle neigen zu kategorisierenden und vereinfachenden Vorannahmen; 2. diese Vorannahmen verfestigen sich bei Personen mit einer bestimmten kognitiven Struktur zu Vorurteilen, während andere Persönlichkeitstypen ihre Vorannahmen revidieren, wenn sie sich als unzutreffend erweisen.

Die Vorurteilsforschung der folgenden Jahre wurde zunehmend von solchen Ansätzen dominiert, bei denen die erste Stufe von Allports Modell im Vordergrund steht. Das Interesse an der Erforschung unterschiedlicher Persönlichkeiten bzw. deren Eigenschaften trat demgegenüber in den Hintergrund. So bestimmt beispielsweise Henri Tajfel Vorurteile sowohl durch individuelle Motive als auch durch allgemeine kognitive Mechanismen. Die Motive hält er für ausreichend erforscht und widmet sich daher ausgiebig den Aspekten, die seiner Ansicht nach als kognitive Mechanismen unsere Wahrnehmung und unser Handeln bestimmen (Tajfel 1969, S. 80). Er betont in diesem Zusammenhang, daß die Komplexität der Wirklichkeit zu Vereinfachungen zwinge, so daß statt dieser unstrukturierten und komplexen Wirklichkeit lediglich eine in Kategorien geordnete und reduzierte Auswahl wahrgenommen und verarbeitet werden könne (Tajfel 1969, S. 82 ff). In verschiedenen Experimenten konnten Tajfel und seine Kollegen zeigen, daß viele Menschen dazu neigen, Angehörige der eigenen Gruppe positiv wahrzunehmen und zu bevorzugen, während sie Fremdgruppenangehörige negativer wahrnehmen und diskriminieren - selbst dann, wenn solche Einteilungen an willkürlichen Kriterien festgemacht werden und gar nicht bekannt ist, welche Personen zu welcher Gruppe gehören. In diesem Zusammenhang muß allerdings berücksichtigt werden, daß in diesen Experimenten Rivalitäten, wenn nicht gar Konflikte zwischen diesen Gruppen vorgegeben waren. Diese besondere Bedingung galt dabei als Normalfall des menschlichen Zusammenlebens. Tajfel und seine Kollegen interpretierten die Ergebnisse ihrer Forschungen verallgemeinernd in der Weise, daß eine Kategorisierung nicht nur der kognitiven Organisation dient, sondern zwangsläufig zu Diskriminierungen führt (Tajfel u.a. 1971, S. 162 f).

In einer weiteren Zuspitzung dieser kognitiven Forschungstradition werden Vorurteile dann nur noch mit den Prinzipien der Wahrnehmung und Informationsverarbeitung erklärt. David Hamilton vertritt die Ansicht, Vorurteile seien unvermeidliche Ergebnisse notwendiger Kategorisierungen und würden nicht durch individuelle Eigenarten oder Motive beeinflußt (Hamilton 1981, S. 336). Als einen der dabei wirksamen Mechanismen beschreibt Hamilton „illusionäre Korrelationen“, womit gemeint ist, daß irrtümlich Verbindungen zwischen unzusammenhängenden Faktoren unterstellt werden. Hamilton erläutert diese Idee an einem einfachen Beispiel. Angehörige einer Mehrheitsbevölkerung haben selten Kontakt zu den Angehörigen ethnischer Minderheiten, weswegen die wenigen Kontakte besonders deutlich wahrgenommen werden. Wenn sich bei einem dieser seltenen Kontakte Unerfreuliches ereignet, unterstellt man automatisch einen Zusammenhang zwischen „ethnischer Minderheit“ und „unerfreulichem Ereignis“; dieser Zusammenhang werde in übertrieben prägnanter Form erinnert und verallgemeinert (Hamilton 1981, S. 125). Auf dieser Grundlage wird die Diskriminierung von Farbigen oder die Abwertung von Frauen zur unausweichlichen Folge der Wahrnehmung, für die z.B. entscheidend sei, ob ein „anderer“ alleine ist, zu einer Minderheit oder zur Mehrheit gehört bzw. welche äußeren Ähnlichkeiten verschiedene Menschen aufweisen (vgl. auch Taylor 1981).

Diese kognitiven Ansätze, in denen Vorurteile als Begleiterscheinung von Wahrnehmung und Informationsverarbeitung normalisiert und bagatellisiert werden, hat man verschiedentlich kritisiert. Susan Fiske weist beispielsweise darauf hin, daß bei entsprechendem Interesse individualisierende Wahrnehmungen durchaus möglich werden (Fiske 1987, S. 115). Sie führt außerdem an, daß handfeste Diskriminierungen allein mit einer stereotypisierenden Art der Wahrnehmung nicht erklärt werden können. Stattdessen plädiert sie für eine Analyse der jeweiligen Motive, die in solchen Situationen wirksam werden (Fiske 1987, S. 116). Die Annahme, daß jegliches Denken in einer auf Kategorien reduzierten Weise organisiert ist und sich Vorurteile daher nicht vermeiden lassen, wird auch von Michael Billig in Frage gestellt. Er betont, daß es neben kognitiven Tendenzen zur Kategorisierung auch solche zur Partikularisierung gebe, dann beispielsweise, wenn Vorurteile mit Einzelbeispielen belegt werden (Billig 1985, S. 90 ff). Nach seiner Ansicht sind es nicht die universalen Eigenschaften der Wahrnehmung und Informationsverarbeitung, sondern inhaltliche Entscheidungen, die dafür verantwortlich sind, ob ein Individuum Vorurteile äußert oder sich eher unvoreingenommen präsentiert (Billig 1985, S. 96 ff).

In den letzten Jahren entwickelten sich einflußreiche Teilbereiche der Vorurteils- und Stereotypenforschung vor allem in der Weise, daß man die gesellschaftliche Akzeptanz oder Förderung ethnozentrischer Orientierungen betont. Im Rahmen dieser Ansätze wird beispielsweise die Ansicht vertreten, Ausländerfeindlichkeit sei ein integraler Bestandteil des Gesellschaftsbildes bzw. der Identität der Bundesrepublik Deutschland (Hoffmann und Even 1984, S. 179 ff). Ganz ähnlich argumentieren diskursanalytische Untersuchungen: Vorurteile reproduzieren sich demzufolge in sozialen Diskursen, in die wir als Gesellschaftsmitglieder alle eingebunden sind und auf diese Weise ein zumindest latent-rassistisches Weltbild gemeinsam haben (z.B. Jäger 1992).

Auch in neueren Arbeiten des Frankfurter Instituts für Sozialforschung vertritt man die These, fremdenfeindliche Vorstellungen kämen aus der Mitte unserer Gesellschaft. Hier würden anonyme, institutionalisierte Formen der Diskriminierung produziert, die sich unabhängig von individuellen Motiven oder Handlungen auswirkten. Hinzukomme, daß Ethnozentrismus durch die Erforschung individueller Einstellungen inzwischen immer weniger zu fassen sei (von Freyberg 1992, S. 75 f).

> Nicht die subjektiv durch Haß und Angst entstandene Feindseligkeit gegen Ausländer, sondern die durch objektive soziale Strukturen und Mechanismen vermittelte Feindseligkeit der Verhältnisse ist das dominante Charakteristikum von Rassismus in unserer Gesellschaft. (von Freyberg 1992, S. 86)

Die Frage, warum einzelne oder bestimmte Gruppen diese Vorstellungen aufnehmen, wird im Zusammenhang dieser Entwicklung vernachlässigt. Man betont stattdessen, Ethnozentrismus könne als Ausdruck einer außengesteuerten, konformen Einstellung angesehen werden, die in allen spätkapitalistischen Gesellschaften unter Individuen aller sozialer Klassen verbreitet sei (Demirovic 1992, S. 25). Um Ethnozentrismus angemessen analysieren zu können, ist es m.E. jedoch wichtig, Differenzierungen vorzunehmen und sich nicht mit pauschalisierenden Diagnosen gesellschaftlicher Zustände zufriedenzugeben.

1.3 Zum gegenwärtigen Stand der Ethnozentrismus-Forschung

Im folgenden soll ein Überblick zu wichtigen aktuellen Forschungsansätzen gegeben werden, die ethnozentrische Orientierungen konkreter untersuchen. Die Arbeiten und ihre Resultate, die für die vorliegende Arbeit von besonderem Interesse sind, werden in den folgenden Kapiteln dann ausführlicher diskutiert.

1.3.1 Analysen ethnozentrischer Argumentationen

Wie bereits festgestellt wurde, geht man in diskursanalytischen Untersuchungen davon aus, daß Ethnozentrismus - bzw. „Rassismus“, wie es dort zumeist heißt - in sozialen Diskursen reproduziert wird. Nach Teun van Dijk werden diese Diskurse von Angehörigen der Machteliten geprägt und über die Medien verbreitet (van Dijk 1992). In der Medienberichterstattung können die Bestandteile entsprechender Diskurse identifiziert werden, die zum Teil auch aus der Vorurteilsforschung bekannt sind. In einer Analyse der österreichischen Medienberichterstattung über Rumänen können beispielsweise folgende stereotype Zuschreibungen unterschieden werden: Primitivität, Gefährlichkeit, kulturelle Fremdheit und wirtschaftliche Schädlichkeit (vgl. Wodak und Matouschek 1993, S. 299 f).

Da alle Mitglieder einer Gesellschaft in diese „rassistischen Diskurse“ eingebunden sind, nimmt man an, daß zumindest ein latent rassistisches Weltbild auch von allen geteilt wird (vgl. Jäger 1992). In zum Teil sehr detaillierten und aufwendigen Studien werden „rassistische Diskurse“ dabei vor allem sprachanalytisch untersucht. Das besondere Interesse dieser Studien gilt dabei der Aufdeckung solcher Techniken, in denen dieser allgemeine Rassismus geleugnet bzw. kaschiert wird (vgl. auch Abschnitt 4.1.2 dieser Arbeit). Im Vordergrund dieser Analysen steht dabei die Gemeinsamkeit unser aller Vorurteile; wir haben demzufolge so gut wie keine Möglichkeit, uns nicht ethnozentrisch zu orientieren (vgl. Kalpaka und Räthzel 1986).

Aus solchen, zumeist auf qualitativen Interview-Analysen basierenden Untersuchungen werden Hinweise auf die inhaltlichen und sprachlichen Eigenschaften ethnozentrischer Orientierungen abgeleitet. Als ein wichtiges Element ethnozentrischer Orientierungen ist dabei die behauptete Andersartigkeit von Fremden und die Forderung nach deren Anpassung anzusehen. Es kann herausgearbeitet werden, wie man sich äußerer Merkmale - z.B. Hautfarbe oder Sprache - bedient, um auf dieser Grundlage verschiedene Gruppen von Menschen zu konstruieren (Jäger 1992, S. 223 ff). Diesen Gruppen werden dann ganz bestimmte negative Eigenschaften zugeschrieben, die als Ausdruck mehr oder weniger fixierter „Mentalitäten“ gelten. Im Gegensatz zu den als leistungsbereit und verläßlich eingestuften Deutschen werden dann z.B. Afrikaner als faul und träge beschrieben (Jäger 1992, S. 224; zum historischen Hintergrund dieser Konstruktion vgl. Gronemeyer 1991, S. 66). Solcherart konstruierte Andersartigkeit von Fremden kann auch in die Nähe von Kriminalität gerückt werden, wodurch man die Forderung nach Anpassung der „anderen“ an „uns“ zusätzlich legitimiert (Jäger 1992, S. 225).

Als ein zentraler Bestandteil ethnozentrischer Argumente gelten Kostenargumente. Besonders auf Asylbewerber bezogen ist dann die Rede von Menschen, die nicht arbeiten und stattdessen von unserem Wohlstand schmarotzen (Jäger 1992, S. 219; vgl. auch W. Hopf 1996). Ethnozentriker befürchten, daß Ausländer oder Asylbewerber den Deutschen ihre angestammten Besitzstände streitig machen. Schnell ist dann die Rede davon, daß „uns“ die Ausländer die Renten, die Wohnungen, die Mädchen oder das Freizeitzentrum wegnehmen (Leiprecht 1990a, S. 358 ff). Dies kann als Hinweis auf eine Erwartungshaltung verstanden werden, als Einheimischer gegenüber Fremden einen Anspruch auf Bevorzugung zu haben - wie sie z.B. auch von ostdeutschen Skinheads explizit zum Ausdruck gebracht wurde (Sturzbecher und Dietrich 1993, S. 38).

Bezogen auf diskursanalytische Untersuchungen kann hier festgehalten werden, daß sie die verschiedenen Varianten ethnozentrischer Argumentationen zum Teil differenziert herausarbeiten. In recht pauschaler Weise werden diese Orientierungs- und Argumentationsmuster jedoch als Ausdruck eines allgemeinen Rassismus gedeutet, der vom einzelnen mehr oder weniger geschickt verschleiert werden könne. Aufgrund dieser, wie ich meine, grob verallgemeinernden Beurteilung, können die detaillierten Erkenntnisse dieser Diskursanalysen nicht so gewinnbringend genutzt und integriert werden, wie es möglich und wünschenswert wäre.

1.3.2 Die Verbreitung ethnozentrischer Orientierungen

Während qualitative Studien vor allem auf Informationen zu den verschiedenen Elementen ethnozentrischer Argumentationsweisen abzielen, richtet sich das gegenwärtige Forschungsinteresse bei Befragungen, die sich standardisierender Methoden bedienen, vornehmlich auf die Frage, wer sich ethnozentrisch äußert. Dabei differenziert man vor allem hinsichtlich Geschlecht, Alter, Bildungsniveau und Wohnort bzw. Wohnortgröße.

Die vorliegenden Forschungsergebnisse deuten teilweise darauf hin, daß Ethnozentrismus unter Männern stärker als unter Frauen verbreitet ist. Dies wurde für ethnozentrisch motivierte Handlungen und entsprechende Einstellungen ermittelt. Eine Untersuchung fremdenfeindlicher Straf- und Gewalttaten kommt zu dem Ergebnis, daß die Tatverdächtigen zu 95 % Männer sind (Willems 1992, S. 437; vgl. auch Homfeldt und Schenk 1995, S. 27). In zahlreichen Jugenduntersuchungen konnte bezogen auf ganz Deutschland (Deutsches Jugendinstitut 1992; Institut für empirische Psychologie 1992; Melzer u.a. 1992), auf Berlin (Merkens u.a. 1992; Oesterreich 1993b) und speziell für die neuen Bundesländer (Müller und Schubarth 1992, S. 18; Sturzbecher und Dietrich 1993, S. 40) festgestellt werden, daß Männer in stärkerem Maße zu ethnozentrischen Orientierungen neigen als Frauen. In Untersuchungen, die auch andere Altersgruppen einbeziehen, können diese geschlechtsspezifischen Ausprägungen in der Regel nicht bestätigt werden (Bergmann und Erb 1991, S. 211; Silbermann und Hüsers 1995, S. 45).

Im Zusammenhang mit Fremdenfeindlichkeit standen in letzter Zeit vor allem Jugendliche im Zentrum des allgemeinen Interesses. Diese Fokussierung scheint aber nur nach den Ergebnissen einzelner Einstellungsuntersuchungen gerechtfertigt zu sein. Im Jahr 1990 konnte unter Jugendlichen - sowohl der Noch-DDR als auch aus beiden Teilen Berlins - eine überdurchschnittliche Zustimmung zu ethnozentrischen Aussagen festgestellt werden (Ködderitzsch und Müller 1990; bzw. Stöss 1991, beide nach Pfahl-Traughber 1991, S. 768). Geradezu besorgniserregend sind die Resultate der von Willems vorgelegten Analyse polizeilicher Ermittlungsakten. Von den bei fremdenfeindlichen Straftaten ermittelten Verdächtigen waren 80% unter 25 Jahre alt, während 35% noch nicht einmal 17 Jahre alt waren (Willems 1992, S. 437). Diese Ergebnisse verweisen vor allem auf die Existenz aktionistischer Jugendkulturen, die es jedoch auch früher gegeben hat. So waren etwa zwei Drittel der Täter, die im Zusammenhang mit der antisemitischen „Schmierwelle“ des Winters 1959/60 ermittelt wurden, zwischen 14 und 30 Jahren alt (Bergmann und Erb 1991, S. 162). Diese Ergebnisse zur Altersstruktur fremdenfeindlicher Straftäter sollten nicht darüber hinwegtäuschen, daß Ethnozentrismus - den Ergebnissen der meisten Studien zufolge - mit dem Lebensalter der Befragten eher zunimmt. Entsprechende Trends werden sowohl in allgemeinen Umfragen (ALLBUS) als auch in themenspezifischen Untersuchungen dokumentiert (Hill in Willems 1993, S. 53 f; Bergmann 1993, S. 117 u. 124 f; Silbermann und Hüsers 1995, S. 47 ff).

Neben dem Alter ist es vor allem das Bildungsniveau, über das im Zusammenhang mit ethnozentrischen Orientierungen weitgehend Einigkeit besteht - auf die gegenläufigen Ergebnisse einer Tübinger Untersuchung wird unten näher eingegangen. Fremdenfeindliche Einstellungen treten demnach bei Personen mit geringerer Schulbildung häufiger auf, und zwar umso ausgeprägter, je unqualifizierter ihr Bildungsabschluß ist (Hill in Willems 1993, S. 53; Bergmann 1993, S. 126). Sowohl die Ergebnisse der Analyse polizeilicher Ermittlungsakten (Willems 1992, S. 437) wie auch die zahlreichen Studien zu den Einstellungen

Jugendlicher (Deutsches Jugendinstitut 1992; Institut für empirische Psychologie 1992; Melzer u.a. 1992; Merkens u.a. 1992; Oesterreich 1993b) bestätigen den Zusammenhang zwischen eher niedrigem Bildungsniveau und ethnozentrischen Orientierungen. Entsprechend diesem Befund sind es zumeist auch eher Lehrlinge und Facharbeiter als Schüler und Studenten, bei denen fremdenfeindliche Handlungen oder Orientierungen auffallen (Willems 1992, S. 437; Müller und Schubarth 1992, S. 18; Sturzbecher und Dietrich 1993, S. 40). Auf ein in diesem Zusammenhang nicht zu erwartendes Detail verweisen die Ergebnisse einer Emnid-Befragung von 1993: Entgegen dem generell negativen Zusammenhang zwischen formal höherem Bildungsabschluß und Fremdenfeindlichkeit findet sich hier unter den Befragten mit Hochschulabschluß der - relativ betrachtet - größte Anteil an stark fremdenfeindlich eingestellten Probanden (Silbermann und Hüsers 1995, S. 50). Ethnozentrismus ist demzufolge nicht als Besonderheit eher niedriger Bildungsschichten anzusehen.[4]

Die vorliegenden Ergebnisse zu den Zusammenhängen zwischen Wohnort bzw. Wohnortgröße und der Neigung, sich ethnozentrisch zu äußern, sind alles andere als eindeutig. Angesichts der Umfrage im Rahmen des EUROBAROMETERS stellt Hill für 1992 fest, „daß Vorbehalte gegenüber Minoritäten in Deutschland im Vergleich zu den anderen Mitgliedstaaten der EG zwar stark verbreitet sind, aber keineswegs als 'besonders hoch' oder 'aus der Reihe fallend' zu betrachten sind“ (Hill in Willems 1993, S. 49). In der Umfrage von 1988 war demgegenüber noch ermittelt worden, daß die Deutschen in stärkerem Maße als ihre europäischen Nachbarn der Ansicht sind, daß zu viele Menschen anderer Nationalität in ihrem Land leben (Fuchs u.a. 1993, S. 244 ff). Bei deutsch-deutschen Vergleichsstudien wird zumeist eine höher Ausländerfeindlichkeit unter ostdeutschen Befragten festgestellt (Deutsches Jugendinstitut 1992; Institut für empirische Psychologie 1992; Lederer 1991; Melzer u.a. 1992; Merkens u.a. 1992; Oesterreich 1993b; Silbermann und Hüsers 1995). In einzelnen Untersuchungen und bezogen auf ausgewählte Dimensionen können solche Differenzen allerdings nicht bestätigt werden, z.B. bezüglich der Sympathiewerte gegenüber verschiedenen Nationalitäten (Oesterreich 1993a, S. 187).

Während zu Beginn der 80er Jahre auf dem Lande noch eine größere Neigung zu ausländerfeindlichem und rechtsextremem Denken als in der Stadt konstatiert wurde (Fend 1994, S. 146), konnte ein entsprechendes Land-Stadt-Gefälle in den letzten Jahren nur in der ALLBUS-Befragung für Ostdeutschland bestätigt werden. Ansonsten lassen sich zumeist keine Auswirkungen der Wohnortgröße auf ethnozentrische Orientierungen feststellen (Hill in Willems 1993, S. 54 f; Bergmann 1993, S. 118).

---

4 Eine Infratest-Umfrage unter Studierenden erbrachte im Sommer 1995 Zustimmungswerte zwischen 33% und 22% für Fragebogenitems, die ethnozentrische Positionen enthalten (vgl. Fritz-Vannahme 1995, S. 42).

Die zum Teil widersprüchlichen Ergebnisse der vorgestellten Untersuchungen verdeutlichen den Bedarf an gründlicheren Analysen zu den unterschiedlichen Bedingungen ethnozentrischer Orientierungen. In ihrer Antisemitismus-Studie liefern Werner Bergmann und Rainer Erb solche differenzierende Erklärungen für die einflußreichen Faktoren Alter und Bildung. Anhand eines Längsschnitts durch die seit dem 2. Weltkrieg publizierten Untersuchungen unterscheiden sie verschiedene politische Generationen. Die aktuellen Einstellungen zu Fremdgruppen sind demzufolge nicht als Ausdruck lebenszyklischer Muster anzusehen, sondern es handelt sich offenbar eher um einmal erworbene Orientierungen, die relativ stabil bleiben (Bergmann und Erb 1991, S. 69 ff). Über die Konzeption politischer Generationen können die Autoren auch die Zusammenhänge zwischen Bildung und Ethnozentrismus erklären. Entgegen dem häufig postulierten negativen Zusammenhang zwischen formal hohem Bildungsniveau und Ethnozentrismus stellen Bergmann und Erb bei den Gebildeten älterer Geburtsjahrgänge (1908 - 1916) einen besonders ausgeprägten Antisemitismus fest (Bergmann und Erb 1991, S. 76).

Bergmann und Erb beziehen sich in erster Linie auf Antisemiten und deuten an, daß ihre Ergebnisse nicht unbedingt auf Menschen mit fremdenfeindlicher Einstellung übertragen werden können. Sie machen aber gleichzeitig deutlich, daß die Antisemiten ihren Ergebnissen zufolge als harter Kern der größeren Gruppe von Ethnozentrikern angesehen werden können (Bergmann und Erb 1991, S. 208 f). Diese Erkenntnisse sprechen dafür, daß Ethnozentrismus weder als bloßes Altersphänomen - sei es in Form der „Jugendprotestthese" oder in der Annahme eines normalen Alterskonservatismus - noch als Mangel an Bildung per se (vgl. in diesem Sinne auch die Ergebnisse von Silbermann und Hüsers 1995) abgetan werden kann.

1.3.3 Deprivationstheoretische Untersuchungen

Im Kontext deprivationstheoretischer Erklärungsansätze für ethnozentrische Orientierungen bezieht man sich vor allem auf die möglichen Auswirkungen sozialstruktureller Benachteiligungen. So wird im Zusammenhang mit der Karriere neonazistischer Gewalttäter auf eine Bündelung nachteiliger Lebensbedingungen hingewiesen: Gestörte oder unvollständige Familien, geringe schulische Bildung, Unterbrechungen oder Abbrüche im Bereich der Berufsbildung (Hennig 1982, S. 34 f). Unter einem ähnlichen Blickwinkel hat Eike Hennig die Erfolge rechtsradikaler Parteien bei den Kommunal- und Europawahlen des Jahres 1989 in Frankfurt/Main untersucht. NPD und „Republikaner" wurden damals vor allem in Stadtteilen gewählt, in denen viele Menschen mit einem formal niedrigen Schulabschluß leben, die überdurchschnittlich von Arbeitern bewohnt sind und deren Wohnqualität als schlecht bezeichnet werden kann (Hennig 1991, S. 214, 217). Die Deprivationsthese wird auch durch die sozialstrukturell ausgerichtete Reanalyse einer neueren, repräsentativen Befragung Jugendlicher bestätigt. In bezug auf ausländerfeindliche und rechtsextremistische Orientierungen stellt Wulf Hopf dabei fest, „daß Jugendliche desto eher zu solchen Orientierungen neigen, je benachteiligter sie aufgrund ihrer sozialen Herkunft und ihrer Ausbildung sind“ (W. Hopf 1994, S. 207).

Unter einen speziellen Begriff sozialer Deprivation fassen Bergmann und Erb solche Personen, deren Erwartungen enttäuscht worden sind, z.B. Schul- oder Ausbildungsabbrecher. Unter diesen Befragten, die sich subjektiv benachteiligt oder enttäuscht fühlen, fanden sie überdurchschnittlich ausgeprägte Ressentiments gegenüber Ausländern. (Bergmann und Erb 1991, S. 82) Auch an anderer Stelle wird im Zusammenhang mit Fremdenfeindlichkeit auf die besondere Bedeutung subjektiver Deprivation verwiesen - in Abgrenzung zu den Auswirkungen objektiv ungünstiger Lebensbedingungen (Silbermann und Hüsers 1995, S. 103).

Als eine besondere Variante deprivationstheoretischer Ansätze können Versuche angesehen werden, Krisensituationen für rechtsextremistische und ausländerfeindliche Strömungen verantwortlich zu machen. In diesem Zusammenhang wird beispielsweise auf Massenarbeitslosigkeit oder kollektive Verelendung Bezug genommen, teilweise mit dem historischen Verweis auf das Ende der Weimarer Republik (Hartmann u.a 1985, S. 82 ff). Besonders solche Untersuchungen, die sich mit Fremdenfeindlichkeit in Ostdeutschland beschäftigen, räumen entsprechenden Erklärungen hohen Stellenwert ein. Die Fremdenfeindlichkeit bei Jugendlichen im Land Brandenburg wird einerseits mit der Arbeitslosigkeit der Eltern erklärt (Sturzbecher u.a. 1994, S. 144); andererseits würden die Jugendlichen Ausländer auch für sich selbst als Konkurrenten auf dem Arbeitsmarkt fürchten (Sturzbecher und Dietrich 1993). Neben dieser vermeintlichen Konkurrenz auf dem Arbeitsmarkt wird an anderer Stelle auf die speziellen Schwierigkeiten der Umbruchsituation in Ostdeutschland verwiesen, die zu erheblichen psychischen und materiellen Problemen führe (Müller und Schubarth 1992, S. 23 ff; Oesterreich 1993a, S. 231). Detlef Oesterreich macht den Zusammenbruch der DDR für eine Identitätsgefährdung der Ostdeutschen verantwortlich. In Zusammenhang mit materiell ungesicherten Verhältnissen führe dies zu einer Lebenssituation, die autoritäre Reaktionen nahelege. Damit sind sowohl Überanpassung an westliche Werte, als auch das Aufkommen nationalistischer Orientierungen gemeint (Oesterreich 1993a, S. 54).

Im Gegensatz zu solchen - im weiteren Sinne - deprivationstheoretischen Erklärungen, wird teilweise auch die These vertreten, Ethnozentriker stammten eher aus relativ gut situierten oder abgesicherten sozialen Schichten und nicht aus dem Kreis der sozial Benachteiligten. So sind laut einer Studie der Universität Tübingen die Einstellungen sogenannter benachteiligter Jugendlicher, die zum Teil keinen Schulabschluß aufweisen oder schon eine Ausbildung abgebrochen haben, weniger ethnozentrisch als die von Lehrlingen in der Metallindustrie, deren Bildungsniveau höher ist (Held u.a. 1991, S. 484). Diese Ergebnisse, die man auf die griffige Formel „Wohlstandschauvinismus“ gebracht hat, werden durch die von den Autoren selbst mitgeteilten Daten allerdings nur sehr begrenzt oder gar nicht gestützt; außerdem weist die Untersuchung methodische Mängel auf (- zur Kritik vgl. W. Hopf 1994, S. 199 f), so daß ihre Resultate als fragwürdig einzuschätzen sind.

Ein allgemeiner Zusammenhang zwischen materieller Not oder Arbeitslosigkeit und der verstärkten Neigung zu ethnozentrischen Orientierungen erscheint dennoch mehr als fraglich. Entsprechende Vermutungen konnten weder in einer Antisemitismus-Studie (Bergmann und Erb 1991, S. 226) noch in einer Repräsentativbefragung des Emnid-Instituts bestätigt werden (Silbermann und Hüsers 1995, S. 74). Auch die Analyse des ALLBUS-Datensatzes von 1992 gibt „keinen Hinweis darauf, daß Arbeitslosigkeit direkt zu Ausländerfeindlichkeit und einer Präferenz für extrem rechte Parteien führt“ (Hill in Willems 1993, S. 66). Die verschiedenen Ergebnisse deprivationstheoretischer Studien zeigen m.E. zweierlei: Es ist offenbar notwendig, zwischen verschiedenen Formen der Benachteiligung stärker zu differenzieren und auch den individuellen Umgang mit schwierigen Lebensumständen zu berücksichtigen.

1.3.4 Individualisierungstheoretische Untersuchungen

In den letzten Jahren gehörten die individualisierungstheoretischen Studien Wilhelm Heitmeyers zu den meistdiskutiertesten Erklärungsansätzen für die Orientierung an ethnozentrischen bzw. rechtsextremen Weltbildern. Im Unterschied zu den traditionellen Faschismustheorien, die sich an der Vorstellung einer Klassengesellschaft orientieren, bezieht sich Heitmeyer auf die Konzeption Ulrich Becks zur „Risikogesellschaft“ (Beck 1986). Diesem Entwurf zufolge ist unser Leben in einer entwickelten Industriegesellschaft von einer zunehmenden Individualisierung von Lebenslagen und Lebenswegen gekennzeichnet. Traditionelle Milieus zerfallen und die Individualisierung sei mit Vereinzelung, Entsolidarisierung und steigendem Konkurrenzdruck verbunden (Heitmeyer 1988, S. 64 f). An die Stelle solidarischer Orientierungen und kollektiver Einbindungen tritt Heitmeyer zufolge machiavellistisches Einzelkämpfertum, das sich durch individuelles Leistungsstreben und eine affirmative Konsumorientierung auszeichne. Wenn eine Abfederung nicht erreicht werden könne, z.B. weil keine Erfolge im Bildungs- und Arbeitsbereich zu realisieren sind, bestehe die Gefahr einer Atomisierung (Heitmeyer u.a. 1992, S. 95 ff).

In der „Bielefelder Langzeitstudie“ werden diese Zusammenhänge pointiert herausgestellt. Ausgangspunkt des dort angebotenen Erklärungsmodells ist die Frage, inwieweit der einzelne in soziale Milieus eingebunden ist und dort Unterstützung erfährt. Heitmeyer und Kollegen meinen damit vor allem Familien- und Peer-Beziehungen, aber auch Nachbarschaftskontakte. Diese Milieuerfahrungen seien nicht nur wichtig, um einen Arbeits- bzw. Ausbildungsplatz zu finden, sondern prägten auch die Haltung zur Arbeit: Befriedigende Sozialbeziehungen führen diesem Modell zufolge eher zu einer inhaltlich-interessierten Einstellung, während fehlende Einbindung bzw. Unterstützung zu einer instrumentalistischen Arbeitshaltung beitrügen, bei der z.B. der Verdienst im Vordergrund steht. Eine instrumentalistische Einstellung sei eine entscheidende Bedingung für die Akzeptanz rechtsextremer Ideologien (Heitmeyer u.a. 1992, S. 474). Nach Ansicht der Autoren ist dieser Zusammenhang auch deswegen plausibel, da eine instrumentalistische Haltung zur Arbeit mit einer instrumentalistischen Haltung gegenüber anderen Menschen korrespondiere; fremdenfeindliche Positionen entsprächen solchen Vorstellungen des Verfügens über andere Menschen (Heitmeyer u.a. 1992, S. 574).

Wenn familiäre Beziehungen nicht mehr tragfähig seien und auch keine anderen sozialen Einbindungen bestehen, z.B. über den Bereich der Erwerbsarbeit, fehlten wichtige Orientierungshilfen. Nach Heitmeyer suchen Jugendliche in dieser Situation nach Verhaltensgewißheiten und klaren Zuordnungen, z.B. über die Identifikation mit surrogathaften kollektiven Identitäten, um einer zunehmenden Norm- und Orientierungslosigkeit zu begegnen.(Heitmeyer 1988, S. 99) Bei Orientierungsversuchen käme naturvermittelten Ungleichheiten - „Rasse", Hautfarbe, Geschlecht, Alter - wegen ihrer direkten Wahrnehmbarkeit besonderes Gewicht zu. Rechtsextreme Orientierungen werden von Heitmeyer aber nicht als dauerhafte Einstellungen oder Persönlichkeitsmerkmale, sondern als gesellschaftliche „Strömungsgrößen" verstanden, d.h. entsprechende Orientierungsmuster seien in den Strukturen und Institutionen der Gesellschaft präsent und würden von Jugendlichen aufgegriffen und „ans Tageslicht geholt" (Heitmeyer 1988, S. 78). Die Bielefelder Forschungsgruppe kann in Einzelfallanalysen zeigen, daß eine Verbesserung der Arbeitssitutation zu einer stärker inhaltlichen Arbeitsorientierung und zu nachlassender Fremdenfeindlichkeit führt (Heitmeyer u.a. 1992, z.B. S. 317). In einer Zwischenphase, die durch Arbeitslosigkeit geprägt ist, diagnostizieren sie dann wieder eine Verschärfung der Fremdenfeindlichkeit, bis hin zum Fremdenhaß (Heitmeyer u.a. 1992, S. 327).

Die vorliegenden Forschungsarbeiten, die sich in erster Linie auf individualisierungstheoretischen Konzepte berufen, wirken allerdings nicht immer überzeugend. Zunächst ist einzuwenden, daß sie einen Gegensatz konstruieren: Auf der einen Seite die verklärte und romantisierte Vergangenheit, auf der anderen Seite die durch Unsicherheit bzw. Unübersichtlichkeit gekennzeichnete Gegenwart (zur Kritik vgl. z.B. Leiprecht 1990a, S. 200 ff). Es ist beispielsweise die Rede davon, die zahlreicheren Entscheidungsmöglichkeiten bzw. -zwänge hätten den „Verlust der Sorglosigkeit eines kindlichen Alltags" zur Folge (Arbeitsgruppe Bielefelder Jugendforschung 1990, S. 31). Außerdem fehlt es dem Individualisierungstheorem bislang an einer empirisch plausiblen Umsetzung; es läßt sich z.B. nicht eindeutig bestimmen, welche Form der Vereinzelung die beschriebenen Auswirkungen hat und wie man sie feststellen kann. Stattdessen entsprechen die von Heitmeyer und Kollegen diagnostizierten Symptome der Modernisierungsverlierer teilweise denen sozialer Deprivation: Gestörte Familienverhältnisse, mangelnde Bildungsmotivation, fehlende Arbeitsplatzsicherheit.

1.3.5 Psychodynamische Untersuchungen

Auch im Kontext psychologischer Erklärungsversuche setzt man teilweise an Vorstellungen von Orientierungs- oder Beziehungslosigkeit in der „Risikogesellschaft“ an. Anders als bei solchen Ansätzen, in denen man sich auf gesellschaftliche Entwicklungen bezieht, die möglicherweise mit problematischen Konsequenzen verbunden sind, konzentriert man sich hier auf innerpsychische Prozesse, mit denen die Orientierung am Ethnozentrismus in Verbindung gebracht wird. Man nimmt an, das Leben in einer modernen Gesellschaft sei für den einzelnen mit einem Mangel an Geborgenheit verbunden, so daß das mit rechtsextremen Gruppen assoziierte Gemeinschaftserleben reizvoll erscheine (vgl. Maaz 1993, S. 179 f; Schiebel 1992, S. 73 ff). Ethnozentrische Orientierungen würden dann erst im Nachhinein übernommen, sozusagen zur Absicherung der Beziehung - z.B. zu rechtsextremen Gruppen (Schiebel 1992, S. 73) oder zu solchen Großeltern, die sich positiv zum Nationalsozialismus äußern (Inowlocki 1992, S. 63; Schiebel 1992, S. 75). Ethnozentrische Orientierungen seien demnach als Sehnsucht nach Kontakt und Beziehung (Maaz 1993, S. 180) zu verstehen.

Im Kontext psychoanalytischer Erklärungsansätze ethnozentrischer Orientierungen werden Defizite im Bereich der Sexualität teilweise als besonders gravierend eingeschätzt. Dementsprechend wird bei Ethnozentrikern, deren Ressentiments gegenüber Ausländern sich häufig auf sexuelle Themen beziehen, das Fehlen eines ungezwungenen und befriedigenden Sexuallebens diagnostiziert (Richter 1992, S. 230).

Darüber hinaus vermutet man bei Ethnozentrikern, daß frühkindliche Erfahrungen von Versagung - z.B. der Nahrung durch die Mutter - durch aktuelle Deprivationen oder Mangelerlebnisse aktiviert würden (Marx 1993, S. 168). Die Grundlage einer ethnozentrischen Orientierung ist demnach das Gefühl, zu kurz gekommen zu sein. Dies könne nicht ertragen werden und werde daher in eine wahnhaftes Gefühl der Stärke gewendet, einen nationalen Narzißmus. Nationalismus und Rassismus stellten eine „synthetischer Identität“ bereit, durch die der Jugendliche den einfühlsamen Kontakt zu seinen eigenen schwachen und verletzlichen Seiten verliert (Bohleber 1994, S. 78). Durch diese „narzistische Reparation“ würden eigene, negativ erlebte Anteile auf Fremdgruppen projiziert, in denen „bedrohliche Selbstanteile (...) in projektiver Identifikation gebunden und bekämpft“ werden (Streeck-Fischer 1992, S. 763). Rechtsextremen Ideologien bekämen auf diese Weise eine Plombenfunktion für das beschädigte Selbst (Streeck-Fischer 1994, S. 264).

Mario Erdheim bringt ethnozentrische Tendenzen mit der Ablösung von der vertrauten Familie und dem Erschließen allgemeinerer sozialer und kultureller Lebenszusammenhänge in Verbindung. Demzufolge sei die Adoleszenz als die Lebensphase anzusehen, „in der sich entscheidet, wie man sich gegenüber den Fremden verhalten wird“ (Erdheim 1993, S. 81). Entscheidend sei es daher, welche Möglichkeiten eine Gesellschaft ihren Adoleszenten eröffne, Fremdes kennenzulernen, ohne dabei die Spannung zum Eigenen zu verleugnen. Erklärungsansätze, die die spezifischen Bedingungen der männlichen Adoleszenz thematisieren, beziehen sich ebenfalls auf die für Pubertierende neue Erfahrung, sich selbst und anderen fremd zu sein. Komme dann noch das Gefühl hinzu, sexuelle Befriedigung sei unerreichbar, führe dies zum Bedürfnis nach einer männlichen Ersatzidentität (Streeck-Fischer 1994, S. 264).

Aus sozialwissenschaftlicher Perspektive ist die Datengrundlage solcher Erklärungsansätze als fragwürdig einzuschätzen. Einige Arbeiten basieren auf Berichten aus den therapeutischen Behandlungen einzelner Probanden; in anderen Fällen wird die empirische Grundlage für die beschriebenen Einschätzungen gar nicht expliziert. Irgendeine Kontroll- oder Prüfmöglichkeit - die bei Erklärungen, die sich auf Psychotherapien beziehen, problematisch ist - wäre jedoch notwendig, um die Berichte zu solchen psychischen Prozessen besser einschätzen zu können. Wenn es gelänge, psychoanalytische Erklärungen abzusichern, indem man sie transparent und nachvollziehbar vermittelt, läge hier sicherlich ein großes Erkenntnispotential.

1.4 Ausgangslage und Fragestellung der vorliegenden Studie

Obwohl gerade in den letzten Jahren viele Studien zum Themenbereich ethnozentrischer Orientierungen vorgelegt wurden, sind hier erhebliche Forschungsdefizite zu konstatieren. Es ist zunächst weniger der Mangel an einzelnen Ergebnissen, als der ihres Bezugs aufeinander, also das Problem einer fehlenden Integration verschiedener Frageperspektiven, unterschiedlicher Forschungsmethoden und teilweise unvergleichbarer Resultate, der hier genannt werden muß. Außerdem ist festzustellen, daß die Material- bzw. Datenbasis und dic auf ihrer Grundlage erzielten Ergebnisse nicht allen zu erforschenden Fragen gerecht werden oder diese oft nur unzureichend beantworten. Im folgenden soll der Bedarf an verbindenden und ergänzenden Analysen sowie die Möglichkeit, ihn zu decken - soweit dies im Rahmen der vorliegenden Arbeit zu leisten ist - kurz skizziert werden. Genauer werden die zu behandelnden Fragen in den jeweiligen Kapiteln vorgestellt, wo es auch möglich ist, ihre Entwicklung aus dem Kontext der wissenschaftlichen Diskussion zu verdeutlichen.

In der Regel fehlen fundierte Erkenntnisse darüber, wie ethnozentrische Orientierungen genau aussehen: Wer wird glorifiziert, wer wird abgewertet oder diffamiert, mit welcher Begründung oder auf welchem Hintergrund geschieht dies und auf welche Weise geht das vor sich? Wenn diese Fragen gestellt werden - was zumeist nicht der Fall ist - fallen die Antworten eher unbefriedigend aus. Untersuchungen, die mit standardisierten Methoden arbeiten, erbringen nur das begrenzte Spektrum an Antworten, das den Probanden vorgegeben wurde. Hier können die Arbeiten genannt werden, bei denen verschiedenen Nationalitäten oder Ethnien Sympathiewerte zugeordnet werden sollen; aber auch solche, in denen die Zustimmung zur Zuwanderung verschiedener Fremdgruppen verglichen wird. Aber auch Studien, die sich qualitativer Methoden bedienen, sind nicht als zufriedenstellend zu bezeichnen: Die Auswertung scheint oft unsystematisch und willkürlich zu sein, teilweise wird den Äußerungen der Befragten eine Bedeutung unterstellt, die vom Material offensichtlich nicht gedeckt ist.

In der vorliegenden Arbeit wird versucht, die verschiedenen Aspekte ethnozentrischer Argumentationen zu identifizieren, sie gemäß ihrer jeweiligen Bedeutung zu gewichten und Erkenntnisse zum Zusammenspiel diverser Ethnozentrismus-Komponenten zu gewinnen. Dabei wird es sowohl um Hinweise auf verschiedene Orientierungsmuster gehen, die inhaltlich voneinander zu unterscheiden sind (Kapitel 3) als auch um diverse Charakteristika der zu beobachtenden Argumentationsweisen (Kapitel 4). Außerdem werden Hinweise auf nicht-ethnozentrische Orientierungen identifiziert (Kapitel 5), so daß die Bestimmung ethnozentrischer Orientierungen auf dem Wege einer Kontrastierung zusätzlich abgesichert werden kann.

Unklarheit und widersprüchliche Positionen können hinsichtlich der mit ethnozentrischen Einstellungen verbundenen „Motivationsqualität" konstatiert werden. Konkret stellt sich die Frage, ob und inwieweit Ethnozentrismus mit einer instrumentellen Grundhaltung assoziiert ist - und demnach als zweckrational motiviert einzuschätzen ist - oder eher als Ausdruck einer normgebundenen, wertrationalen Orientierung anzusehen ist. Um dies zu klären, werden hier verschiedene Indizien für Normorientierung bzw. Instrumentalismus untersucht - sowohl bei Befragten, die zum Ethnozentrismus neigen, als auch bei solchen, die dies eher nicht tun (Kapitel 6).

Wenn es um die Bedingungen geht, unter denen sich ethnozentrische Orientierungen entwickeln oder mit denen sie einhergehen, stehen in der Regel gesamtgesellschaftliche Entwicklungen im Vordergrund, z.B. Modernisierungstendenzen, ohne daß deutlich würde, warum sie auf individueller Ebene so verschiedene Auswirkungen haben können. In den Fällen, in denen man stärker differenziert, werden zumeist sehr grobe Raster angelegt: Nationalität, Alter, Bildung, Wohnort etc. Selbst dann, wenn spezifischere Lebensbedingungen berücksichtigt werden, bleibt die Betrachtung häufig pauschal. Es ist dann von gestörten oder unvollständigen Familien bzw. von den Einflüssen der Gleichaltrigengruppe die Rede; außerdem wird auf die Bedeutung einer Arbeitsstelle bzw. den Zugang zu einer befriedigenden Erwerbsbiographie verwiesen. Teilweise werden dann auch Spekulationen zu anderen Faktoren vorgenommen, die durchaus plausibel erscheinen, aber in ihrer Bedeutung nicht ausreichend erforscht sind (z.B. sexuelle Befriedigung, Mangel an Geborgenheit).

Ohne die Bedeutung gesellschaftlicher Entwicklungsprozesse oder spezifischer Lebensbedingungen von Jugendlichen, sei es in der Schule (vgl. Schubarth und Melzer 1993) oder im Kontext unzureichender Freizeitangebote (vgl. z.B. Farin und Seidel-Pielen 1991), zu verkennen, werden in dieser Arbeit andere Schwerpunkte untersucht. In Ergänzung zu den vorliegenden Ansätzen sollen hier die

Auswirkungen verschiedener Beziehungserfahrungen in ihrer Bedeutung für die Ausprägung ethnozentrischer Orientierungen gründlich untersucht und dargestellt werden. Am Beispiel von Scheidungsfamilien geht es zunächst um die Prüfung und Differenzierung des häufig pauschal angenommenen Zusammenhangs zwischen auffällig gestörten Familienverhältnissen und rechtsextremen bzw. ausländerfeindlichen Einstellungen (Kapitel 7). Anschließend werden diverse Aspekte in den Beziehungen zu den Eltern thematisiert, die mit der Neigung zum Ethnozentrismus in Verbindung gebracht werden können (Kapitel 8). Außerdem sollen auch die verschiedenen Erfahrungen mit Gleichaltrigen und die möglichen Zusammenhänge zu ethnozentrischen Orientierungen untersucht werden. Dabei wird es um die Beziehungen zu Freunden, Cliquen und Partnerinnen gehen (Kapitel 9).

Ethnozentrische Orientierungen werden hier nicht nur als Ausdruck jeweils aktueller Lebensumstände oder Kontakte bzw. als Ergebnis situativer Eskalationsprozesse verstanden, sondern vor allem im Kontext ihrer Sozialisation untersucht. Dabei geht es um frühe Beziehungserfahrungen, den aktuellen Umgang mit diesen Erfahrungen, aber auch um die Einflüsse späterer Beziehungen. Dafür werden die individuell entwickelten Vorlieben bzw. Möglichkeiten zur Gestaltung sozialer Beziehungen thematisiert. In diesem Zusammenhang sollen emotionale, kognitive und sachlich-inhaltliche Aspekte in ihrer Relevanz für ethnozentrische Orientierungen verdeutlicht werden.

2. Untersuchungsansatz und Forschungsmethoden

In Untersuchungen zu ethnozentrischen Orientierungen wird überwiegend mit standardisierenden Verfahren gearbeitet. Auf diese Weise hofft man, die Einstellungen ganzer Bevölkerungsgruppen vergleichbar bzw. repräsentativ zu erfassen (Hill in Willems 1993; Melzer 1992; Silbermann und Hüsers 1995). Für die vorliegende Analyse wurde demgegenüber ein qualitativer Ansatz gewählt, der - der Fragestellung angemessen - sowohl den Ausprägungen ethnozentrischer Orientierungen als auch verschiedenen Bedingungen, die ihre Entwicklung begleiten, gerecht wird. In vergleichbaren Untersuchungen wird häufiger darauf hingewiesen, daß subjektive Orientierungsmuster mittels standardisierender Methoden nicht zufriedenstellend aufzuklären sind, sei es wegen ihres latenten Charakters (Leiprecht 1990a, S. 150) oder aufgrund ihrer prozessualen Entwicklungsverläufe (Heitmeyer u.a. 1992, S. 50). Verschiedentlich fordert man daher qualitative Studien zur Ergänzung bzw. Vertiefung der Ergebnisse, die mit standardisierenden Verfahren erzielt werden können. Unabhängig von der Frage, unter welchen Bedingungen solch eine Ergänzung möglich und sinnvoll ist - vgl. hierzu Abschnitt 2.3 dieser Arbeit - wird hier davon ausgegangen, daß eine differenzierte qualitative Analyse ethnozentrischer Orientierungen - die zur Zeit noch aussteht - neue substantielle Erkenntnisse erbringen kann. Dafür sprechen verschiedene Überlegungen.

Anders als bei der Erhebung mittels eines vorfixierten Auswahlfragebogens lassen sich bei einem qualitativen Untersuchungsansatz auch Aufschlüsse über zuvor nicht erwartete Sichtweisen eines Probanden und seinen Umgang mit solchen Fragen erlangen, die neu sind oder denen gegenüber Unsicherheit besteht (vgl. Cicourel 1974, S. 152). Ganz generell werden dabei sowohl der Prozeß, in dem Informationen generiert werden, als auch die Bedeutung, die die Befragten mit ihren Antworten verbinden, transparenter (vgl. Cicourel 1974, S. 156; Hopf und Müller 1995; Kohli 1978). Durch vertiefende Nachfragen kann der individuelle Standpunkt des Befragten und die Bedeutung, die seine Aussagen für ihn haben, weiter geklärt werden. Konkret ermöglicht die qualitative Datengrundlage daher ein sehr gründliches, an Einzelfällen und wörtlichen Aussagen orientiertes Vorgehen. Wie noch zu zeigen sein wird, können auf diese Weise auch Erkenntnisse über die Qualität ethnozentrischer Orientierungen in einer Weise erlangt werden, die nicht nur prüft, wie die Probanden auf Vorgaben reagieren, sondern in der neue Perspektiven sichtbar werden. Durch diese, in meinen Augen notwendige Entscheidung für eine in erster Linie qualitativ orientierte Datengewinnung und -auswertung muß eine Untersuchung mit kleiner Fallzahl in Kauf genommen werden, so daß es an dieser Stelle nicht um repräsentative Resultate gehen kann.

Für eine gründliche qualitative Auswertung ist es sinnvoll, eine breite und dichte Materialbasis zu schaffen. Aus diesem Grund sollten viele verschiedene Äußerungen zu unterschiedlichen Aspekten des relevanten Themenspektrums gesammelt und analysiert werden. Da die Befragten im Interview nicht nur auf Fragen reagieren, sondern komplexe Vorstellungen, Deutungen sowie Explikationen und konkrete Beispiele entwickeln, steht solch eine vielschichtige Informationsgrundlage zur Verfügung. Neben abstrakten, eher distanzierten und allgemeinen Äußerungen können dabei auch konkrete, beispielhafte oder emotionsgeladene Artikulationen berücksichtigt werden. Indem man diverse Äußerungen auf verschiedenen Ebenen berücksichtigt und kontrastiert, wird ein Prozeß möglich, der als „interne Validierung" bezeichnet werden kann. Im Verlauf der Ausdeutung von Interviewäußerungen ist zwar nicht der Vergleich zwischen Reden und Handeln (vgl. Becker und Geer 1979, S. 161 ff) möglich, jedoch können abstrakte Äußerungen mit konkreten Erfahrungen sowie allgemeine Postulate mit beispielhaften Erzählungen verglichen werden. Auf diese Weise wird die Konsistenz der Informationen transparenter.

Wenn die Möglichkeit besteht, sich die subjektiven Erinnerungen und Orientierungen der Befragten auf solch elaborierte Weise beschreiben zu lassen, sollten die Möglichkeiten dieses Datenmaterials allerdings auch angemessen genutzt werden. Dazu gehört es, die Befragten ernst zu nehmen und sich bei der Interpretation ihrer Äußerungen an diesen zu orientieren, ohne dabei einen „eigentlichen" Sinn zu unterstellen, der nicht vom Material gedeckt ist, wie dies teilweise festzustellen ist (z.B. Jäger 1992). Es geht hier also nicht nur um eine Beschränkung der Unwägbarkeiten, die mit standardisierenden Verfahren verbunden sind, sondern es ist auch angebracht, allzu frei schwebende Interpretationen zu vermeiden, wie sie in qualitativen Studien verschiedentlich zu beobachten sind.

Hinsichtlich der konkreten Forschungsschritte, die im folgenden erläutert werden sollen, muß zwischen den grundlegenden gemeinsamen Erhebungs- und Auswertungsarbeiten unserer Hildesheimer Projektgruppe (Abschnitt 2.1) und meinen darauf aufbauenden spezifischeren Untersuchungen (Abschnitt 2.2) unterschieden werden.

2.1 Datenerhebung und Auswertung in der Hildesheimer Studie

Im folgenden werden die Arbeiten der Hildesheimer Forschungsgruppe beschrieben, zunächst die Auswahl der Befragten, dann die Datenerhebung und schließlich die Auswertung.

2.1.1 Die Auswahl der Untersuchungsteilnehmer

Fragen des Samplings - Zusammensetzung von Untersuchungsgruppen, Auswahl der zu Befragenden - gehören zu den eher wenig beachteten Aspekten qualitativer Sozialforschung. Dementsprechend werden sie auch in qualitativen Studien zum Themenbereich Ethnozentrismus häufig vernachlässigt. Den zumeist nur knappen Angaben läßt sich entnehmen, daß die Befragtenauswahl dann dem Zufall oder günstigen Gelegenheiten überlassen bleibt. Wenn die Zusammensetzung der Untersuchungsgruppe von systematischen Überlegungen geleitet wird, strebt man teilweise Vergleiche anhand externer Kriterien an, indem z.B. je zur Hälfte Arbeitslose bzw. Arbeits- oder Ausbildungsplatzinhaber befragt werden (z.B. Heitmeyer u.a. 1992, S. 51; Rieker 1991, S. 20 f). In anderen Studien werden Interviewpartner auf der Grundlage vorangegangener Erhebungen mit anderen Methoden (Fragebogen, Gruppendiskussion) ausgewählt. Als Entscheidungsgrundlage dient dabei entweder eine systematische Auswertung, durch die dann Kontrastgruppen gebildet werden (z.B. Adorno u.a. 1969, S. 294 f), oder unsystematische Impressionen aus einer früheren Erhebungsphase (z.B. Leiprecht 1990a, S. 176).

In unserer Hildesheimer Untersuchung entschieden wir uns für ein Vorgehen, das gemäß der Methodenliteratur sowohl Elemente des „selektiven Sampling“ als auch Aspekte des „theoretical Sampling“ aufweist (vgl. Strauss 1994, S. 70 f). Einerseits wollten wir eine in bestimmter Weise zusammengesetzte Befragtengruppe erreichen, die wir vor der Erhebung bereits definiert hatten, andererseits hatten wir während der Erhebung beständig unser Erkenntnisinteresse im Auge und modifizierten auf dieser Grundlage den Auswahlprozeß (vgl. Rieker 1993, S. 20 f).

Insgesamt befragten wir 25 junge Männer aus der Region Hannover-Hildesheim, die zum Befragungszeitpunkt zwischen 17 und 25 Jahren alt waren, Haupt- oder Realschulen besucht hatten und als Auszubildende oder Facharbeiter zumeist in Berufen des metallverarbeitenden Gewerbes arbeiteten. Es war wichtig, solch eine relativ homogene Gruppe zu befragen, um die von uns vermuteten Zusammenhänge zwischen Kindheitserlebnissen bzw. deren emotionaler und kognitiver Verarbeitung und den politischen Orientierungen der inzwischen Erwachsenen verläßlich klären zu können (vgl. Hopf u.a. 1995, S. 19 ff; außerdem Kapitel 8 dieser Arbeit). Es ging uns vor allem darum, solche Faktoren konstant zu halten, von denen angenommen wird, daß sie die Ausprägung autoritärer Dispositionen und politischer Orientierungen beeinflussen. Solche Faktoren sind vor allem Alter, Geschlecht, Bildungsniveau und Schichtzugehörigkeit.[1]

---

[1] Vgl. hierzu u.a. Jugendwerk der Deutschen Shell 1982, S. 511 f.; Müller und Schubarth 1992, S. 18 ff; Oesterreich 1993, S. 186 f; Willems 1993, 18 f; speziell zu Bildungseinflüssen W. Hopf 1991a, S. 56 ff.; zu Alterseinflüssen Hoffmann-Lange

Da wir für einen sinnvollen Vergleich zwischen rechtsextrem und nicht-rechtsextrem Orientierten Interviewpartner mit vergleichbaren Lebensumständen gewinnen mußten, befragten wir nur junge Männer, die arbeiteten oder in Ausbildung waren. Auf diese Weise wollten wir solche Einflüsse ausklammern, die mit der speziellen Problematik und den biographischen Einschnitten von Beschäftigungslosigkeit verbunden sind. Aus ähnlichen Gründen versuchten wir die Einbeziehung straffällig gewordener Jugendlicher zu vermeiden. Wegen der Fokussierung unserer Studie auf die frühen Beziehungen in der Familie beschränkten wir uns auf Personen, die bei ihren Eltern und nicht in Heimen oder bei Pflegeeltern aufgewachsen waren.

Für den angestrebten Vergleich zwischen rechtsextrem und nicht-rechtsextrem orientierten Befragten mußten wir eine Gruppe oder ein Milieu finden, wo beides vorkommt. Dabei sahen wir den Zugang zu den eher rechtsextrem Orientierten als vordringliches Problem an. Wir beschränkten die Untersuchung auf junge männliche Auszubildende und Facharbeiter, da vorliegende Forschungsergebnisse darauf hindeuten, daß rechtsextreme Orientierungen in diesem Personenkreis anzutreffen sind (Deutsches Jugendinstitut 1992; Institut für empirische Psychologie 1992; Melzer 1992; Oesterreich 1993; Willems 1993).

Bei unserer Suche nach Interviewpartnern konzentrierten wir uns auf Auszubildende und Facharbeiter aus der Metallindustrie. Auf der einen Seite wählten wir einen Zugang über entsprechende Berufsschulen, in denen wir Informationsmaterial über unser Forschungsvorhaben verteilen ließen. Nachdem verschiedene Berufsschullehrer unser Projekt in ihren Klassen kurz vorgestellt hatten, interessierten sich je nach Klasse zwischen einem Drittel und zwei Dritteln aller Schüler für die Teilnahme an den Interviews. Gleichzeitig wurden uns auch durch Sozialarbeiterinnen und Sozialarbeiter bzw. über ein „Schneeballsystem" Interviewpartner vermittelt. Dies hatte den Vorteil, daß uns relativ verläßliche Vorinformationen zur politischen Orientierung der zu Befragenden zur Verfügung standen.

Um die allgemeine Teilnahmebereitschaft zu steigern und um zu verhindern, nur Idealisten oder besonders interessierte junge Männer zu befragen, erhielten alle Teilnehmer unserer Untersuchung eine Aufwandsentschädigung. Dies schien uns auch deshalb angebracht, da aus der Forschung bekannt ist, daß Autoritäre oder Rechtsextreme ohne Bezahlung häufig nicht zur Teilnahme an einer Befragung bereit sind (Adorno u.a. 1969, S. 26; Schiebel 1992, S. 68 ff). Durch das beschriebene Vorgehen erreichten wir schließlich eine gemäß ihren äußeren Lebensbedingungen relativ homogene Befragtengruppe, in der rechtsextreme und nicht-rechtsextreme Einstellungsmuster etwa gleich häufig vertreten sind. Dieses Potential läßt für die Analyse ethnozentrischer Orientierungen eine ausreichend differenzierte Datengrundlage erwarten.

---

und Eilders 1990, S. 28; zum Einfluß der Geschlechtszugehörigkeit Noelle-Neumann und Ring 1984, S. 45; Deutsches Jugendinstitut 1992, S. 120.

2.1.2 Die Datenerhebung

Als zentrale Erhebungsmethode setzten wir qualitative Interviews ein. Die mit diesem Begriff bezeichneten Instrumente (zu den verschieden Formen vgl. Hopf 1991) bieten durch ihre Offenheit die notwendigen Spielräume, um detaillierte Informationen auch bezüglich komplexer biographischer und politischer Erfahrungen bzw. Standpunkte zu sammeln. Offene Interviewverfahren eigenen sich besonders, um individuelle Perspektiven zu erfassen; die Befragten reagieren dabei nicht nur auf Vorgaben, sondern haben auch die Möglichkeit, relevante Aspekte von sich aus zu äußern (Kohli 1978, S. 10 u. 14). Erfahrungen mit rechtsextrem orientierten Jugendlichen zeigen allerdings, daß besonders wenig strukturierte Interviewvarianten nicht immer den erhofften Informationsfluß zur Folge haben (Inowlocki 1988, S. 51; Schiebel 1992, S. 70 ff). Offensichtlich ist eine Erzählaufforderung zur Biographie der Befragten, wie sie in narrativen Interviews üblich ist, für die jugendlichen Probanden oft zu unspezifisch und „funktioniert“ deswegen nicht. Wir haben teilstandardisierte bzw. teilstrukturierte Einzelinterviews geführt, denen ein Leitfaden zugrundeliegt. Bei der Entwicklung und Gestaltung dieser Interviews haben wir uns an verschiedenen Varianten dieses Befragungstyps orientiert, so z.B. am problemzentrierten Interview (Witzel 1985) und an den Kriterien, die für das fokussierte Interview formuliert wurden (Merton und Kendall 1979, S. 178).

Mit jedem Befragten haben wir drei Interviews geführt. Im ersten Interview ging es vor allem um aktuelle soziale Beziehungen innerhalb und außerhalb der Familie, im zweiten um soziale Beziehungen in der Kindheit des Befragten und im dritten um soziale und politische Orientierungen. Zu Beginn des dritten Interviews ging es um Moralvorstellungen, die wir dadurch ermittelten, daß wir unseren Interviewpartnern drei moralische Konfliktsituationen in Form von Geschichten vorlegten und diese mit ihnen diskutierten. Zur Erhebung sozialer und politischer Orientierungen haben wir den jungen Männern nach Abschluß des ersten Interviews noch zusätzlich Autoritarismus- und Rechtsextremismusskalen sowie Teile aus einem Persönlichkeitstest in Form eines Fragebogens vorgelegt.[2]

Für diese Befragung zu persönlich relevanten Themen war uns an einer vertraulichen Atmosphäre sowie an der Möglichkeit eines ungestörten Gesprächsver-

---

[2] Alle genannten Erhebungsinstrumente sind in einer Publikation zum methodischen Vorgehen der Hildesheimer Studie vollständig dokumentiert (Hopf und Schmidt 1993, Anhang A) - für einen Überblick zu den Themen der Interviews und für die Geschichten zu moralischen Konfliktsituationen siehe Anhang A dieser Arbeit. Zwei dieser drei Geschichten zu moralischen Konfliktsituationen übernahmen wir in überarbeiteter Form von Rainer Döbert und Gertrud Nunner-Winkler (Döbert und Nunner-Winkler 1983, S. 107). Die Items des Fragebogens stammen aus dem Gießen-Test (Beckmann u.a. 1983), einem Fragebogen Detlef Oesterreichs (Oesterreich 1993) und - in modifizierter Form - dem ZUMA-Handbuch sozialwissenschaftlicher Skalen (ZUMA 1983).

laufs gelegen (vgl. Bureau of Applied Social Research 1965, S. 147). Die Unverzichtbarkeit solcher Rahmenbedingungen wird deutlich, wenn man sich die schwerwiegenden Beeinflussungen vor Augen hält, die aus Interviews vor Zeugen berichtet werden, die sich am Gespräch beteiligen oder sogar eine Kontrollfunktion ausüben (Bergmann und Leggewie 1993; Schiebel 1992, S. 70 f). Die Untersuchungsteilnehmer wurden daher von jeweils einem Interviewenden an je drei Terminen zu den oben genannten Themenbereichen befragt. Diese 75 Interviews hatten eine durchschnittliche Dauer von etwa 2 Stunden, die im Einzelfall zwischen 45 Minuten und 3 Stunden variierte. Mit den meisten unserer Interviewpartner sprachen wir in den Räumen der Universität, mit einigen zuhause oder in Jugendzentren. Die Befragung war für die Interviewten also mit erheblichem Zeitaufwand und einiger Mühe verbunden, so daß es durchaus angemessen war, ihnen eine Aufwandsentschädigung zu zahlen.

Die von uns verwendeten Interviewleitfäden enthielten Vorschläge für die zu thematisierenden Fragen und für konkretisierende Nachfragen (zum Umgang mit dem Leitfaden und zu Nachfragestrategien vgl. Bureau of Applied Social Research 1965, S. 148 ff). Diese Leitfäden sind durch unsere theoriegeleiteten Forschungsinteressen bestimmt und wurden nach Felderkundungen in Jugendzentren, verschiedenen Expertengesprächen und den Erfahrungen mit Probeinterviews überarbeitet. Sie dienten uns als Gerüst, an dem wir uns in der Gesprächsführung orientierten, um die für uns wichtigen Fragen vollständig anzusprechen und in ihren zentralen inhaltlichen Aspekten zu differenzieren (vgl. Witzel 1985, S. 236). In der Regel fixierten die Leitfäden dagegen nicht, in welcher Reihenfolge und Formulierung die einzelnen Fragen gestellt wurden. Eine Ausnahme bildeten diesbezüglich einige Fragenkomplexe des zweiten Interviews, das wir in leicht veränderter Version aus der Tradition der Attachment-Forschung übernommen haben (vgl. George u.a. 1985). Hier war es notwendig, eine festgelegte Abfolge und Form von Erfahrungs- und Bewertungsfragen einzuhalten, um die Antworten gemäß den Kriterien dieser Forschungsrichtung auswerten zu können.

Wir näherten uns einem Themenkomplex zumeist durch offene Fragen oder Erzählaufforderungen, z.B. die persönlichen Erfahrungen mit Ausländern betreffend: „Haben sie eigentlich ausländische Kollegen?“ An den Ausführungen der Interviewten setzten wir dann mit konkretisierenden Nachfragen an, um genauere Informationen zu erhalten - z.B. „Gibt es viele Kontakte?“ bzw. „Wie verstehen Sie sich mit denen?“- oder um die Bewertungen der Befragten zu erfahren - „Was stört Sie an denen?“ Nach Möglichkeit ermunterten wir die Befragten zu möglichst weitgehenden Explikationen, z.B. durch Verständnisfragen - „Das habe ich jetzt aber noch nicht ganz verstanden“ - und die Aufforderung zur Veranschaulichung - „Können Sie dafür mal ein Beispiel nennen?“ Durch diese konkretisierende Nachfragestrategie wollten wir erreichen, daß die Befragten allgemeine Behauptungen oder Bewertungen erläutern und sie veranschaulichen, indem sie eigene Erlebnisse erzählen.

Durch den ausgeprägten Bezug auf die persönlichen Erfahrungen und das subjektive Erleben der Befragten orientierten wir uns bei diesen Interviews an einem „zweiten Leitfaden", der jedoch nicht ausformuliert war, da er mit jedem Fall variierte. Über den Gesprächsfaden des Interviewten (Witzel 1985, S. 236) hinaus, ist mit diesem „Leitfaden" die subjektive Organisation seiner Orientierungs- und Erfahrungsweisen gemeint. Um diesen „Leitfaden" eines Befragten zu finden und zu erhalten, war es notwendig, daß die Interviewenden ihre eigenen Anteile, soweit dies möglich und sinnvoll war, zurückhielten und sich stattdessen darauf beschränkten, dem Interviewten assoziative Brücken zu bauen, um so seine Erinnerungen zu fördern. Die Kunst des Interviewens bestand für uns darin, die richtige Balance zwischen diesen beiden Leitfäden zu finden. In jedem Fall galt es dabei, Suggestivfragen zu vermeiden, die den Befragten in seinen Antwortmöglichkeiten einschränken oder festlegen. Auch Interpretationen seitens des Interviewenden sollten nach Möglichkeit in offener, am besten in fragender Form eingebracht werden. Hinweise auf reale oder vermeintliche Widersprüche in den Aussagen der Interviewten versuchten wir vollständig zu vermeiden. Zu dem von uns angestrebten „weichen" Interviewstil (Bortz 1984, S. 168) gehörte ebenfalls der Verzicht darauf, als Interviewende eine eigene Meinung zu vertreten oder mit den Befragten zu diskutieren. Um deren Position auszuloten beschränkten wir uns nach Möglichkeit auf Nachfragen zu ihren Äußerungen oder darauf, ihnen verallgemeinerte Statements entgegenzuhalten - z.B. „Viele Leute sagen ja ..."-, um sie damit zur Verteidigung und Präzision ihrer Argumentation herauszufordern. Durch diese Zurückhaltung wollten wir vermeiden, daß die Befragten sich in ihren Äußerungen an denen des Interviewenden orientierten. Wir wollten erfahren, was unsere Interviewpartner denken, „und nicht, was ihre Meinung darüber ist, was der Interviewer denkt" (Merton und Kendall 1979, S. 179).

Anders war dies im Zusammenhang mit den moralischen Konfliktsituationen, die wir den Befragten zu Beginn des dritten Interviews vorlegten. Bei diesen Gelegenheiten konfrontierten wir sie jeweils mit Argumenten, die den von ihnen genannten widersprachen. Diese kurzen Diskussionen hatten die Aufgabe, die Befragten zur weiteren Reflexion, Begründung und Vertiefung ihres Standpunktes zu bewegen. Diese Gesprächsabschnitte waren jedoch klar begrenzt und vom restlichen Interview unterschieden.

Im Anschluß an das erste Interview legten wir den Untersuchungsteilnehmern einen schriftlichen Fragebogen vor, für dessen Beantwortung durchschnittlich zehn Minuten benötigt wurden. Einige arbeiteten sich schweigend und systematisch durch die Itemsammlung, andere beklagten die beschränkten Antwortmöglichkeiten oder versuchten, die Items mit dem Interviewenden zu diskutieren. In solchen Fällen baten wir um selbständige Bearbeitung des Fragebogens und beschränkten uns auf technische Hinweise sowie die Explikation unklarer Formulierungen.

Die von uns für die Interviews geplante Beschränkung auf eine Exploration des Standpunktes und der Erfahrungen unserer Gesprächspartner war in den mehrstündigen intensiven Gesprächen nicht immer konsistent durchzuhalten. Zum Teil kam es in den Interviews zu schwierigen Situationen, in denen unbeabsichtigte Reaktionen der Interviewenden nicht zu vermeiden waren. Darüber hinaus war es für uns auch dann nicht immer einfach, wenn es darum ging, zu heiklen Themen wie Sexualität und Tod nachzufragen. Hinzukommt, daß das individuelle Gesprächsverhalten der jungen Männer den Interviewenden hohe Flexibilität abverlangte. Einige Befragte äußerten sich sehr ausführlich, wobei es auch vorkam, daß sie sich ohne Unterlaß selbst Stichworte gaben und so auch ungefragt zu langen Monologen ausholten. Andere waren sehr wortkarg und mußten durch beständiges Fragen zum Sprechen animiert werden. Unabhängig von der Quantität des Gesagten entstand der Eindruck, daß einige von ihnen sich bereitwillig auf die Interviews einließen, während andere bewußt oder unbewußt abblockten.

Im Anschluß an jedes Interview wurde ein Protokoll diktiert, in dem die Interviewenden ihre subjektiven Eindrücke bezüglich der Befragten und der Interviewsituation reflektieren. Sie enthalten Angaben zu den außerhalb der Tonbandaufnahme geführten Gesprächen, Impressionen zum äußeren Erscheinungsbild der Befragten sowie Beobachtungen und Randnotizen zu den Interviews. Aufgrund ihres unsystematischen Charakters können diese Aufzeichnungen nicht in eine gezielte Auswertung einbezogen werden. Alle Interviews wurden per Tonband aufgezeichnet und vollständig und wörtlich transkribiert.

2.1.3 Die Auswertung

Die forschungsleitenden Interessen der Hildesheimer Arbeitsgruppe orientierten sich einerseits an Konzepten der Autoritarismus- und Attachmentforschung - bzw. an der Verbindung der Erkenntnisse aus diesen Bereichen - und waren andererseits auf eine offene Erkundung relevanter Zusammenhänge gerichtet. Demzufolge waren bestimmt Auswertungskategorien vorgegeben, während wir andere in frühen Analysen erst konkretisierten oder „entdeckten“ (vgl. Glaser und Strauss 1979).

Die deutlichste Strukturierung war im Bereich der Attachment-Forschung vorgegeben, da wir uns dabei an einem detailliert ausgearbeiteten Kodierschema (Main und Goldwyn im Druck) orientierten (vgl. hierzu Abschnitt 8.2.1 dieser Arbeit). Da wir uns auch diesbezüglich an den Kriterien einer gegenstandsbezogenen Analyse orientierten, haben wir in Hinblick auf die von uns untersuchte Gruppe und das Datenmaterial nur mit ausgewählten Kategorien dieses Auswertungssystems gearbeitet.

Einzelne Kategorien, zu denen wir durch vorliegende Theorieansätze und Forschungsarbeiten animiert worden waren, erfuhren im Verlauf des Auswertungsprozesses Präzisierungen und Differenzierungen. So zeigten sich beispielsweise hinsichtlich des autoritären „Radfahrersyndroms" - nach oben buckeln und nach unten treten - teilweise unvollständige Varianten dieser Orientierungsweise. Schon während der Erhebungsphase entstand der Eindruck, daß einzelne Befragte, die Aggressionen gegenüber sozial Schwächeren artikulieren - also „treten" - gegenüber Stärkeren keine Bereitschaft zur Unterordnung („buckeln") erkennen lassen. Diesen Eindruck überprüften und präzisierten wir anschließend und entwickelten entsprechend verfeinerte „Radfahrer"-Kategorien für die systematische Gesamtauswertung (vgl. Schmidt 1993, S. 58). Diese kategoriale Erweiterung führte schließlich zu theoretisch relevanten Überlegungen zum Typus der Autoritären Persönlichkeit (siehe Hopf u.a. 1995, S. 70 ff).

In solchen theoriegeleiteten und dennoch offenen Analyseschritten entwickelten wir die Kategorien für die systematische Gesamtauswertung. Die entstehenden Kategorien wurden dabei am Material geprüft und weiterentwickelt und schließlich zu einem Kodiersystem zusammengefaßt. Dieses Auswertungsmanual beinhaltet eine Sammlung von 3- bis 9-Punkte-Skalen auf nominalem bis ordinalem Niveau. Mittels dieser Skalen waren vor allem verschiedenen Erfahrungen (z.B. Liebevolle Zuwendung der Eltern während der Kindheit), bestimmte Arten diese zu schildern (z.B. Idealisierung), Darstellungsqualitäten (z.B. Kohärenz) und Einstellungen (z.B. Einstellung zu Asylbewerbern) einzuschätzen.

Im Rahmen der systematischen Gesamtauswertung wurde jedes einzelne Interview zunächst von zwei Projektmitarbeiterinnen bzw. -mitarbeitern unabhängig voneinander nach den zuvor erarbeiteten Manualen kodiert. Dies geschah auf der Basis einer gründlichen Lektüre der Interviews, wobei die jeweiligen Bewertungen mit konkreten Textstellen zu belegen waren. Die beim Vergleich der Resultate deutlich werdenden Diskrepanzen wurden durch eine erneute gemeinsame Arbeit am Text auf diskursivem Wege gelöst. Wir achteten darauf, daß die Interviews nicht von denjenigen verkodet wurden, die sie geführt hatten, vor allem deswegen, um in den Auswertungsteams kein Gefälle bezüglich des Vorwissens zu einem Fall zu schaffen. Als die Auswertungsresultate anschließend der gesamten Projektgruppe präsentiert wurden, zeigte sich, daß das Vorwissen der Interviewenden ihre Einschätzung eines Falls teilweise stark vorstrukturierte. In dieser Vorstrukturierung sehen wir sowohl einer besondere Kompetenz - persönliche Eindrücke während der stundenlangen Interviews etc. - als auch eine Quelle möglicher Fehleinschätzungen. Die abschließenden Diskussionen zu den einzelnen Fällen wurden durch die Berücksichtigung dieser Informationen jedenfalls bereichert; die Resultate der Auswertung konnten weiter differnziert und zusätzlich abgesichert werden. (Vgl. hierzu auch Schmidt 1993, S. 61 ff)

2.2 Die themenspezifische Datenanalyse

Im Rahmen der vorliegenden Arbeit konnte ich zum Teil auf die gemeinsamen Auswertungsarbeiten unserer Hildesheimer Forschungsgruppe zurückgreifen, die oben beschrieben sind. Angaben, die auf diese gemeinsamen Auswertungsarbeiten zurückgehen, sind in den Übersichten und Tabellen sowie in der in Anhang C präsentierten Fallübersicht mit einem Sternchen (*) gekennzeichnet. Der hier relevante thematische Rahmen machte es darüber hinaus jedoch notwendig, speziellere Konzepte zu entwickeln bzw. zu prüfen, als dies im Kontext des Forschungsprojektes angebracht war, so daß es zusätzlicher Auswertungsschritte bedurfte. Ansatzpunkte für diese Konzepte ergaben sich sowohl aus Analysen des Datenmaterials als auch aus der Forschungsliteratur. Neben der im Kontext qualitativer Forschung bevorzugt genannten Möglichkeit, Hypothesen oder Theorien zu entwickeln (z.B. Lamnek 1989, S. 198), geht es also auch darum, Hypothesen zu überprüfen oder zu erweitern, die sich aus theoretischen Vorannahmen entwickeln lassen (vgl. Hopf u.a. 1995, S. 23 f; Strauss 1994, S. 359 ff).

Die vorliegende Arbeit orientiert sich auch hinsichtlich der Auswertungverfahren ganz zentral am Grundgedanken eines ständigen Vergleichs - „constant comparative method of qualitative analysis" (vgl. Glaser und Strauss 1968, S. 101 ff). Als hilfreich und anregend erwiesen sich dabei zunächst Fallanalysen. Für die Fallanalysen wurden je nach Problemlage solche Fälle ausgewählt, die einander in relevanten Dimensionen sehr ähnlich oder sehr verschieden sind, um so verläßlich zu klären, welche Besonderheiten sich dann hinsichtlich anderer Merkmale feststellen lassen. Interessant sind auch „negative Fälle" (Glaser und Strauss 1968, S. 104), d.h. solche, bei denen sich bestimmte Zusammenhänge nicht zeigen, die im Datenmaterial sonst anzutreffen sind. Hier stellt sich die Frage nach bisher zu wenig beachteten Bedingungen besonders dringend, so daß eine detaillierte Fallbetrachtung geboten scheint.

In Ergänzung zu diesen Fallanalysen und auch angeregt durch die Lektüre der Forschungsliteratur, wurde das gesamte Interviewmaterial unter themenspezifischen Aspekten quergelesen, um durch die vergleichende Perspektive den Blick für die jeweils relevanten Dimensionen oder Kategorien zu schärfen. Sofern es dabei um die Generierung neuer Konzepte geht, sind diese Analyseschritte dem „offenen Kodieren" vergleichbar, wie es in der Methodenliteratur verschiedentlich beschrieben wird (vgl. Becker und Geer 1979, S. 144; Strauss 1994, S. 57 ff). Die in Entwicklung befindlichen Kategorien wurden dabei ständig weiter ausdifferenziert, miteinander verglichen und zu „gesättigten" Konzepten (Glaser und Strauss 1968, S. 111) integriert. Im Zuge dieses Verdichtungsprozesses entwickelte ich ein Kodierschema zur systematisch vergleichenden Analyse bzw. zum „selektiven Kodieren" (Strauss 1994, S. 63 f). Unter den Gesichtspunkten dieses Auswertungsmanuals wurden alle Interviews dann einer erneuten vollständigen Analyse unterzogen. Die wichtigsten Resultate dieser systematischen Auswertungsprozedur sind in den jeweiligen Kapiteln in Form von Übersichten und Tabellen bzw. am Schluß dieser Arbeit in einer Fallübersicht dargestellt (Anhang C).

Dieser gesamte Prozeß - von der durch Literatur- und Materiallektüre bestimmten Generierung relevanter Kategorien über die Entwicklung eines Auswertungsschemas bis hin zur systematischen Gesamtauswertung - wurde zweimal durchlaufen; zunächst standen dabei die unterschiedlichen Ausprägungen der mehr oder weniger ethnozentrischen Orientierungen, anschließend die verschiedenen Beziehungerfahrungen zu Eltern, Geschwistern, Freunden und Partnerinnen im Vordergrund. Dieses zeitlich sehr aufwendige Verfahren war vor allem deswegen notwendig, da ich alleine auswertete und mich nicht auf Ergänzungen bzw. Korrekturen aus einer Forschungsgruppe verlassen konnte.

Der folgende Abschnitt verdeutlicht dieses Auswertungsverfahren am Beispiel der Kategorien, die schließlich zu einem Ethnozentrismus-Index zusammengefaßt wurden. Diesem Index kommt in der vorliegenden Arbeit besondere Bedeutung zu, da in bezug auf die hier getroffene Zuordnung Fallvergleiche angestellt und die Äußerungen und Erfahrungen der einzelnen systematisch geprüft werden können.

2.2.1 Zur Entwicklung eines qualitativen Ethnozentrismus-Index

Ausgangspunkt der im folgenden beschriebenen Arbeitsschritte war die Erkenntnis, daß Ethnozentrismus aus den Argumentationen der Befragten ohne weitere Spezifizierungen nicht zu erschließen ist. Entsprechende Zuordnungsversuche blieben unbefriedigend, vor allem deswegen, da die relevanten Interviewpassagen in Anbetracht des Ethnozentrismus-Konzepts teilweise unklar oder widersprüchlich erschienen. Vor diesem Hintergrund hielt ich es für angebracht, die konzeptuelle Komplexität zu reduzieren, d.h. die Indikatoren einer ethnozentrischen Orientierung zunächst einzeln zu untersuchen. In erster Linie bedeutete dies die Unterscheidung zwischen der Abwertung von Fremdgruppen und der Glorifizierung der Eigengruppe, d.h. den beiden zentralen Komponenten des Ethnozentrismus-Konzepts (vgl. Abschnitt 1.1 dieser Arbeit).

Die Konstruktion und Diffamierung von Fremdgruppen ist besonders auffällig, u.a. weil hier inhaltlich unterschiedlich akzentuierte Äußerungen in verschieden deutlicher Ausprägung vorliegen (vgl. Abschnitt 3.1 dieser Arbeit). Diese verschiedenen Aussagen und Argumentationen wurden gesammelt und einander gegenübergestellt, bis deutlich wurde, daß hier vor allem vier thematische Kontexte angesprochen werden, die mit folgenden Begriffen bezeichnet werden können: Materialismus, Kriminalisierung, Rassismus und Kulturalismus. Für jede dieser Dimensionen kann man zwischen einer deutlich ausgeprägten (3), einer nur schwach ausgeprägten (2) und einer gar nicht oder kaum vorhandenen Tendenz zur Abwertung (1) solcher Menschen unterscheiden, die zu „Fremden“ oder „Anderen“ erklärt werden. In der systematischen Kodierung des Gesamtmaterials zeigte sich die unterschiedliche Verbreitung dieser Argumente, d.h. materialistisch wurde z.B. recht häufig, rassistisch dagegen nur selten diffamiert.

Glorifizierende Äußerungen zu Eigengruppen werden seltener geäußert und auch nicht mit vergleichbarer Vehemenz formuliert, so daß es mir diesbezüglich angebracht schien, auch subtilere Dimensionen zu berücksichtigen. Trotz der hier notwendigen Relativierungen (vgl. Abschnitt 3.2 dieser Arbeit) finden sich bei einigen Befragten solche Glorifizierungstendenzen, bei anderen nicht, was für den hier entwickelten Index bedeutsam ist. Diejenigen, die andere Menschen in deutlicher Weise abwerten - und zwar mindestens auf einem der oben genannten Argumentationsfelder - glorifizieren Eigengruppen nur teilweise; es kann hier also zwischen Befragten mit vollständig ethnozentrischer Argumentationsweise und solchen, die sich nur zum Teil ethnozentrisch äußern, unterschieden werden. In allen Fällen, in denen Fremde auf vielseitige Weise deutlich abgewertet werden (auf drei oder vier - d.h. allen der hier festgestellten - thematischen Feldern), finden sich auch Tendenzen zur Glorifizierung der Eigengruppe. M.E. spricht das dafür, daß durch die Unterscheidung in Ethnozentriker und Teil-Ethnozentriker auf sinnvolle Weise zwischen zwei Teilgruppen differenziert werden kann. Gleichzeitig können auf theoretischer Ebene die Zusammenhänge bzw. Inkonsistenzen zwischen den beiden im Ethnozentrismus-Konzept verbundenen Dimensionen - Abwertung von Fremdgruppen, Glorifizierung der Eigengruppe - näher bestimmt oder auch problematisiert werden.

Um Fehleinschätzungen nach Möglichkeit zu vermeiden, erschien es mir notwendig, nicht nur ethnozentrische sondern auch gegenläufige Tendenzen in den Index einzuarbeiten. Unter dem Begriff pluralistische Orientierungen wurden dafür neben Äußerungen, die auf „Ausländerfreundlichkeit" hinweisen, auch Tendenzen untersucht, auf die Konstruktion unterschiedlich bewerteter Eigen- und Fremdgruppen generell zu verzichten (vgl. Kapitel 5 dieser Arbeit). Solch pluralistische Tendenzen finden sich nicht nur bei Nicht-Ethnozentrikern, sondern auch bei einigen Teil-Ethnozentrikern - allerdings bei keinem der Ethnozentriker. Wenn man auch diese pluralistischen Merkmale berücksichtigt, können schließlich vier Orientierungsmuster unterschieden werden:

- ethnozentrische Orientierung (deutliche Fremdgruppenabwertung und Glorifizierung der Eigengruppe)
- teilweise ethnozentrische Orientierung (deutliche Fremdgruppenabwertung, aber keine Glorifizierung der Eigengruppe)
- widersprüchliche Orientierung (deutliche Fremdgruppenabwertung, keine Glorifizierung der Eigengruppe, Indizien einer pluralistischen Orientierung)
- pluralistische Orientierung (keine Fremdgruppenabwertung, aber Indizien einer pluralistischen Orientierung)

Die umseitig abgebildete Darstellung gibt einen schematischen Überblick zu diesem Index; sie beschreibt die im Datenmaterial tatsächlich vorgefundenen Elemente bzw. Konstellationen, nicht die Bandbreite denkbarer Möglichkeiten. Dieser Index entstand in Auseinandersetzung mit dem Datenmaterial. Er ist daher dem Forschungsgegenstand angemessen und wurde außerdem in Anlehnung an das Ethnozentrismus-Konzept entwickelt.

Übersicht 1: Schematische Darstellung zum Aufbau des Ethnozentrismus-Index

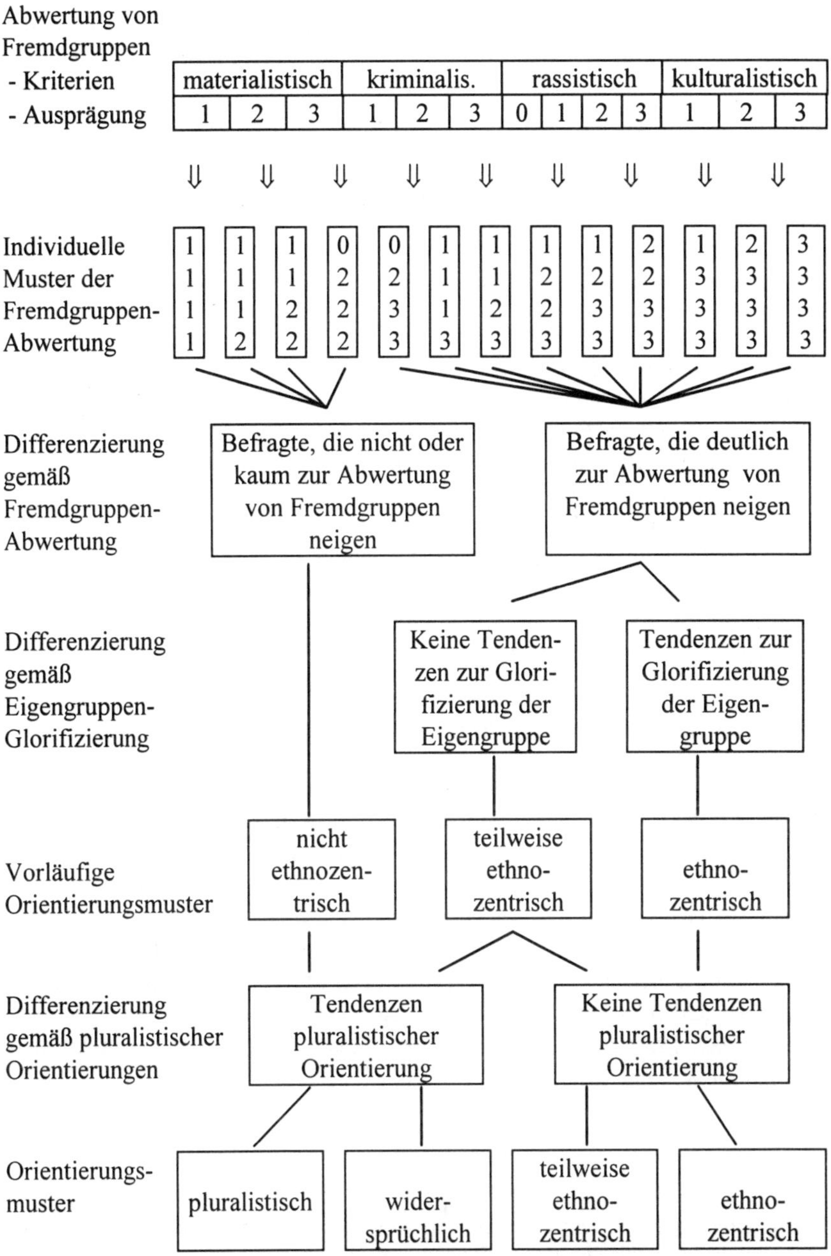

2.3 Fragebogen und Interview - Standardisiert und qualitativ erhobene Resultate im Vergleich

Vor dem Hintergrund der qualitativen Bestimmung ethnozentrischer Orientierungen, deren formaler Ablauf oben beschrieben wurde - zu den inhaltlichen Aspekten siehe Kapitel 3 und 5 dieser Arbeit - sollen hier die Ergebnisse standardisierender Verfahren erörtert werden. In diesem Zusammenhang geht es um die Angemessenheit und Bedeutung einzelner Formulierungen, um die Erfassung verschiedener Einstellungen sowie darum, ob die mit unterschiedlichen Methoden erhobenen Ergebnisse aufeinander bezogen werden können. Diesen Fragen soll im folgenden durch eine vergleichende Betrachtung der Ergebnisse einer standardisierten Erhebung mit denen der qualitativen Auswertung nachgegangen werden.

Am Rande der qualitativen Befragung wurde den Probanden der Hildesheimer Untersuchung ein Fragebogen mit festgelegten Antwortkategorien zu ausgewählten Aspekten persönlicher und politischer Orientierungen vorgelegt. Ein Schwerpunkt bildeten solche Items, in denen Stellung zu ethnozentrischen Aussagen bezogen werden sollte. Vier dieser Items sind dem Repertoire der Allgemeine Bevölkerungsumfrage in den Sozialwissenschaften (ALLBUS) entnommen. Zunächst wird das standardisierte Verfahren zur Bestimmung ethnozentrischer Orientierungen vorgestellt (2.3.1); anschließend wird diskutiert, inwieweit die Ergebnisse, die sich aus den Antworten im Fragebogen ableiten lassen, denen der qualitativen Auswertung entsprechen (2.3.2).

2.3.1 Zur standardisierten Erfassung ethnozentrischer Orientierungen

Im Rahmen der Allgemeinen Bevölkerungsumfrage in den Sozialwissenschaften (ALLBUS) wird seit 1980 im Zweijahresrhytmus, seit 1990 sogar jährlich, eine für die Bundesrepublik repräsentative Auswahl von ca. 3000 Personen zu verschiedenen Themen befragt. Von solch einer Mehrthemen-Wiederholungsbefragung lassen sich Aussagen zu verschiedene Einstellungen und deren Entwicklung auch über länger Zeiträume erwarten (vgl. Mayer 1984). Um die Haltung gegenüber ausländischen Arbeitnehmern zu erheben, dienten in den Befragungen zwischen 1980 und 1990 jeweils vier Items,[3] die wie folgt formuliert sind (vgl. Hill in Willems 1993, S. 28):

---

[3] Diese Items wurden in verschiedenen neueren Untersuchungen ebenfalls verwendet, so z.B. bei einer vergleichenden Befragung ost- und westdeutscher Studierender zu Fragen des Nationalismus und der Ausländerfeindlichkeit. Diese Befragung wurde im Sommer 1992 von der Universität Wuppertal durchgeführt und von Manfred Brusten auf dem 27. Kongreß der Deutschen Gesellschaft für Soziologie vorgestellt. (Brusten 1995)

1. Gastarbeiter sollten ihren Lebensstil ein bißchen besser an den der Deutschen anpassen
2. Wenn Arbeitsplätze knapp sind, sollte man die Gastarbeiter wieder in ihre Heimat schicken
3. Man sollte Gastarbeitern jede politische Betätigung in Deutschland untersagen
4. Gastarbeiter sollten sich ihre Ehepartner unter ihren eigenen Landsleuten auswählen

Die Befragten konnten ihre Meinung zu diesen Forderungen auf einer 7-Punkte Skala bestimmen - von 1 („Stimme überhaupt nicht zu") bis 7 („Stimme voll und ganz zu"). Aus diesen Antworten hat Paul Hill einen Ethnozentrismus-Index gebildet, auf dessen Grundlage er Aussagen über die Verbreitung ethnozentrischer Positionen in der Bevölkerung und über die Entwicklung dieser Einstellungen ableitet. Er kommt dabei zu folgendem Schluß:

> Die Zustimmung zu Ausländer diskriminierenden Aussagen geht also im Zeitverlauf zurück, die Ablehnung nimmt zu und zwar umso stärker, je diskriminierender die Aussagen sind. (Hill in Willems 1993, S. 34)

Hill beschreibt hier die in der deutschen Bevölkerung geringer werdende Tendenz, ethnozentrischen Items zuzustimmen. Außerdem unterstellt er einen Zusammenhang zwischen der Diskriminierungsstärke ethnozentrischer Positionen und ihrer Ablehnung durch die Befragten. Aus der Zustimmungswerten zu den einzelnen Items schließt man auch in anderen Interpretationen der ALLBUS-Ergebnisse auf die unterschiedlich ausgeprägte Diskriminierungsbereitschaft in verschiedenen Lebensbereichen (Krauth und Porst 1984, S. 244 ff); d.h. die Reaktionen auf die einzelnen Items werden teilweise recht weitgehend gedeutet.

Indem man Zusammenhänge zwischen den Ethnozentrismus-Werten und anderen Variablen betrachtet, werden außerdem Aussagen zu den Bedingungen getroffen, unter denen Ethnozentrismus verstärkt zu beobachten sei. Aus der Erhebung von 1980 wird auf diese Weise auf einen Zusammenhang zwischen fehlenden Kontakten zu ausländischen Arbeitnehmern und der Bereitschaft, sie verbal zu diskriminieren, geschlossen (Krauth und Porst 1984, S. 253). Darüber hinaus wird für 1980 auch eine Tendenz konstatiert, derzufolge vor allem solche Menschen zur Diskriminierung von Ausländern neigen, die Erfahrungen mit Arbeitslosigkeit haben bzw. befürchten, arbeitslos zu werden (Krauth und Porst 1984, S. 262). Paul Hill, der offenbar ein anderes Analyseverfahren einsetzt, kann dem gegenüber keinen Zusammenhang zwischen Arbeitslosigkeit und Ethnozentrismus feststellen: „Zu keinem Erhebungszeitpunkt (also auch 1980, P.R.) konnte für diese Variable ein signifikanter Einfluß auf die untersuchten Einstellungen nachgewiesen werden" (Hill in Willems 1993, S. 59).

Leicht verändert wurden die Items der ALLBUS-Sammlung auch in der Hildesheimer Untersuchung verwendet. Sie waren Teil eines Fragebogens, der außerdem noch Elemente verschiedener Skalen des Gießen-Tests sowie einer Autoritarismus- bzw. einer Rechtsextremismus-Skala Detlef Oesterreichs enthielt (vgl. Hopf und Schmidt 1993, Anhang A). Diese Item-Sammlung wurde den Befragten im Anschluß an das erste Interview vorgelegt. Ein Beeinflussung der Antworten im Fragebogen durch die Thematisierung entsprechender Fragen im dritten Interview kann daher ausgeschlossen werden. Die Items der Hildesheimer Untersuchung waren folgendermaßen formuliert.

1. Ausländer, die hier leben, sollten ihren Lebensstil ein bißchen besser an den der Deutschen anpassen

2. Wenn Arbeitsplätze knapp werden, sollte man die ausländischen Arbeiter wieder in ihre Heimat zurückschicken

3. Man sollte Ausländern jede politische Betätigung in Deutschland untersagen

4. Ausländer sollten sich ihre Ehepartner unter ihren eigenen Landsleuten auswählen

Im Unterschied zu den ALLBUS-Items ist der Begriffe „Gastarbeiter“ hier durch „Ausländer“ bzw. „ausländische Arbeiter“ ersetzt. Ferner waren den Befragten hier lediglich zwei Antwortmöglichkeiten vorgegeben - „Ja“ oder „Nein“. Aufgrund dieser Variationen ist es nicht möglich, die Erkenntnisse des hier angestrebten Vergleichs direkt auf die ALLBUS-Befragung zu übertragen. Indem man sich auf das durchschnittliche Antwortverhalten bezieht, lassen sich jeweils drei Gruppen unterscheiden:

- Bei der ALLBUS zwischen Probanden, die diesen Items überwiegend zustimmen (durchschnittlich 5 bis 7 Punkte), solche, die ihnen indifferent gegenüberstehen (durchschnittlich 4 Punkte) und diejenigen, die sie eher ablehnen (durchschnittlich 1 bis 3 Punkte);
- bei der Hildesheimer Untersuchung können diejenigen, die diesen Items überwiegend zustimmen - und zwar dreien oder vieren dieser Items - von denjenigen, die ihnen überwiegend ablehnend gegenüberstehen - indem sie höchstens einem dieser Items zustimmen - und einer mittleren Gruppe unterschieden werden.

Gegen den hier unternommenen Versuch, durch die Analyse des Hildesheimer Datenmaterials indirekt auch Rückschlüsse auf die ALLBUS-Resultate anzustreben, könnte kritisch eingewendet werden, daß er aufgrund veränderter Formulierungen, sowie durch unterschiedlich differenzierte Antwortvorgaben unzulässig sei. Zur Frage der Formulierungen läßt sich anmerken, daß der Begriff „Gastarbeiter“ inzwischen nicht mehr zeitgemäß erscheint, so daß in dieser Umformulierung eine Aktualisierung gesehen werden kann, bei der der frühere Bedeutungsgehalt in etwa beibehalten wurde (vgl. Reinhold 1991, S. 180). Zu den Antwortvorgaben muß festgestellt werden, daß in der Hildesheimer Untersuchung nicht nur Differenzierungsmöglichkeiten gegenüber denen der ALLBUS-Befragung eingeschränkt waren, sondern daß hier außerdem auf eine neutrale, mittlere Antwortmöglichkeit verzichtet wurde. In der Methodenliteratur wird hierzu generell festgestellt, daß die Güteeigenschaften einer Meß-Skala - Reliabilität und Validität - nicht von deren Differenzierungskapazität abhängig sind, d.h. es ist nicht entscheidend, ob „das interessierende Merkmal in dichotomer Form (also zweistufig) oder mit sehr feinen Differenzierungen (19-Punkte-Skala) einzustufen ist" (Bortz 1984, S. 123). Aus anderen Studien ist bekannt, daß der Wegfall einer neutralen Antwortkategorie nicht zu einem nennenswerten Anstieg ethnozentrischer Antworten führt (Bergmann und Erb 1991, S. 150 f). Hinzukommt, daß für die ALLBUS-Daten bezüglich der verwendeten Items eine Tendenz zur Polarisierung festgestellt werden kann. Hill spricht in diesem Zusammenhang von einer sehr schiefen bzw. bimodalen Verteilung, bei der die Extremwerte am häufigsten besetzt sind, d.h. „man hat entweder eine deutliche Position für oder gegen Gastarbeiter" (Hill in Willems 1993, S. 34).

2.3.2 Vergleichende Betrachtung standardisiert und qualitativ erhobener Orientierungen

Tabelle 1: Zusammenhänge zwischen standardisiert und qualitativ ermitteltem Ethnozentrismus

standardisiert / qualitativ	ethnozentrisch	Zwischen-variante	nicht-ethnozentrisch	Insgesamt
ethnozentrisch	5	3	3	11
teilweise ethnozentrisch	-	1	3	4
wider-sprüchlich	-	2	2	4
pluralistisch	-	1	5	6
insgesamt	5	7	13	25

Vergleicht man die Positionen, die die Befragten der Hildesheimer Untersuchung zu diesen Items formulieren, mit den Ergebnissen der qualitativen Analyse, speziell mit den Einstellungsmustern, die in Abschnitt 2.2.1 kurz dargestellt sind und die in den folgenden Kapiteln ausführlich erläutert werden, zeigen sich die in Tabelle 1 dokumentierten Zusammenhänge.

Setzt man bei den Gruppen an, die gemäß ihrer Antworten im Fragebogen unterschieden werden können, lassen sich folgende Zusammenhänge zu den Resultaten der qualitativen Analyse festhalten.

- Die fünf Befragten, bei denen die Zustimmung zu den ethnozentrischen Items insgesamt überwiegt, gehören auch der qualitativen Analyse zufolge zu denjenigen, bei denen eine ethnozentrische Position in deutlicher Ausprägung festzustellen ist.
- Die sieben Fällen, bei denen im Fragebogen weder zustimmendes noch ablehnendes Antwortverhalten dominiert, verteilen sich der qualitativen Analyse zufolge auf Befragte mit unterschiedlichen Orientierungsmustern.
- Auch die 13 Befragten, die einem oder gar keinem der Items des Fragebogens zustimmen - und diesem Instrument zufolge als eher nicht-ethnozentrisch einzuschätzen sind - verteilen sich gemäß der qualitativen Analyse auf verschiedene Orientierungsmuster. Von einer Ausnahme abgesehen sind dies alle Befragten mit pluralistischer Orientierung, aber auch drei Fälle, deren Einstellung - qualitativ ermittelt - ethnozentrisch ist.

Zum Teil werden hier Übereinstimmungen zwischen den Resultaten der qualitativen Auswertung und denen deutlich, die mit dem standardisierten Instrument erzielt wurden. Das trifft besonders auf solche Probanden zu, die im Interview sehr entschieden extreme Positionen vertreten. Mit der gleichen Entschiedenheit reagieren sie offenbar auf die vorfixierten Antwortalternativen und erreichen auf diese Weise besonders hohe oder extrem niedrige Werte. So haben beispielsweise genau die vier Befragten allen vier Items des Ethnozentrismus-Indexes zugestimmt, bei denen eine besonders aggressive Variante ethnozentrischer Orientierungen festgestellt werden kann, die an verschiedenen Stellen der Interviews unkontrolliert hervorzubrechen scheint (vgl. Kapitel 4 dieser Arbeit).

In anderen Fällen sind dagegen gravierende Differenzen zwischen den qualitativen Resultaten und denen der Fragebogenauswertung festzustellen. Besonders auffällig sind diese Diskrepanzen in drei Fällen, die bei der qualitativen Analyse deutlich ethnozentrische Tendenzen aufweisen, während sie gemäß ihrer Reaktionen auf die ALLBUS-Items als nicht ethnozentrisch einzuschätzen sind. Dies wirft zunächst die Frage nach der Vergleichbarkeit dieser Ergebnisse auf. Es geht dabei z.B. um das Problem der Äquivalenz zwischen den Orientierungen, die mittels standardisierter Items erfragt werden, und jenen, die im qualitativen Interview thematisiert werden.

Teilweise scheint diese Äquivalenz gegeben zu sein. So wird in den Interviews von Ausländern häufig und zum Teil sehr vehement Anpassung gefordert. Demgegenüber spielen Vorbehalte gegen ethnisch gemischte Partnerschaften oder Forderungen nach biologisch „reinen“ Lebensgemeinschaften eine eher unbedeutende Rolle, wenn sie überhaupt artikuliert werden. Dazu paßt es, daß dem Fragebogen-Item, in dem Anpassung gefordert wird sehr viel häufiger zugestimmt wird, als demjenigen, in dem die Ansicht vertreten wird, Ausländer sollten sich ihre Ehepartner unter ihren Landsleuten auswählen - sowohl in der ALLBUS als auch in der Hildesheimer Studie. Diejenigen, die im Fragebogen ethnisch homogene Ehen befürworten, sind dabei auch weitgehend dieselben, die im Interview gemäß qualitativer Analyse rassistisch argumentieren (vgl. Abschnitt 3.1.3 dieser Arbeit).

In anderen Fällen stimmen die Antworten im Fragebogen nicht mit denen im Interview überein, so daß unklar bleibt, wie die Befragten ein Item konkret interpretieren. So wird beispielsweise in einigen Interviews explizit die Möglichkeit eines Ausländerwahlrechts erörtert - das Wahlrecht kann als konkrete und dabei recht moderate Form der Beteiligung am politischen Leben betrachtet werden. Drei Befragte, die ein Wahlrecht für Ausländer im Interview kategorisch ablehnen, sind gemäß ihren Angaben im Fragebogen nicht der Meinung, daß Ausländern jede politische Betätigung in Deutschland untersagt werden sollte. Denkbar ist in diesen Fällen, daß hier an andere Formen der politischen Beteiligung gedacht wird. Ich halte dies allerdings nicht für sehr wahrscheinlich, da andere Möglichkeiten politischer Betätigungen von Ausländern ein eher negatives Image haben - wie etwa die Proteste der Kurden gegen die Politik der türkischen Regierung. Vermutlich wurde die Formulierung im Fragebogen hier gar nicht in konkrete Vorstellungen oder Konsequenzen umgesetzt. Dieses Problem läßt sich letztlich jedoch nicht klären, sondern es bleibt die offene Frage nach der Bedeutung, die die Probanden mit den Fragebogenitems verbinden.

Zu diesem Problem der Bedeutung kommt das der unterschiedlichen Ausprägungen einer Meinung hinzu, so daß im Extremfall sogar ganz unterschiedliche Orientierungen in eine Antwortklasse fallen können. Im Fragebogen wurde dem Item, das von den in Deutschland lebenden Ausländern eine Anpassung im Lebensstil fordert, häufig zugestimmt. In einigen dieser Fälle wird im Verlauf der Interviews deutlich, daß im Zusammenhang mit dieser Forderung teilweise die aggressiven Unterdrückung all dessen gemeint ist, was als anders empfunden wird. In anderen Fällen machen die Äußerungen im Interview deutlich, daß hinter der Befürwortung angepaßter Ausländer sehr viel moderatere Vorstellungen oder konkrete Erfahrungen mit abweichendem Verhalten stehen können, die die Forderung nach Anpassung in ein anderes Licht setzen.

Bei weiterer Betrachtung zeigt sich außerdem, daß auch Fragebogenitems „konjunkturabhängig“ sein können, d.h. die Relevanz ethnozentrischer Argumentationen verändern sich. So stehen zum Zeitpunkt der Hildesheimer Befragung Ressentiments gegen Asylbewerber, die zu nicht-arbeitenden Nutznießern unserer Gesellschaft stilisiert werden, im Vordergrund des öffentlichen Interesses. Ausländer, die hierzulande arbeiten, werden zumindest oberflächlich als Leidensgenossen geschildert, die sich ihren Lebensunterhalt ebenfalls verdienen müssen. Die Forderung nach der Ausweisung arbeitender Ausländer im Fall knapper Arbeitsplätze, die in den 80er Jahren möglicherweise relevant war, wird dagegen in keinem einzigen Interview argumentativ vertreten. Latent gehört diese Forderung vermutlich noch heute zum Repertoire ethnozentrischer Argumente. Sie kann momentan aber nicht als zentraler Indikator ethnozentrischer Orientierungen angesehen werden. Die Ergebnisse wären sicher anders ausgefallen, wenn im Fragebogen die Ausweisung solcher Ausländer, die nicht arbeiten, gefordert worden wäre.

Im Rahmen einer qualitativen Analyse kann der Gehalt einer einzelnen Äußerung oder Behauptung geprüft werden, z.B. indem man sich auf andere Schilderungen oder auf Antworten zu Nachfragen bezieht. Auf diese Weise wird die Bedeutung transparent, die die einzelnen Untersuchungsteilnehmer mit ihren Aussagen verbinden. Demgegenüber kann die Grundlage von Forschungsergebnissen, die mit standardisierten Methoden erzielt wurden, diesbezüglich zweifelhaft sein, wie es die betreffenden Wissenschaftler zum Teil explizit formulieren.

> Subgruppenspezifische Analysen werden der Annahme gerecht, daß im Meßmodell, also in der Operationalisierung der Variablen, für unterschiedliche Subgruppen unterschiedliche Ergebnisse zu erwarten seien, bedingt etwa durch unterschiedliches Verständnis der Frageninhalte oder durch unterschiedliches Verbalisierungsverhalten der Angehörigen unterschiedlicher Subgruppen. (Krauth und Porst 1984, S. 262)

Die hier zum Ausdruck gebrachten Zweifel, das Itemverständnis und das Antwortverhalten betreffend, erscheinen mir angesichts der oben erläuterten Aspekte gerechtfertigt. Zur Entfaltung unterschiedlichen Verbalisierungsverhaltens dürfte es im Rahmen der ALLBUS-Befragung allerdings kaum Gelegenheit geben. Wie die qualitative Analyse nahelegt, weisen Verständnis und Antwortverhalten nicht nur subgruppenspezifische Eigenheiten auf, sondern sind auch bei Befragten einer relativ homogenen Gruppe individuell äußerst verschieden. Berücksichtigt werden muß in diesem Zusammenhang der jeweilige Erfahrungshintergrund bzw. die Verarbeitung verschiedener Erfahrungen. Diese Differenzen sind durch quantifizierende Subgruppenanalysen nicht aufzuklären. Hierfür bedarf es einer Datengrundlage, bei der die Untersuchungsteilnehmer die Möglichkeit haben, ihre Position ausführlich und in eigenen Worten zu formulieren bzw. zu erläutern sowie einer qualitativen Analyse dieser individuellen Thematisierungen.[4]

---

[4] Mit dieser Einschätzung beziehe ich mich auf die mittlerweile üblichen Kurzskalen, bei denen ethnozentrische Orientierungen durch die Reaktionen auf höchstens vier Items ermittelt werden - neben dem oben erläuterten Index, den Paul Hill auf der Basis der ALLBUS-Items gebildet hat, z.B. auch bei Herrmann und Schmidt (1995,

Qualitative Untersuchungen können generell als aufschlußreiche Ergänzungen zu solchen Studien betrachtet werden, die mit standardisiertem Instrumentarium operieren. Um diese verschiedenen Ansätze auf fruchtbare Weise miteinander zu verbinden, scheint es mir jedoch notwendig, die Äquivalenz der erkenntnisleitenden Konzepte sowie Anknüpfungspunkte ihrer jeweiligen Operationalisierung zu gewährleisten. Neben den oben erläuterten Punkten, die eine Standardisierung komplexer Orientierungsmuster erschweren, müßte hierfür auch die Frage der „Verbindlichkeit“ geklärt werden. Ich meine damit, daß es im Interview schwierig ist, eine unüberlegte Position zu äußern, die vielleicht gar nicht ernst gemeint ist, ohne daß dies deutlich würde. In einem Fragebogen können zwar Kontrollfragen eingebaut werden, doch die Antworten auf diese unterliegen denselben Restriktionen, wie diejenigen, die durch sie kontrolliert werden sollen. Aufgrund verschiedener Unwägbarkeiten und der für eine Methoden-Triangulation erforderlichen Koordinierungsprozesse - zu den methodologischen Problemen siehe auch Lamnek (1988, S. 235) - scheint mir die spezialisierte und konzentrierte Verwendung eines methodischen Ansatzes im hier betrachteten Forschungsfeld zur Zeit am ehesten ertragreich zu sein. Im weiteren Verlauf dieser Arbeit sollen die Möglichkeiten, ethnozentrische Orientierungen mittels qualitativer Verfahren zu analysieren, gründlich genutzt werden.

S. 306) oder bei Melzer (1992, S. 131). An dieser Stelle kann nicht beurteilt werden, ob wesentlich komplexere Ethnozentrismus-Skalen (vgl. Adorno u.a. 1969, S. 110 f; Liebhart und Liebhart 1971) diesbezüglich verläßlicher sind.

3. Zur inhaltlichen Bestimmung ethnozentrischer Orientierungen

In den Arbeiten zum Themenbereich ethnozentrischer Orientierungen werden jeweils sehr verschiedene Aspekte hervorgehoben. Dazu trägt der Umstand bei, daß die theoretischen Vorannahmen, die daraus abgeleiteten Fragestellungen und die verwendeten Methoden oft sehr unterschiedlich sind. Solche Divergenzen können als Konsequenz von Pluralismus in den Sozialwissenschaften angesehen werden. Darüber hinaus entsteht aber auch der Eindruck, daß eigenwillige Interpretationen empirischer Daten zusätzliche Verwirrung provozieren. Ein Beispiel hierfür sind die teilweise pauschalen Rassismus-Diagnosen (z.B. bei Jäger 1992), bei denen die Aussagen der Befragten nur sehr selektiv berücksichtigt und gedeutet werden. In diesen Fällen besteht der Verdacht, daß der jeweilige theoretische Ansatz den Daten vorgeschaltet oder übergestülpt wird, so daß diesen gegenüber keine Offenheit mehr besteht. Umgekehrt können aber auch Forschungsergebnisse, in denen ein Indiz für fehlenden Rassismus gesehen wird, unglaubwürdig und wenig zuverlässig wirken (z.B. bei Sturzbecher und Dietrich 1993, S. 40). Häufiger läßt sich also beobachten, daß das Datenmaterial unzulässig interpretiert wird oder daß es an einer definierten, klar abgegrenzten Konzeptionalisierung mangelt.

Um solche Entwicklungen zu vermeiden, wird sich in dieser Arbeit um eine klare Begrifflichkeit sowie um einen gründlichen Bezug auf die empirische Datengrundlage bemüht. Gemäß der Definition Sumners liegt eine ethnozentrische Perspektive dann vor, wenn Fremdgruppen abgewertet werden und eine Eigengruppe diesen gegenüber aufgewertet wird (vgl. Sumner 1959, S. 13). Im Verlauf dieses Kapitels werden die inhaltlichen Eigenarten und Variationen solcher Perspektiven untersucht. In Abschnitt 3.1 werde ich zunächst auf die verschiedenen Abwertungs- und Ausgrenzungsargumente gegenüber Fremdgruppen eingehen. Im Abschnitt 3.2 geht es um die Glorifizierung der Eigengruppe. Auf der Grundlage solch einer gründlichen qualitativen Bestimmung ethnozentrischer Argumentationen können dann schließlich unterschiedliche Orientierungsmuster charakterisiert werden (3.3).

3.1 Die Abwertung von Fremdgruppen

Aus den Untersuchungen zu negativen Urteilen über Menschen, die als anders oder fremd erlebt bzw. beschrieben werden, liegen unterschiedliche Ergebnisse vor. Entweder werden die hinsichtlich verschiedener ethnischer oder nationaler Gruppen unterschiedlich ausgeprägten Negativurteile gemessen (z.B. Melzer 1992, S. 129; Silbermann und Hüsers 1995, S. 32) oder es werden Eigenschaftsprofile für die Angehörigen verschiedener Gruppen abgefragt (z.B.

Stephan und Rosenfield 1982). Außerdem werden die in alltäglichen Erzählungen enthaltenen Diffamierungen gesammelt (z.B. van Dijk 1984; Jäger 1992). Auf diese Weise kommen sehr unterschiedliche Resultate zustande, die durch die jeweils verfolgten Forschungsansätze bzw. -interessen oder - wie im letzten Kapitel deutlich wurde - durch bestimmte Forschungsmethoden geprägt sind.

In dieser Arbeit wird versucht, die gegenwärtig relevanten Abwertungs- und Diffamierungskriterien aufzuspüren sowie ihre inhaltlichen Ausprägungen und spezifischen Gewichtungen zu bestimmen. In dem Material, das dieser Arbeit zugrundeliegt, sind abfällige Beurteilungen von Fremdgruppen zum Teil sehr auffällig und werden auf verschiedenen inhaltlichen Feldern argumentativ umgesetzt. Ihrer Bedeutung gemäß, an der ich mich auch beim Aufbau dieses Abschnitts orientiere, kann dabei zwischen materialistischen (3.1.1), kriminalisierenden (3.1.2), rassistischen (3.1.3) und kulturalistischen (3.1.4) Argumentationen unterschieden werden.

3.1.1 Materialistische Argumentationen

In letzter Zeit wurde im Zusammenhang mit ethnozentrischen Einstellungen verschiedentlich auf die große Bedeutung materialistischer Argumente hingewiesen (Held u.a. 1991; W. Hopf 1996; Sturzbecher und Dietrich 1993). Auch in den vorliegenden Interviews ist der Bezug auf ökonomische Argumente sehr verbreitet, wenn es darum geht, die Anwesenheit von Ausländern in Deutschland zu beurteilen.

*Übersicht 2: Die Verbreitung materialistischer Argumente zur Abwertung von Fremdgruppen**

Erhebliche Bedeutung materialistischer Argumente	Einzelne Bezüge auf materialistische Argumente	Keine oder kaum materialistische Argumente	Insgesamt
16	7	2	25

Gemäß dieser Übersicht gehören ökonomische Bedenken und wirtschaftliche Ausbeutungsvorwürfe bzw. -ängste für etwa zwei Drittel der Befragten zu den zentralen Argumenten für kritische bis ablehnende Äußerungen gegenüber Ausländern. Sieben Befragte äußern entsprechende Bedenken, ohne daß diesen eine herausragende Bedeutung zukommt. Lediglich für zwei Probanden spielen solche Überlegungen keine oder kaum eine Rolle. Eine genauere Betrachtung der entsprechenden Argumente zeigt, daß sich besonders in Zusammenhang mit Asylbewerbern materialistisch geäußert wird. So werden Flüchtlinge unter anderem für die Staatsverschuldung, höhere Steuern, steigende Arbeitslosigkeit und teuerere Wohnungen verantwortlich gemacht, worunter die Befragten, ihre Angehörigen und generell „wir Deutschen“ zu leiden hätten.

Asylbewerber werden häufig aber nicht nur als Ursache, sondern sogar als Nutznießer gesellschaftlicher Verteilungsprozesse geschildert. Ohne zu arbeiten bekommen sie Kleidung, Wohnung und Essen nicht nur kostenlos, sondern auf „unsere „ Kosten. Vor dem Hintergrund ihrer fremdländischen Herkunft werden diese Kosten als besonders ungerecht empfunden, wie es in einer Formulierung Sebastians deutlich wird: „kommen von irgendwo her und kriegen dann alles umsonst“. Aber nicht genug damit, daß „wir“ für sie bezahlen: In den Augen der Befragten sind die Asylbewerber entweder von Hause aus keine armen Leute oder können sich Dinge leisten, von denen die Befragten träumen. Voll des Neides berichten sie, Asylbewerber auf teueren Fahrrädern, in luxuriösen Autos, in eleganten Lederjacken oder mit anderen Kostbarkeiten gesehen zu haben. Auch von Einbauküchen oder riesigen Fernsehern ist die Rede. Der materielle Nutzen des Asylbewerberdaseins wird sogar zum Grund für ihren Aufenthalt in Deutschland erklärt: Die kommen hierher, um das große Geld zu machen bzw. um uns das Geld aus der Tasche zu ziehen. Den Hintergrund solch materialistischer Argumentationen bilden zum Teil solche Befürchtungen, denen zufolge bald jede deutsche Familie Flüchtlinge aufnehmen müsse oder sogar die gesamte Wohnung Asylbewerbern zur Verfügung zu stellen hätte.

Wenn es um Asylbewerber geht, werden ökonomisch motivierte Kosten-Nutzen-Rechnungen zum Teil sogar höher bewertet als menschenrechtliche Fragen. In Zusammenhang mit der Möglichkeit von Fehlentscheidungen, wenn Flüchtlinge gleich an der Grenze abgewiesen werden, äußert sich Bernd folgendermaßen: „Ungerechtigkeit gibts immer, mit Schuld muß man immer rechnen, bloß bitte nicht auf meine Kosten.“ Ganz ähnliche Prioritäten setzt auch Thomas in der Begründung seiner Ablehnung gewaltsamer Angriffe auf die Wohnheime, in denen Asylbewerber untergebracht sind: „dann müssen wir das wieder bezahln fürs Aufbaun“. Aber nicht nur die Ablehnung von Ausländern wird auf diese Weise materialistisch begründet, sondern umgekehrt werden solche Argumente auch im Zusammenhang mit der Akzeptanz bestimmter Ausländergruppen angeführt. Häufiger wird dabei zwischen Flüchtlingen und ausländischen Arbeitnehmern unterschieden.

> Paul: Das heißt also, daß se nur die finanzielle Seite mitnehmen. Die sagen, okay hier gibts Geld, hier gibts Kohle, bleiben wer mal für zwei, drei Jahre hier und gehn zurück wieder ins Land, in unser eigenes. (Frage: Wie ist denn das mit anderen Ausländern, die hier leben und arbeiten?) Ich kenn die Italiener zum Beispiel. Die gehören zur europäischen Gemeinschaft also so fast unsere Nachbarn, hat man en anderes Verhältnis zu. (Frage: Warum? Was ist der Unterschied für Sie?) Was der Unterschied ist für mich? Weil die bezahlen auch. Die bezahlen genauso ihre Steuern wie Sie, wie ich, wie jeder andere auch. (...) Die haben Geld bezahlt, die bezahlen dafür, bezahlen ihre

Rentenversicherung, ihre Arbeitslosenversicherung, die bezahlen ja alles. Die leben ja nicht auf andere Leute Kosten.

Paul bezweifelt, daß Asylbewerber in Deutschland leben wollen. In seinen Augen stehen sie der arbeitenden und Steuern zahlenden Normalbevölkerung als Schmarotzer gegenüber, die nicht helfen, die gemeinsamen Lasten zu tragen, sondern nur „absahnen". Demgegenüber werden Arbeitsmigranten gelobt, weil sie Steuern bezahlen und sich auf diese Weise ihre Berechtigung zum Aufenthalt in Deutschland verdienen. Diese Differenzierung zwischen arbeitenden Migranten, die Steuern zahlen und Asylbewerbern, die „uns auf der Tasche liegen", finden sich in den Interviews regelmäßig. Dies ist auch im Interview mit Volker der Fall, der sein gutes Verhältnis zu ausländischen Klassenkameraden beschreibt, nachdem er die Aufnahme von „Scheinasylanten" scharf abgelehnt hatte. Er fährt in seiner Argumentation dann jedoch folgendermaßen fort.

Volker: Ich meine generell kann man sagen, daß andere Ausländer (die nicht als Asylbewerber nach Deutschland gekommen sind, P.R.) so ziemlich in Ordnung sind, so weil ich kenne die ja alle nicht, also glaub ich erstmal von vornherein, daß se in Ordnung sind. (...) Generell. Bloß wenn ich jetzt hingeh ins Pub und kucke. Zum Beispiel es gibt hier in der Gegend zwei dicke Mercedes, die kosten über 150.000 Mark. Da frag ich mich, wie also die von - beide Wagen werden von Ausländern gefahren, haben hier so lange Haare, schwarz - und da überlegt man, Moment mal, wo haben die 150.000 Mark her. Können nicht richtich Deutsch, aber haben 150.000 Mark, en Auto für 150.000 Mark, so Mitte 20 Anfang 30. Wo haben die den Schotter her? (Frage: Was denken sie denn?) Was weiß ich - Prostitution oder sonst irgendwas, aber ich kann mir nicht vorstellen, daß sie es irgendwie erarbeitet haben. Oder wenn ich ins Pub gehe, die haben immer Kohle, ich weiß nicht. Ausländer haben immer Kohle, ohne Ende. Frag ich mich doch, woher?

Die zu Beginn dieser Äußerung noch positiv bewerteten Ausländer, die nicht als Asylbewerber nach Deutschland kommen, werden innerhalb kürzester Zeit pauschal kriminalisiert. Zumindest werden sie in einem Atemzug mit Kriminellen genannt, die ihren grenzenlosen Reichtum nicht durch Arbeit erworben haben können - da sie ja noch nicht einmal die deutsche Sprache beherrschen. Durch diesen schnellen Sinneswandel erscheint das Lob der Arbeitsmigranten als phrasenhafte Scheinrelativierung, um der Zurückweisung von Asylbewerbern rational zu bemänteln. Aus Tabelle 2 kann ersehen werden, wie die Zusammenhänge zwischen den Einstellungen der Befragten zu Asylbewerbern und zu Arbeitsmigranten insgesamt aussehen.

Hier zeigt sich zunächst, daß der Aufenthalt von Arbeitsmigranten in Deutschland eher akzeptiert wird als die Aufnahme von Asylbewerbern. Es wird jedoch auch deutlich, daß vor allem diejenigen, die einer Aufnahme von Asylbewebern relativ offen gegenüberstehen, Arbeitsmigranten tolerieren. Demgegenüber haben diejenigen, die sich am entschiedendsten gegen die Aufnahme von Asylbewerbern aussprechen zumeist auch Vorbehalte gegenüber Arbeitsmigranten in Deutschland. Dies spricht in meinen Augen ebenfalls dafür, daß die nicht nur in unseren Interviews weit verbreiteten Differenzierungen zwischen Asylbewerbern und Arbeitsmigranten (vgl. hierzu auch W. Hopf 1996) vor allem legitimatorische Funktion haben und keine tieferen Einstellungsdifferenzen bezüglich dieser verschiedenen Gruppen widerspiegeln.

Tabelle 2: Zusammenhänge zwischen der Einstellung zur Aufnahme von Asylbewerbern und der Akzeptanz von Arbeitsmigranten**

Einstellung Arbeitsmigranten / Einstellung Asylbewerber	Deutlich gegen Arbeitsmigranten	Eingeschränkt für Arbeitsmigranten	Deutlich für Arbeitsmigranten	Keine Zuordnung möglich	Insgesamt
Deutlich gegen Asylbewerber	5	2	1	1	9
Überwiegend gegen Asylbewerber	-	8	-	1	9
Überwiegend für Asylbewerber	-	3	3	1	7
Deutlich für Asylbewerber	-	-	-	-	-
Insgesamt	5	13	4	3	25

Festzuhalten ist an dieser Stelle, daß die Angehörigen verschiedener Fremdgruppen im Rahmen ethnozentrischer Argumentationen häufig und vehement durch die Kosten und den Nutzen bestimmt werden, die die Befragten mit ihnen assoziieren.

3.1.2 Kriminalisierende Argumentationen

Wie bereits im letzten Abschnitt deutlich wurde, werden Differenzierungen zwischen Eigen- und Fremdgruppen nicht nur an den Merkmalen einzelner Personen festgemacht. Immer wieder geht es auch um bestimmte Handlungs- oder

Verhaltensweisen, die zu typischen oder verbreiteten Mustern stilisiert werden. In diesem Abschnitt stehen solche Argumentationen im Vordergrund, in denen verschiedene Varianten abweichenden Verhaltens systematisch mit Angehörigen von Fremdgruppen in Zusammenhang gebracht werden. Der Vorwurf, Ausländer seien in besonders ausgeprägter Weise kriminalitätsbelastet oder neigten zur Gewalt, gehört zum klassischen Repertoire ethnozentrischer Vorurteile (vgl. z.B. van Dijk 1984). Welch bedeutsamen Stellenwert sie bei den Befragten der vorliegenden Untersuchung haben, wird aus folgender Übersicht deutlich.

Übersicht 3: Die Verbreitung kriminalisierender Argumente zur Abwertung von Fremdgruppen

Erhebliche Bedeutung kriminalisierender Argumente	Einzelne Bezüge auf kriminalisierende Argumente	Keine oder kaum kriminalisierende Argumente	Insgesamt
13	5	7	25

Es zeigt sich, daß solche Argumente, mittels derer Fremdgruppen pauschal mit Kriminalität und Gewalttätigkeit in Verbindung gebracht werden, ähnlich verbreitet sind, wie materialistische Argumentationen. Dies gilt auch für die Intensität solcher Vorwürfe und Befürchtungen.

Auf der Ebene diskriminierender Schlagworte werden Ausländer in den Interviews verschiedentlich mit auffälliger Kriminalität in Zusammenhang gebracht. Vereinzelt sind damit Gewaltverbrechen, Diebstahl und Zuhälterei gemeint. Besonders strapaziert wird außerdem die Vorstellung vom Drogenhandel, der fest in ausländischer Hand sei. Indem Drogenschmuggel und der Vertrieb an die Abnehmer mit Ausländern verbunden werden, sind diese nicht nur mit besonders verwerflichen, sondern auch mit finanziell sehr lohnenswerten Aktionen assoziativ verknüpft. An anderer Stelle wird die gezielte Verdächtigung vorgetragen, Angehörige von Fremdgruppen seien für Sachbeschädigungen verantwortlich. So berichtet beispielsweise Fred von eingeworfenen Fensterscheiben und von einem mit Müll verunreinigten Gebäudeteil, in der Nähe einer Asylbewerberunterkunft. Unreflektiert teilt er im Interview zunächst den automatisch auf die Asylbewerber fallenden Verdacht, muß auf Nachfragen jedoch einräumen, keinerlei Anhaltspunkte dafür zu haben.

Am häufigsten und am deutlichsten ausgeprägt sind in diesem Zusammenhang Schilderungen oder Befürchtungen, in denen gewalttätiges Verhalten von Ausländern thematisiert wird. In einer Variante dieser Angst vor gewalttätigen Ausländern wird von den Auswirkungen des Zweiten Weltkrieges ausgegangen und angenommen, als Deutscher könne man sich im Ausland ja immer noch nicht zu erkennen geben - es sei denn, man nehme Ablehnung oder Pöbeleien in Kauf. Zumeist ist in diesem Zusammenhang von Frankreich oder England die Rede, wo man sich z.B. „nicht in die ganz kleinen Pubs trauen dürfe". Überhaupt erscheint das Ausland als gefährliches Pflaster: In der Türkei würden Deutsche, die eine Kirche bauen wollten, gesteinigt und gevierteilt; in Frankreich würden nachts mit Negern ganz schreckliche Dinge getan. Noch zugespitzter treten entsprechende Vorstellungen in bezug auf bestimmte Wohnviertel in Deutschland auf, in denen Ausländer leben.

> Mark: So ist es ja, wenn man zum Beispiel nach Großstadt-Viertel fährt, ist bekannt als irgendwie so Türkenviertel, ist das ja, kann man sagen, da wohnt alles, von Türken, Griechen, Italiener, Deutsche traun sich da nicht mehr her, weil nachts ab zehn Uhr darf man da nicht mehr auf'e Straße geh'n, sondern muß aufpassen, daß da nicht gleich 'n Türke, Italiener oder sonst irgendwas hinter'm nächsten Baum oder sowas herspringt.

Nach seinen persönlichen Erfahrungen gefragt, berichtet Mark im folgenden von einer Freundin, die nachts von einem Türken mit Messer angegriffen worden sei. Im Gegensatz zu den historisch argumentierenden Rationalisierungsversuchen für die Angst im Ausland, werden speziell Gewalttätigkeiten von in Deutschland lebenden Türken mit deren Eigenart erklärt. Der Vorwurf exzessiver Gewalttätigkeit gehört im Zusammenhang mit den hier analysierten Argumentationen jedenfalls zu denjenigen, die am eindringlichsten vorgetragen werden.

Entsprechende Vorstellungen werden zumeist im Zusammenhang mit Auseinandersetzungen unter Gleichaltrigen geäußert; in der Regel in der Form von Geschichten, in denen „Zigeuner- und Türkengangs" angreifen, wenn sie in der Überzahl sind oder durch ihren verwandtschaftlichen Zusammenhalt nahezu unüberwindliche Gegner darstellen. Doch auch dann, wenn die Ausländer in der Minderheit sind, wird ihnen überschäumende Aggressivität und Gewaltbereitschaft nachgesagt: Fünf Türken stürmen eine Gaststätte, in der sich eine Übermacht rechtsradikaler Jugendliche befindet; drei Türken greifen 150 betrunkene Skinheads an. Diese Schilderungen wirken häufig unglaubwürdig und widersprüchlich - nicht nur dann, wenn so überzogene Beispiele geschildert werden.

3.1.3 Rassistische Argumentationen

Im Gegensatz zu den Argumenten zur Abwertung Fremder, die in den letzten Abschnitten beschrieben wurden, gehören rassistische Äußerungen zu den Vorurteilen, die Diffamierungen explizit an unveränderlichen Personenmerkmalen festmachen. Im Gegensatz zu solchen Studien, die Rassismus stark verallgemeinernd mit jeglicher Art der Ausgrenzung gleichsetzen (z.B. Jäger 1992), orientiere ich mich in dieser Arbeit an einer vergleichsweise engen Auslegung des

Rassismus-Begriffs, d.h. damit sind nur solche Klassifizierungen und Diffamierungen gemeint, die sich auf biologische Kriterien beziehen (vgl. hierzu Miles 1991). Es geht hier darum, ob biologische Kriterien zur Ab- und Ausgrenzungen von Fremgruppen geäußert werden und welcher Stellenwert ihnen im Rahmen ethnozentrischer Orientierungen zukommt. Hierunter fallen nicht nur explizite Bekenntnisse zu einer Rassenlehre, sondern auch die Bezugnahme auf Blut, Vererbung oder phänotypische Merkmale zur Unterscheidung zwischen „uns" und „denen".

*Übersicht 4: Die Verbreitung rassistischer Argumente zur Abwertung von Fremdgruppen**

Erhebliche Bedeutung rassistischer Argumente	Einzelne Bezüge auf rassistische Terminologie	Keine Bezüge auf rassistische Ideologien	Keine Zuordnung möglich	Insgesamt
3	2	17	3	25

Wie aus dieser Übersicht deutlich wird, sind rassistische Differenzierungen bzw. ein offensiver Umgang mit biologistischen Argumentation zur wertenden Differenzierung zwischen vermeintlich von Natur aus unterschiedlichen Menschengruppen selten. Rassistisch argumentieren nur drei der Befragten. In diesen Fällen wird sich explizit auf den Nationalsozialismus oder auf verschiedene Elemente einer „Rassenlehre" bezogen. In diesem Sinne wird etwa geäußert, im Zweite Weltkrieg sei es um die Eroberung von Lebensraum für die „deutsche oder germanische Rasse" gegangen. Im gleichen Interview wird außerdem konstatiert, daß wir inzwischen schon in einer „durchrassten Nation" leben. In einem anderen Fall, wird die eigene Mutter in Kategorien der „Rassenlehre" wahrgenommen oder extreme Distanz gegenüber „total schwarzen Buschnegern" artikuliert.

In den analysierten Interviews finden sich außerdem verschiedene Termini aus rassistischen Zusammenhängen. In diesem Sinne bemerkt etwa Fred, daß in den Adern seiner Familie „polnisches Blut" fließe. An anderer Stelle vermutet er, fremdenfeindliche Gewalttaten seien Ausdruck generell menschlichen Rassenhasses. Beide Äußerungen stehen aber nicht im Zusammenhang systematischer Abwertungen oder Diffamierungen, sondern eher im argumentativen Kontext der Opposition gegen Fremdenfeindlichkeit.

Die deutlichsten Elemente rassistischer Argumentationen finden sich bei Thomas, der nicht nur den Begriff „Rasse" verwendet, sondern im Interview auch rassistisch argumentiert. Die Zuwanderung von Asylbewerbern lehnt er ab, da er damit eine „Entfremdung des Deutschen Volkes" verbindet. Seinen Standpunkt verdeutlicht er im Interview sogar recht ausführlich, wie aus den folgenden Passagen ersichtlich wird.

> Thomas: Es gibt nun mal ne höhere Rasse und die niedrigere. Das ist schon so von der geistigen Entwicklung her. Das wir zivilisiert sind und die Neger im Busch nicht. Das ist ne ganz klare Sache, das kann man nicht leugnen, das ist so.

Nicht nur in dieser Passage bezieht er sich explizit auf menschliche „Rassen", die er gemäß der von ihm diagnostizierten „Zivilisiertheit" in ein hierarchisches Verhältnis zueinander setzt. Neben dieser „Rassenhierarchie" schwingt bei Thomas mit dem Duktus unhinterfragbarer, quasi-naturgegebene Gewissheit ein weiteres Spezifikum rassistischer Argumentationen mit. Etwas später erläutert er seinen rassistischen Standpunkt mit weiteren Behauptungen zu unterschiedlichen Rassen.

> Thomas: Hmm, njäh. Wie soll man das erklärn? (stöhnt) -- Ist nun mal so, es gibt niedrigere Rassen, das sind die ganz dunklen und je heller das wird, desto höher wird die Rasse. Muß ich mir nur in Afrika die meisten Staatsoberhäupter angucken, die sind alle weiß. Die werden wahrscheinlich mehr Plan haben als die andern. (...) Sonst könnten nicht fünf Mann meintwegen zwanzig Mann unterdrücken, denn haben die eben mehr Plan. Und wenn man eben, ich stell mir das so vor, je heller man wird, desto intelligenter ist man meintwegen oder so, je mehr Plan hat man davon. (...) Die Italiener gehörn für mich zum Beispiel nicht mehr zu der weißen Rasse. Genausowenig wie die Spanier, das sieht man schon allein an der Hautfarbe, die sind nicht weiß, also es ist nicht die weiße Rasse. Die weiße Rasse sind immer die nordischen Länder. Amerikaner sind auch weiß und trallala. Die Russen, ham die meisten auch schon von Schlitzaugen.

Seine hier zitierten Differenzierungen setzen durchgängig bei körperlichen Unterschieden an. Die Hautfarbe ist für ihn ein direkter Indikator für Intelligenz, aber auch die Augenform verweist auf Andersartigkeit. Ganz offen treten hier aber noch weitere Bestandteile rassistischer Konstruktionen hervor. Das Pauschalurteil, Angehörige der „weißen Rasse" würden den „nordischen Ländern" entsprechen, führt Thomas an dieser Stelle zu der These, auch die Amerikaner würden zur weißen Rasse gehören. In diesem Punkt und bezüglich der afrikanischen Staatsoberhäupter konstruiert Thomas in beispielhafter Weise die Ergebnisse sozialer Prozesse als Konsequenz naturgegebener Unterschiede. In rassistischer Manier sieht er die Rasse, der er angehört als hochwertig an, so daß nur deren „Reinheit" den erreichten Standard gewährleisten kann und jede „Rassenmischung" unausweichlich mit negativen Auswirkungen verbunden ist. Der von ihm in diesem Zusammenhang zitierte Slogan „Rassenmischung ist Völkermord" scheint mir ein weiteres Indiz für seine Vertrautheit mit rassistischem Gedankengut zu sein.

Sogar in den Fällen, in denen ein rassistisches Weltbild deutlich propagiert wird, kommt es allerdings zu erheblichen Inkonsistenzen, sobald versucht wird, aktuelle Fremdenfeindlichkeit rassistisch zu untermauern. So erweist sich beispielsweise Thomas' rassistische Argumentation bei genauerer Betrachtung als sehr brüchig. Die Kriterien der Rassereinheit und der durch Abstammung bestimmten Volksgemeinschaft werden zugunsten einer Kosten-Nutzen-Kalkulation aufgegeben, wenn er sich über Aussiedler äußert. Offensichtlich sollte in Thomas' Augen in erster Linie eine Grenze zwischen arm und reich gezogen werden. Auch in Passagen, in denen er sich zur europäische Einigung äußert, begründet er seine Vorbehalte mit wirtschaftlichen Argumenten.

> Thomas: Da können auch die Grenzen offen sein. Ich meine das sind auch nicht die ärmsten Länder, Schweden sowieso nicht, Schweden ist eins der reichsten Länder und denn noch die Schweiz, Österreich, England, Belgien, natürlich müssen die dann ihre, die über Kalkutta und so angeschippert komm nicht dazu zähln --

Durch diese und andere Aussagen entsteht der Eindruck, daß es Thomas vor allem um ökonomische Motive geht, wenn er rassistisch argumentiert. Wirtschaftliche Erwägungen stehen in seinen Äußerungen im Vordergrund, gleichgültig ob es um Aussiedler, um die europäische Integration oder um die Vereinigung Deutschlands geht. Selbst in den seltenen Fällen, in denen biologistische Argumente geäußert werden, gehören sie also nicht zu den dominanten Differenzierungen.

3.1.4 Kulturalistische Argumentationen

Neben den bisher beschriebenen Varianten ethnozentrischer Argumentationen können auch solche Konstruktionen festgestellt werden, in denen bestimmte Menschen anhand kultureller Merkmale wie Sprache, Religion oder aufgrund ihrer Lebensgewohnheiten abgewertet werden. Auch diese Unterscheidungsmuster sind in der Vorurteils- und Stereotypenforschung recht ausführlich dokumentiert (vgl. z.B. Jäger 1992; Stephan und Rosenfield 1982). Im Rahmen der

Übersicht 5: Die Verbreitung kulturalistischer Argumente zur Abwertung von Fremdgruppen

Tendenziell kulturalistische Argumentation	Einzelne Bezüge auf kulturalistische Terminologie	Keine oder kaum kulturalistische Argumente	Insgesamt
9	7	9	25

hier zu analysierenden Äußerungen haben diese kulturalistischen Argumente einen vergleichsweise geringen Stellenwert. Von keinem der Befragten werden sie in den Vordergrund gestellt. Viel eher scheint es so, als würden kulturalistische Positionen von Befragten, die sich auf anderen Feldern sehr ausufernd und entschieden ethnozentrisch äußern, zur Ergänzung ihres Standpunktes lediglich angehängt. Bei immerhin neun Befragten ist die Tendenz zu erkennen, Fremdgruppenangehörige anhand kultureller Merkmale abzuwerten. Kernpunkt solch kulturalistischer Argumentationen ist die zumindest implizite Vorstellung, die „anderen" seien unzivilisiert. Teilweise werden solche Vorurteile sogar wörtlich reproduziert; die entsprechenden Vorstellungen sehen dann folgendermaßen aus.

> Thomas: Ich meine jetzt zum Beispiel, wenn einer in Afrika krank ist, ne Lungenentzündung, wird Wasser über den geschüttet und wird in Ostwind gehalten. Und bei uns da geht er zum Arzt. Da ist eben alles geregelt, Sozialversicherung und sowas. Man kann mit Messer und Gabel essen. Das ist zivilisiert. -- Ich könnt mich ja jetzt auch hierhin stelln und in ne Ecke pinkeln, das wird, das wär unzivilisiert, wenn ich pinkeln muß, geh ich auf Toilette, das ist zivilisiert (...) wenn se nicht zivilisiert ist, die machen doch alles. Die fressen Spinnen und ähhh -- Ich geh doch auch nicht mit'm Speer auf'e Jagd, wenn nebenan nen Supermarkt ist.

Wie auch auf anderen Gebieten ist Thomas auf dem Felde kulturalistischer Diffamierungen kaum zu überbieten. Zunächst sind es die Details, die seinem Entwurf eines unzivilisierten Afrikaners eine besondere Brisanz verleihen. Das Unzivilisierte verbindet er mit Unordnung, Ineffizienz, Urin, dem Verspeisen von Insekten und der Jagd mit dem Speer, so daß ein Bild der Dummheit und des Ekel entsteht. Auch die hier besonders grobe Pauschalisierung ist bemerkenswert. In den meisten Fällen, in denen kulturalistisch argumentiert wird, beziehen sich die Abwertungen demgegenüber auf einzelne Bereiche, z.B. Religion oder Sprache.

Besonders die Religionszugehörigkeit wird häufig als Indiz für kulturelle Nähe oder Distanz verschiedener Gruppen von Fremden angeführt. Obwohl bei keinem der Befragten eine persönliche Affinität zur christlichen Religion oder zur Kirche zu erkennen ist, werden beispielsweise Spanier oder Italiener aufgrund ihres katholischen Glaubens als sympathische, uns wesensverwandte Nachbarn geschildert. Demgegenüber werden Menschen moslemischen Glaubens, in erster Linie Türken, auf der Grundlage ihrer Religion als völlig andersartig und nicht zu integrieren beschrieben. Bei diesen Vorstellungen wird offenbar auf ein historisches Stereotyp zurückgegriffen, wonach besonders Türken auf aggressive Weise das christliche Abendland bedrohen. Regelmäßig findet sich beispielsweise der Verweis darauf, daß Mohammedaner überall Moscheen bauen wollten.

> Carsten: Ja, die denken hier, sie sind in der Türkei und machen auch so solche Sachen wie in ner Türkei, was weiß ich. Teilweise wollen se sich ja so-

gar ihre Moscheen hier hinbauen und so und des. Nääa. (Frage: Aber das ist doch -- warum stört sie das denn, wenn die ihre Moscheen hier hinbauen?) Ja, weil das nichts mit deutschem Brauch zu tun hat.

Der Bau einer Moschee scheint ein besonders einprägsames Bild für den mangelnden Integrationswillen einer Gruppe Fremder zu sein. Einige Befragte sehen darin offenbar eine Konkurrenz- wenn nicht sogar eine Kampfansage an den eigenen Lebensstil. Nach Meinung der meisten Befragten, die sich hierzu äußern, sollte Andersgläubigen die Ausübung ihrer Religion nicht gänzlich untersagt werden, aber sie sollten sie gefälligst innerhalb ihrer eigenen vier Wände praktizieren. Der kritische Punkt scheint das öffentliche Bekenntnis zu einem als abweichend wahrgenommenen Verhalten zu sein.

Ähnliches gilt für die Sprache. Neben pauschalen Beschwerden darüber, daß es Ausländer gebe, die nach 25 Jahren in Deutschland immer noch nicht gut deutsch sprächen, wird es offenbar besonders dann kritisch, wenn es um die Öffentlichkeit geht. Für Bernd ist es nicht akzeptabel, daß sich Jugendliche in öffentlichen Verkehrsmitteln laut in türkischer Sprache unterhalten. Sie scheinen damit die Dominanz der eigenen Kultur in Frage zu stellen. Vor diesem Hintergrund kann Carstens Verweis auf deutsches Brauchtum gesehen werden; ein Kodex, der regelt, wer hierhin paßt und wer nicht. Vergleichbar diesem etwas antiquiert wirkenden Ausdruck, gilt es in einem anderen Fall dann auch als Indiz problemlosen Zusammenlebens bzw. einer gelungenen Integration, wenn ein Spanier Mitglied im dörflichen Schützenverein ist.

Der Vorwurf mangelnder Anpassungsbereitschaft, wie er oben festgestellt werden konnte, ist aber nur eine Facette ethnozentrischer Argumente kulturalistischer Prägung. Daneben existieren Vorstellungen, die die kulturellen Prägungen bestimmter Menschengruppen als irreversibel beschreiben.

Hans: Und da war zum Beispiel irgendwie war da 'ne Frau aus'm Irak oder Iran, weiß ich nicht, ich glaube, es war Irak, und die ist mit 'nem Mann im Auto gefahrn, und die ist mit'm andern Mann, nicht mit ihrem verheirateten Mann, und die ist darauf hin von äh irgendwelchen andern Leuten ausgepeitscht worden, weil das 'ne Vergehen gegen deren Religion war. (...) Das wäre jeder anderen Frau in dieser gesamten, in der gesamten Kultur im Mittleren Osten wär's genau so gegangen (...) so ist die Kultur da unten, sie werden ja auch von Kindheit erzogen. (...) ich meine, wenn in 'ner Religion und so weiter ganz gut eingeschult, das hätte sie vorher dann wissen müssen. Ich meine, das ist kein Grund, um hier politisches Asyl zu beantragen.

In dieser Passage dienen Erziehung und Religion des Nahen Ostens als Argument dafür, daß bei der Beurteilung des Einzelfalls nicht etwa unsere kulturellen Vorstellungen zur Gleichstellung der Frau, sondern besondere Maßstäbe für die Anwendung des Asylrecht anzulegen sind. In anderen Interviews wird ähnlich argumentiert, so daß für Ausländer - entsprechend dem Standard ihrer Herkunftsländer - besondere Strafen bzw. Haftbedingungen gefordert werden oder daß der Hunger zum „normalen“ Bestandteil des Lebens in Afrika stilisiert wird. Neben dem Verweis auf religiöse Eigenheiten und der Rede von den gewissermaßen festgelegten „Mentalitäten“ einzelner Nationaliäten oder Völker sind es vor allem solche Lebensbedingungen, die zur zweiten Natur erklärt und dafür verantwortlich gemacht werden, daß diese Menschen „ganz anders“ sind.

In Zusammenhang mit kulturalistischen Argumentationen werden hier also grundsätzlich widersprüchliche Forderungen sichtbar. Während einerseits die Anpassung an „unsere“ Kultur gefordert wird, stehen in den zuletzt beschriebenen Äußerungen solche Vorstellungen im Vordergrund, die eine gewisse Naturwüchsigkeit bzw. Unveränderbarkeit kulturell erworbener Eigenschaften postulieren. Mit Anpassung sind solche quasi natürlich verstandenen kulturellen Differenzen genausowenig zu überwinden wie die, die mit verschiedenen „Rassen“ assoziiert werden. In der Annahme unveränderlicher menschlicher Eigenschaften, sind diese Elemente kulturalistischer Argumentationen damit denen rassistischer Argumentationen recht ähnlich.

Durch genau diesen Grundwiderspruch zeichnen sich z.B. auch antisemitische Vorwürfe aus. Jüdischen Mitbürgern wurde bzw. wird einerseits vorgeworfen, sie wollten unter sich bleiben und würden gegenüber anderen Gruppen zusammenhalten (Bergmann und Erb 1991, S. 118 u. 141 f), andererseits wird jedwede Assimilation oder Integration als Versuch des Einschleichens und der bösartige Verstellung diffamiert.

Auf unterschiedliche Weise sind die verschiedenen, in den letzten Abschnitten beschriebenen Varianten zur Abwertung von Fremdgruppen, durch gravierende Inkonsistenzen und Widersprüche gekennzeichnet. Es scheint offenbar so zu sein, daß eine grundsätzliche Differenzierung zwischen Eigen- und Fremdgruppe generell nur dann möglich ist, wenn man erhebliche Widersprüche in Kauf nimmt. Dieser Eindruck bestätigt sich, wenn man die Kehrseite des Ethnozentrismus, die Glorifizierung der Eigengruppe, näher betrachtet.

3.2 Die Aufwertung der Eigengruppe

Die Eigengruppe dient ethnozentrisch Orientierten nicht nur als unhinterfragter Bezugsrahmen für eigene Wertvorstellungen (vgl. Vivelo 1981, S. 46), sondern sie wird überwiegend positiv beurteilt, wenn nicht sogar glorifiziert (vgl. Adorno u.a. 1969, S. 102 f; Sumner 1959, S. 13). Im Gegensatz zu negativen Bewertungen von Fremdgruppen, die z.B. in der Vorurteilsforschung umfassend untersucht und dokumentiert sind, werden diese Vorstellungen zur Eigengruppe kaum thematisiert, obwohl diesbezüglich durchaus ein Bedarf gesehen wird (z.B. bei Elwert 1989). Dieser Mangel an Forschungen zur Eigengruppen-Perspektive könnte damit zusammenhängen, daß die Abwertung von Fremdem eine Aufwertung des Eigenen schon impliziert, ohne daß sie ausdrücklich formuliert werden müßte. Tatsächlich sind in der Entwertung Fremder gegenläufige Selbstdefinitionen enthalten; wenn „die anderen“ z.B. faul sind, sind „wir“ fleißig, sind „sie" unterentwickelt, sind „wir" zivilisiert, wenn „sie" betrügen, sind „wir" ehrlich.

In den folgenden Abschnitten geht es darum, ob und wie die Eigengruppe im Rahmen ethnozentrischer Argumentationen über diese impliziten Aussagen hinaus beschrieben wird. Dafür werden zunächst solche Äußerungen betrachtet, in denen sich gegenüber einem als Eigengruppe konstruierten Kollektiv explizite Glorifizierungstendenzen finden. In diesem Zusammenhang fallen Inkonsistenzen auf, denen ich anschließend nachgehe.

3.2.1 „Stolz darauf, ein Deutscher zu sein"

In ganz unterschiedlicher Weise finden sich bei zwölf der befragten jungen Männer explizite Tendenzen, eine wie auch immer konstruierte Wir-Gruppe überwiegend positiv zu bewerten oder sogar zu glorifizieren. Am deutlichsten werden Eigengruppen dabei anhand nationaler Kriterien definiert: Wir Deutschen auf der einen, die Ausländer auf der anderen Seite (zum Hintergrund vgl. Elias 1987, S. 277). In diesem Sinne zitiert einer der befragten jungen Männer beispielsweise aus der ersten Strophe der Nationalhymne: „Deutschland, Deutschland über alles". Er bringt damit seine besondere Wertschätzung für die eigene Nation auf den Punkt, nicht ohne in seiner Erläuterung nochmals explizit darauf hinzuweisen, daß er andere Nationen vergleichsweise geringer bewertet. Auch eine andere Formulierung, die zur Zeit besonders populär ist, findet sich in den Interviews: „Ich bin stolz darauf, ein Deutscher zu sein". Solche Schlagworte sind verbreitet und werden offenbar häufiger zur Selbstetikettierung verwendet. Es zeigt sich, daß sich mit diesen Labels bevorzugt auf bestimmte Themen bezogen wird, auf die ich im folgenden eingehen möchte.

Besonderen Stellenwert haben Äußerungen, die sich auf die wirtschaftliche Stärke Deutschlands und den Wiederaufbau nach dem Krieg beziehen. Selbst Befragte, die mit Lob an der Eigengruppe ansonsten eher sparsam umgehen, heben die besondere Tüchtigkeit und den Fleiß der Deutschen sowie die Leistungskraft der hiesigen Wirtschaft hervor. Die besondere Ehrerbietung, die sich auch in der Rede vom „Wirtschaftswunder" der 50er Jahre zeigt, spiegelt sich in einzelnen Interviews wieder, wo im Zusammenhang mit wirtschaftlichen Leistungen in diesem Land sogar ein Grund für „unseren Ruhm" gesehen wird.

Historische Bezüge werden ansonsten eher vermieden, was mit den Unsicherheiten im Umgang mit der nationalsozialistischen Vergangenheit zusammenhängen dürfte. Vereinzelt beziehen sich die Befragten in der Weise auf die deutsche Geschichte, daß solche Epochen oder Personen hervorgehoben werden, die als Kontrast zur NS-Zeit vorgestellt werden, z.B. Friedrich der Große oder Bismarck. Nur in wenigen Fällen wird sich auch am Nationalsozialismus positiv orientiert, so daß Stolz oder ein Überlegenheitsgefühl festzustellen sind. In diesem Sinne besonders deutlich hebt Bernd die militärischen Leistungen der deutschen Armeen im Zweiten Weltkrieg hervor. Sie geben ihm das Gefühl, im

Vergleich zu den anderen - in diesem speziellen Fall sind es die Franzosen, die „uns“ nicht aufhalten konnten - „was Besseres zu sein“. Für Bernd ist dieser Konflikt immer noch nicht abgeschlossen, wie er an anderer Stelle deutlich macht.

> Bernd: Was wir damals mit Bomben nicht geschafft haben, das machen wir heute mit Geld. Wir kaufen uns das auf. (...) was wir damals mit Rußlandfeldzug nicht geschafft haben, des ist heut mit ... Geld passiert. Rußland ist kaputt, pleite, zerstört, Feierabend. Und Polen hängt auch am Arsch der Welt. Und betteln uns schon an um wegen Kredite undsoweiter. (...) Was wir damals mit den Bomben nicht geschafft haben das schaffen wir heute mit unseren Produkten die wir herstellen, sagen ich mal so bei Arbeitskollegen so flaxe halber da, so vorgestellt: „Jedes Produkt ist ne Bombe, damit bombardiern wir die Amerikaner, die Engländer, die Japanern. Die erschlagen wir damit“.

In dieser Passage wird sich nicht darauf beschränkt, die ökonomischen Unterschiede zwischen Deutschland auf der einen sowie Rußland und Polen auf der anderen Seite zu kontrastieren, sondern die deutsche Wirtschaftskraft wird sogar als Aggressor gegen das Ausland verstanden. Geld und Industrieprodukte werden als Fortsetzung des Krieges mit anderen Mitteln gesehen. Dem Stolz über die „Zerstörung“ osteuropäischer Länder gesellt sich dann noch die Vision der „Erschlagung“ führender Industrienationen hinzu - ein neuer Weltkrieg auf wirtschaftlichem Gebiet. Die Bezüge zwischen dieser extremen Interpretation wirtschaftlicher Stärke als Waffe in einem kriegsähnlichen Konflikt und den moderateren Artikulationen von Stolz auf die hiesige Wirtschaftskraft sind nicht zu übersehen. Dies zeigt zum einen, daß auf wirtschaftlichem Gebiet eine allgemein akzeptierte Identifikation mit Deutschland stattfindet, weist zum anderen aber auch darauf hin, daß diese zur aggressiven Großmachtphantasie entgleisen kann. In meinen Augen ist es aber nicht gerechtfertigt, auf dieser Grundlage generell einen zwingenden Zusammenhang zwischen der positiven Beurteilung der eigenen Gruppe und einem mörderischen Chauvinismus zu sehen.

Wesentlich seltener und auch weniger ausführlich als diese Bezüge auf „unsere“ Wirtschaftskraft werden andere Aspekte an Deutschland und den Deutschen positiv hervorgehoben. Nach Ansicht eines Befragten ist Deutschland beispielsweise nicht nur ein freies, sondern „das freieste Land der Welt“. An anderer Stelle wird die deutsche Humanität gelobt, gleichzeitig jedoch beklagt, daß „wir“ zu human seien. Damit ist gemeint, daß Ausländer hierzulande so gut behandelt würden, daß es für sie selbst in hiesigen Gefängnissen „wie im Paradies“ sei. Ähnlich übersteigerte Ausdrücke aus paradiesischen Kontexten - „Badewannen aus Marmor“, „Schlaraffenland“ - finden sich häufiger dann, wenn Befragte ihre Vorstellungen dazu äußern, wie Deutschland von Ausländern wahrgenommen würde (vgl. hierzu auch Abschnitt 4.2 dieser Arbeit).

3.2.2 Erläuterungen und Einschränkungen

Wenn die Befragten, die zur Glorifizierung der nationalen Eigengruppe neigen, im Interview gebeten werden, ihre Position zu erläutern, wird in den meisten Fällen entweder Ratlosigkeit oder eine defensive Haltung zum Ausdruck gebracht. Noch deutlicher wird diese Tendenz dann, wenn das Lob der Deutschen ins Gegenteil verkehrt oder relativiert wird. Im folgenden Abschnitt wird Sebastian gebeten, zu begründen, warum er stolz darauf ist, ein Deutscher zu sein.

> Sebastian: (Frage: Ja, könn Sie das mal etwas begründen, warum sind Sie stolz Deutscher zu sein?) Schön und gut, stolz, ich finds schön irgendwie, gut ich mein, die Leute sagen immer, du kannst nix dafür, daß du hier geborn wärst, du kannst auch in Honduras geborn worden sein. Gut, dann wär ich vielleicht wahrscheinlich stolz, vielleicht nen Honduraner zu sein oder so, irgendwie, das ist halt so ne gewisse Vaterlandsliebe irgendwie. Und gewisses Bewußtsein, das man irgendwie entwickelt hat. Tja, stolz. Im allgemein, eigentlich mal irgendwie auf das ganze System was wa haben, politisches System, daß es wieder so aufgebaut wurde nach'em Weltkrieg, die sozialen Leistungen und so weiter und so fort. Halt das es, das war ja hier so nen kleines Paradies mehr oder weniger vorn paar Jahrn noch. Obwohl im Moment gehts ja find ich so nen bißchen bergab, Deutschland.

In dieser Passage fällt auf, daß Sebastian im Zusammenhang mit dem „Stolz darauf, ein Deutscher zu sein" positiv gemeinte Begriffe wie Vaterlandsliebe, soziale Leistungen und sogar Paradies nennt, sie gleichzeitig jedoch entwertet. Die Vaterlandsliebe erscheint bei ihm als formaler Automatismus, der von den Qualitäten eines Landes unabhängig ist. Den Aufbau des politischen Systems schildert er in passiven Formulierungen - an anderer Stelle betont er die entscheidende Hilfe der Alliierten für die positive Entwicklung nach dem Krieg. Auch die von ihm in der zitierten Passage gelobten sozialen Leistungen kritisiert er im selben Interview als völlig unzureichend. Schließlich gibt es auch das kleine Paradies nur in der Vergangenheit, da es mit Deutschland bergab geht. Zum Teil passiert es aber auch anderen Befragten, daß sie, sobald sie sich auf Erörterungen darüber einlassen, worauf sie stolz sind, auflisten, was ihnen an Deutschland eigentlich nicht gefällt. Mark befürchtet, daß durch den Zuzug von Ausländern typisch deutsches verlorengeht. An dieser Stelle wird im Interview genauer nachgefragt.

> Mark: (Frage: Was gefällt Dir jetzt an Deutschland, was es dann nicht mehr gibt?) -- -- Ähm, äh was gefällt mir noch an Deutschland? Gibt's eigentlich nicht mehr viel. Ich könnt am besten sagen, was mir momentan nicht in Deutschland gefällt. Ja das ist Kriminalität, steigende Kriminalität, Rauschgift, es wird auch von Deutschen Kriminalität betrieben und auch Rauschgiftdealerei wird auch betrieben, und das sind nicht nur die Ausländer.

Nicht mal im Ansatz werden hier positiv bewertete Charakteristika für Deutschland angeführt, stattdessen kommt bei Mark eine äußerst negativ fokussierte

Sichtweise auf das eigene Land zum Ausdruck. Die Aufzählung negativer Entwicklungen wird durch den expliziten Verweis auf die Beteiligung Deutscher an diesen kriminellen Vergehen ergänzt. Auch Xaver, der sich ansonsten auf extrem aggressive Weise ausländerfeindlich äußert, macht seinen Unmut konkret an den Deutschen fest, wobei er emotional stark involviert erscheint.

> Xaver: Es ist ja ungelogen, daß manche Deutsche zu faul sind und lieber studieren gehen. (...) da ist schon richtig, daß man unter Umständen die Leute rein holt, um die Wirtschaft auf Touren zu halten ich meine so weil es ja ungelogen auf em Bau oder so weil sich manche Deutsche echt zu schade sich fühlen, irgendwie mal richtig kräftich anzupacken auf em Bau oder sonstwo. Ja. Das ist. Ich meine, weil se echt zu faul sind, weil die Deutschen verwöhnt sind ohne Ende und das wird aber bestimmt nicht mehr lange weiter gehen so, die werden sich nochmal alle umgucken. (...) Weil dieses Nationalgefühl von den meisten Deutschen ist wahrhaftich weg, weil sind echt verwöhnte sonstwas.

Diese deutschenfeindlichen Sprüche Xavers wären von einem Befragten, der sich an anderer Stelle gegen die Aufnahme von Asylbewerbern ausspricht und auch Haßtiraden gegen in Deutschland lebende Türken äußert, zunächst nicht zu erwarten gewesen. Kein Stolz darauf, ein Deutscher zu sein, kein Lob deutscher Tugenden, stattdessen befürwortet er die Immigration ausländischer Arbeiter.

An der Art und Weise, in der die Befragten ihre Glorifizierung der Eigengruppe selbst einschränken, fällt außerdem auf, daß sie sich auf formale Argumentationen beschränken. In diesem Sinne wird die Einwanderung nach Deutschland z.B. deswegen abgelehnt, weil die offizielle Bezeichnung für dieses Land „Bundesrepublik Deutschland" und nicht „Bundesrepublik Internationale" laute. In ähnlicher Weise wird die Ablehnung gegen Moscheen in Deutschland damit begründet, daß das nichts mit „deutschem Brauch" zu tun habe. Symptomatisch ist in diesem Zusammenhang das Innehalten eines Befragten in seiner vehementen Ablehnung der Lebensgewohnheiten von Ausländer, von denen er eine Anpassung an deutsche Gewohnheiten fordert: „Was ist'n typisch deutsch, was ist'n das?" Auf diese sich selbst gestellte Frage kann er keine Antwort finden.

Die im Verhältnis zur Eigengruppe vordergründig geäußerte Glorifizierung wirkt bei genauerer Betrachtung nicht sehr überzeugend. Es lassen sich verschiedene Einschränkungen und von den Befragten zum Teil selbst thematisierte Fragwürdigkeiten feststellen. Um diese Inkonsistenzen zu verstehen, ist es aufschlußreich, sich die Konstruktion der Eigengruppe am Beispiel eines Falles genauer zu betrachten.

3.2.3 Das Verhältnis zur Eigengruppe: Ein Fallbeispiel

Wie in verschiedenen Abschnitten dieser Arbeit deutlich wird, gehört Thomas zu den Befragten, die die Gruppe, zu der sie sich zählen, im Vergleich mit

Fremdgruppen implizit und explizit glorifizieren. So zählt er sich beispielsweise zu den „Zivilisierten“, denen er „Unzivilisierte“ gegenüberstellt. An anderer Stelle entwirft er eine rassistische Hierarchie, die er an der Hautfarbe festmacht: „Uns Deutsche“ zählt er dabei zur weißen, der „höchsten Rasse“. Auch in wirtschaftlicher Hinsicht zählt er sein Land zu den reichen, denen es deswegen gut geht, weil die „vieles können“, während die in den armen Ländern „nichts können“. Es wäre demnach konsequent, wenn sich in seinen Äußerungen über die Deutschen diese kollektiven Fähigkeiten und die ihnen zugeschriebenen positiven Eigenschaften widerspiegelten. Stattdessen trifft er jedoch weitere Unterscheidungen.

> Thomas: Ja. Da muß ich mir nur angucken als nächstes Deutschland, geteilt, DDR, Bundesrepublik. Wenn ich mir die Leute aus'n neuen Bundesländern angucke, was die hier arbeiten, die machen mehr Pause als alles andere.

Diese Unterscheidung zwischen Ost- und Westdeutschen folgt einem ähnlichen Muster, wie die zwischen Deutschen und Ausländern, speziell Asylsuchenden. Auch hier werden die „anderen“ zu Faulenzern stilisiert, während „wir“ die ganze Arbeit machen. Im Verhältnis zu den ostdeutschen Landsleuten kommt für Thomas - wie er an anderer Stelle bemerkt - noch hinzu, daß „wir“ „deren“ Schuldenberg übernehmen müssen und daß überhaupt die gesamten finanziellen Lasten der Deutschen Einigung auf „unsere Schultern abgewälzt“ werden. In dieser Argumentation fehlt nicht mehr viel, um die Bewohner der Neuen Bundesländer analog der verbreiteten Behauptung, Flüchtlinge würden auf unsere Kosten leben, abzuwerten und die Westdeutschen demgegenüber aufzuwerten. An dieser Stelle ließe sich einwenden, daß die DDR aus Sicht vieler Bundesdeutscher bis vor wenigen Jahren - zumindest fast - Ausland war. Für Thomas ist damit, gemäß seiner Interviewäußerungen, aber noch nicht das Ende entschiedener Differenzierungen erreicht.

> Thomas: Da ist immer nen Unterschied zu machen. Manche Leute, die Beamten, die tun nix und kriegens fett in Arsch geblasen. Und dann gibts solche Leute, wie, nehm wa doch mal nen Mechaniker (der Beruf, den Thomas zur Zeit der Interviews erlernt, P.R.), die reißen sich den Arsch auf, buckeln den ganzen Tag und was kriegen die so?

Mittels der gleichen Kriterien, anhand derer Ausländer und Ostdeutsche diffamiert und ausgegrenzt werden, hebt Thomas in dieser Passage die Mechaniker gegenüber den Beamten hervor. Etwas zugespitzt ließe sich daraus schlußfolgern, daß er eigentlich nur seiner Berufsgruppe zugesteht, für ihr Geld richtig zu arbeiten. Es gibt darüber hinaus Anzeichen für weitere Eingrenzungen, einer durch fleißige Arbeit definierten Eigengruppe, wenn er von anderen Auszubildenen erzählt, die sich vor der Arbeit drücken oder wenn er sich über einen inkompetenten Vorgesetzten ereifert. Dazu passen jedenfalls auch die konkreten Erzählungen über seine Arbeit, in denen Thomas sich als jemanden schildert, der „ordentlich mit zupackt“, „ranklotzt“ und zusammen mit einem Kollegen die betrieblich geforderte Arbeitsleistung weit überschreitet.

Neben diesen immer engeren Eingrenzungen einer durch Arbeit definierten Eigengruppe finden sich in den Interviews mit Thomas auch noch verschiedene Grenzziehungen anhand anderer Kriterien. In Zusammenhang mit Diskussionen, die er mit seiner Freundin führt oder die er von seinen Eltern beschreibt, spricht er von „typisch weiblichem Denken", womit er eine gewisse Begrenztheit meint: „Bis hierher und nicht weiter". Sich selbst und Männern allgemein spricht er demgegenüber nicht nur Weitblick und Reflektiertheit zu, sondern ist auch der Ansicht, daß es Aufgaben gibt - Thomas nennt in diesem Zusammenhang die Staatsführung - die von Frauen nicht geleistet werden könnten. An anderer Stelle geht es um seine Vorstellungen zur Solidarität und Verantwortlichkeit innerhalb eines Gemeinwesens, wobei er folgende Unterscheidung trifft.

> Thomas: Aber wenn ich arbeite und der neben mir tut nix, dann will ich doch nicht, daß der was kriegt. Ich will zum Beispiel, daß meine Kinder mal was von mir kriegen. (...) Aber ich will doch nicht für meinen Nachbarn sorgen.

Gemäß diesen Ausführungen ist Thomas zur Solidarität mit seinen engsten Verwandten bereit. Hingegen weist er die Vorstellung, durch seine Steuerzahlungen andere Menschen zu unterstützen fast empört zurück. Wenn Thomas schon die Sorge um Nachbarn so vehement zurückweist, ist Solidarität mit einer national definierten Eigengruppe, die noch nicht einmal persönlich bekannt ist, noch weniger zu erwarten. Bekundungen von nationalem Stolz oder kollektiver Solidarität auf der Basis der Zugehörigkeit zu einer Nation, sind vor diesem Hintergrund wohl nur sehr eingeschränkt aufrechtzuerhalten. Man kann sich hier die Frage stellen, wie Thomas solche Eigengruppen bewertet, denen er sich freiwillig angeschlossen hat und in denen besondere Solidarität und Zusammenhalt erwartet werden könnten.

Ganz ähnlich, wie die Deutschen von Thomas pauschal gegenüber Fremdgruppen aufgewertet werden, spricht er auch von seinen Jugend-Cliquen auf pauschaler Ebene in den höchsten Tönen. Er lobt diese Gleichaltrigengruppen, ganz gleich, ob es um die Klassengemeinschaft, um seinen Freundeskreis oder um die spezielle Solidarität in Cliquen geht, die sich durch eine rechtsextreme Orientierung definieren. An einer Stelle entwirft er jedoch ein Freundschaftsmodell, in dem er detaillierte Differenzierungen zwischen Kumpeln, Freunden und besten Freunden vornimmt, in dem auch andere Nuancen vorkommen, die wie folgt zusammengefaßt werden können. Mit Kumpeln macht man außer trinken eigentlich nichts, erst recht nicht irgendwelche „ganz tollen großen Sachen" und für die muß man auch nicht einstehen. Mit Freunden macht man mehr, steht auch für sie ein, allerdings „labern die immer noch" und sind „wie die kleinen Kinder". Viel zu tun hat man nur mit den besten Freunden, für die man eigentlich auch alles machen würde und denen gegenüber keinerlei Vorbehalte bestehen. Wie schnell sich solche Bewertungen ändern können, zeigt sich darin, wie Thomas über ehemalige Freunde spricht. Seine ehemalige Skin-Gruppe macht in seinen Augen inzwischen nur noch Blödsinn, die „können eben nur noch saufen und sich prügeln". Noch deutlicher ist diese Umbewertung gegenüber einem ehemaligen Angehörigen seiner Clique, über den er sich äußerst abfällig äußert: „Dusselig", „nix im Koppe drin" und „erzählt nur Scheiße daher".

In den hier referierten Ausführungen von Thomas wird deutlich, daß er Gruppen, auf die er sich einerseits als Eigengruppen bezieht, wenn es gilt, sich von Fremdgruppen abzugrenzen, sehr bereitwillig in kleinere Einheiten zerlegt, wiederum in der Art, daß er aus ihnen abgewertete Fremdgruppen konstruiert. Einer positiv besetzten Kollektividentität arbeitet er auf diese Weise wirkungsvoll entgegen. Nicht weiter zerlegte und abgewertete Untergruppen werden nur in sehr engen Zusammenhängen deutlich. Eine dieser Kleingruppen sind er und sein Arbeitskollege, eine andere der nur abstrakt beschriebene Kreis bester Freunde. Seine Freundin und sich sieht er dagegen durch grundsätzlich verschiedene Arten des Denkens unterschieden.

Thomas ist kein Einzelfall, auch wenn die Tendenz zur Aufsplitterung der Eigengruppen bei ihm besonders deutlich zum Ausdruck kommt.[1] Neben den Einschränkungen, die bezüglich der Aufwertung der nationalen Eigengruppe bereits festgestellt wurden, sind jene besonders auffällig, die sich auf ehemalige Kameraden beziehen. Befragte, die an einer Stelle die Solidarität und den Zusammenhalt z.B. in einer Skinhead-Gruppe loben, sprechen von diesen Gruppen in anderen Passagen mit großer Abscheu. Vor diesem Hintergrund kann geradezu von einem Eigengruppen-Mythos gesprochen werden, den die Befragten, die sich entsprechend äußern, bei näherer Betrachtung selbst entschleiern. Statt großer oder starker Gruppen, mit denen diese Befragten sich rückhaltlos identifizieren und die sie in ihren Bewertungen positiv überhöhen, wird eine permanente Neigung zur Zersplitterung sozialer Zusammenhänge deutlich. Dabei scheinen die Grenzen zwischen sich und den anderen von den einzelnen in Form immer engerer konzentrischer Kreise gezogen zu werden, bis - so kann vermutet werden - sie wenig mit der Welt verbindet, aber umso mehr von ihr trennt.

3.3 Ethnozentrische Orientierungen

Die vorliegende Analyse bestätigt zunächst, daß solche Argumentationsweisen empirisch festgestellt werden können, die der Definition ethnozentrischer Orientierungen entsprechen. Bei elf Befragten konnten sowohl deutlich abwertende

---

[1] Bernd, der Thomas in seiner aggressiven Ablehnung von Fremdgruppen nicht nachsteht, äußert sich folgendermaßen, als die Interviewerin seiner demonstrativ geäußerten Gleichgültigkeit gegenüber dem Leiden anderer Menschen altruistische Argumente entgegenhält.

> Bernd: Ja, des ist ganz nett, ja ja. Ist richtig aber ersten Range interessiert es erst mal, interessiert mich erst mal meine eigene Person und dann, dann meine Familie und dann mein Freundeskreis und dann kommen die anderen Personen dran.

oder diffamierende Tendenzen gegenüber Fremdgruppen festgestellt werden, als auch eine Sichtweise auf die Eigengruppe, die in erster Linie positive oder sogar glorifizierende Züge trägt. Von einer Ausnahme abgesehen, werden die Angehörigen von Fremdgruppen durchweg mittels verschiedener der in Abschnitt 3.1 beschriebenen Kriterien abgewertet. Großen Raum nehmen dabei insbesondere materialistische Argumente sowie solche ein, durch die Ausländer mit gewalttätigem oder kriminellem Verhalten in Zusammenhang gebracht werden. Diese beiden thematischen Felder bestimmen nicht nur bei diesen, sondern bei jeweils mehr als der Hälfte aller Befragten über weite Strecken die Aussagen, die über Fremdgruppen geäußert werden. Entsprechende Anschuldigungen bzw. Verdachtsmomente werden in diesen Fällen teilweise häufig und variantenreich geäußert. Außer diesen Themen können auch rassistische und kulturalistische Abwertungsargumente festgestellt werden, die jedoch eine wesentlich geringere Rolle spielen. Im Falle rassistischer Elemente hängt dies damit zusammen, daß Fremde nur in ganz wenigen Fällen anhand biologischer Kriterien abgewertet werden. Wenn dies der Fall ist, dann geschieht es allerdings in einer sehr heftigen, auffällig aggressiven Form. Kulturalistische Diffamierungen werden häufiger geäußert, allerdings haben sie eher die Funktion flankierender Zusatzargumente.

Im Vergleich zu diesen verschiedenen Abwertungen Fremder werden solche Aussagen, in denen die Eigengruppe explizit gelobt oder positiv beurteilt wird, wesentlich unauffälliger präsentiert. Ausgesprochene Glorifizierungen sind in diesem Zusammenhang eher selten. Ansatzweise und vereinzelt wurden in den letzten Jahren ähnliche Ergebnisse formuliert. So stellt Martina Schiebel in einer Einzelfallanalyse fest, daß der Befragte von seinem Nationalstolz nicht sehr überzeugt sei, versteht dies jedoch als Ausdruck seines individuellen Zugangs zu einer rechtsextremen Gruppe (Schiebel 1992, S. 73). In einer Teilanalyse zu antisemitischen Tendenzen in der Bundesrepublik wird für Befragte, die sich persönlich benachteiligt fühlen, der erwartete Zusammenhang zwischen der Abwertung von Fremdgruppen und der Aufwertung der Eigengruppe nicht festgestellt (Bergmann und Erb 1991, S. 223). Auch in diesem Fall werden Tendenzen zur Glorifizierung der Eigengruppe aber nicht grundsätzlich in Frage gestellt oder weiter untersucht.[2] In der vorliegenden Untersuchung zeigt sich auf Nachfragen zu solch beinah schüchtern geäußerten positiven Bewertungen, wie prekär sie sind; sehr schnell werden solche Aussagen relativiert oder zurückgenommen, zum Teil wird ihnen sogar widersprochen. In einzelnen Fällen, in denen zunächst positive Bewertungen geäußert werden, entstand schließlich sogar der Eindruck, daß von einer stabilen Identifikation mit einer Eigengruppe nicht die Rede sein kann. Ob es um Nation, um Freundeskreis oder um Familie

---

[2] Dies läßt sich damit erklären, daß Bergmann und Erb in bezug auf das gesamte Sample deutliche Zusammenhänge zwischen nationalistischen Tendenzen bzw. übertriebenen Artikulationen von Nationalstolz und antisemitischen bzw. fremdenfeindlichen Einstellungen feststellen. (Bergmann und Erb 1991, S. 216)

geht, jede dieser Gruppen wird so weit zerlegt, bis nur noch der isolierte einzelne übrig bleibt.

Von den elf Befragten, deren Orientierung im definierten Sinn als ethnozentrisch bezeichnet werden kann, können acht Befragte unterschieden werden, deren Einstellung hier als teilweise ethnozentrisch eingestuft wird. Auch bei ihnen finden sich deutliche Abwertungstendenzen gegenüber Fremdgruppen. Im Unterschied zu den Befragen mit ethnozentrischer Orientierung werden Fremde in den meisten dieser Fälle aber lediglich auf einem der in Abschnitt 3.1 beschriebenen thematischen Felder deutlich diffamiert, also entweder materialistisch oder kriminalisierend. Wichtig ist bei dieser Gruppe vor allem der Umstand, daß ihre Äußerungen keinen Hinweis auf eine vorwiegend positive oder glorifizierende Bewertung der Eigengruppe geben.

Bei fünf Befragten weist die Argumentation im Interview keine Anzeichen einer ethnozentrische Orientierung auf; sie glorifizieren weder Eigengruppen, noch sind bei ihnen Anzeichen für eine systematische Abwertung anderer Menschen festzustellen. Dies schließt nicht aus, daß auch in diesen Fällen vereinzelt Bedenken oder Vorbehalte, z.B. bezüglich steigender Einwandererzahlen, geäußert werden. Diese Bedenken verhärten sich jedoch auf keinem thematischen Feld zu Diffamierungen oder pauschalisierenden Negativ-Urteilen. Bei einem weiteren Befragten, der über Fremdgruppen nicht abwertend spricht, zeigen sich Tendenzen, die Eigengruppe zu verherrlichen. Dieser Fall ist nicht eindeutig. Ich neige dazu, ihn im Sinne einer „normale Eigengruppenpräferenz“ (vgl. Nunner-Winkler 1995, S. 88) zu deuten, bei dem das problematische Element von Ethnozentrismus - die auffällige, vehemente und vielseitige Diffamierung Fremder - nicht festzustellen ist; dieser Fall wird hier zu den nicht-ethnozentrisch Orientierten gerechnet. Wenn man die hier beschriebenen Kriterien zugrundelegt, lassen sich die Befragten der vorliegenden Untersuchung den beschriebenen Orientierungsmustern folgendermaßen zuordnen.

Übersicht 6: Die Verbreitung ethnozentrischer Orientierungen

ethnozentrisch - Fremdgruppen (-) - Eigengruppe (+)	teilweise ethnozentrisch - Fremdgruppen (-) - Eigengruppe (+-)	nicht ethnozentrisch - Fremdgruppen (+-) - Eigengruppe (+-/+)	Insgesamt
11	8	6	25

In inhaltlicher Hinsicht konnten die Elemente ethnozentrischer Orientierungen in diesem Kapitel bestimmt und die verschiedenen Formen ihres Zusammenhangs aufgezeigt werden. Die oben beschriebenen Resultate der qualitativen

Analyse berühren unterschiedliche Fragen. Zunächst einmal liefert die vorliegende Untersuchung keine Indizien für den im Zusammenhang mit Fremdenfeindlichkeit häufig anzutreffenden Bezug auf das Rassismus-Konzept (z.B. Kalpaka und Räthzel 1986). Dies gilt auch für begriffliche Adaptionen, wie „kultureller Rassismus" (z.B. Essed 1992; Jäger 1992), die - ganz abgesehen von ihrer terminologischen Fragwürdigkeit - den vorliegenden Äußerungen zu Fremdgruppen nicht gerecht werden.

Diese Hochkonjunktur der diversen Rassismus-Begriffe ist auch von daher nicht zu verstehen, da die oben beschriebene Dominanz materialistischer Argumentationsmuster im Zusammenhang mit ethnozentrischen Orientierungen bei Jugendlichen schon mehrfach festgestellt werden konnte. Abhängig von der jeweiligen Interpretation werden solch ökonomische Argumentationsmuster entweder als „Wohlstandschauvinismus" (Held u.a. 1991) oder als „Konkurrenzangst" (Sturzbecher und Dietrich 1993) verstanden. Vor dem Hintergrund der oben analysierten Äußerungen und in Anbetracht der Lebenssituation der Befragten, halte ich beide Deutungen für unzutreffend. Deutlich wird in erster Linie die Angst bzw. der Vorwurf, von Ausländern ausgebeutet zu werden.

Verschiedentlich entsteht der Eindruck, daß der mit diesem Kapitel vorliegende Versuch einer inhaltlichen Analyse ethnozentrischer Orientierungen zu kurz greift. Das kann besonders dann vermutet werden, wenn ethnozentrische Diffamierungen widersprüchlich sind, wenn sie besonders wenig auf Information oder Auseinandersetzung beruhen und lediglich als ein willkürliches gewählter Ausdruck für Ängste oder eines diffusen Ärgers erscheinen (vgl. in diesem Sinne auch die Einschätzungen bei Runge 1992 bzw. Sturzbecher u.a. 1994, S. 43). Um auch diese widersprüchlichen und unklaren Aspekte ethnozentrischer Orientierungsweisen näher zu beleuchten, bemühe ich mich im nächsten Kapitel um eine Analyse der Grundlagen ethnozentrischer Argumentationen.

4. Die Merkmale ethnozentrischer Argumentationsweisen

Im letzten Kapitel wurde deutlich, daß man den Äußerungen der Befragten zu Flüchtlingen, Arbeitsmigranten und deren Verhältnis zu den Einheimischen durch eine inhaltlichen Analyse nur teilweise gerecht wird. Einerseits besteht der Eindruck, daß die Diffamierung und Abwertung von Fremdgruppen sich häufig durch Beliebigkeit und Widersprüche auszeichnet. Andererseits ist auffällig, daß den Abwertungen Fremder keine durchgängig positiven Bewertungen der Eigengruppe gegenübergestellt werden. Zum Zwecke einer weitergehenden Bestimmung geht es im folgenden um die Art und Weise, in der ethnozentrische Orientierungen geäußert werden und um die Frage, ob mit ethnozentrischen Äußerungen eine bestimmt Denkweise oder typische Art der Informationsverarbeitung einhergeht. Bevor diesen Fragen anhand des Interviewmaterials nachgegangen wird, werden zunächst zwei theoretische Ansätze vorgestellt, die diesbezüglich sehr verschiedene Akzente setzen.

4.1 Verschiedene Ansätze zur Analyse ethnozentrischer Argumentations- und Denkweisen

Im folgenden wird zunächst auf die Position Milton Rokeachs eingegangen, der bei seinem Versuch, eine spezifische, mit Vorurteilen verbundene Denkweise zu bestimmen, bedenkenswerte Überlegungen angestellt hat. In empirischen Studien konnten diese Hypothesen bisher allerdings nicht überzeugend bestätigt werden. Ganz anderes ist dies im Falle diskursanalytischer Versuche der Bestimmung ethnozentrischer Äußerungen, die anschließend vorgestellt werden: Vor allem Teun van Dijk hat solche Alltagserzählungen gründlich analysiert, in denen Fremdgruppenangehörige negativ bewertet werden.

4.1.1 Rokeachs Konzept des „closed mind"

Bereits in den Untersuchungen zur Autoritären Persönlichkeit konnte festgestellt werden, daß ethnozentrische Orientierungen mit einer Denkweise in Zusammenhang stehen, die sich durch Rigidität auszeichnet. Diese Denkweise wurde als Organisationsprinzip einer Persönlichkeitsstruktur angesehen, durch die der einzelne zur Ausprägung sozialer Vorurteile neigt (Adorno u.a. 1969, S. 479). Auch der amerikanische Sozialpsychologe Milton Rokeach stellte in den 40er Jahren Verbindungen zwischen ethnozentrischen Orientierungen und „geistiger Rigidität" (mental rigidity) fest. Eine rigide Persönlichkeitsstruktur wurde bei solchen Personen angenommen, die sich bei Denksportaufgaben, die ihnen in experimentellen Situationen gestellt wurden, an eingefahrene

Lösungswege hielten und nicht so flexibel waren, neue und effektivere Wege zum Ziel zu finden (vgl. Rokeach 1948).

In den folgenden Jahren hat Rokeach seine Untersuchungen zur geistigen Rigidität weiterentwickelt, wobei die Verbindungen zu ethnozentrischen Orientierungen jedoch nicht mehr im Mittelpunkt standen. In Zusammenarbeit mit verschiedenen Kollegen hat er vielmehr versucht, eine von der inhaltlichen Bindung an rechte oder rechtsextreme Orientierungen unabhängige Bestimmung entsprechender Denkweisen zu erarbeiten. Diese Bemühungen waren vor allem darauf gerichtet, bei Personen mit linksextremer oder kommunistischer Einstellung eine ähnliche Neigung zu rigidem Denken zu finden, wie sie in der Autoritarismusforschung bisher eher im rechten Spektrum festgestellt worden war.

Rokeach ging es vor allem um Erkenntnisse zum individuellen Umgang mit politischen Ideologien. Besonders interessierte ihn das beharrliche Festhalten an Glaubenssystemen und die Abwehr modifizierender Informationen. Zur Messung solcher Tendenzen hat er eine Dogmatismus-Skala entwickelt und auch weiter mit verschiedenen Experimenten gearbeitet, in denen er Problemlösungsverhalten in ungewohnten Situationen untersuchte. Die dabei erzielten Ergebnisse zu Dogmatismus und Rigidität sind für die vorliegende Arbeit nur von untergeordnetem Interesse, weswegen sie hier nicht ausführlich erläutert werden. Nur soviel sei gesagt: In verschiedenen Arbeiten mit der Dogmatismus-Skala konnten jeweils plausible Zusammenhänge zu rechtsextremen, nicht jedoch solche zu linksextremen Orientierungen gefunden werden (vgl. Meloen 1993, S. 67).

In diesem Zusammenhang hat Rokeach zwischen einer „offenen“ und einer „geschlossenen“ Geisteshaltung unterschieden - „The open and the closed mind“. Die Beschreibung des von ihm als Idealtyp verstandenen „closed mind“ ist für eine vertiefende Analyse ethnozentrischer Orientierungen interessant, weswegen sie im folgenden vorgestellt wird. Rokeach definiert eine geschlossene Geisteshaltung dabei durch folgende Charakteristika. (Vgl. hierzu Rokeach 1960, S. 55 ff)[1]

- Irrationalität: Überzeugungen beruhen auf sachlich irrelevanten inneren Antrieben und deren willkürlicher Verstärkung durch äußere Instanzen.

- Bedrohlichkeit: Die Welt und das eigene Umfeld werden als bedrohlich erlebt.

[1] Aus Gründen der Verständlichkeit wird im folgenden weitgehend auf die systemische Terminologie Rokeachs verzichtet, der zufolge eine Geisteshaltung („mind“) auf verschiedenen Ebenen eingeordnet werden kann. Zunächst unterscheidet er zwischen Überzeugungen, die das Individuum teilt („belief-systems“) und solchen, die es nicht teilt („disbelief-systems“). Auf einer zweiten Ebene differenziert er zwischen Überzeugungen, die von innen kommen, auf eigener Reflexion oder Einsicht bzw. geistigen Integrationsleistungen beruhen („central“) und solchen, die vom Individuum aufgrund äußeren Drucks oder durch unkritische Orientierung an Autoritäten übernommen werden, also von außen kommen („peripheral“). (Vgl. hierzu Rokeach 1960, S. 31 ff)

- Isolation: Zwischen solchen Überzeugungen, die akzeptiert werden und solchen, die nicht akzeptiert werden, wird scharf getrennt, so daß keine Verbindungen zwischen dem akzeptierten und dem nicht akzeptierten Bereich besteht; aber auch die einzelnen Elemente innerhalb eines Bereichs werden nicht im Zusammenhang gesehen.
- Akzeptanz: Die Akzeptanz von Überzeugungen, die das Individuum teilt, beruht auf einer unkritischer Autoritätsgläubigkeit bzw. auf einem „package deal“: Eine Meinung wird z.B. deswegen akzeptiert, weil eine Autoritätsperson sie geäußert hat und nicht deswegen, weil sie inhaltlich überzeugend oder logisch ist.
- Ablehnung: Überzeugungen, die das Individuum nicht teilt, werden entschieden abgelehnt. Maßgeblich sind auch hierfür äußere Instanzen.
- Kontaktvermeidung: Ein direkter Zugang zu Informationen über Elemente, die abgelehnt werden, wird vermieden, so daß diesbezüglich häufig nur reproduziert wird, was andere sagen.
- Undifferenziertheit: Innerhalb des abgelehnten Bereichs wird zwischen einzelnen Elementen vergleichsweise wenig differenziert. In bezug auf Informationen fehlt generell eine Differenzierung zwischen Inhalt und Quelle.
- Beschränkte zeitliche Perspektive: Im Denken herrscht eine enge, oft zukunftsorientierte Perspektive vor.

Rokeach beschreibt hier eine Denkweise, die die soziale Umwelt auf dichotome Weise ordnet. Auf der einen Seite würden bestimmte Menschen und Überzeugungen unhinterfragt akzeptiert, hauptsächlich deswegen, weil dies der Position entspricht, die eine Autorität vertritt. Auf der anderen Seite stünden Menschen und Überzeugungen, die vehement und generalisierend abgelehnt werden, was ebenfalls der Meinung „von oben“ entspricht. Rokeach zufolge werden aber nicht nur diese beiden Welten, die sich unvereinbar gegenüberstehen, als voneinander isoliert erlebt, sondern auch zwischen den einzelnen Teilen dieser Bereiche stellt einer mit geschlossener Geisteshaltung keinerlei Verbindungen her. Für den einzelnen läge die Begründung für Akzeptanz oder Ablehnung bei den „äußeren“ Autoritäten, nicht im „inneren“ Denken. Auch eigene Erfahrungen, z.B. direkte Kontakte zu den Ideen oder Menschen, die auf der „anderen Seite“ stehen, würden vermieden. Stattdessen verläßt man sich auf das, was man vermittelt bekommt, aus Angst vor den Bedrohungen aus einer als gefährlich erlebten Welt. Genauso irrational sei die Orientierung an einer fernen und besseren Zukunft, ohne daß sich dabei die historischen und gegenwärtigen Bedingungen der Entwicklung, in der man sich befindet, kritisch vor Augen geführt würden.

4.1.2 Diskursanalysen

Im Gegensatz zu Rokeach, der die Neigung zum Ethnozentrismus mit der Denkweise eines bestimmten Persönlichkeitstyps in Zusammenhang bringt, differenzieren diskursanalytische Untersuchungen sozialer Vorurteile nicht zwischen verschiedenen Charakteren. Unterschiedlich ausgeprägte Neigungen zum Ethnozentrismus, z.B. bei den Angehörigen verschiedener sozialer Schichten, werden vernachlässigt und in erster Linie mit der Geschicklichkeit beim Formulieren sozial unerwünschter Positionen in Zusammenhang gebracht (vgl. van Dijk 1988, S. 145). Die im Vergleich zur Unterschicht „toleranteren" Mittel- und Oberschichten werden dabei mit den in diesen Kreisen elaborierten Normen, sich indirekt auszudrücken sowie auf fehlende direkte Konkurrenz zu Einwanderern zurückgeführt. Nach Ansicht des niederländischen Sprach- und Sozialwissenschaftlers Teun van Dijk können die Individuen, mit ihren konkreten Erfahrungen und Eigenschaften im Zusammenhang einer Diskursanalyse vernachlässigt werden, da die geäußerten Positionen zumeist nicht auf individuellen Erfahrungen und Meinungen, sondern auf sozial vermittelte Diskurse zurückgehen (van Dijk 1988, S. 137).

Sehr gründlich untersuchte van Dijk daher alltägliche Erzählungen über Angehörige ethnischer Minoritäten. Diese Geschichten betrachtet er als Ausdruck und Aktualisierung eines gesellschaftlich geteilten Repertoires ethnozentrischer Modelle verschiedene ethnische Gruppen betreffend (van Dijk 1984, S. 25). Jeder Erzähler greift van Dijk zufolge auf solche Modelle zurück, die seine eigene Wahrnehmung, seine Erzählung und die Wahrnehmung seiner Zuhörer bestimmen. Schon Andeutungen reichten daher aus, um auf dieser Grundlage umfassende ethnozentrische Argumentationen zu vermitteln; vor allem Klagen über die grundsätzliche Andersartigkeit der Fremden, über deren fehlende Anpassungsbereitschaft, über ihre Neigung zu Gewalt oder über die ökonomischen Nachteile, die mit Einwanderern assoziiert werden (van Dijk 1984, S. 70). Die Beschränkung auf Andeutungen werde auch durch soziale Normen gefördert, die offene Diffamierungen verbieten - man könnte sie mit einem neueren Ausdruck als Forderungen der „political correctness" bezeichnen. Nach van Dijk beinhalten ethnozentrische Argumentationen solche Elemente, die die vermeintlichen Unterschiede zwischen Eigen- und Fremdgruppen verstärken. Besonders hebt er solche Äußerungen hervor, die die Funktion hätten, ethnozentrisch motivierte Erzählungen sozial akzeptabel zu gestalten.

Auch diskursanalytische Studien in deutscher Sprache konzentrieren sich darauf, diverse Strategien aufzudecken, die der Verdeckung oder Verharmlosung ethnozentrischer Einstellungen dienen. Ziel solcher Strategien sei es, sowohl eine ausländerfeindliche Haltung, als auch ein positives Bild der eigenen Person zu vermitteln (Jäger 1992, S. 243). Siegfried Jäger unterscheidet diesbezüglich zwischen verschiedenen diskursiven und sprachlichen Vorgehensweisen, auf die zumeist auch schon in den größeren Untersuchungen van Dijks (van Dijk 1984; van Dijk 1987) hingewiesen wird.

- Argumentationsstrategien, wie „Ja-aber“, Verleugnung, Relativierung oder Umkehrung, d.h. die eigene Feindseligkeit wird anderen Menschen unterstellt (Jäger 1992, S. 246). Außerdem würden häufig objektive oder uneigennützige Argumente vorgeschoben, um die persönliche Meinung zu kaschieren.
- Sprachliche Ausdrücke und Bilder, die sehr eingängig sind und mit denen Stimmung gegen Ausländer gemacht wird, z.B. „das Boot ist voll“, „Flutwellen“, Flüchtlinge, die in „Massen“ bzw. „Rudeln“ auftreten, so daß die „Besiedlungsdichte“ steigt. (Jäger 1992, S. 252 ff)
- Sprichwörter, Redewendungen und Gesprächsausdrücke, die der Argumentation Plausibilität verleihen sollen, auch dadurch, daß sie auf eine kulturell geteilte Grundlage zurückgreifen. (Jäger 1992, S. 263 ff)
- Geschichten werden erzählt, die die Funktion haben, „das eigene Urteil abzusichern und zu legitimieren, ohne daß man sich in jedem Fall mit dem Inhalt der Geschichten identifizieren lassen muß“ (Jäger 1992, S. 268). Die Handlung oder Pointe dieser Geschichten bilden immer wieder ganz bestimmte Negativeinstellungen gegenüber Fremden.

Solche Geschichten werden in diskursanalytischen Untersuchungen als besonders reichhaltig und authentisch geschätzt, da die Befragten ihre tatsächliche Einstellung darin besonders offen ausdrückten. Jäger zufolge werden viele dieser Geschichten über die Medien erzeugt, denen bei der Verbreitung fremdenfeindlicher Diskurse besondere Bedeutung zukomme. Aber auch die Alltagskommunikation und eigene Erfahrungen, sowohl tatsächliche wie imaginierte, benennt er als Quellen dieser Erzählungen (Jäger 1992, S. 285).

Die verschiedenen diskursanalytischen Untersuchungen ethnozentrischer Argumentationen gehen von der gemeinsamen Prämisse aus, die Mitglieder einer Gesellschaft seien mehr oder weniger alle in rassistische Denk-, Sprach- und Handlungsmuster verstrickt. Daran änderten auch individuelle Bekundungen des guten Willens oder der Toleranz nichts. Sieht man von der hier zum Ausdruck kommenden Tendenz ab, sich mittels voreingenommener Bewertungen toleranter Äußerungen gegen andere Positionen oder Kritik zu immunisieren, liefern Diskursanalysen sehr detaillierte und gründliche Bestandsaufnahmen ethnozentrischer Äußerungen bzw. Argumentationsweisen. In diesem Kapitel wird der Versuch unternommen, ethnozentrische Argumentationsweisen zu bestimmen, wobei sich an den konkreten Erkenntnissen der Diskursanalysen orientiert werden soll, ohne diese ideologischen Begrenzungen zu teilen. Stattdessen geht es um die Frage, ob bei einzelnen Interviewten, die sich ethnozentrisch äußern, spezifische Argumentationsweisen festgestellt werden können und ob es Hinweise auf eine bestimmte Haltung gibt, etwa in dem Sinne, wie Rokeach sie in Verbindung mit dem „closed mind“ beschreibt.

4.2 Zur Analyse ethnozentrischer Argumentationsweisen

Vereinzelt wurden schon im letzten Kapitel verschiedene der Elemente deutlich, auf die bei Rokeach und in diskursanalytischen Arbeiten hingewiesen wird. Von den oben beschriebenen Punkten waren dabei vor allem die folgenden aufgefallen: die Tendenz, zwischen Eigen- und Fremdgruppen in dichotomisierender Weise zu unterscheiden, die heftige Ablehnung gegenüber Fremdem sowie die zumindest auf den ersten Blick positive Haltung zur Eigengruppe.

Außerdem kann bei Befragten mit ethnozentrischer Orientierung die Tendenz festgestellt werden, sich gegenüber solchen Menschen abzuschotten, die Fremdgruppen zugerechnet werden. Nicht Gemeinsamkeiten oder mögliche Verbindungen werden betont bzw. hergestellt, sondern Gegensätze, so daß Vorstellungen eines isolierten Nebeneinanders dominieren. In diesen Zusammenhang gehört auch, daß die Angehörigen der jeweiligen Fremdgruppe als vollkommen andersartig erlebt und geschildert werden. Gemeinsamkeiten oder die Möglichkeit gemeinsamer Perspektiven treten dabei stark in den Hintergrund. Es ist daher nicht verwunderlich, daß die meisten Befragten mit ethnozentrischer Orientierung z.B. gegenüber Flüchtlingen keinerlei Empathie zeigen.

Dementsprechend gibt es auch Äußerungen, in denen explizit Desinteresse an jeder Form des Kontaktes zu Ausländern bekundet wird. Zum Teil werden diese Einstellungen durch die Ablehnung direkter, persönlicher Kontakte deutlich, wie z.B. bei Sebastian, der angibt, sich „mit denen auch nicht großartig zu befassen“ oder kein Bedürfnis danach zu verspüren, „die auch noch zu kennen“. In anderen Fällen klingen unmißverständlich aggressive Töne an, so wie bei Bernd, der auf die Frage, ob er sich an den Namen eines ausländischen Mitschülers erinnere, in unwirschem Tonfall antwortet: „Nee, das kann ich auch nicht sagen, will ich auch gar nicht wissen.“ Thomas erzählt, in der Schule Erdkunde gehaßt zu haben, was er folgendermaßen begründet: „Weiß ich nicht, hat mich irgendwie nicht interessiert, wie's da in Afrika zugeht oder so. Hab mir immer gesagt, ich lebe hier und gut.“ In dieser Äußerung wird sogar ein eher indirekter Kontakt zu anderen Menschen, in Form von Informationen über fremde Länder, entschieden abgelehnt. Neben solchen Fällen, in denen die Vermeidung direkter Kontakte offen geäußert oder bewußt vertreten wird, kann auch beobachtet werden, daß entsprechende Positionen auf indirekte oder verdrehte Weise präsentiert werden.

4.2.1 Geschichten

In diskursanalytischen Untersuchungen wird auf die besondere Bedeutung hingewiesen, die Alltagserzählungen im Rahmen ethnozentrischer Äußerungen haben. Auch in den vorliegenden Interviews werden immer wieder Geschichten erzählt, um ethnozentrische Positionen plausibel zu machen oder ihnen Nachdruck zu verleihen.

Carsten ist der Meinung, „der Deutsche" sei überall im Ausland „immer der Gelackmeierte", da die Meinung vorherrsche, er habe sich seit der Zeit von „Adolf" nicht verändert. Dies werde z.B. dann deutlich, wenn man nach Frankreich fahre, wo man von den älteren Franzosen viel Abneigung zu spüren bekomme. Er habe das während verschiedener Aufenthalte in Frankreich erfahren; konkret dann, wenn man keine Auskunft erhält oder wenn „die irgendwie patzig sind". Auf die Frage, wie er sich dieses Verhalten erkläre, räumt Carsten ein, selbst noch nicht solche Erfahrungen gemacht zu haben, „weil ich kann ja selber kein Französisch" - wobei er lacht und noch hinzufügt - „aber so mein Kumpel oder so, der war mal in Paris und da haben, ja da haben se ihn auch einmal schon so halbwegs angemault".

Ganz im Gegenteil zu den oben beschriebenen Bekundungen, nichts mit Ausländern zu tun haben zu wollen, präsentiert sich Carsten hier zunächst als Reisender, der darunter leidet, im Ausland schlecht behandelt zu werden. Gemäß seiner Schilderung sucht er den Kontakt, der ihm von den Franzosen jedoch verweigert wird. Wie sich in dieser Passage erst relativ spät herausstellt, spricht Carsten kein Französisch, verfügt also gar nicht über eine elementare Voraussetzung, um in Frankreich Kontakt zur Bevölkerung aufzunehmen. Die Erfahrungen in Frankreich, die Verallgemeinerung auf das Ausland generell und der historische Hintergrund, all das erweist sich bei weiterem Nachfragen als erfundene Geschichte des Befragten. Carsten, der an anderer Stelle angibt, mit einem ausländischem Kollegen „nichts am Hut" zu haben, wählt hier eine sehr verdrehte Art, die Ursachen für seine fehlenden Kontakte im Ausland mitzuteilen. Die schlichten Tatsachen werden dabei von einer Mischung aus phantasievoll ausgeschmückten Befürchtungen und Erlebnissen fast vollständig verdrängt.

Bemerkenswert ist ferner, daß Carsten seinen phantasierten Vorstellungen den Anschein persönlicher Erfahrung gibt. Als deutlich wird, daß er selbst gar nicht in der Lage ist, einen Franzosen um Auskunft zu bitten und auch einräumt, selbst noch keine entsprechenden Erfahrungen gesammelt zu haben, verweist er auf einen Kumpel, dem Entsprechendes schon passiert sei. Der vergleichsweise vorsichtige und unsichere Bezug auf die Erfahrungen des Freundes erhöht die Glaubwürdigkeit seiner Darstellung nicht. Selbst wenn es wahr wäre, daß ein Freund in Paris „einmal halbwegs angemault" wurde, könnten die zu Beginn der zitierten Passage geäußerten Verallgemeinerungen auf dieser Grundlage nicht aufrechterhalten werden. Auch dieser Bezug auf persönliche Erfahrungen oder die Erfahrungen einer persönlich bekannten Person sind kein Einzelfall, sondern finden sich häufiger. Auf mehr oder weniger glaubwürdige Weise werden sie zur Begründung der jeweils vertretenen Positionen herangezogen. Auf ähnliche Weise begründet Thomas im folgenden seine Ansichten zur besonderen Aggressivität türkischer Kinder.

Thomas: Sieht man ja wie das heute aussieht, in der Bronx. Und daß die Kinder schon mit Waffen zur Schule gehn und sowas. -- Da treffen, da muß ich mir nur angucken, ich habe gestern mal so rein zufällig mit nen paar

Kumpels drauf geachtet. Da hinten haben deutsche Kinder gespielt und da haben türkische Kinder gespielt. Die türkischen Kinder waren unternander viel brutaler als die deutschen Kinder.

Thomas bezieht sich zunächst auf die erschreckende Entwicklung kindlicher Gewaltbereitschaft und die bedrohlichen Lebensumstände in bekanntermaßen unsicheren Gegenden amerikanischer Großstädte. Auf hiesige Verhältnisse übertragen, hat er schnell die Ursache für solche Entwicklungen gefunden: die brutalen türkischen Kinder. Statt den verderblichen Einfluß der Türken einfach zu behaupten, suggeriert er eine vergleichende Beobachtung mehrerer Beobachter, auf deren Grundlage er seine Ansichten begründet. Solche Verweise auf empirische Daten - seien es Beobachtungen, eigene Erfahrungen oder die als glaubwürdig geschilderten Erfahrungen anderer - sind in den vorliegenden Interviews häufig festzustellen, wenn die geäußerten Ansichten begründet werden. Hingegen finden sich kaum explizite Bezugnahmen auf Berichte in den Medien, wie Jäger sie beschreibt; auch wird die eigene Position nur selten mit Verweisen auf Autoritäten legitimiert, wie es bei Rokeach formuliert wird.

Die Analyse verschiedener Interviewpassagen bestätigt somit einerseits die Punkte, die in bisherigen Untersuchungen hervorgehoben wurden. Anderseits ist aber auffällig, daß ethnozentrische Positionen, z.B. die Vermeidung direkter Kontakte zu Ausländern, nicht offen, sondern auf eine verdrehte, phantasierte Weise begründet werden. So werden vor allem Geschichten erzählt, die von (vermeintlich) eigenen Erfahrungen berichten. Die beschriebenen Geschichten dienen aber nicht nur der Rechtfertigung eigener Positionen. Es kann vermutet werden, daß sie auch den Zweck haben, eigene Motive zu verschleiern und sie den Opfern eigener Ausgrenzungsbestrebungen zu unterstellen. Im folgenden werden solche Phantasievorstellungen genauer betrachtet.

4.2.2 Phantasien

Das Ausland steckt gemäß den Phantasievorstellungen verschiedener Befragter voller Bedrohungen und Feindseligkeiten. So sind es für Carsten die Franzosen, die den Deutschen Abneigung entgegenbringen, keine Auskunft geben und patzig sind. Für andere sind es vor allem die Engländer, bei denen man sich nicht allein in einen Pub trauen dürfe. Ein Befragter, der noch nie im Ausland war, geht davon aus, daß man im Ausland „immer komisch von der Seite" angeguckt würde. Abgesehen davon seien die alle nur scharf auf unsere Devisen. Aber auch andere Äußerungen zu Ausländern, speziell zu Flüchtlingen, zeichnen sich durch unrealistische Vorstellungen aus. Häufig sind es beispielsweise die Umstände politischer Verfolgung, die sich dem Vorstellungsvermögen oder der Vorstellungsbereitschaft der Befragten zu entziehen scheinen, wie in Marks Äußerungen zur Prüfung der Berechtigung eines Antrags auf Asyl deutlich wird.

Mark: Ja, wie schon gesagt, wenn se irgendwie keinen Zettel - ja, wenn se nicht irgendwie nachweisen können, daß se politisch verfolgt sind, muß ja

> nicht gleich 100%ig sein, daß se gleich 'n Zettel haben: „Ich bin politisch verfolgt" mit der Unterschrift des Präsidenten von denen da, ne. Wenn se dann kommen, na das brauchen se ja nicht gleich bringen ne, aber wenn se irgendwie gar keinen Nachweis haben dann, dann würde ich sie schon ab- an der Grenze dann schon.

In dieser Passage wird nicht deutlich, warum Mark die Situation politisch Verfolgter auf so offensichtlich unrealistische Weise beschreibt. Er verlangt von ihnen eine Art Verfolgungsnachweis, gleichzeitig kommen ihm im Verlauf seines Nachdenkens im Interview offenbar Zweifel, ob die Verhältnisse in den Herkunftsländern dies überhaupt zulassen. Seine Forderung nach einem Nachweis könnte ein Ausdruck von Ressentiments gegenüber Fremden sein. Eine andere Erklärungsmöglichkeit für seine Äußerungen wäre Naivität oder Unkenntnis der Verhältnisse solcher Länder, aus denen Flüchtlinge nach Deutschland kommen. Im Zusammenhang mit fremden Menschen und ungewohnten Lebensverhältnissen muß in Rechnung gestellt werden, daß vieles unbekannt und unvorstellbar ist. Fehlende Kenntnisse verweisen also nicht zwangsläufig auf einen irrationalen Hintergrund. Hier gilt es also genau hinzugucken und zwischen bloßer Uninformiertheit und Anzeichen für ablehnende oder feindselige Motive zu unterscheiden. Solche Anzeichen werden in verschiedenen Äußerungen zu den Motiven von Flüchtlingen, die ihr Land verlassen, deutlich.

> Uwe: Nur wenn da so Lapalienfälle kommen oder irgend so nen Kram, die Leute, die keinen Bock mehr haben in Afrika zu wohnen weils da zu warm ist oder sowas, ne oder weiß der Himmel weswegen, also da würd ich schonmal sagen, also erst kommt jetzt erstmal Sachsen Anhalt und so wird jetzt erstmal was reingeschossen eh die mal was kriegen, ne.

Uwe äußert hier die Vorstellung, daß viele Asylbewerber aus nicht ernst zu nehmenden Gründen nach Deutschland kommen: Lapalien seien das, die hätten „keinen Bock" auf das Leben in ihrer Heimat, ihnen sei einfach nur zu warm. Im Gegensatz hierzu wird dem Bundesland Sachsen-Anhalt eine ernste Notlage zugebilligt, aus der man heraushelfen müsse. Aus seinen Äußerungen spricht zunächst eine klare Priorität für die „eigenen Leute", die „anderen" werden in ihrer Bedürftigkeit noch nicht einmal ernst genommen. Es zeigt sich hier außerdem aber nicht nur die unreflektierte Übertragung eigener Vorstellungen auf fremde Verhältnisse, sondern geradezu eine Weigerung, solche Informationen zur Kenntnis zu nehmen, die täglich in den Nachrichten verbreitet werden. Die Geringschätzung der Flüchtlinge, verbunden damit, daß verfügbare Informationen zu den Lebensverhältnissen in Afrika nicht in eigene Vorstellungen integriert werden, kann in diesem Fall als Hinweis auf ablehnende Motive gedeutet werden.

Rokeach hat die Vorstellung, in einer bedrohlichen Welt zu leben, als ein Charakteristikum des „closed mind" bezeichnet. In der Tat ist es auffällig, daß eine typische Form solch unrealistisch anmutender Vorstellungen, die die Befragten zu Ausländern äußern, Bedrohungen thematisieren. Entsprechende Vorstellungen sind bereits im letzten Kapitel beschrieben worden: Ausländer mit Messern springen nachts hinter Bäumen hervor; Ausländer nehmen den Deutschen die Frauen weg; Ausländer handeln mit Rauschgift oder organisieren Prostitution. Bei den meisten dieser Äußerungen läßt sich nicht mit Sicherheit klären, ob es nicht doch einen realistischen Kern für entsprechende Befürchtungen gibt - es ist bekannt, daß es z.B. zwischen ausländischen und rechtsgerichteten Jugendlichen, die in Cliquen organisiert sind, zu teilweise heftigen Auseinandersetzungen kommt. Es gibt jedoch Fälle, in denen die Dominanz phantasievoller Vorstellungen dabei sehr deutlich wird.

> Bernd: Auf der Grundschule habe ich die ersten vier Jahre schon schlechte Erfahrungen gemacht, weil 50 % waren darin Zigeuner und Türken. Von denen wurden wir auch da ziemlich derbe unterdrückt. Das ist schon der erste Sprung, warum ich diesen Knacks weghabe.

Schon zu Beginn des ersten Interviews erläutert Bernd auf diese Weise seine ausländerfeindlichen Grundhaltung, „diesen Knacks“, wie er sich ausdrückt. Auf Nachfragen erläutert er die Umstände der damaligen Unterdrückung noch genauer.

> Bernd: Zigeuner halten einfach zusammen. Wenn der kleine Bruder mich anmacht und ich geb dem eine, kommt der große Bruder und haut mir eine auf die Schnauze. Also absolute Unterdrückung in dem Sinne. Und die Lehrer ham auch nix gemacht in dem Sinne, man war also in dem Sinne mehr oder weniger machtlos.

Die Bedrohung, die gewalttätige Ausländerkinder aufgrund ihrer zahlenmäßigen Überlegenheit bzw. durch die Solidarität älterer Geschwister darstellen, wird hier einleuchtend erläutert. Im Zusammenhang mit der geschilderten Ohnmachtserfahrung macht Bernd sogar eine Art frühes Trauma für die bei ihm inzwischen deutlich ausgeprägte Fremdenfeindlichkeit verantwortlich. Entsprechend dieser Vorstellungen präsentiert Bernd in den nächsten Minuten des Interviews eine einprägsame Milieuschilderung der Gegend, in der er aufwuchs und in der auch die Schule liegt. Spätestens dann, wenn von Straßen die Rede ist, in die selbst die Polizei sich nur mit der Waffe im Anschlag traut - der kleine Bernd käme da nach eigenem Bekunden nicht mehr heile raus - denkt man unwillkürlich an die dunkelsten Ecken amerikanischer Slums. Aus diesem Milieu hätten - bei 20 Schülern seiner Klasse - mindestens vier oder fünf Zigeuner gestammt, ganz zu schweigen von deren älteren Brüdern. Auf die kurze Zeit später gestellte Frage nach Türken wird Bernd allerdings unsicher.

> Bernd: Das kann ich jetzt nicht behaupten, das weiß ich jetzt auch nicht. Halt en Spanier hatten wir dabei, Italiener hatten wir dabei, Zigeuner und Türken, das kann ich jetzt nicht sagen. Das weiß ich jetzt nicht, ob der Zigeuner bei uns in der Klasse, glaub ich nicht, nee.

Die Übermacht aus Türken und Zigeunern schmilzt im Verlauf von Bernds Schilderung in sich zusammen, bis schließlich gar keiner mehr übrigbleibt. Es kann an dieser Stelle nur vermutet werden, daß wir es hier mit diffusen Ängsten vor einer als bedrohlich erlebten Welt zu tun haben. Sie äußern sich jedenfalls in anschaulich ausgemalten Phantasien, in denen die Sicherheit und Ordnung des eigenen Lebens als durch Ausländer bedroht erlebt wird.

Neben diesen Vorstellungen, von Ausländern bedroht zu werden, sind vor allem jene auffällig, in denen Ausländer mit einem Leben in Reichtum und Luxus in Zusammenhang gebracht werden. Wie im letzten Kapitel ausführlicher dargestellt, geht es dabei um Vorstellungen, nach denen sich z.B. Asylbewerber teuerere Kleider, tollere Autos und größere Fernseher als die Befragten leisten können. Zum Teil werden diese Vorstellungen geradezu grotesk ausgeschmückt.

> Mark: Die meisten, die melden sich ja in zehn Städten an, kriegen 10.000-20.000 Mark im Monat und leben davon wie Gott.

Aber nicht nur die materiellen Lebensumstände von Asylbewerbern in Deutschland werden von unseren Gesprächspartnern phantasievoll ausgeschmückt. Interessant sind in diesem Zusammenhang auch die Vorstellungen, die sie Asylbewerbern unterstellen, die nach Deutschland geflüchtet sind. Diese dächten wohl, hier sei das „Paradies“ bzw. ein „Schlaraffenland“, es regne „Torten vom Himmel“ und baden wollten sie wohl alle in „Marmorbadewannen“. Solchen Ansprüchen werde von deutscher Seite nicht entschieden genug entgegengetreten, sondern ganz im Gegenteil: Sie werden von den Behörden auch noch bevorzugt, indem sie schneller als Deutsche eine Wohnung bekämen und im Falle eines Vergehens wesentlich leichtere Strafen erhielten. Solche Vorstellungen zeigen eine doppelte Verdrehung: Das eigene Land wird zu einem Paradies ausphantasiert, diese Phantasie wird jedoch denjenigen unterstellt, die nach Deutschland kommen.[2]

Wie hier deutlich wird, schildern verschiedene Befragte in den untersuchten Interviews sehr elaborierte, zum Teil geradezu groteske Phantasien über fremde Menschen, ihre Herkunftsländer und ihre Motive nach Deutschland zu kommen. Neben Bedrohungsphantasien sind in diesem Zusammenhang außerdem Neidphantasien auffällig, die den realen Erfahrungen, sofern solche deutlich werden, offensichtlich widersprechen und diese dennoch dominieren. Es stellt sich dadurch die Frage, welche Rolle diese Phantasien im Denken solcher Befragter spielen oder welche Funktion sie haben.

---

[2] Man könnte hier einwenden, die Befragten, die sich entsprechend äußern, wollten durch derart offensichtlich übertrieben paradiesische Phantasien lediglich die überzogene Erwartungshaltung von Flüchtlingen beschreiben und es handle sich dabei keinesfalls um eigene Phantasien. Dagegen spricht z.B. eine im letzten Kapitel zitierte Äußerung Sebastians, der zufolge Deutschland bis vor kurzem noch „ein kleines Paradies“ gewesen sei.

4.2.3 Aggression

Eine Funktion der geschilderten Phantasien wurde im letzten Abschnitt bereits deutlich: Die Motive derjenigen, die nach Deutschland flüchten, werden bagatellisiert und zu den „ernsten“ Problemen im eigenen Land in Kontrast gesetzt. Außerdem bilden Neid- und Bedrohungsphantasien häufig den Hintergrund für die Vorstellungen dazu, wie mit Ausländern umgegangen werden sollte. So verschieden die einzelnen Konstruktionen auch sind, erheben sie im Kern doch einen vergleichbaren Anspruch auf die Vorherrschaft der Eigengruppe. In diesem Streben nach Dominanz des Eigenen oder in der Forderung nach Anpassung bzw. Unterordnung des Fremden liegt eine Gemeinsamkeit zwischen verschiedenen Varianten ethnozentrischer Argumentationen.

Sehr bildhaft spiegelt sich die Dominanz-Unterordnungs-Thematik auch in einigen Argumentationstypen, die sich quantitativer Vergleiche und Assoziationen bedienen. Dazu gehört die Behauptung, in Deutschland lebten zu viele Ausländer. Gelegentlich werden in diesem Zusammenhang phantastische Zahlen genannt oder man verweist auf die Bedürftigkeit der vielen armen Menschen in großen Teilen der Welt. Eine anschauliche Illustration dieser quantitativen Argumente findet sich in der sprachlichen Ausdrucksweise: Die Rede ist dann von „Scharen“, einer „Kette ohne Ende“, von einer „Asylantenflut“ oder von „tausend Tonnen Asylanten“. Im Kontext solcher Ausdrücke findet sich dann auch die Befürchtung, als Deutscher in Deutschland bald in der Minderheit zu sein.

Neben diesen durch Zahlenverhältnisse illustrierten Dominanzansprüchen sind auch verschiedene inhaltliche Versuche deutlich zu erkennen. Zunächst ist die Forderung nach Anpassung auffällig. Anpassung wird zum Teil im Sinne von „versuchter Ähnlichkeit“ verstanden, d.h. Ausländer sollen sich möglichst wenig unterscheiden - in Aussehen, Sprache, Religion, Kultur. In diesem Sinne kann auch das Lob der anspruchslosen, arbeitenden, Steuern zahlenden Arbeitsmigranten gesehen werden. Ihnen wird der Typ des - zumeist jugendlichen - stolzen, seiner heimatlichen Mentalität treu ergebenen Ausländers gegenübergestellt, der sich nicht unterordnet, sondern um seinen Platz in Deutschland kämpft. Die Aufforderung zur Anpassung wird teilweise sehr entschieden, wenn nicht sogar aggressiv vorgetragen und kann folgendermaßen begründet werden.

> Sebastian: Wenn die hierherkommen sollen se sich uns anpassen und dann sollen se wieder gehn ganz einfach, fertig. Und nicht sowas was hier veranstaltet wird. (...) Und dann, weiß ich, was einige Leute immer fordern hier, „Wir fordern, daß hier ne Moschee gebaut wird“ und sonstwas. Soll sich mal einer von uns erlauben mal in ne Türkei, in Ankara ne katholische oder evangelische Kirche zu bauen, da wird man aber gesteinigt. Gesteinigt, gevierteilt, Postpaket zurückgeschickt.

In dieser Passage wird die verbreitete Forderung vertreten, Ausländer sollten sich ihrem Gastland gefälligst anpassen. Als Beispiel für mangelnde Anpassungsbereitschaft nennt Sebastian die Forderung nach dem Bau einer Moschee. Ihm zufolge ist dies vor allem deswegen unzulässig, da „wir“ in der Türkei schließlich auch keine Kirchen bauen dürften. Den Bau einer Kirche in Ankara verbindet er mit schrecklichen Vergeltungsmaßnahmen, die den Türken einen geradezu barbarischen Charakter andichten. Diese auffällig aggressive Phantasie dient ihm dabei als Argument für die Forderung nach Anpassung. Die Brisanz von Verhalten, das als unangepaßt empfunden wird, wird an anderer Stelle noch deutlicher.

Hans berichtet folgenden Vorfall: Ein türkischer Schüler hängt im Klassenzimmer ein Bild von Kemal Atatürk auf, was Hans zu der Drohung veranlaßt, falls das Bild am nächsten Tag nicht verschwunden sei, werde er eine Hakenkreuzfahne hissen. Die Provokation durch das fremde „Schaubild“ - wie Hans sich ausdrückt - wird als so gewaltig geschildert, daß er mit dem Symbol antworten möchte, das wie kaum ein anderes auch für die Vernichtung anderer Menschen steht. Ein ganz ähnlicher Mechanismus - Provokation durch Ausländer, die zu „berechtigter“ Gegenwehr führt - wird in folgender Passage der Forderung nach Ausweisung von Ausländern zugrundegelegt.

> Paul: Wenn zum Beispiel einer auf der Straße steht und die Straße fegt und son Ausländer vor der Tür sitzt: „Ha Du Deutscher, Du arbeiten? Du sein blöde“! Wenn ich sowas sehe, wenn ich sowas höre und sowas sehe nä, dann hab ich am liebsten gedacht „zurück“.

Ein - wie hier vermutet wird - phantasiertes Erlebnis dient in dieser Passage als Legitimation für die Forderung nach sofortiger Ausweisung von in Deutschland lebenden Asylbewerbern oder von anderen Ausländern, die als unangepaßt empfunden werden. Dieser Forderung geht hier eine „aggressive Aufladung“ voraus, die eine Ausweisung in den Augen der so argumentierenden als berechtigte, ja geradezu gebotene Maßnahme erscheinen läßt. Das lapidare „zurück“ erscheint dabei noch als vergleichsweise human. In den Vorstellungen Volkers werden die Konsequenzen einer Ausweisung konkreter formuliert.

> Volker: Ich hab auch schon davon gehört, daß ehm in Baumdorf diese Wohncontainer gehabt, da waren ich weiß nicht was drin war, Zigeuner oder Rumänen oder sonst irgendsowas, die hatten dann aus diesen Wohncontainern hatten sie en Ofen drin und dann ich glaub sogar en Fernseher und sowas, ganze überhaupt die ganze Einrichtung vom Wohnzimmer, das ham die verkauft und ham sich en Auto gekauft. Die Türbeschläge, alles verkauft, den Ofen, den Heizlüfter verkauft ham sich en Auto für gekauft, dann sind se nach Großstadt gefahren, ham sich Geld abgeholt am ersten, nach Südstadt gefahren haben sich Geld geholt, nach Nordstadt gefahren ham sich Geld geholt. Also da würd ich keinen da würd ich echt keine Gnade kennen, die würd ich sofort rausschmeißen. Auch wenn ich da wenn ich wissen würde, wenn se nach Hause kommen, daß se dann umgebracht würden.

Volker erzählt hier eine Geschichte, wie sie in den Interviews häufiger berichtet wird; Asylbewerber bereichern sich auf unsere Kosten. Dies empört ihn dermaßen, daß er dafür gewissermaßen die Todesstrafe fordert. Diese in ihrer Heftigkeit auffällige Strafwut ist umso erstaunlicher, da Volker selbst auch mit dem Gedanken spielt, sich im Ausland zu bereichern, allerdings als Facharbeiter, am liebsten in Amerika. Der Unterschied liegt für ihn wohl in der Verwerflichkeit, die er in dem Verhalten der Asylbewerber sieht, die sich auf die von ihm beschriebene Weise bereichern. In seiner Darstellung greift er Berichte über Flüchtlinge, die sich in verschiedenen Städten angemeldet haben, auf und unterstellt ihnen im Tonfall der Gewißheit planvolle Ausbeutung. Er steigert sich auf diese Weise in gerechten Zorn, der schließlich in der Forderung nach bedingungslosem Rausschmiß gipfelt. In gewisser Weise produziert Volker die Verwerflichkeit selbst, die er am Verhalten dieser Flüchtlinge festmacht. Weniger auffällige Phantasien, dafür jedoch besonders aggressive Vorstellungen enthalten die Forderungen von Thomas.

> Thomas: Das ganze Asylverfahren würd ich beschleunigen auf maximal zwei Wochen und alle, die äh Wirtschaftsflüchtlinge sind die müßten auf ihre eigenen Kosten zusehn, daß se hier rauskommen könn, und zwar auf dem schnellstmöglichen Wege. Ob das jetzt mit Schwimmen ist oder Laufen, das ist mir scheißegal. Und jeder andre Ausländer, der hier geboren ist oder sonstwas, ist mir scheißegal, der straffällig wird, beim ersten Mal Bewährung, beim zweiten Mal nicht wieder Bewährung weil sowas gibts ja auch, viermal hintereinander Bewährung kriegen, Bewährung immer verlängern, das gibts auch oder in Knast oder sowas, gar nicht, den würd ich ne Bahnfahrkarte geben, den würd ich, persönlich würde ich den beaufsichtigen, bis der die deutsche Grenze passiert hat. Egal wohin. Und wenn er in ne Nordsee springt, das ist mir ganz egal.

Bei Thomas bedarf es nicht solch elaborierter Phantasievorstellungen, um sich für eine äußerst gewaltsame Form der Abschiebung zu engagieren, bei der er sogar persönlich Hand anlegen würde. Doch selbst in den sparsamen Stichworten, die er sich selbst gibt - „Wirtschaftsflüchtlinge“, „straffällig“ etc. - klingen ähnliche Vorstellungen von Betrug und unzulässiger Bevorzugung an, wie sie in anderen Fällen bereits geschildert wurden.

In all diesen Berichten dienen mehr oder weniger deutlich beschriebene Phantasien offenbar als Stimulation für Aggression. Bei Nachfragen würden sich diese Geschichten wahrscheinlich ebenso schnell auflösen, wie dies an verschiedenen Phantasien des letzten Abschnitts deutlich wurde. Diese Geschichten dienen dabei jedoch dem Aufbau und der Rechtfertigung äußerst aggressiver Forderungen, in denen vor allem die Anpassung oder die Ausweisung, in einem Fall aber auch Zwangsarbeit für Ausländer gefordert wird.

4.2.4 Zusammenfassende Charakterisierung ethnozentrischer Argumentationsweisen

Es kann hier festgehalten werden, daß die oben untersuchten Argumentationen sich durch verschiedene Eigenarten auszeichnen. Zunächst ist auffällig, daß sehr deutlich zwischen Fremd- und Eigengruppen unterschieden wird. Die jeweiligen Positionen werden häufiger mit verschiedenen „Erfahrungsberichten“ untermauert, die sich bei genauerer Betrachtung als Phantasien erweisen. Besonders auffällig sind Bedrohungs- und Neidphantasien, d.h. Fremde werden einerseits als gefährlich erlebt, andererseits werden sie als besonders privilegiert dargestellt. Diese Phantasien unterstützen verschiedentlich den Eindruck, benachteiligt oder betrogen zu werden und führen zu aggressiven Forderungen. In der Argumentation einzelner Befragter haben solche Phantasien oder Phantasieerlebnisse damit offenbar die Funktion, aggressive Impulse gegen Fremde zu legitimieren. Generell ist gegenüber Menschen, die Fremdgruppen zugerechnet werden, eine aggressive Argumentationsweise auffällig. Diese zeigt sich besonders deutlich im Zusammenhang mit Forderungen, in denen deren Unterordnung gefordert wird, aber auch dann, wenn Gewalttaten gegen Ausländer positiv bewertet werden.

Eine systematischen Auswertung der vorliegenden Interviews konzentrierte sich auf die folgenden Aspekte:

a) Phantasievorstellungen und phantasierte Erlebnisse, die zur Argumentations- und Orientierungsgrundlage werden;

b) aggressive Forderungen nach Unterordnung Fremder, z.B. unter deutsche Interessen;

c) die positive Bewertung gewalttätiger Angriffe auf Ausländer und die Bereitschaft sich daran aktiv zu beteiligen.

Diese drei Merkmale treten nicht in den Äußerungen aller Befragter auf, so daß sich verschiedene Kombinationen ergeben. Interessant ist es, sich die Zusammenhänge zwischen diesen Kombinationen und den verschiedenen inhaltlichen Ausprägungen ethnozentrischer Orientierungen, die im letzten Kapitel beschrieben wurden, zu betrachten.

Besonders auffällig ist gemäß Tabelle 3 eine Gruppe von fünf Befragten, die nicht nur inhaltlich besonders auffällig zum Ethnozentrismus neigen, sondern auch in der Art und Weise ihrer Argumentation als extrem anzusehen sind: Sie äußern im Zusammenhang mit Ausländern ausgiebige Phantasien, fordern aggressiv deren Unterordnung und befürworten auch gewalttätige Angriffe gegen Ausländer. Drei dieser Befragten wären nach eigenen Angaben sogar selbst dazu bereit, gewaltsam gegen Ausländer vorzugehen. Im Gegensatz zu den anderen Untersuchungsteilnehmern, die sich nur in den Teilen des dritten Interviews, in denen sie zu Ausländern befragt werden, zu diesem Thema äußern, nutzen vier dieser Befragten jede sich bietende Gelegenheit, um - auch in anderen Interviews - Ausländer für Negatives verantwortlich zu machen, ihnen beispielsweise die Schuld an gesellschaftlichen Fehlentwicklungen oder an einer persönlichen Misere zu geben. Nicht mit der gleichen Vehemenz, aber dennoch unverkennbar engagiert, äußern sich auch die fünf Befragten, einer weiteren Teilgruppe. Auch in den Argumentationen dieser Befragten spielen Phantasievorstellungen eine bedeutsame Rolle. In ihren aggressiven Tendenzen beschränken sie sich jedoch darauf, die Unterordnung anderer auf aggressive Weise zu fordern oder Gewalt gegen Ausländer positiv zu bewerten. Keiner dieser Befragten wäre aktiv zur Gewaltanwendung bereit und über Ausländer äußern sich diese Befragten im Interview nur dann, wenn sie danach gefragt werden. Neben drei Befragten, die inhaltlich im beschriebenen Sinne ethnozentrisch orientiert sind, gehören zwei zu denjenigen, die nur teilweise zum Ethnozentrismus neigen.

Tabelle 3: Zusammenhänge zwischen einzelnen Dimensionen der Argumentation und ethnozentrischen Orientierungen

Orientierung / Argumentationsweise	ethnozentrisch	teilweise ethnozentrisch	nicht ethnozentrisch	Insgesamt
Phantasien, Forderung der Unterordnung (FdU) und Gewaltbefürwortung (3 Elemente)	5	-	-	5
Phantasien und FdU oder Phantasien und Gewaltbefürwortung (2 Elemente)	3	2	-	5
Entweder Phantasien oder Gewaltbefürwortung (1 Element)	2	4	1	7
Keines dieser Elemente vorhanden	1	2	5	8
Insgesamt	11	8	6	25

Von denjenigen, die teilweise zum Ethnozentrismus neigen und von denjenigen mit deutlich ethnozentrischer Orientierung argumentieren fünf Befragte auffällig phantasiehaltig, ohne dabei aggressive Forderungen nach Unterordnung zu stellen oder Gewalt gegen Ausländer zu begrüßen. Bei diesen Argumentationsweisen entsteht der Eindruck eines eher defensiven, relativierenden oder sehr vorsichtigen Ethnozentrismus. Zu dieser Teilgruppe gehören laut Tabelle zwei weitere Befragte, deren Argumentationen nicht in auffälliger Weise phantasievoll sind. Ein Befragter derjenigen, die sich teilweise ethnozentrisch orientieren und einer derjenigen ohne ethnozentrische Neigungen bedauern zwar Gewalt gegen Ausländer, begrüßen jedoch den Abschreckungseffekt, den sie sich davon gegenüber potentiellen zukünftigen Asylbewerbern versprechen.

Die Argumentationen von acht Befragten zeichnen sich dadurch aus, daß sie weder Phantasien noch aggressive Impulse zeigen. Zum größten Teil gehören sie zu denjenigen, die sich inhaltlich nicht ethnozentrisch äußern. Darunter ist jedoch auch ein Befragter, der inhaltlich ethnozentrisch orientiert ist, allerdings in vergleichsweise moderater Weise, d.h. Fremdgruppen werden von ihm lediglich anhand eines Kriteriums deutlich abgewertet.

4.3 Ethnozentrische Argumentationen

Im vorliegenden Kapitel konnten verschiedene argumentative Muster herausgearbeitet werden, wie sie auch im Rahmen diskursanalytischer Arbeiten festgestellt wurden. Dazu zählen zunächst die sehr bildsprachlichen Ausdrücke, die im Zusammenhang mit der Zuwanderung fremder Menschen eine bedrohliche Komponente suggerieren. Ferner werden auch solche Argumentationsstrategien angewendet, die Fremdgruppenangehörigen ganz offensichtlich eigene Motive unterstellen bzw. bei denen uneigennützige oder vernünftige Gründe vorgeschoben werden, um weniger respektable eigene Motive zu tarnen. Bezüglich diskursiver Relativierungs- oder Abschwächungsstrategien muß jedoch stärker differenziert werden, als dies in Diskursanalysen üblich ist. In der Tat scheinen diese zum Teil die Funktion der Verschleierung zu haben, z.B. dann, wenn sie zu einem sehr widersprüchlichen Gesamteindruck beitragen. In anderen Fällen (vgl. Kapitel 5 dieser Arbeit) können sie jedoch als integraler Bestandteil einer reflektierenden Positionsbestimmung angesehen werden.

Besonders auffällig ist außerdem, daß ethnozentrische Argumente vielfach in Form von Geschichten geäußert werden, denen offenbar typische oder weit verbreitete Stereotypen - man könnte auch sagen „soziale Diskurse“ - zugrundeliegen. In den zitierten Arbeiten werden verschiedene Quellen genannt, aus denen diese Vorurteile stammen oder Medien, über die sie verbreitet werden: Die Diskurse der Eliten (van Dijk 1992), die Massenmedien - speziell das Fernsehen - die Alltagskommunikation sowie eigene Erfahrungen (van Dijk 1984 bzw. 1987; Jäger 1992). Vereinzelt wird auch darauf hingewiesen, daß Vorurteile in

Form von Geschichten geäußert werden, in denen übertrieben werde (van Dijk 1984, S. 139) oder die phantasierte Elemente enthielten (Jäger 1992, S. 279 f). Dennoch scheint mir ein wichtiger Punkt bisher vernachlässigt worden zu sein; die Tatsache, daß vielen Argumentationen ausphantasierte Geschichten zugrundeliegen, die teilweise als eigene Erfahrung ausgegeben werden.

Die vorliegende Analyse bestätigt auch einen anderen Punkt, auf den im Rahmen diskursanalytischer Untersuchungen immer wieder hingewiesen wird (z.B. bei van Dijk 1987, S. 387): Ethnozentrische Geschichten erzählen in erster Linie von den Leiden, die die Fremden den Einheimischen verursachen und stilisieren „uns" zu deren Opfern. Neben solchen eher defensiven Ausdrucksformen ethnozentrischer Argumente konnten oben aber auch sehr direkte und unverblümte Diffamierungen dokumentiert werden. Es muß also auch berücksichtigt werden, daß einige Befragte mittels solcher Geschichten massive verbale Aggressionen gegen Fremdgruppenangehörige aufbauen und legitimieren.

Tabelle 3 zeigt recht deutlich, daß sich die in diesem Kapitel herausgearbeiteten Elemente nicht bei allen Befragten finden bzw. daß sie in den Interviews in unterschiedlicher Dichte vorliegen. Besonders intensiv ist sie bei einigen der Befragten, die sich inhaltlich deutlich und vielseitig ethnozentrisch äußern. Dem gegenüber sind diese Argumentationsweisen eher nicht bei Befragten zu beobachten, bei denen keine ethnozentrischen Orientierungen deutlich werden. Diese Verteilung kann in der Weise gedeutet werden, daß es bestimmte Argumentationsweisen gibt, die mit ethnozentrischen Orientierungen eher einhergehen als mit nicht-ethnozentrischen Einstellungen. Vor diesem Hintergrund erscheint der Ansatz Rokeachs, eine Denkweise zu beschreiben, die mit der Neigung zu Vorurteilen korrespondiert, von durchaus aktuellem Interesse.

Betrachtet man diese Art und Weise, in der ethnozentrische Argumentationen präsentiert werden, vor dem Hintergrund Rokeachs Charakterisierung des „closed mind", fallen deutliche Ähnlichkeiten auf. Angesichts der Verbreitung von Phantasievorstellungen läßt sich begründet vermuten, daß ethnozentrische Argumente auf irrationale, innere Motive zurückgehen, z.B. auf diffuse Ängste vor einer bedrohlich erlebten Welt, aber auch auf Neidprojektionen. Die heftige Ablehnung von Fremdgruppen, die kritiklose Akzeptanz der Eigengruppe und die Tendenz, sie voneinander isoliert zu erleben, sind geradezu konstitutiv für Ethnozentrismus - auch in diesen Punkten trifft Rokeachs Beschreibung offensichtlich auf die hier analysierten Argumentationsmuster zu. Ferner wird deutlich, daß im Rahmen ethnozentrischer Argumentationen in bezug auf abgelehnte Fremdgruppen eher nicht differenziert wird.

Wie bereits geschildert, ist es jedoch auffällig, daß ethnozentrische Positionen häufig auf eine verdrehte Weise präsentiert werden, die im Gegensatz zu diesen von Rokeach genannten Aspekten zu stehen scheint. Als Grund für diese Verdrehungen werden teilweise strategische Gründe vermutet, z.B. die Verschleierung der eigenen rassistischen Grundeinstellung (van Dijk 1984; Jäger 1992). Demgegenüber ist in den vorliegenden Interviews jedoch festzustellen, daß ethnozentrische Argumente vergleichsweise offensiv vertreten werden. Gegen die Vermutung der Verschleierung spricht auch das beträchtliche Maß an innerer Beteiligung und Engagement, das bei den in Frage stehenden Äußerungen deutlich wird. Dies spricht eher für solche Erklärungsansätze, die auf die legitimatorische Funktion solch verdrehter bzw. phantasierter Geschichten verweisen - z.B. zur Rechtfertigung fremdenfeindlicher Gewalttaten vor Gericht (Willems 1993, S. 188). Auch in diesen Fällen scheint es weniger darum zu gehen, bestehende Ressentiments zu leugnen, als darum, die eigenen Einstellungen und Handlungen nachträglich zu rechtfertigen.

Vor dem Hintergrund der hohen Phantasieanteile ethnozentrischer Vorstellungen erscheint es bedenklich, wenn Fremdenfeindlichkeit umstandslos auf Berichte über Erlebnisse mit Ausländern zurückgeführt wird. Dies kann beispielsweise in milieuspezifischen Deutungen festgestellt werden, bei denen davon ausgegangen wird, in Stadtteilen mit hohem Ausländeranteil verengten sich für deutsche Jugendliche die sozialen Räume (Heitmeyer u.a. 1992, S. 360 ff). Solche Deutungen, die zwar den subjektiven Charakter entsprechender Wahrnehmungen betonen (ebd. S. 404), aber nicht nach ihrer Entstehung oder Bedeutung fragen, bleiben letztlich unbefriedigend. In diesem Zusammenhang bieten psychoanalytische Erklärungen interessant Anhaltspunkte, indem sie diese Phantasien als verschlüsselte Kommunikation deuten (vgl. Kahl-Popp 1994).

Interessant erscheinen mir ferner solche Anknüpfungspunkte, wie sie sich im Kontext neuerer Erkenntnisse zu autoritären Persönlichkeitsstrukturen finden. So fanden sich in unserer Hildesheimer Untersuchung einerseits Hinweise auf den Typus des „traditionellen“ Autoritären, der neben moralischer Heteronomie auch Aggression gegen Schwächere zeigt und zur Unterordnung gegenüber Stärkeren neigt. Daneben war jedoch ein „moderner“ Typ auffällig, bei dem zwar ebenfalls eine mangelnde Verinnerlichung moralischer Normen und Neigungen zur autoritären Aggression, nicht jedoch die Bereitschaft zur Unterordnung festzustellen war (vgl. Hopf u.a. 1995, Kap. 3). Dies könnte als eine Auswirkung gesellschaftlicher Modernisierung gedeutet werden, und zwar in der Weise, daß die Anforderungen an individuelle Begründungen in letzter Zeit gestiegen sind; d.h. es reicht in den 90er Jahren nicht mehr aus, sich auf „Autoritäten“ zu beziehen, sondern Positionen müssen begründet werden, z.B. inhaltlich oder biographisch.[3]

In seiner Charakterisierung des „closed mind“ beschreibt Rokeach eher das passive Verharren in einer nach außen abgeschlossenen Geisteshaltung, die von

---

[3] In diesem Zusammenhang sei an die Ausführungen Ulrich Becks erinnert, der einen zunehmenden Zwang diagnostiziert, „den eigenen Lebenslauf selbst zu gestalten, auch und gerade dort, wo er nichts als das Produkt der Verhältnisse ist“ (Beck 1986, S. 216). In diesem Sinne könnten die Phantasievorstellungen der Befragten als eigene Ausgestaltung öffentlicher, z.B. durch Politik und Medien vorgegebener, standardisierter Vorstellungen verstanden werden.

politischen oder religiösen Dogmen bestimmt wird. Er hat dabei eine rigide und phantasielose Persönlichkeit im Blick, die den einmal eingeschlagenen Weg nicht mehr verläßt, z.B. wenn es um die Lösung ungewohnter Aufgaben geht. Im Gegensatz hierzu zeigt sich bei der Analyse der Art und Weise, in der ethnozentrische Positionen in den vorliegenden Interviews aufgebaut und vertreten werden, häufig ein beträchtliches Maß an Kreativität. Auffällig ist dabei, daß soziale Vorurteile nicht nur aufgegriffen, sondern „biographisiert", d.h. als Teil der eigenen Lebensgeschichte ausgegeben werden. Dadurch werden die Angehörigen von Fremdgruppen in einer Weise aufgebaut und stilisiert, die sie negativ definierbar bzw. von den „Eigenen" oder „Normalen" unterscheidbar macht und aggressive Impulse gegen sie eine zumindest phantasierte Legitimation erhalten.

5. Pluralistische Orientierungen

In diesem Kapitel geht es um Äußerungen und Argumentationen, die nicht nur keine ethnozentrischen Qualitäten aufweisen, sondern als Ausdruck eines eigenen nicht-ethnozentrischen Orientierungsmusters verstanden werden. Die gesonderte Bestimmung nicht-ethnozentrischer Orientierungen dient der Kontrastierung: Indem der Gegentyp beschrieben wird, können auch die Eigenschaften ethnozentrischer Orientierungen - um deren Klärung es in dieser Arbeit geht - deutlicher erkannt werden. Besondere Bedeutung kommt diesem Gegentyp auch vor dem Hintergrund solcher Positionen zu, die ethnozentrische Orientierungen als unvermeidlichen Bestandteil des sozialen Lebens verstehen. Hätten diese Skeptiker recht, dann gäbe es zum mehr oder weniger ausgeprägten Ethnozentrismus keine Alternative.

Nach einem kurzen Blick auf die äußerst spärlichen Ansätze, nicht-ethnozentrische Orientierungen zu beschreiben und zu definieren (5.1), wird anhand des vorliegenden Datenmaterials der Versuch unternommen, die Merkmale solcher Orientierungen gründlich und differenziert herauszuarbeiten (5.2), um sie abschließend von ethnozentrischen Orientierungsweisen abgrenzen zu können (5.3).

5.1 Nicht-ethnozentrische Orientierungen in der Forschungsliteratur

Es liegen kaum Definitionen und Untersuchungen zu solchen Orientierungen vor, die von ethnozentrischen abgegrenzt oder ihnen entgegengesetzt werden können. Teilweise ist dies als Ausdruck einer Sichtweise anzusehen, nach der Ethnozentrismus ein universeller Bestandteil des menschlichen Zusammenlebens ist. Eine entsprechende Haltung kommt einerseits in ethnologischen Untersuchungen zum Ausdruck, die die weltweite Verbreitung ethnozentrischer Haltungen betonen (vgl. LeVine und Campbell 1972, S. 7 ff). Darüber hinaus bekommen ethnozentrische Orientierungen aus soziobiologischer Perspektive nicht weniger als den Stellenwert einer biologische Überlebensnotwendigkeit zugesprochen (z.B. Flohr 1987, S. 197). Andererseits entwickelte sich auch die psychologische und sozialpsychologische Vorurteilsforschung in eine Richtung, in der individuell unterschiedlichen Orientierungsweisen zunehmend weniger Beachtung geschenkt wurde (vgl. Abschnitt 1.2.4 dieser Arbeit). Stattdessen setzten sich gerade in den letzten Jahren solche Positionen immer stärker durch, in denen z.B. die Rede davon ist, Ausländerfeindlichkeit sei integraler Bestandteil des bundesrepublikanischen Gesellschaftsbildes (Hoffmann und Even 1984, S. 179 ff). Außerdem wird das Bild eines allgegenwärtigen, alltäglicher Rassismus entworfen (Kalpaka und Räthzel 1986, S. 34), so daß auf der Ebene individueller Einstellungen bestenfalls graduelle Unterschiede festzustellen seien (Jäger 1992, S. 13).

An anderer Stelle werden nicht-ethnozentrische Orientierungen begrifflich gefaßt und/oder beschrieben. In den Studien zur Autoritären Persönlichkeit werden die Probanden, die auf der Ethnozentrismus-Skala niedrige Werte erreicht hatten, lediglich als „niedrig in Ethnozentrismus" bezeichnet (Adorno u.a. 1969, S. 37). Im Rahmen einer Fallanalyse beschreiben die Autoren verschiedene Charakteristika solcher nicht-ethnozentrischer Orientierungen (Adorno u.a. 1969, S. 41 ff): Eine positive Einstellung zu Juden, die Forderung sozialer Gleichheit verschiedener ethnischer Gruppen, die Bereitschaft, die Eigengruppe in Frage zu stellen und die Fähigkeit zu einer empathischen Betrachtung sozialer Probleme, in der auch psychologische und humane Gesichtspunkte eine Rolle spielen.

Dabei ist auch zu beachten, daß Ethnozentrismus lediglich als eine Komponente des Persönlichkeitstyps verstanden wurde, der zu Vorurteilen neigt bzw. als potentiell faschistisch verstanden wurde. Als Gegentyp zu solch einer autoritären Persönlichkeit sehen die Autoren einen Charakter, der nicht zu Vorurteilen neigt („unprejudiced") oder liberal eingestellt ist (Adorno u.a. 1969, z.B. S. 40 oder S. 781). Ganz ähnlich werden auch in anderen klassischen Studien relativ komplexe Persönlichkeitstypen beschrieben, die sich u.a. dadurch auszeichnen, daß bei ihnen keine ethnozentrische Orientierung festzustellen ist. Gordon Allport erwähnt eine „tolerante Persönlichkeit" (Allport 1954, S. 175) und Milton Rokeach beschreibt eine „offene Geisteshaltung" (Rokeach 1960, S. 55 f).

In der Bielefelder Rechtsextremismus-Studie werden nicht-ethnozentrische Orientierungen einem sogenannten „Distanzmuster" zugeordnet - Distanz zum Rechtsextremismus, in Abgrenzung von „Akzeptanz" oder „Ambivalenz". Eine genauere Definition oder systematische Beschreibung dieses Distanzmusters findet sich auch hier nicht. Allerdings werden einzelne Elemente dieser Orientierungsweisen im Kontext von Fallanalysen beschrieben: Sie richten sich gegen die soziale Ausgrenzung bestimmter Gruppen, sie plädieren dafür, alle Menschen gleich zu behandeln und propagieren die Gleichwertigkeit von Fremden (Heitmeyer u.a. 1992, z.B. S. 147 bzw. 190).

Interessiert man sich für nicht-ethnozentrische Orientierungen, dann ist man darauf angewiesen, sich solche Erkenntnisse zusammenzusuchen, die in verschiedenen Untersuchungen zumeist nur am Rande mitgeteilt werden. Nach ausführlichen Beschreibungen und systematischen Studien sucht man dagegen vergeblich. Angesichts dieser Forschungssituation ist es nicht verwunderlich, daß es auch kaum Definitionen des Nicht-Ethnozentrismus gibt. Eine Ausnahme bildet diesbezüglich ein seltener Versuch aus dem Kontext der Kulturanthropologie, den Gegentyp zum Ethnozentrismus auf den Punkt zu bringen.

> Der Gegensatz des Ethnozentrismus ist der *Kulturrelativismus*: die Praxis, andere Kulturen *nicht* nach den Standards der eigenen Kultur zu beurteilen. Voraussetzung dafür ist die Bemühung, sich in seinen Beobachtungen von Vorurteilen freizuhalten. In anderen Worten: Der Kulturrelativismus bekennt sich dazu, daß andere Kulturen voneinander *verschieden*, aber nicht besser oder schlechter als andere sind. (Vivelo 1981, S. 46)

Interessanterweise vermeidet der Autor im letzten Satz seiner Definition eine Aussage darüber, wie die eigene Kultur im Verhältnis zu anderen Kulturen beurteilt wird und beschränkt sich darauf, die Gleichwertigkeit verschiedener anderer Kulturen zu postulieren. Auch abgesehen von dieser eigenartigen Formulierung, die vermutlich auf einen Druckfehler oder eine andere Ungenauigkeit zurückgeht, ist diese Definition problematisch. Mit zum Teil ähnlichen Ausdrücken, in denen auf Gleichwertigkeit und „Verschiedenartigkeit" insistiert wird, fordert z.B. die Partei der „Republikaner" (REP) die konsequente Trennung ethnischer Gruppen, womit sie die Forderung nach Ausweisung in Deutschland lebender Ausländer verbindet (vgl. Gessenharter 1994, S. 165).

Es wird deutlich, daß nicht-ethnozentrische Orientierungen bisher kaum explizites Thema der Forschung sind. Die vorliegenden Erkenntnisse und Definitionen sind unbefriedigend. Im weiteren Verlauf steht daher der Versuch im Vordergrund, eine genauere Beschreibung und Systematisierung zu erreichen - soweit diese aus dem vorliegenden Material zu erschließen sind.

5.1.1 Zum Begriff „Pluralismus"

Zur Kennzeichnung einer nicht-ethnozentrischen Orientierung wird hier der Begriff „pluralistisch" verwendet, der den in diesem Kapitel zu thematisierenden Einstellungsqualitäten m.E. eher angemessen ist als andere Termini. Er scheint mir gut geeignet, um eine Perspektive zu beschreiben, in deren Zentrum nicht eine ethnische Gruppe steht, sondern die ganz verschiedene Bezugspunkte haben kann. Im Rahmen von Versuchen, Pluralismus begrifflich zu bestimmen, verweist man auf Freiheits- und Entfaltungsspielräume für den Einzelnen sowie auf die Tendenz zum Kompromiß zwischen rivalisierenden Gruppen (Hillmann 1994, S. 671 f). Besonders wichtig erscheint mir, daß dabei nicht nur eine Orientierung an ethnischen Kriterien denkbar ist - wie z.B. bei dem Begriff „Ethnopluralismus" der aus dem argumentativen Reservoir der „Neuen Rechten" stammt und mit dem nicht die Gleichheit von Menschen, sondern von Völkern propagiert wird (vgl. Funke 1993, S. 25 ff; Gessenharter 1994, S. 165 f). Dem hier vorgeschlagenen Begriffsverständnis entspricht ferner, daß man - gemäß Brockhaus-Lexikon - in der Staatstheorie pluralistische Elemente sogenannten „einheitsbildenden Faktoren" (u.a. Nationalbewußtsein, Vaterlandsliebe) gegenüberstellt.

5.2 Zur Bestimmung pluralistischer Orientierungen

Im folgenden geht es zunächst um ausländerfreundliche Äußerungen (5.2.1), danach um die Präsentation negativer Erfahrungen mit Ausländern (5.2.2). Im letzten Abschnitt (5.2.3) wird deutlich, daß vergleichbare Einstellungen nicht nur gegenüber Ausländern vertreten werden, sondern auch im Verhältnis zu anderen Außenseitern festzustellen sind.

5.2.1 Ausländerfreundlichkeit

Als Hinweis auf eine pluralistische Haltung lassen sich Äußerungen verstehen, in denen die Anwesenheit von Ausländern in Deutschland positiv bewertet und Diffamierungen sowie Benachteiligungen jeglicher Art abgelehnt werden. In diesem Sinne geben verschiedene Befragte an, sie seien „nicht ausländerfeindlich" oder hätten etwas „gegen Rassismus". Einige dieser Befragten berichten darüber hinaus, gegen Ausländerfeindlichkeit demonstriert zu haben und sich eine aktive Beteiligung an Schutzmaßnahmen für bedrohte ausländische Mitbürger vorstellen zu können.

Migranten, die seit vielen Jahren in Deutschland leben, werden bevorzugt erwähnt, wenn es um positive Aspekte des Zusammenlebens mit Ausländern geht. In diesem Kontext sind vor allem die Schilderungen alltäglicher Kontakte zu ausländischen Mitschülern, Kollegen oder Nachbarn aufschlußreich. Verschiedene Befragte bekunden, nichts gegen solche Beziehungen zu haben bzw. mit Türken, Spaniern oder Italienern gute Erfahrungen im persönlichen Umgang gemacht zu haben. Regelmäßig werden ihre Arbeitsleistungen, vereinzelt auch ihre Beiträge zum kulturellen Leben oder zur gastronomischen Vielfalt gewürdigt. Vereinzelt werden auch Rechte für Ausländer gefordert.

> Christian: Wir haben damals die Türken und Italiener und so haben wir alle hergeholt, damit sie hier Deutschland aufbauen, wollen wir die jetzt alle wieder wegjagen, das geht ja auch nicht, ne. (....) Ich mein, die wohnen jetzt schon so lange hier, warum sollten sie auch nicht wählen, ich meine, die haben genauso zu bestimmen, was in ihrem Umfeld passiert wie wir auch, ich meine, die leben ja schließlich auch hier.

Christian wendet sich explizit gegen die Vorstellung, Arbeitsmigranten aus Deutschland zu vertreiben, nachdem sie von „uns" schließlich angeworben worden sind. In seinen Augen haben sie nicht nur das Recht, hier zu leben, sondern auch Ansprüche auf die Mitgestaltung ihres Umfeldes. Da sie dieses Land mit aufgebaut haben und seit langem hier leben, sollten sie auch das Wahlrecht erhalten. Dem Tenor der Argumentation Christians zufolge, geht es dabei nicht um die Gewährung einer Gnade oder Gunst, sondern um die legitimen Ansprüche ausländischer Mitbürger.

Vergleichbares kann gegenüber Flüchtlingen kaum festgestellt werden; stattdessen sind sie die bevorzugte Zielgruppe ausländerfeindlicher Attacken und werden häufig als „Scheinasylanten“ diffamiert. Solchen weitgehend anonym bleibenden Ausländern, die in den Medien häufig auch noch zu bedrohlichen Massen stilisiert werden, bringen einige Befragte aber auch Verständnis entgegen. Dies gilt einerseits für die objektive Situation in den Ländern, aus denen sie flüchten. Die Rede ist dann von gesellschaftlichen Umwälzungen, von großer wirtschaftlicher Not und lebensbedrohlichen klimatischen Bedingungen. Zum Teil werden diese Bedingungen auch mit historischen Entwicklungen (z.B. Kolonialismus) und globalen Zusammenhängen (z.B. Ausbeutung der 3. Welt durch die Industriestaaten) erklärt. Auf der anderen Seite wird in diesen eher nicht ethnozentrischen Argumentationen auch Verständnis für die subjektiven Fluchtmotive und die Erlebnisqualitäten der Betroffenen deutlich. Wenn sich Befragte auf die Perspektive der Flüchtlinge einlassen und persönliche Betroffenheit über deren Schicksal zeigen, kann sich das auch auf ihre Vorstellungen dazu auswirken, wie Asylbewerber in Deutschland behandelt werden sollen. Eindeutige Vorstellungen zu diesem Punkt äußert Jan, als er gefragt wird, was er davon hielte, wenn Asylbewerber in Sammellagern untergebracht würden.

> Jan: Finde ich auch nicht so gut, weil das irgendwie- also ich würd mir da irgendwie wie im Zoo oder im Knast vorkommen. Da irgendwie zusammengestaucht mit vielen Leuten auf einmal und was weiß ich, zwei Quadratmeter pro Person oder was weiß ich, was die da haben. Es ist irgendwie auch nicht lebenswert. Dann sollten sie dabei mal bedenken, daß es auch Menschen sind und daß die auch irgendwie 'n Leben führen sollten. (Frage: Kennst Du selber so Asylbewerber?) Ja natürlich, dann aber auch halt Jugendliche, die- also ich kenne 'ne Menge, die also von der Schule her noch damals, die dann auch gerade ganz frisch rüberkamen und dann ja, haben wir mit denen mehr oder weniger langsam haben wa denen dann auch Sprechen beigebracht, also Deutschsprechen.

Jan wendet sich auf überzeugende Weise gegen die Vorstellung, daß Asylbewerber in Lagern untergebracht werden sollten. Seine Äußerungen zeigen, daß er sich in die Situation von Menschen hineinversetzt, die unter entsprechenden Bedingungen aufgenommen werden. Er betont in diesem Zusammenhang, daß Flüchtlinge auch Menschen sind, denen ein lebenswertes Dasein ermöglicht werden sollte. Im zweiten Teil seiner Äußerung wird außerdem deutlich, daß er nicht nur theoretisches Verständnis für die Lage der Flüchtlinge hat, sondern gegebenenfalls auch zur Hilfe und zu solidarischem Handeln bereit ist. Seine Äußerungen sind dabei von emotionaler Nähe und von einer gewissen Selbstverständlichkeit geprägt. Auch in anderen Interviews kommt die Sorge um Flüchtlinge zum Ausdruck. So wird z.B. für verstärkten Wohnungsbau, aber auch für die finanzielle Unterstützung von Flüchtlingen plädiert, um ihnen einen angemessenen Lebensstandard zu ermöglichen. Gemeinsam ist diesen Positionen, daß sie die Probleme von Asylbewerbern nicht ausblenden oder wegschieben, sondern daß die Perspektive der Betroffenen auf empathische Weise übernommen und nach Lösungen gesucht wird, die das Wohlbefinden aller Beteiligten berücksichtigen.

Es sind Argumente auf ganz verschiedenen Ebenen, die hier schließlich als Elemente einer ausländerfreundlichen Einstellung zusammengefaßt werden können. Teilweise werden in den Interviews eine persönliche Haltung oder politisches Engagement deutlich, die gegen die Diskriminierung anderer Menschen sprechen. In anderen Äußerungen dokumentiert sich die Bereitschaft, die Perspektiven anderer zumindest teilweise zu übernehmen und rationale Erklärungen für die Ursachen von Migrationsbewegungen und die dadurch verursachten Schwierigkeiten zu entwickeln. Schließlich kommen hinsichtlich Zuwanderern auch Vorstellungen von Solidarität und Gleichberechtigung zum Ausdruck. Zum einen zeigt sich dies in Forderungen nach effektiverer Hilfe für Flüchtlinge, zum anderen in solchen nach einer stärkeren Beteiligung von Migranten am sozialen Leben der Bundesrepublik, z.B. durch die Gewährung des Wahlrechts.

5.2.2 Negative Erfahrungen mit Ausländern

Pluralistische Orientierungen zeichnen sich nicht nur durch ein überwiegend positives Verhältnis zu den in Deutschland lebenden Ausländern aus, sondern auch durch die Art und Weise, in der im Zusammenhang mit negativen Erfahrungen argumentiert wird. Auf verschiedenen Ebenen sind hier Unterschiede zu ethnozentrischen Äußerungen festzustellen. Auffällig ist zunächst eine gewisse Nüchternheit, wenn Probleme thematisiert werden.

> Armin: Das klappt eigentlich ganz gut. Das haut eigentlich ganz gut hin. Manchmal gibt's kleine Mißverständnisse, aber ich kann auch kein Türkisch und Spanisch und alles. Hm, außer 'n paar Schimpfwörter (lacht). Kann ich den doch nicht übelnehmen, daß die dann auch nicht so gut Deutsch können -- Man versucht denn schon zu helfen. Und bei den Jüngeren geht's sowieso. Die können ja besser Deutsch als Türkisch oder, was haben wir denn noch? 'N jung-, na, 'n jungen Italiener. Der kann besser Deutsch als Italienisch sprechen. Und das sind nur eben die Älteren, da hat man denn schon mal Probleme mit. Die hängen auch noch 'n bißchen, hm, an ihren Erinnerungen von früher und was se, wo se herkommen und da, aber großartige Probleme gibt's da nicht.

In Verbindung mit Problemen und Mißverständnissen, die er mit ausländischen Kollegen erlebt, bringt Armin in dieser Passage eine in verschiedener Hinsicht verständnisvolle Sichtweise zum Ausdruck. Schwierigkeiten mit der deutschen Sprache kann er vor dem Hintergrund seiner begrenzten Fremdsprachenkenntnisse verstehen, so daß er Ausländern deswegen keine Vorwürfe machen möchte. Desweiteren differenziert er zwischen den Sprachschwierigkeiten jüngerer und älterer Migranten. Bei den jüngeren vermutet er, daß sie deutsch besser als die Sprache ihres Herkunftslandes sprechen. Es kann vermutet werden, daß er damit auf die mit andauernder Abwesenheit verbundene Fremdheit im Herkunftsland anspielt, so wie andere Befragte dies explizit formulieren. Die nach Armins Ansicht größeren Verständigungschwierigkeiten mit älteren Migranten verbindet er mit deren Erinnerungen an die Heimat - eventuell auch mit dem Heimweh ausländischer Arbeiter. Indem er versucht, die Perspektive seiner Kollegen einzunehmen, werden die Verständigungsschwierigkeiten für ihn nicht nur zu einer gemeinsamen Angelegenheit, bei der „man zu helfen versucht", sondern sie werden erst gar nicht zu gravierenden Problemen hochstilisiert.

Neben solch einer eher nüchternen Betrachtung der Schwierigkeiten, zu denen es bei Kontakten mit Ausländern kommen kann, sind in Zusammenhang mit negativen Erfahrungen oder Bewertungen verschiedentlich Tendenzen zur Relativierung zu beobachten. In den Gedanken, die zum Mißbrauch sozialer Leistungen durch Asylbewerber geäußert werden, wird beispielsweise darauf hingewiesen, daß es auch Deutsche gibt, die sich betrügerisch auf Kosten der Allgemeinheit zu bereichern versuchen. In diesem Kontext findet aber auch die besondere Situation von Asylbewerbern Berücksichtigung.

> Oskar: Aber ich meine, die kriegen ja nicht gleich ehm ---- en ja hier ehm Arbeitserlaubnis also die haben glaub ich ein Jahr Sperre oder irgendwie sowas. Ich meine, das kann ich natürlich verstehen, daß man da auf dumme Gedanken kommt und so, die kriegen ja auch nicht grade viel da irgendwie im Monat.

In diesen Reflexionen, in denen die Lebensbedingungen der Flüchtlinge für die gelegentlich unternommenen Versuche, an mehr Geld zu kommen, verantwortlich gemacht werden, dokumentiert sich offene Empathie gegenüber anderen Menschen. Durch seine Formulierung, derzufolge er verstehen kann, daß „man" unter diesen Bedingungen „auf dumme Gedanken" kommt, grenzt er sich nicht von den Flüchtlingen ab, sondern deutet an, daß er unter vergleichbaren Bedingungen ähnlich reagieren könnte. Oskars Äußerungen zufolge sind es also weniger die Menschen als die Bedingungen, die unterschiedlich sind. Andere Befragte machen in diesem Zusammenhang darauf aufmerksam, daß es überall „schwarze Schafe" gebe. Auf vergleichbaren Überlegungen basieren auch Freds Ausführungen zu solchen Ausländern, die er nicht mag.

> Fred: Es gibt Ausnahmen, genau wie es für'n Deutschen oder sonstwo, es gibt immer Ausnahmen, die ich nicht mag. Ich mag beispielsweise die Türken nicht (...) die jetzt mit ihren offenen Hemden bis zum Bauchnabel Goldkettchen, behangen mit Stiefeln und 'ner großen Sonnenbrille.

Fred berichtet in dieser Passage von seinen Aversionen gegen bestimmte Türken, mit denen er keinen Umgang pflegen möchte. Anstatt hier von „den" oder „vielen" Türken zu sprechen, beschränkt er sich auf bestimmte Typen, die für ihn jedoch nicht die Regel sind. Indem er die von ihm nicht geschätzten Türken zu „Ausnahmen" - und damit zu einer Minderheit - erklärt, denen er implizit eine Mehrheit gegenüberstellt, die er von seiner Bewertung ausnimmt, generalisiert er seine Bewertung überwiegend nicht. Diese Tendenzen zur Relativierung verstärkt er durch den Verweis darauf, daß es solche Ausnahmen, die er nicht mag, überall und eben auch bei den Deutschen gibt. Als Ausnahme bezeichnet auch Christian einen Vorfall aus der Grundschulzeit, bei dem er Haß auf ein ausländisches Kind empfunden hat. Er beteuert, ansonsten eher gute Erfahrungen mit Ausländern gemacht zu haben und muß durch gezielte Fragen regelrecht ermutigt werden, etwas über diese negative Ausnahmeerfahrung zu berichten.

> Christian: Ja ich - ich glaube, ich kam von der Schule, da kam der auf mich an und hat weiß nicht, hat irgendwas gesagt und ich bin einfach weitergegangen, da hat er mich so rumgezogen und mir praktisch eine auf die Nase gegeben und die Nase lief denn gleich, ne, und ich stand denn erstmal da. (lacht) (Frage: Ham sie sich da gewehrt?) Ja, natürlich hab ich mich versucht dem von dem loszukommen oder so und denn ja nach en paar Minuten hat er sich nicht so drum gegeben, dann bin ich da einfach weggelaufen und der is dann weggegangen und ich bin Heim gelaufen. (lacht) (Frage: Und den haben sie gehaßt?) Ja, gehaßt? -- Also nachdem hab ich ihn nicht mehr gesehen, aber ich würde sagen, den hab ich mit Sicherheit gehaßt, weil ich wo gibts en sowas, daß da einer herkommt und dir eine auf die Nase gibt, ne aus heiterem Himmel denn halt.

Der von Christian beschriebene Haß bleibt auf die damalige Situation sowie den einzelnen, der ihn angegriffen hat, beschränkt, wie aus der zitierten Passage und aus ergänzenden Äußerungen, die er im Anschluß macht, deutlich wird. Dieses von ihm beschriebene Gefühl steht in unmittelbarem Zusammenhang mit den Schmerzen und der Demütigung, die es für ihn bedeutet, von dem anderen Kind geschlagen und einige Zeit festgehalten worden zu sein. Außerdem fühlte er sich als Opfer eines ungerechtfertigten und willkürlichen Angriffs. Christian bezieht sich hier glaubwürdig auf seine persönlichen Erfahrungen, macht keinerlei „ausländerspezifische" Gründe für sein Erlebnis verantwortlich und generalisiert diese Erfahrung auch nicht unzulässig.

Auch in anderen Fällen wird deutlich, daß der souveräne Umgang mit eigenen Erfahrungen zur Grundlage einer autonomen Bewertung schwieriger Erfahrungen werden kann. Nils beschreibt, daß er sich durch einen türkischen Kollegen zunächst „genervt" fühlte. In verschiedenen Situationen sei ihm aufgefallen, daß die von ihm als unangenehm erlebten Verhaltensweisen des Kollegen nur dann virulent wurden, wenn die gesamte Ausbildungsgruppe zusammen war. Demgegenüber hat er den Kollegen in anderen Situationen als angenehmen und interessanten Gesprächspartner kennengelernt. In seinem Bericht wird die Bereitschaft deutlich, den ersten ungünstigen Eindruck in Frage zu stellen und anhand weiterer Erfahrungen zu überprüfen. Nils revidiert dabei eine zunächst personenzentrierte Erklärung, die dem Kollegen die alleinige Verantwortung für das unangenehme Verhalten zuschreibt und erkennt die Bedeutung unterschiedlicher situativer Bedingungen.

Die in diesem Abschnitt dargestellten Berichte machen deutlich, daß pluralistische Positionen sich nicht durch unreflektierte Ausländerfreundlichkeit, besonders glückliche Erfahrungen oder eine konfliktvermeidende Blauäugigkeit auszeichnen, wie dies zum Teil behauptet wird. Die mit Ausländern erlebten Konflikte oder Belastungen werden jedoch nicht phantasievoll ausgeschmückt oder verallgemeinert, sondern auf verschiedene Weise relativiert und bleiben so mit den konkreten persönlichen Erfahrungen der einzelnen verbunden.

5.2.3 Zum Umgang mit anderen Außenseitern

Befragte, die sich eher freundlich, tolerant und solidarisch äußern, wenn es um Ausländer und die mit ihnen erlebten Schwierigkeiten geht, zeigen auch in anderen Fragen eine entsprechende Haltung. Eine Möglichkeit für vergleichbare Tendenzen kann im Zusammenhang mit Erzählungen von Schwächeren oder Benachteiligten beobachtet werden. In folgender Passage konkretisiert Oskar seine generelle Abneigung gegen die Diskriminierung von Außenseitern.

> Oskar: Weil ich seh das ja auch bei uns jetzt so bei der Arbeit und so, da würden echt da is immer einer dabei, der immer irgendwie so geärgert wird (...) er is eben vielleicht noch en bißchen kindisch und so, ja dann komm ich: „Eih was is en los?“ ne und dann reden wir zusammen, dann freut er sich auch. (...) Naja vor kurzem war wieder so'n Fall, da waren wir grade am saubermachen und so und da brauchte man nur noch jetze den Dreck da vom Boden da säubern, ne. Da ham se so: „Hei, komm mal her (...), los mach doch sauber da jetzt endlich“. Versuchen se irgendwie so rumzulabern, ich weiß das gar nicht so genau. Da hab ich mir auch eigentlich en Kehrblech geschnappt und hab ich das aufgefegt. Und da ham se gekuckt, wupp? Und auf einmal waren se auch dabei, ham noch den Mülleimer weggebracht und alles. (lacht) Also ich rede auch mit dem so.

Oskars Schilderung zufolge beteiligt er sich nicht an den diskriminierenden Maßnahmen seiner Ausbildungsgruppe gegenüber einem Kollegen, der als Außenseiter gilt. Er tut dies nicht, obwohl auch er den Betreffenden als ein „biß chen kindisch“ bezeichnet und legt damit nahe, daß er grundsätzlich etwas gegen derartige Ausgrenzungen hat. Er macht diese Haltung zum einen dadurch plausibel, daß er gemeinsame Gespräche schildert, die für den Kollegen offenbar wichtig und erfreulich sind. An einem konkreten Vorfall, bei dem andere versuchen, die Schwäche oder Unsicherheit des Außenseiters auszunutzen, wird außerdem deutlich, daß er gegebenenfalls auch bereit ist, solchen Diskriminierungen aktiv entgegenzutreten.

Der oben beschriebene Fall, in dem es um den Umgang mit einem Außenseiter im Betrieb geht, könnte theoretisch auch als Beispiel für die Solidarität innerhalb einer Eigengruppe herangezogen werden. Eindeutiger ist eine entsprechende Grundhaltung dann, wenn einzelne Personen und ganze Gruppen, die als politische Gegner angesehen werden oder mit denen schlechte Erfahrungen gemacht wurden, nicht ausgegrenzt werden. Interessant ist in diesem Zusammenhang, wie Christian, der sich an anderer Stelle überaus deutlich für die

Gleichberechtigung von Ausländern ausspricht, über die Forderung „Nazis raus“ denkt.

> Christian: (stöhnt) Tja Nazis raus. -- Ich meine o.k. die Hinsicht her, wenn man keine Ausländer rausschmeißen soll, dann sollte man natürlich die auch drinne behalten, denn vielleicht gehören die auch mit dazu, ne und vielleicht prägt uns das alles eben, daß wir praktisch dagegen sind, daß so energisch gegen Ausländer gekämpft wird, ne.

In dieser Passage werden diejenigen, von denen Christian sich inhaltlich in eindeutiger Weise abgrenzt, in reflektierter Weise als Teil des Ganzen und damit auch als Teil des Eigenen beschrieben. Um so auffälliger ist diese Position, wenn man sich vor Augen hält, daß Ethnozentriker sich selbst von Personen oder Organisationen deutlich abgrenzen, die sich - wenn überhaupt - nur minimal von den eigenen Positionen unterscheiden. Demgegenüber begreifen Befragte mit eher pluralistischer Einstellung ähnlich wie Christian auch erklärte Gegner - z.B. Neonazis - als „zu uns gehörig“ oder überlegen, ob es günstig wäre, rechtsradikale Jugendliche auf eine Reise in die Türkei zu schicken. Auch von einem anderen Befragten, der sich im Sinne einer pluralistischen Orientierung äußert, werden Jugendliche mit rechtsextremer Orientierung nicht als „Unverbesserliche“ abgekanzelt, sondern es wird darauf verwiesen, daß sie sich entwickeln und ändern können.

5.3 Pluralistische und ethnozentrische Orientierungen

Angesichts der in den letzten Abschnitten thematisierten Schilderungen wird deutlich, daß es sich bei pluralistischen Orientierungen nicht einfach um die einseitige Parteinahme zugunsten von Ausländern handelt, also gewissermaßen um Ethnozentrismus mit umgekehrten Vorzeichen, sondern um eine Haltung, die sich auch in anderer Hinsicht vom Ethnozentrismus unterscheidet. Dies zeigt sich unter anderem durch die Art und Weise, in der pluralistische Orientierungen präsentiert werden. Diesbezüglich sind Ähnlichkeiten zu den Orientierungsweisen auffällig, die für bestimmte Persönlichkeitstypen formuliert worden sind; sei es der „Vorurteilslose“ (Adorno u.a. 1969), die „tolerante Persönlichkeit“ (Allport 1954) oder derjenige, der sich durch eine Grundhaltung auszeichnet, die Rokeach als „open mind“ bezeichnet und beschrieben hat (vgl. Rokeach 1960, S. 55 ff). Die in bezug auf Ethnozentrismus relevanten Besonderheiten können hier allerdings noch spezifischer formuliert werden. An der Stelle entschiedener Absolutheit, mit der Ethnozentriker ihre Umwelt ständig in „uns“ und „die anderen“ teilen, stehen hier weichere Differenzierungen und die Neigung zur Relativierung. Statt schnellen und konsequenten Entscheidungen, z.B. Flüchtlinge ohne Prüfung abzuschieben, werden eher zögerliche und reflektierende Lösungen angestrebt. Dies zeigt sich nicht zuletzt auch im häufigen

Übersicht 7: Kennzeichen pluralistischer und ethnozentrischer Orientierungen

Pluralistische Orientierung	Ethnozentrische Orientierung
- *Offenheit*: Es kann ein relativ weiter Blickwinkel festgestellt werden, so daß die Interessen, Bedingungen und Schwierigkeiten von Menschen, die sich in ganz unterschiedlichen Situationen befinden, erfaßt werden. Außerdem beschreiben die Befragten sich und andere Menschen als entwicklungsfähig. Offenheit kann sich in den Interviews aber auch auf kommunikativer Ebene zeigen, z.B. dadurch, daß man eigene Standpunkte reflektiert oder relativiert.	- *Begrenztheit*: Ein enger Gesichtskreis bzw. eindimensionale Beurteilungen bestimmen die Argumentation auch dann, wenn es um sehr verschiedene Menschen und Situation oder um unvergleichbare Bedingungen geht. Entsprechende Äußerungen zeichnen sich durch Entschiedenheit und Eindeutigkeit aus und erwecken zum Teil außerdem den Eindruck von Widersprüchlichkeit.
- *Universalismus*: Die Lebenswirklichkeiten von Menschen in unterschiedlichen Situationen werden anhand übergeordneter Kriterien - wie z.B. Gleichheit, Gerechtigkeit, Verantwortlichkeit - zueinander in Beziehung gesetzt.	- *Partikularismus*: Verschiedene Standpunkte und Lebenswirklichkeiten stehen unverbunden nebeneinander oder werden unter sehr speziellen Gesichtspunkten - z.B. Kosten-Nutzen-Erwägungen - in eine wertende Ordnung gestellt.
- *Rationalität*: Die historischen und sozialen Grundlagen der unterschiedlichen Lebensbedingungen in Industrieländern und in fernen Ländern sowie deren Zusammenhänge werden berücksichtigt - Ausbeutung der Dritten Welt, Kolonialvergangenheit. Auch finden sich Gedanken zu den Ursachen delinquenten Verhaltens - Ausländerkriminalität, Ausländerfeindlichkeit - und Erklärungsansätze zu deren psychischen Grundlagen, z.B. Sündenbocktheorie.	- *Irrationalität*: Die geäußerten Argumente stützen sich auf Phantasien und Behauptungen, durch die Aggressionen gegen Fremde geschürt oder legitimiert werden. Auf diese Weise wird ein irrationaler Zirkel etabliert, der sich seine eigene Grundlage schafft und dem argumentativ nicht begegnet werden kann.
- *Empathie*: Die Lebenssituation von Flüchtlingen, Arbeitsmigranten oder anderen Außenseiter wird mit Empathie und Anteilnahme beschrieben. Ihr Schicksal erscheint nachvollziehbar, so daß die Befragten, die sich entsprechend äußern, emotional beteiligt sind. Vor diesem Hintergrund wird dann Hilfe und Unterstützung bzw. eine gründliche und an humanen Prinzipien orientierter Umgang z.B. mit Flüchtlingen gefordert.	- *Teilnahmslosigkeit*: Auf emotionaler Ebene scheinen fremde Schicksale nichts mit dem eigenen Leben zu tun zu haben, so daß kein Mitleid artikuliert wird. Für die Beurteilung anderer Menschen gelten hier offenbar andere Kriterien, als für einen selbst.
- *Integration*: Verschiedenheit wird hier grundsätzlich akzeptiert und auch Menschen, die gegenteilige Vorstellungen haben oder mit denen schlechte Erfahrungen gemacht worden sind, werden als zugehörig beschrieben.	- *Segregation*: Das Prinzip der wertenden Differenzierung wird bis zur systematischen Ausgrenzung anderer Menschen durchgesetzt. Es betrifft nicht nur Angehörige von Fremdgruppen, die anhand verbreiteter Kriterien - z.B. Nationalität - einmal definiert sind, sondern auch Angehörige der Eigengruppe.

Gebrauch des Wortes „aber", durch das ein innerer Dialog angedeutet wird; sobald ein Argument geäußert wird, gilt es Gegenevidenzen zu erwägen und zu prüfen. Es kann auch vorkommen, daß Befragte inmitten ihrer Ausführungen innehalten, feststellen, daß sie sich über eine bestimmte Wahrnehmung oder ein Problem noch keine Gedanken gemacht haben und mit ihren Inkonsistenzen auf diese Weise offen reflektierend umgehen. Indem verschiedene Aspekte eines Problems berücksichtigt und zumindest ansatzweise integriert werden, kommt es nicht zu solch harschen Sprüngen und Widersprüchen, wie in ethnozentrischen Argumentationen, bei denen es an einer Vermittlung zwischen diesen einzelnen Aspekten mangelt. Die im Rahmen der vorliegenden Arbeit vorgenommene Auswertung ermöglicht es, die Qualitäten pluralistischer Orientierungen in einigen Punkten zusammenzufassen, die in Übersicht 7 dargestellt sind - im Gegenzug können dann auch die Kriterien ethnozentrischer Orientierungen deutlicher benannt werden.

Als pluralistisch orientiert gelten hier die Befragten, bei denen verschiedene der in diesem Kapitel beschriebenen Elemente in deutlicher Ausprägung vorliegen. Für diese Einschätzung ist mit entscheidend, ob die entsprechenden Äußerungen hinreichend konsistent wirken. In diesem Sinne wird z.B. das Bekenntnis, „nichts gegen Ausländer" zu haben, nur dann als Indiz einer pluralistischen Orientierung gewertet, wenn es mit entsprechenden konkreten Schilderungen in Zusammenhang steht. Bezieht man die Ergebnisse dieser Pluralismus-Auswertung auf die unterschiedlich ausgeprägten Muster ethnozentrischer Orientierungen, ergeben sich folgende Kombinationen (vgl. hierzu auch die schematische Darstellung in Abschnitt 2.2.1 dieser Arbeit).

Betrachtet man die Kombinationen, die im vorliegenden Material tatsächlich vorkommen, können hier vier Orientierungsmuster unterschieden werden.

E - Ethnozentrisch: Diese Orientierungsweise entspricht der Definition ethnozentrischer Perspektiven und zeichnet sich dementsprechend durch die Konstruktion von Eigen- und Fremdgruppen aus. Während die Wir-Gruppe glorifiziert wird, werden „die Anderen" diffamiert und entwertet. Merkmale von Pluralismus finden sich bei keinem Befragten, der diesem Orientierungsmuster zuzurechnen ist.

T - Teilweise ethnozentrisch: Im Unterschied zur ethnozentrischen Orientierung fehlen hier explizite Glorifzierungen der Eigengruppe. Deutlich ausgeprägt sind allerdings Tendenzen zur Entwertung von Fremdgruppen. Merkmale von Pluralismus finden sich auch bei keinem dieser Befragten.

W - Widersprüchlich: Als widersprüchlich wird hier eine Orientierungsweise be--zeichnet, in der neben einem teilweise ethnozentrischen Argumentationsmuster auch pluralistische Argumente festzustellen sind.

P - Pluralistisch: Diesem Muster sind diejenigen zuzurechnen, deren Argumentationen keine Indizien einer ethnozentrischen Orientierung, sondern nur solche pluralistischer Orientierungen aufweisen.

Tabelle 4: Pluralistische und ethnozentrische Orientierungen

Ethnozentrismus / Pluralismus	ethnozentrisch	teilweise ethnozentrisch	nicht ethnozentrisch	Insgesamt
nicht pluralistisch	11 (*E*)	4 (*T*)	-	15
pluralistisch	-	4 (*W*)	6 (*P*)	10
Insgesamt	11	8	6	25

In Ergänzung zu den Orientierungsmustern, die im 3. Kapitel herausgearbeitet werden konnten, trägt die Bestimmung pluralistischer Orientierungen zu einer inhaltlichen Klärung und zu einer weiteren Differenzierung bei. Einerseits zeigt sich, daß Ethnozentrismus und Pluralismus sich als verschiedene Orientierungsmuster gegenüberstehen, jedenfalls in den Fällen, in denen sie deutlich ausgeprägt sind. Andererseits zeigen sich in der Gruppe der acht Befragten, die gemäß Kapitel 3 als teilweise ethnozentrisch anzusehen sind, zwei Varianten: In vier Fällen sind auch hier pluralistische Anteile festzustellen, in vier anderen nicht. Ob im Falle des „widersprüchlichen" Orientierungsmusters von (noch) nicht verfestigten Ansichten ausgegangen werden kann oder ob wir es hier eher mit einer dauerhaften Kombination einander widersprechender Elemente zu tun haben, müßte in weiteren Untersuchungen geklärt werden.

Abschließend kann hier festgehalten werden, daß auf der Ebene individueller Orientierungsweisen Alternativen zu ethnozentrischen Orientierungsmustern existieren. Interessant ist diese Erkenntnis vor allem dann, wenn man nicht die Prämisse diskursanalytischer Untersuchen teil, derzufolge Befragte im Interview sich vor allem darum bemühen, einen positiven Eindruck im Sinne soziale Erwünschtheit zu hinterlassen (van Dijk 1988, S. 145) bzw. ihren Rassismus zu kaschieren (Jäger 1992, S. 243). Unter dieser Voraussetzung sprechen die erheblichen individuellen Differenzen, die im Zusammenhang mit den dargestellten Argumentationen festzustellen sind, gegen solche Positionen, die im Ethnozentrismus einen unvermeidbaren Bestandteil unseres sozialen Lebens sehen.

6. Konformität oder Eigennutz? - Ethnozentrismus, Moral und Instrumentalismus

Nachdem in den letzten Kapiteln verschiedene inhaltliche Schwerpunkte ethnozentrischer Orientierungen sowie einige Charakteristika der mit diesen verbundenen Argumentationsweisen herausgearbeitet wurden, geht es in diesem Abschnitt um ihre „soziale Qualität“. Auf theoretischer Ebene betont man verschiedentlich, Ethnozentrismus werde durch soziale Normen gefordert (z.B. Elias und Scotson 1993) bzw. habe seine Ursachen in der „Mitte der Gesellschaft“, auch wenn er sich vor allem an deren Rändern zeige. Diese Diagnosen weisen darauf hin, daß (nationaler) Egoismus sozial vermittelt werden kann. Wenn man an den spezielleren Bedingungen und Hintergründen individueller Orientierungsweisen interessiert ist, reicht dieser allgemeine Hinweis auf soziale Normen nicht aus. Aus diesem Grunde soll hier der Frage nachgegangen werden, welche Motive beim einzelnen im Zusammenhang mit ethnozentrischen Orientierungen relevant sind.

Ich orientiere mich dabei an einer einfachen Unterscheidung, die Ernst Tugendhat in zwei hypothetischen Antworten auf die Frage „Was soll ich tun?“ gekennzeichnet hat: Entweder mit Bezug auf das eigene Wohl - „was das für dich Beste ist“ - oder in Hinblick auf die Begründbarkeit gegenüber jedermann - „was *das* Beste bzw. das für alle Beste ist“ (Tugendhat 1984, S. 5). Sofern dies möglich ist, soll hier geklärt werden, welche dieser Positionen ethnozentrischen Orientierungen zugrundeliegen. Pointierter gefragt: Werden Ausländer von Ethnozentrikern aufgrund fehlenden sozialen Bewußtseins oder auf der Basis subjektiv konformen Eintretens für gesellschaftliche Norm- und Wertvorstellungen diffamiert?

Bei der Einschätzung ethnozentrischer Einstellungen werden Uneinigkeit und Widersprüche deutlich, sobald es um die Frage geht, ob diese auf egoistischen Motiven oder auf Konformität zu sozialen Wertvorstellungen basieren. Einerseits werden ethnozentrische Orientierungen als kompensatorische Reaktionen solcher Menschen gedeutet, die zu sozial benachteiligten Gruppen oder zu den Verlierern gesellschaftlicher Modernisierungsprozesse gehören. Dabei wird teilweise ein Bild fehlender normativer Bindung gezeichnet, oft im Kontrast zu einer Vergangenheit, die durch verbindlichere Sozialbeziehungen gekennzeichnet gewesen sei (Heitmeyer u.a. 1992; Melzer 1992). Derart veränderte bzw. gelockerte Sozialbeziehungen könnten unter ungünstigen Bedingungen dann zu individuellen Fehlentwicklungen führen, die sich beispielsweise in Form ethnozentrischer Orientierungen manifestieren.

Auf der anderen Seite werden ethnozentrische Äußerungen und fremdenfeindliche Aktionen aber auch als Ausdruck idealistischer bzw. uneigennütziger Motive gedeutet. So betont man beispielsweise, rechtsradikale Randalierer sähen sich als Sachwalter der Interessen einer schweigenden Bevölkerungsmehrheit (Bergmann und Leggewie 1993; Hafeneger 1993; Nunner-Winkler 1995). Subjektiv könnten sich die Akteure als Avantgarde fühlen, da sie prosoziale Vorstellungen umsetzten. Aus dieser Perspektive erscheint Ethnozentrismus als normativ geprägte Einstellung, die sich an sozialen Wertvorstellungen - z.B. der Solidarität oder Loyalität - orientiert.

6.1 Die verschiedenen Positionen in der Forschungsliteratur

Bevor das vorliegende Datenmaterial unter der hier verfolgten Fragestellung betrachtet wird, soll in diesem Absatz zunächst ein Überblick zu den verschiedenen Positionen in der Forschungsliteratur gegeben werden. Dabei geht es zunächst um die These, ethnozentrische Orientierungen seien als Ausdruck einer wertrationalen Grundhaltung anzusehen (6.1.1). Anschließend werden die Positionen erläutert, die diesbezüglich eher die zweckrationalen Elemente in den Vordergrund stellen (6.1.2).

6.1.1 Ethnozentrismus als moralische Verpflichtung

Ethnozentrische Orientierungen werden verschiedentlich als Ausdruck einer positiven Identifikation mit der nationalen Eigengruppe gedeutet (z.B. bei Fend 1994, S. 150). Besonders deutlich werden entsprechende Vorstellungen in den Arbeiten Gertrud Nunner-Winklers (vgl. Nunner-Winkler 1993; Nunner-Winkler 1995), die den Versuch unternimmt, ethnozentrische Haltungen zu teilen. Sie vertritt die These „Eigengruppenpräferenz und Fremdgruppendiskriminierung" seien die „Ausprägungen zweier voneinander unabhängiger Dimensionen" (Nunner-Winkler 1995, S. 88). Die besondere Wertschätzung für Angehörige der eigenen Gruppe erscheint dabei als harmlose Vorliebe für das Bekannte - was sie isoliert betrachtet ja auch ist.

Besonders deutlich möchte sich Nunner-Winkler von solchen Ansätzen abgrenzen, die die Neigung zum Ethnozentrismus mit kulturellen oder individuellen Fehlentwicklungen in Zusammenhang bringen (Nunner-Winkler 1995, S. 74). Sie unterstreicht demgegenüber die Bedeutung sogenannter „nicht-pathologisierender" Erklärungen. Sie bezieht sich auf die Experimente Henri Tajfels, in denen die Bevorzugung der Angehörigen einer Eigengruppe eindrucksvoll demonstriert wurde (vgl. Tajfel 1969; Tajfel u.a. 1971). Sie teilt allerdings nicht Tajfels Deutung der Eigengruppenloyalität, der dieses Verhalten als Versuch wertete, das eigene Selbst durch die Diskriminierung von Fremdgruppenangehörigen indirekt aufzuwerten. Stattdessen betont sie den sozialen Charakter ethnozentrische Einstellungen, bei denen es in erster Linie um die Loyalität mit der

Eigengruppe gehe (Nunner-Winkler 1995, S. 81). Die Ursachen ethnozentrischer Orientierungen sieht Nunner-Winkler damit sowohl in unvermeidlich kategorisierenden Denkprozessen (vgl. hierzu Abschnitt 1.2.4 dieser Arbeit) als auch in einer universellen Norm zur Gruppensolidarität. Diese Norm bezeichnet sie als formal, also unabhängig von der jeweiligen inhaltlichen Ausrichtung. Die Motivation, sich solidarisch zur Eigengruppe zu verhalten, sei intrinsisch, d.h. diese Norm werde nicht um des eigenen Vorteils willen, sondern wegen ihres verpflichtenden Charakters befolgt (Nunner-Winkler 1993, S. 796 ff).

Hinsichtlich der Diskriminierung Fremder unterscheidet Nunner-Winkler zwischen zweckrationalen Interessen (z.B. bei öffentlich inszenierten Dabatten), expressiven Hintergründen (z.B. bei Provokationen Jugendlicher) und wertrational motivierten Handlungen. Solche Akte der Ausländerfeindlichkeit, bei denen eine wertrationale Motivation vermutet wird, erscheinen vor diesem Hintergrund als mißverständlicher Ausdruck einer moralischen Haltung, der es eigentlich nur um das Wohl der Eigengruppe gehe (Nunner-Winkler 1995, S. 87 f).

Ganz ähnlich argumentiert Helmut Willems, wenn er Ausländerfeindlichkeit als Ausdruck der für unsere Gesellschaft typischen ethnischen Solidarität deutet, die abhängig von den jeweiligen Mehrheitsverhältnissen allerdings unterschiedlich bewertet würde.

> Bei Majoritäten sprechen wir dann von Ausländerfeindlichkeit oder Rassismus. Bei Minoritäten akzeptieren wir diese Solidaritätslinien, weil wir ihnen kulturelle Selbstbehauptung zubilligen. (Willems 1993, S. 265)

Aus verschiedenen Gründen halte ich diese Argumentation für problematisch. Einerseits geht Solidarität zwischen Menschen, die sich in ähnlichen Lebenslagen befinden (Eigengruppe), nicht notwendigerweise mit Feindseligkeit gegen die Angehörigen anderer Gruppen einher. Außerdem muß berücksichtigt werden, daß die Orientierungen und Handlungen einer sozial und kulturell dominanten Bevölkerungsmehrheit für eine Minderheitengruppe von ganz anderer Bedeutung sind, als dies umgekehrt der Fall ist. Erst recht gilt dies unter angespannten Bedingungen, dann z.B., wenn die Solidarität der Minderheit notwendig ist, um Feindseligkeiten der Majorität subjektiv oder objektiv begegnen zu können. Den Zusammenhalt in ethnischen Minderheitengruppen mit den Feindseligkeiten von Angehörige der Mehrheit gegen Minoritäten gleichzusetzen und in beiden Fällen von „Solidaritätslinien" zu sprechen, erscheint mir nicht nur unzulässig, sondern darüber hinaus als Bagatellisierung von Fremdenfeindlichkeit. Dafür, daß Helmut Willems Ethnozentrismus auf theoretischer Ebene bagatellisiert, spricht ferner seine Einschätzung materialistischer Ausgrenzungsargumente gegenüber Ausländern: Der Unwillen zum Teilen sei schließlich eine verbreitete, quasi typisch menschliche Eigenart (Willems 1993, S. 265).

6.1.2 Ethnozentrismus als Ausdruck einer instrumentellen Haltung

Im Zusammenhang mit der Erklärung ethnozentrischer Orientierungen wird häufiger auf instrumentelle Denk- und Handlungsweisen verwiesen. Unter dem Begriff „Wohlstandschauvinismus" ist damit zunächst das vorrangige Interesse am nationalen oder individuellen Nutzen gemeint, das den Grundprinzipien der kapitalistischen Marktwirtschaft entspreche. „Die allgemeine Instrumentalisierung der Menschen unter Verwertungsgesichtspunkten" werde zur Grundlage rechter Orientierungen, „wenn sie sich auch im privaten und politischen Bereich immer weiter durchsetze" (Held u.a. 1991, S. 490 f). Für Einwanderer und Flüchtlinge werde folgerichtig nur dann ein Platz in unserer Gesellschaft gesehen, wenn sie „uns" nützen.

Noch pointierter werden entsprechende Vorstellungen in der Bielefelder Rechtsextremismus-Studie unter dem Begriff der „Instrumentalisierung" beschrieben; sie seien ein „zentrales Verbindungsstück" zwischen den Lebensbedingungen in unserer Gesellschaft und deren Verarbeitung, die sich u.U. in der Akzeptanz rechtsextremer Einstellungen äußern könne (Heitmeyer u.a. 1992, S. 603). Konkret gehen die Bielefelder Forscher vor allem auf verschiedene Einstellungen zur Arbeit ein. Während eine sachlich-inhaltliche Motivation zur Distanz zum Rechtsextremismus beitrage, könne eine instrumentelle Arbeitsorientierung („Hauptsache Arbeit") entscheidend zur Akzeptanz von Ideologien der Ungleichheit führen. Heitmeyer zufolge ist die Verbindung zwischen einer instrumentalistischen Arbeitsorientierung und Akzeptanz rechtsextremer Ideologien deswegen naheliegend, da beide Bereiche nach den gleichen Prinzipien organisiert seien; sowohl im Arbeitsbereich als auch im Rahmen fremdenfeindlicher Ideologien gehe es um die Verfügung über Menschen (Heitmeyer u.a. 1992, S. 574).

Ungeachtet der Fragwürdigkeit dieser theoretischen Konstruktion können die Autoren eine plausible Verbindung zwischen Instrumentalismus und Fremdenfeindlichkeit herausarbeiten. An Fallbeispielen wird überzeugend nachgezeichnet, daß die Entwicklung einer inhaltlichen Arbeitsorientierung mit der Abschwächung ethnozentrischer Orientierungen einhergehen kann (Heitmeyer u.a. 1992, z.B. S. 312 ff). Auf dieser Grundlage kann Wilhelm Heitmeyer den zweckrationalen Charakter rechtsextremer Orientierungen verdeutlichen, in denen eine mangelnde Bindung an soziale Normen (z.B. der Gewaltlosigkeit) zum Ausdruck kommt (Heitmeyer u.a. 1992, S. 603).

Zusammenhänge zwischen Fremdenfeindlichkeit und verschiedenen Segmenten einer instrumentellen Grundhaltung zeigen sich auch in der Brandenburger Untersuchung von Sturzbecher und Kollegen. Jugendliche mit Vorurteilen gegenüber Ausländern und einer ausgesprochen feindseligen Einstellung gegenüber Asylbewerbern halten es diesen Resultaten zufolge für erstrebenswert, viel Geld zu verdienen und ohne Anstrengungen angenehm zu leben; „Für andere dasein" schätzen sie dem gegenüber als weniger bedeutsam ein (Sturzbecher u.a. 1994, S. 144).

Die beschriebenen Positionen werfen die interessante Frage auf, ob und inwieweit Menschen, die ethnozentrische Argumente äußern, sich dabei an sozial akzeptierten Vorstellungen orientieren. Genaugenommen muß nach der subjektiven Seite dieses Verhältnisses gefragt werden: Haben Ethnozentriker den Eindruck, mit ihrer Einstellung soziale Werte zu teilen und beruht ihre Einstellung möglicherweise sogar auf dieser angenommenen Übereinstimmung? Oder sind ihnen soziale Wertvorstellungen gleichgültig und sie verfolgen lediglich eigennützige Interessen? Im folgenden sollen diese Fragen mit bezug auf das vorliegende Datenmaterial reflektiert werden.

6.2 Instrumentelle und moralische Orientierungsweisen

Die in dieser Arbeit bisher gewonnenen Erkenntnisse sprechen eher für die These, nach der Ethnozentrismus als Ausdruck einer instrumentellen Orientierung und der fehlenden Bindung an soziale Normen anzusehen ist. So konnte bei der inhaltlichen Analyse ethnozentrischer Orientierungen festgestellt werden, daß diese in erster Linie materialistisch begründet werden. Ethnozentriker äußern einerseits Ängste, von Asylsuchenden ausgebeutet zu werden, andererseits akzeptieren sie Einwanderer, die arbeiten und Steuern zahlen, d.h. solche Ausländer, von denen sie letztlich profitieren. Im Gegensatz zu den teilweise sehr prononciert vorgetragenen Diffamierungen von Fremdgruppen wirkten glorifizierende Einschätzungen der Eigengruppe eher vorsichtig und wurden in der Regel nicht konsistent durchgehalten. Von daher scheint die Einschätzung Gertrud Nunner-Winklers, die im Kontext ethnozentrischer Orientierungen vor allem die Wertschätzung der Eigengruppe betont, hier zunächst nicht gestützt werden zu können.

Die in diesem Kapitel zu klärende Frage soll hier jedoch nicht auf dem Wege einer Analyse der Motivationsqualitäten ethnozentrischer Orientierungen geklärt werden - was m.E. auch nur schwer möglich ist. Stattdessen wird untersucht, wie die Befragten sich bezüglich anderer Fragen äußern. Dazu möchte ich zunächst auf instrumentalisierende Vorstellungen bezüglich der eigenen Lebensplanung und gegenüber anderen Menschen eingehen, sofern diese in den biographischen Teilen der Interviews zum Ausdruck kommen. Anschließend wird die Argumentationsweise in bezug auf fiktive Geschichten betrachtet, in denen es um moralische Konfliktsituationen geht. Hier lassen sich neben instrumentellem Denken verschiedene Grade von Normorientierung unterscheiden. Auf dieser Grundlage soll geklärt werden, ob und inwieweit ethnozentrische Einstellungen eher mit einer instrumentellen Haltung einhergehen oder ob sie gerade bei solchen Menschen anzutreffen sind, die sich weitgehend an moralischen Normen orientieren.

6.2.1 Instrumentalismus

Vor allem im ersten der drei Interviews, die mit jedem der befragten jungen Männer geführt wurden, erläutern sie die Entscheidungen, die für ihr aktuelles Leben von Bedeutung sind (vgl. Anhang A). Dabei stehen unter anderem Fragen der Berufswahl, die Planung des weiteren Arbeitslebens, die Entscheidung zur Bundeswehr zu gehen oder Zivildienst zu leisten, die Wohnsituation und die Vorstellungen zur Gestaltung des späteren Familienlebens zur Debatte. Unabhängig von den ganz unterschiedlichen Lebensentwürfen bzw. den bereits getroffenen Entscheidungen lassen sich verschiedene Arten der Begründung für die individuelle Lebensplanung feststellen. Einerseits werden sachliche Interessen, individuelle Fähig- oder Fertigkeiten, emotionale Vorlieben und inhaltliche Überzeugungen angeführt. Andererseits werden utilitaristische Vorstellungen deutlich: Interesse an finanziellem Gewinn, Ersparnis von Arbeit oder Mühe, Betonung funktionaler Gesichtspunkte. Wenn in den Äußerungen eines Interviewten solche Vorstellungen dominieren, die die Bedeutung des z.B. finanziellen Nutzens in den Vordergrund stellen und wenn sie gegenüber inhaltlich-sachlichen Fragen Gleichgültigkeit signalisieren, werteten wir dies als Anzeichen einer instrumentellen Haltung.

Ein zentrales Anliegen der Interviews war es, Informationen zu den diversen Beziehungen der Probanden zu erhalten. Die Befragten schildern nicht nur ihr Verhältnis zu Eltern und Geschwistern, sondern berichten auch von den Beziehungen zu Lehrern, Mitschülern, Kollegen, Ausbildern, Freunden und Partnerinnen. Unser vordringliches Interesse galt dabei den Bedeutung, die diese Beziehung für die Befragten jeweils haben. Wie nicht anders zu erwarten war, wurden je nach Beziehung unterschiedliche Aspekte der einzelnen Personen, zu denen Kontakte bestehen, betont: Z.B. Kompetenz, Zuneigung, Bewunderung, Interessengleichheit, Haß, finanzieller Profit oder persönlicher Nutzen. Wenn bei der Beschreibung privater Kontakte - zu Eltern, Geschwistern, Freunden, Partnerinnen - Fragen der Kosten und des Nutzens im Vordergrund stehen, ist dies in unseren Augen ein weiteres Indiz für eine instrumentelle Haltung.

Die konkreten Angaben der Befragten zu diesen Themenbereichen wurden detailliert aufgelistet und anhand zweier Skalen vergleichend eingeschätzt - Skala 1: Lebensgestaltung; Skala 2: Soziale Beziehungen. Auf beiden Skalen unterschieden wir eindimensional zwischen drei Stufen instrumenteller Orientierungsweisen: a) Instrumentelle Gesichtspunkte überwiegen; b) instrumentelle Gesichtspunkte auch vorhanden; c) keine oder kaum Anzeichen für instrumentelle Orientierungen. Im folgenden soll anhand der Äußerungen Udos kurz veranschaulicht werden, welche Aussagen zur Lebensgestaltung und zu sozialen Beziehungen hier als ausgeprägt instrumentell verstanden werden.

Für Udos Berufswahl war es wichtig, eine Branche zu finden, in der „Geld gemacht" wird. Als Begründung führt er an: „Ich arbeite nicht gerne umsonst (...) es muß mir was bringen". Insofern war der finanzielle Aspekt auch der „einzige" Grund für ihn, schließlich eine industrielle Ausbildung zu beginnen.

Aus ähnlichen Gründen hat er sich zuvor - erfolglos - bei der Bundeswehr beworben, da werde „sehr viel Geld gemacht“. Kein Interesse habe er dagegen am Grundwehrdienst, weil man dabei getrietzt werde und nur „ganz wenig Geld“ bekomme. Explizit bestreitet er im Zusammenhang mit dem Dienst an der Waffe die Möglichkeit persönlicher Gewissenskonflikte und bemerkt spöttisch, sein Problem sei nicht „nach dem Motto ach Waffe in der Hand und jetzt bin ich der böse Mörder“. Er sehe das ganz realistisch: „Wenn es dann wirklich dazu (zum Krieg, P.R.) kommen sollte, dann werde ich dann aufmarschieren (...) da kenne ich nichts“. Die Möglichkeit, Zivildienst zu leisten, weist er zurück. Sein soziales Engagement beschränkt er auf den Fall, daß seine Oma vielleicht später mal seine Hilfe brauche. Ansonsten habe er es „nicht nötig“, sich um „andere Leute großartig zu kümmern“, denn „das hat sehr viel mit Schweiß zu tun und den wollen wir doch vermeiden“.

Zur Zeit des Interviews bewohnt Udo ein großes Zimmer im Haus seiner Eltern. Er berichtet detailliert, welche Möbel er kostenlos bzw. preisgünstig für sein Zimmer erstehen konnte. Seine diesbezügliche Einstellung und seine Bemühungen stellt er mehrfach unter das Motto „Aus Schrott mach flott“. Stolz berichtet er auch von einem „wunderschönen großen Bett“, das er von seinem Bruder erhalten, aber noch nicht bezahlt habe. In einer für ihn typischen Weise zitiert er sich in diesem Zusammenhang selbst, um seinem Wohlgefallen auszudrücken. „Aber ich sag' mal: 'Es schläft sich auch im unbezahlten Bett ganz gut'.“ Auf die Frage, ob er plane, in absehbarer Zeit das elterliche Haus zu verlassen, schildert er begeistert seine Vorstellungen, in ein ebenfalls den Eltern gehörendes Haus zu ziehen. Es handle sich dabei um ein „riesiges“ Drei-Generationen-Haus, dessen eine Hälfte er bewohnen möchte. Er wolle den Eltern dafür eine monatliche Miete in Höhe von 200 DM bezahlen; wenn dann die Vermietung der anderen Gebäudehälfte auch noch Geld bringe, könnte er „sozusagen mehr oder weniger als Schmarotzer darin leben“. Immer wieder betont er die finanziellen Leistungen seiner Eltern, z.B. habe seine Mutter früher zeitweise gearbeitet, bis sie „genug Kohle gescheffelt“ habe. Auf Nachfragen kann er lediglich den Arbeitgeber seiner Mutter nennen, ansonsten wisse er darüber jedoch nichts „Näheres“.

Udo schildert ausführlich, die für ihn profitablen Seiten verschiedener Personen, von denen er etwas gelernt oder abgeguckt habe. Ganz egal, ob der Bruder am Motorrad bastelt oder ein Freund sich mit Computern gut auskennt, ob das handwerkliche Geschick des Vaters oder die häuslichen Fähigkeiten seiner Mutter erwähnt werden: „das hat sich bisher immer gelohnt irgendwo auch mal hinzugucken“. Aber auch wenn es Schwierigkeiten gibt, kann Udo auf die Fähigkeiten anderer bauen. Im Verhältnis zu den Eltern habe sein Bruder die „Vorarbeit“ geleistet, er selbst „fräse nur noch ein bißchen tiefer aus“. Vor einigen Monaten hat ihn seine Freundin verlassen, obwohl er ihr „ziemlich viel geboten habe“. Udo kann sich das nur damit erklären, daß sie „urplötzlich ausgerastet“ sei, da sie nun mit einem jungen Mann liiert sei, der ihr noch nicht einmal ein Auto bieten könne. Nach dieser Enttäuschung hat er sich vorgenommen, zukünftig in puncto Frauen nur noch „das Beste vom Besten“ zu nehmen: „Also minderwertige Ware kommt mir gar nicht in die Tüte“. Im Zusammenhang mit einer dauerhafteren Bindung plädiert Udo jedenfalls dafür, zuvor gründlich zu prüfen, „ob sich nicht was Besseres findet“.

Im Falle Udos ist die instrumentelle Grundhaltung besonders ausgeprägt: Sein eigenes Handeln und die Einschätzung seiner Beziehungen zu anderen Menschen orientieren sich am persönlichen Nutzen. Neben einer ausgeprägten Wertschätzung für finanzielle Erfolge wird auch sein Sinn für Funktionalität deutlich, zum Teil in einer äußerst technischen Ausdrucksweise. Abgesehen von seiner Leidenschaft fürs Funktionelle bzw. Profitable werden von ihm kaum Gefühle, Überzeugungen oder inhaltliche Neigungen geäußert.

In der folgenden Tabelle sind die Zusammenhänge zwischen unterschiedlich ausgeprägten instrumentellen Grundhaltungen und mehr oder weniger ethnozentrischen bzw. pluralistischen Orientierungen dokumentiert. Der Index „Instrumentalismus“ wurde dabei aus den Ergebnissen der beiden oben beschriebenen Skalen zusammengestellt. Eine ausgeprägt instrumentelle Haltung liegt demnach in Fällen wie dem Udos vor, der bezüglich der eigenen Lebensplanung und in Verbindung mit den Beziehungen zu anderen Menschen stark instrumentell argumentiert. Als teilweise instrumentell gelten hier diejenigen, die in beiden Bereichen unter anderem auch instrumentelle Gesichtspunkte nennen. Als nicht instrumentell werden diejenigen eingeordnet, die in beiden Bereichen keine oder kaum Anzeichen für eine entsprechende Haltung zeigen.[1]

Betrachtet man die Tabelle mit besonderem Augenmerk auf den mehr oder weniger instrumentellen Grundhaltungen, wie sie oben erläutert wurden - d.h. Zeile für Zeile - ist der deutliche Zusammenhang zwischen einer ausgeprägt instrumentellen Haltung und ethnozentrischen Orientierungen auffällig. Während die Befragten, die den weniger bzw. nicht instrumentellen Grundhaltungen zuzurechnen sind, verschiedene Einstellungen gegenüber Fremd- und Eigengruppen zeigen, äußern sich diejenigen, bei denen eine instrumentelle Haltung stark ausgeprägt ist, deutlich ethnozentrisch.

Geht man aber von den unterschiedlich ausgeprägten ethnozentrischen bzw. pluralistischen Orientierungen aus - d.h. Spalte für Spalte - wird deutlich, daß zwar die meisten, aber nicht alle Ethnozentriker sich bezüglich der eigenen Lebensgestaltung und gegenüber anderen Menschen unter vorwiegend instrumentellen Gesichtspunkten äußern. Drei von elf Ethnozentrikern tun dies weniger oder gar nicht. Wenn man die dritte Zeile - „teilweise instrumentell“ - als Zwischenwert ansieht und sich darauf konzentriert, wieviele jeweils darüber oder darunter liegen, kann eine konsistente Entwicklung abgelesen werden: Von

[1] Die Einschätzungen auf beiden Skalen stimmen bei 15 Befragten überein, bei 10 Befragten weichen sie um je einen Punkt voneinander ab; gravierende Diskrepanzen traten also nicht auf, so daß hier davon abgesehen werden kann, die Ergebnisse aus beiden Bereichen getrennt voneinander darzustellen.

links nach rechts nehmen die über dem Zwischenwert liegenden instrumentellen Tendenzen kontinuierlich ab. Sind es bei den Ethnozentrikern noch etwa zwei Drittel, so fällt nur einer von sechs Pluralisten in diesen Bereich. Dementsprechend umgekehrt verläuft die Entwicklung im Bereich unterhalb der „Zwischenzeile“: Die Hälfte der Pluralisten wurde hier eingeordnet, aber nur gut ein Viertel der Ethnozentriker. Die Befragten der mittleren Spalten liegen entsprechend ihren weniger eindeutigen Orientierungen zwischen den Befragten mit eindeutigerer Haltung gegenüber Fremd- bzw. Eigengruppen.

Tabelle 5: Zusammenhänge zwischen einer instrumentellen Einstellung - in bezug auf die eigene Lebensführung und gegenüber anderen Menschen* - und ethnozentrischen Orientierungen*

Ethnozent-rismus / Instru-mentalismus	ethno-zentrisch	teilweise ethno-zentrisch	wider-sprüchlich	plura-listisch	Ins-gesamt
ausgeprägt instrumentell	6	-	-	-	6
überwiegend instrumentell	1	2	1	1	5
teilweise instrumentell	1	1	2	2	6
kaum instrumentell	2	-	-	3	5
nicht instrumentell	1	1	1	-	3
Insgesamt	11	4	4	6	25

Neben einem deutlichen Zusammenhang zwischen instrumenteller Einstellung und ethnozentrischen Orientierungen - speziell in den sechs Fällen mit besonders ausgeprägt instrumenteller Grundhaltung - können hier also auch Evidenzen festgehalten werden, die gegen diese Verbindung sprechen. Neben den drei

Ethnozentrikern, die wenig oder gar nicht instrumentell argumentieren, widersprechen hier auch die instrumentellen Tendenzen bei einigen der pluralistische argumentierenden Befragten der pauschalen Behauptung, ethnozentrische Orientierungen seien mit einer instrumentellen Haltung verbunden.

6.2.2 Normorientierung

Eine weitere Gelegenheit instrumentell zu argumentieren hatten die Befragten bei der Diskussion moralischer Konfliktsituationen, die ihnen zu Beginn des dritten Interviews vorgelegt wurden. Dabei wurden ihnen nacheinander jeweils drei verschiedene Konflikte präsentiert, in die sie sich hineinversetzen und zu denen sie Stellung beziehen sollten (siehe Anhang A). In einer der Geschichten ging es darum, ob man ein Auto einem Kunden verkauft, dem es versprochen wurde, der aber weniger als ein anderer bezahlen will. In einer anderen Geschichte war die Frage zu klären, wie man sich nach einem unter Alkoholeinfluß schuldhaft verursachten Verkehrsunfall mit einem Motorradfahrer verhält. Die Protagonisten befinden in jeder der Geschichten in einem Gewissenskonflikt zwischen eigennützigem Interesse - z.B. finanziellem Gewinn oder Vermeidung einer Geldstrafe bzw. Abwendung des Führerscheinverlustes - und sozialen Normen, die diesem entgegenstehen - ein Versprechen halten, Verantwortung für eine Verfehlung übernehmen bzw. einem Verletzten helfen. Die von den Befragten getroffenen Entscheidungen und vor allem die Begründungen, die sie in diesem Zusammenhang anführen, wurden daraufhin ausgewertet, inwieweit sie instrumentell-strategischen bzw. normorientierten Kriterien folgen.

In einem zweiten Schritt wurde dann die jeweils „unmoralische" Entscheidungsmöglichkeit des Protagonisten als weiterer Handlungsverlauf vorgegeben und die Befragten sollten angeben, wie sie sich an dessen Stelle fühlen und was sie dabei denken würden. Hier gab es also eine weitere Gelegenheit, sich entweder instrumentell zu äußern - z.B. indem die Fahrerflucht gerechtfertigt wird oder Pläne geschmiedet werden, die eine Aufdeckung der Untat verhindern sollen - oder normativ zu argumentieren - z.B. indem erwogen wird, sich beim Geschädigten zu entschuldigen, ihn zu entschädigen, sich der Polizei zu stellen oder auf andere Weise ein schlechtes Gewissen zu zeigen.

Das gesamte Verfahren, in dem instrumentell-strategische bzw. normorientierte Argumentationen erfaßt und bestimmt wurden, ist an anderer Stelle sehr anschaulich und detailliert beschrieben (Hopf u.a. 1995, S. 58 ff). Die Reaktionen auf alle drei Geschichten, die Begründungen der Handlungsentscheidungen, die geäußerten Gefühle und das Rechts- bzw. Unrechtsempfinden wurden dann auf einer bipolaren 5-Punkte-Skala zusammenfassend eingeschätzt. Diese Skala reicht von einer ausgeprägt instrumentell-strategischen Haltung über eine überwiegend instrumentell-strategische Haltungen bis zu einer eher normorientierten bzw. ausgeprägt normorientierten Grundhaltung. Im mittleren Bereich der Skala wurden die Argumentationen erfaßt, bei denen instrumentelle und normorientierte Elemente in etwa gleichgewichtig vertreten sind.

Tabelle 6: Zusammenhänge zwischen instrumentell-strategischer bzw. normgebundener Argumentation in Geschichten moralischer Konfliktsituationen und ethnozentrischen Orientierungen*

Ethnozentrismus / Instrumentalismus/ Normbindung	ethnozentrisch	teilweise ethnozentrisch	widersprüchlich	pluralistisch	Insgesamt
ausgeprägt instrumentell	5	-	-	-	5
eher instrumentell	1	2	1	2	6
zwischen instrumentell und normgebunden	1	-	2	1	4
eher normgebunden	3	2	1	2	8
ausgeprägt normgebunden	1	-	-	1	2
Insgesamt	11	4	4	6	25

Tabelle 6 gibt einen Überblick zu den Zusammenhängen dieses Indikators für Instrumentalismus bzw. Normorientierung mit den unterschiedlich ausgeprägten ethnozentrischen bzw. pluralistischen Orientierungen der Befragten. Schon ein flüchtiger Blick reicht, um die Ähnlichkeit dieser mit der oben beschriebenen Tabelle 5 zu erkennen. Wie schon oben festzustellen war, liegen instrumentelle Argumentationen auch hier verstärkt bei denjenigen vor, die sich ethnozentrisch äußern. Während die Befragten der mittleren beiden Spalten sich recht ausgewogen um die teilweise instrumentell, teilweise normgebundene Zwischenposition verteilen, neigen die Befragten mit pluralistischer Orientierung eher zu normgebundenen Argumentationen. Vergleichbar sind ebenfalls die Evidenzen, die dagegen sprechen, diese Zusammenhänge als eindeutig zu interpretieren: Immerhin ein Drittel der Ethnozentriker argumentiert im Zusammenhang mit den moralischen Konfliktsituationen eher oder ausgeprägt normgebunden, während ein Drittel der Pluralisten sich hier eher instrumentell-strategisch äußert.

6.3 Instrumentalismus und Moral bei Ethnozentrikern

Neben den Ergebnissen verschiedener anderer Untersuchungen (z.B. Heitmeyer u.a. 1992; Held u.a. 1991) sprechen auch die in dieser Arbeit bisher analysierten Argumentationsmuster für die Vermutung, daß ethnozentrische Orientierungen in erster Linie bei denjenigen zu beobachten sind, die einer instrumentellen Haltung zuneigen. In Kapitel 3 dieser Arbeit zeigte sich, daß materialistische Argumente - es können dabei die Angst vor materieller Ausbeutung durch Ausländer und Kosten-Nutzen-Berechnungen unterschieden werden - hohen Stellenwert haben. So gut wie alle der befragten jungen Männer, die deutlich zum Ethnozentrismus neigen, aber auch viele der anderen artikulieren entsprechende Überlegungen bzw. Schlagworte.

An anderer Stelle wird auf die Normgebundenheit bzw. moralische Orientierung ethnozentrisch denkender und gewalttätig gegen Ausländer vorgehender Menschen hingewiesen (Bergmann und Leggewie 1993; Hafeneger 1993; Nunner-Winkler 1995). Um diese widersprüchlichen Befunde zu klären, wurden in diesem Kapitel instrumentelle bzw. normgebundene Tendenzen der Befragten in zwei gesonderten Bereichen untersucht: a) Äußerungen zur eigenen Lebensplanung und zu Personen der Privatsphäre und b) Reaktionen und Umgang mit moralischen Konflikten in Form hypothetischer Geschichten. Um einen Überblick zu den Zusammenhängen zwischen Instrumentalismus bzw. Normbindung in beiden Bereichen zu ermöglichen, sind die diesbezüglichen Einschätzungen der Befragten mit ethnozentrischer Orientierung in Tabelle 7 dargestellt.

Hier wird deutlich, daß der erwartete Zusammenhang zwischen Ethnozentrismus und einer instrumentellen Haltung zu einem großen Teil bestätigt werden kann. Etwa die Hälfte derjenigen, bei denen eine ethnozentrische Orientierung festzustellen ist, repräsentieren hier gleichzeitig einen Kern besonders ausgeprägt instrumentell argumentierender Befragter. Diese fünf Probanden schildern einerseits ihre Lebensgestaltung und ihre Beziehungen zu anderen Menschen vor allem unter instrumentellen Gesichtspunkten, andererseits gehen sie auch mit den Geschichten, in denen eine moralische Konfliktsituation thematisiert wird, ausgesprochen strategisch in dem Sinne um, daß sie eigennützige Interessen in den Vordergrund stellen. Betrachtet man diese Befragten unter dem Gesichtspunkt der in Kapitel 4 dieser Arbeit beschriebenen Äußerungsformen, dann fällt auf, daß sie auch diesbezüglich zu den „Extremisten" zählen. Im Zusammenhang mit Asylbewerbern plädieren sie für Gewaltanwendung und fordern generell eine deutliche Dominanz für die Deutschen.

Tabelle 7: Zusammenhänge zwischen instrumentell-strategischer bzw. normgebundener Argumentation in Geschichten moralischer Konfliktsituationen und einer instrumentellen Einstellung - in bezug auf die eigene Lebensführung* und gegenüber anderen Menschen* - bei Befragten mit deutlich ethnozentrischer Orientierung*

Interview / Moral-konflikt -Geschichten	ausgeprägt instrumentell	überwiegend instrumentell	teilweise instrumentell	kaum instrumentell	nicht instrumentell	Insgesamt
ausgeprägt instrumentell	5	-	-	-	-	5
überwiegend instrumentell	-	-	-	1	-	1
zwischen instrument. und normgebunden	-	-	1	-	-	1
eher normgebunden	1	-	-	1	1	3
ausgeprägt normgebunden	-	1	-	-	-	1
Insgesamt	6	1	1	2	1	11

Neben dieser Gruppe besonders instrumentell argumentierender Ethnozentriker, gibt es auch andere, bei denen instrumentelle Tendenzen weniger ausgeprägt zu sein scheinen bzw. die nur auf einem der beiden hier herangezogenen Indices als instrumentell eingeschätzt wurden. Die Instrumentalismus-These besitzt in diesen Fällen offenbar nur beschränkte Gültigkeit und muß durch alternative Erklärungen ergänzt werden. Unklar sind u.a. die Fälle dreier Befragter, deren Verhältnis zu Normorientierung und Instrumentalismus nicht eindeutig bestimmt werden kann. Bei ihnen fallen erhebliche Differenzen zwischen den Äußerungen zur eigenen Lebensplanung bzw. zur Bedeutung anderer Menschen einerseits und den Reaktionen auf die moralischen Konfliktsituationen in den

Geschichten andererseits auf. Diese Differenzen - die übrigens bei keinem der Befragten, die sich teilweise ethnozentrisch orientieren, in dieser Schärfe auftreten - lassen eine Interpretation Bergmanns und Leggewies plausibel erscheinen, die ich im folgenden kurz erläutern möchte.

Jörg Bergmann und Claus Leggewie verweisen im Falle zweier Jugendlicher, die einen rechtsextrem motivierten Brandanschlag auf ein Wohnheim für Asylbewerber verübten, auf deren moralische Motivation. Aus ihrer subjektiven Perspektive hätten die jugendlichen Täter lediglich das umgesetzt, wozu sie sich durch das Gerede ihrer Mitbürger beauftragt fühlten; deren anschließende Empörung bzw. Verurteilungen empfänden sie als Heuchelei. Um die Haltung der beiden Täter zu charakterisieren, stellen die Autoren fest, „daß es in einer ansonsten durchaus intakten Kette moralischer Überzeugungen zu 'fatalen Aussetzern' kommt“ (Bergmann und Leggewie 1993). Solche Aussetzer - so die Autoren weiter - kennt jeder. Die Selektivität der Moral müsse jedoch in eine übergreifende Meta-Moral eingebettet sein, „die regelt, wann und bis zu welchem Grad die moralischen Selbstbindungen zu lockern sind“ (Bergmann und Leggewie 1993). Gerade solch eine Regelung oder Verbindung verschiedener Anforderungen sei von den jugendlichen Tätern jedoch nicht geleistet worden, ihre 'Moral' sei in einzelne Teile zerfallen. Hinzukomme eine „eklatante Wirklichkeitsverkennung“, die einen der Täter zu der Behauptung veranlasse, mit den Lichterketten, mit denen Bürger ihre Mißbilligung rechtsextremer Ausschreitungen bekundeten, hätten die Deutschen dem Feuer der Brandstifter beigepflichtet.

Anhand dieses Modells einer fragmentierten Moral beschreiben Bergmann und Leggewie m.E. plausibel, wie die selektive Orientierung an Normen, die subjektiv als geboten erlebt werden, letztlich zu einer moralisch äußerst fragwürdigen Einstellung und entsprechenden Handlungen beitragen kann. Die eigenwillige Interpretation der Lichterketten verdeutlicht darüber hinaus den fehlenden Bezug zur sozialen Umgebung. Während Gertrud Nunner-Winkler im Zusammenhang mit den Lichterketten die Chance sieht, daß den Akteuren ihr Mißverständnis deutlich wird (Nunner-Winkler 1995, S. 87), bestätigt sich hier in meinen Augen eher eine „unsoziale“ Tendenz: An die Stelle sozialer Kontakte - über die soziale Normen vermittelt, ausgehandelt, korrigiert oder revidiert werden könnten - treten individuelle Phantasien, die von der sozialen Realität nicht tangiert werden (vgl. Kapitel 4 dieser Arbeit).

Besonders auffällig ist der Bedarf an ergänzenden Erklärungen im Falle zweier Ethnozentriker. Sie zeigen kaum instrumentelle Überlegungen bezüglich ihrer Lebensplanung und in Beziehungen zu anderen Menschen; außerdem argumentieren sie auch in den moralischen Konfliktsituationen eher normorientiert. Diese Fälle ließen sich einerseits im Sinne der oben beschriebenen Vorstellung einer fragmentierten Moral deuten. Es entsteht der Eindruck, daß wir es hier mit Menschen zu tun haben, die sich in der Regel konsistent an sachlich-inhaltlichen Überlegungen bzw. moralischen Normen orientieren. Andererseits könnten sie aber auch dem Typ des wertrationalen Ethnozentrikers entsprechen, den Gertrud Nunner-Winkler postuliert (vgl. Nunner-Winkler 1995, S. 87 f). Auch wenn es hier nicht möglich ist, diese Interpretationen systematisch zu überprüfen, kann es hilfreich sein, sich mit diesen Fälle eines möglicherweise zumindest halb-moralischen Ethnozentrismus eingehender zu beschäftigen. Dazu sollen im folgenden einige Anregungen gegeben werden.

Betrachtet man die ethnozentrischen Positionen dieser Befragten genauer, fällt die offene Äußerung emotionaler Aspekte ins Auge. Beide sprechen explizit über ihre Angst vor Ausländern. Ihr Verhältnis zur Eigengruppe ist offensichtlich von patriotischen Gefühlen bestimmt. Während andere Ethnozentriker diesbezüglich zumeist formal argumentieren, werden hier teilweise recht leidenschaftliche Ausdrücke - z.B. „Paradies"- geäußert. Außerdem ist der eher moderate Charakter ihrer ethnozentrischen Äußerungen auffällig. Sie äußern zwar ausgeprägte Phantasien, sowohl solche der Bedrohung durch Ausländer als auch solche zu den Gründen von Ausländern, nach Deutschland zu kommen, die auf eine völlige Realitätsverkennung schließen lassen; sie formen diese Phantasien jedoch nicht in aggressiver Weise um, wie dies in Kapitel 4 dieser Arbeit für eine Vielzahl anderer Ethnozentriker beschrieben wurde. Beide lehnen Gewalt gegen Ausländer ab und fordern auch nicht eine strikte Unterordnung aller Fremden unter deutsche Gewohnheiten. Gegen die Deutung Nunner-Winklers spricht allerdings auch in diesen Fällen, daß die „Eigengruppenpräferenz" eher zaghaft zum Ausdruck gebracht wird. Dies fällt besonders dann auf, wenn man die Äußerungen zur Eigengruppe mit den deutlicheren Diffamierungen gegenüber Fremdgruppen vergleicht.

Angesichts dieser beiden Fälle stellt sich die Frage nach den Bedingungen, die dazu beitragen, daß eine relativ konsistente moralische Haltung und eindeutig ethnozentrische Orientierungen nebeneinander existieren; oder - um die Frage zugespitzter zu formulieren - wie wird der Ethnozentrismus eventuell zum Bestandteil einer moralischen Haltung? Wie in den nächsten Kapiteln deutlich wird, tragen hierzu verschiedene Faktoren bei. Ohne den gründlicheren Betrachtungen dieser beiden Fälle zu weit vorzugreifen - die Fälle der Befragten Mark und Uwe werden in Kapitel 7 bzw. 8 wieder aufgegriffen - kann hier schon eine Gemeinsamkeit festgestellt werden. Beide erlernten schon im Rahmen früher familialer Beziehungen die quasi selbstverständliche Unterscheidungen zwischen „uns" und „denen": Bei Mark verläuft die entscheidende Trennlinie zwischen „alten" und „neuen" Familienangehörigen, bei Uwe zwischen Familienangehörigen und familienfremden Personen. In beiden Fällen finden sich vergleichbar deutliche Unterscheidungen auf die Cliquen bzw. Freundeskreise bezogen. Es kann vor diesem Hintergrund angenommen werden, daß das Erleben einer scharfen Trennung zwischen Eigen- und Fremdgruppen *ein* wichtiger Faktor für die Ausprägung einer ethnozentrischen Orientierung ist. Wenn diese Haltung von den legitimen Instanzen, d.h. vor allem von den Eltern, vermittelt wurde und später, z.B. in der Schule oder im Freundeskreis, nicht in Frage gestellt, sondern gestützt wird, kann eine ethnozentrische Orientierung in eine intakte moralische Haltung offenbar eingefügt werden oder doch zumindest neben ihr existieren.

7. Ethnozentrismus: Eine Folge der Scheidung der Eltern?

Wenn es um die Bedingungen der Sozialisation geht, die zur Entwicklung ethnozentrischer oder rechtsextremer Orientierungen beitragen, richtet sich die Aufmerksamkeit in erster Linie auf unvollständige oder auffällig gestörte Familien. Man ließt regelmäßig, Jugendliche, die rechtsextremen Gruppen oder den Skinheads zugerechnet werden können, stammten aus zerrütteten oder zerstörten Familienverhältnissen (z.B. Hennig 1982, S. 34; Heitmeyer 1988, S. 81 f u. 96). Unter ungünstigen Familienverhältnissen oder familiären Negativkarrieren versteht man zumeist Familien, in denen es eine Ehescheidung gegeben hat. Dies kann in biographisch ausgerichteten Fallanalysen (z.B. Heitmeyer u.a. 1992, S. 87;[1] Schiebel 1992, S. 72 ff) oder in psychoanalytisch orientierten Darstellungen (Bohleber 1994, S. 77; Wirth 1990, S. 12) genauso festgestellt werden, wie in Arbeiten, in denen gerichtliche Urteilsschriften analysiert werden (Homfeldt und Schenk 1995, S. 68 ff; Willems 1993, S. 162 ff u. 201 ff)[2]. Ehescheidungen und andere familiale Auflösungserscheinungen werden außerdem auch in journalistischen Reportagen (Farin und Seidel-Pielen 1992, S. 52 f) und Erfahrungsberichten (Hasselbach und Bonengel 1993) sowie in Dokumentar- und in Spielfilmen aus verschiedenen Ländern („Roger Bornemann - Tod eines Skinhead"; Schäfer und Baacke 1994, S. 198 ff) mit der Entwicklung rechtsextremer Orientierungen in Zusammenhang gebracht.

Entgegen diesem Trend, solche auffälligen Störungen bzw. die fehlende äußerliche Intaktheit des Familienlebens umstandslos mit ethnozentrischen Orientierungen in Zusammenhang zu bringen, ohne diese Verbindung plausibel zu belegen, soll die Möglichkeit eines solchen Zusammenhangs im folgenden gründlicher thematisiert und hinterfragt werden. Dafür werden zunächst neuere Ergebnisse der Scheidungsforschung vorgestellt (7.1). Anhand des empirischen Materials möchte ich anschließend solche Bedingungen herausarbeiten, die mit der Entwicklung ethnozentrischer Orientierungen in einen plausiblen Zusammenhang gebracht werden können (7.2).

---

[1] Von den 31 jungen Männer, deren Entwicklung im Rahmen der Bielefelder Rechtsextremismus-Studie beschrieben wird, gelten sieben als rechtsextrem, d.h. sie werden dem sogenannten "Akzeptanzmuster" zugeordnet; fünf dieser sieben Befragten kommen aus Scheidungsfamilien. (Heitmeyer u.a. 1992, S. 551 ff)

[2] Helmut Willems verweist einerseits auf den Umstand, daß die meisten Straftäter aus "intakten" Familien stammen; andererseits werden "familiale Negativkarrieren" als Charakteristikum eines Tätertyps angeführt. Verwiesen wird in diesem Zusammenhang auf alleinerziehende Eltern, Scheidungsfamilien, Alkoholmißbrauch und Gewaltanwendung seitens der Eltern.

7.1 Ergebnisse der Scheidungsforschung und Erwartungen hinsichtlich ethnozentrischer Orientierungen

Die steigende Zahl geschiedener Ehen rechnet man zu den Konsequenzen der gesellschaftlichen Modernisierung, die eine erhöhte Individualisierung zur Folge habe. Diese Entwicklung sei sowohl mit erweiterten Entscheidungsspielräumen als auch mit einem gestiegenem Konfliktpotential verbunden (vgl. Beck 1986, S. 163 ff). Während Erwachsene von diesen Möglichkeiten zur Selbstverwirklichung möglicherweise profitieren, werden vor allem die Kinder aus Scheidungsfamilien zu den Verlierern gerechnet. Ihre zukünftigen Lebenschancen und Perspektiven würden blockiert, außerdem seien erhebliche psychische Beeinträchtigungen und Schädigungen zu erwarten (Arbeitsgruppe Bielefelder Jugendforschung 1990, S. 32). Folgt man den Ergebnissen der Scheidungsforschung, ist gegenüber solch pauschalen Beurteilungen Vorsicht angebracht. Die Trennung der Eltern wird zwar häufig als Risiko für die kindliche Entwicklung bezeichnet, nicht in jedem Fall könnten jedoch negative Auswirkungen festgestellt werden (vgl. Lehmkuhl 1991, S. 10 f; Raschke 1987, S. 615 f; Sander 1988, S. 83).

Regelmäßig wird darauf hingewiesen, daß die Konflikte in Scheidungsfamilien einer differenzierten Betrachtung bedürfen, da hier ganz unterschiedliche Bedingungen wirksam werden können. Zunächst muß die Beziehung der Eltern zueinander bzw. das Konfliktniveau und der Konfliktverlauf im Vorfeld der Scheidung in Rechnung gestellt werden (Raschke 1987, S. 616; Sander 1988, S. 83). Tendenziell heftige und andauernde Streitigkeiten zwischen den Eheleuten werden für auffällige Aggressivität und mangelnde Impulskontrolle bei den Kindern verantwortlich gemacht (Fthenakis 1993, S. 604). Außerdem müssen die Konflikte bzw. die Übereinstimmung in Fragen, die mit den Kindern zusammenhängen berücksichtigt werden. Der Umgang der Eltern mit diesen Fragen wirkt sowohl in der Situation vor der Trennung auf das Kind als auch später, wenn es um die Regelung des Sorgerechts bzw. den Kontakt zum nichtsorgeberechtigten Partner geht. Verschiedentlich konnte festgestellt werden, daß regelmäßige Kontakte zu beiden Elternteilen sich generell positiv auf die kindliche Entwicklung auswirken - speziell auf das kindliche Selbstwertgefühl (Fthenakis 1993, S. 605 f; kritisch hierzu Balloff und Walter 1991). Uneindeutig sind auch die Ergebnisse bezüglich der Beziehungsqualitäten in Stieffamilien, also wenn neue Partner des sorgeberechtigten Elternteils in die Familie kommen. Neben Hinweisen auf besondere Konflikte gibt es auch Anzeichen dafür, daß die Beziehungen zu Stiefeltern nicht schlechter als zu leiblichen Eltern sein müssen, vor allem dann, wenn die neue Paarbeziehung als stabil und verläßlich erlebt wird (Kaiser 1993, S. 156 ff).

Im Falle von Scheidung und neuen Partnerschaften der Eltern gelten die Beziehungen zu Geschwistern als besonders wichtig. Einerseits werden sie mit der

Möglichkeit assoziiert, die familiären Umbrüche gemeinsam zu erleben. Andererseits gelten die widersprüchlichen Loyalitäten zu Geschwistern, Halb- und Stiefgeschwistern als ein „Gemisch potentiell verstörender Erfahrungen" (Bank und Kahn 1989, S. 19). Neben der Möglichkeit, daß sich die Bindungen zu Geschwistern intensivieren - wodurch fehlende elterliche Zuwendung kompensiert werden kann -, wird daher auch ein gestiegenes Konfliktpotential zwischen Geschwistern zu den Folgen einer Scheidung gerechnet. Man nimmt an, daß sich die geschwisterlichen Beziehungen im Falle familialer Umbrüche in jedem Fall „aktivieren" (Bank und Kahn 1989, S. 19 f).

Vor dem Hintergrund dieser sehr unterschiedlichen Entwicklungsmöglichkeiten ist es nicht erstaunlich, daß die Forschungsergebnisse zu den Auswirkungen der elterlichen Trennung alles andere als konsistent sind. In einigen amerikanischen Untersuchungen konnte eine erhöhte Delinquenzrate bei solchen Jugendlichen festgestellt werden, die zuvor eine Scheidung erlebt hatten. Die jungen Frauen fielen dabei durch „sexuelle Unbekümmertheit", die jungen Männer durch Gewalttätigkeit, Verkehrsdelikte, Einbrüche und Drogenhandel auf. Besser erforscht und plausibel belegt erscheint dagegen die erhöhte psychische Gefährdung von Scheidungskindern. Neben aggressivem Verhalten, fehlender Impulskontrolle, Defiziten in der Moralentwicklung konnte vor allem die Tendenz zu Depressionen und ein erhöhtes Selbstmordrisiko festgestellt werden (Fthenakis 1993, S. 609 f).

Rechtsextreme oder ethnozentrische Orientierungen waren meines Wissens bisher noch nicht explizit Thema von Untersuchungen, die sich mit den möglichen Folgen von Ehescheidungen beschäftigt haben, obwohl es vor dem Hintergrund sozialisationstheoretischer Überlegungen verschiedene Anhaltspunkte für solche Zusammenhänge gibt. Das gilt sowohl für bestimmte Erfahrungen bzw. Mangelerlebnisse, die mit der Entwicklung ethnozentrischer Orientierungen in Verbindung zu bringen sind, als auch für die Art und Weise des Umgangs mit diesen Erfahrungen.

Im Zusammenhang mit dem kindlichen Erleben der elterlichen Trennung ist von einem „doppelten Liebesverlust" die Rede, oft in einem Alter, aus dem über die Möglichkeiten der Bewältigung solcher Erlebnisse keine gesicherten Erkenntnisse vorliegen. Zunächst verliert das Kind zumindest den alltäglichen-selbstverständlichen, oft auch jeden regelmäßigen Kontakt zu dem Elternteil, bei dem es nicht lebt. Außerdem wurde festgestellt, daß im Rahmen der Umgestaltung des familiären Lebens nach der Scheidung der Wechsel zu einem autoritären Erziehungsstil charakteristisch ist (Sander 1988, S. 82). Konkret bedeutet dies, daß das Verhalten des sorgeberechtigten Elternteils sich in der Weise verändert, daß:

- Anordnungen und Befehle an die Stelle von Erklärungen und Argumentationen treten,
- der Handlungs- und Entscheidungsspielraum der Kinder eingeschränkt wird,

- Kontroll- und Disziplinierungsmaßnahmen durch ein hohes Maß an Inkonsistenz gekennzeichnet sind,
- die affektive Beziehung der Eltern zu den Kindern sich verschlechtert, so daß die Kinder weniger Liebe, Wärme und Fürsorge erleben.(Fthenakis u.a. 1982, S. 125 f)

Die hier skizzierten Bedingungen entsprechen denen, die verschiedentlich mit der Entwicklung ethnozentrischer Orientierungen in Zusammenhang gebracht werden konnten (vgl. Adorno u.a. 1969; Hopf u.a. 1995; van Dijk 1994). Darüber hinaus kann vermutet werden, daß einzelne Scheidungskinder durch eine ethnozentrische Orientierung - d.h. mittels eines Weltbildes, in dem sie selbst und andere einer als stabil und unveränderbar konstruierten Gruppe zugeordnet werden - versuchen, die Erfahrung familialer Destabilisierung zu kompensieren. Es ist allerdings davon auszugehen, daß sich sowohl ungünstige emotionale Bedingungen als auch Ethnozentrismus-fördernde Verarbeitungsweisen bei den betroffenen Kindern ganz unterschiedlich zeigen bzw. auswirken, was u.a. mit dem Stand ihrer Entwicklung zusammenhängen dürfte. Als ein wichtiger Einflußfaktor gilt daher auch das Alter des Kindes zum Zeitpunkt der Scheidung. Längerfristige Auffälligkeiten werden vor allem von Kindern berichtet, die zum Zeitpunkt der Scheidung noch jünger waren (Fthenakis 1982, S. 151; Lehmkuhl 1991, S. 9; Sander 1988, S. 80). In verschiedenen Untersuchungen werden für bestimmte Altersstufen unterschiedliche Reaktionen berichtet.

- 3 bis 6jährige Kinder zeigen Irritationen, Ängstlichkeit und Aggression, sie wünschen aktiv die Rückkehr des fehlenden Elternteils und berichten von entsprechenden Träumen.
- Bei 5 bis 6Jährigen wird in einer Langzeitstudie teilweise auch von einer anderen Weise des Umgangs berichtet: Sie verleugnen die Scheidung und verhalten sich, als sei nichts geschehen (Wallerstein und Kelly 1980).
- Die 7 bis 8jährigen Scheidungskinder fallen durch eine diffuse, anhaltende Traurigkeit auf.
- Von den 9 bis 12Jährigen werden bewußtere und direktere Reaktionen auf die Scheidung der Eltern berichtet; sie suchen nach Erklärungen, werden zornig oder fallen durch Schamgefühle mit entsprechender Selbstwertproblematik auf.
- Jugendliche scheinen mit der Scheidung der Eltern dagegen relativ gut fertig zu werden, was mit ihren verschiedenen Möglichkeiten, sich aushäusig zu orientieren, in Zusammenhang gebracht wird. (Fthenakis u.a. 1982, S. 145 ff)

Auch ethnozentrische Orientierungen - als eine Möglichkeit, das Leiden an dem familialen Zusammenbruch kompensieren zu wollen - lassen sich diesen Resultaten zufolge vor allem bei denjenigen erwarten, die zum Zeitpunkt der Scheidung jünger sind. Eine erhöhte Ethnozentrismus-Neigung kann auch in den

Fällen erwartet werden, in denen von einem verleugnenden Umgang mit diesen belastenden Erfahrungen berichtet wird.

Außerdem müssen geschlechtsspezifische Besonderheiten beachtet werden. Offensichtlich sind Söhne von der Scheidung besonders betroffen. Sie erhalten weniger Unterstützung und Zuwendung als die Töchter und fallen häufiger durch antisoziales Verhalten auf (Fthenakis u.a. 1982, S. 127 u. 155; Sander 1988, S. 80 f). Dies wird mit den schwerwiegenden Folgen des Vaterverlustes erklärt - in vier von fünf Fällen bleiben die Kinder nach der Scheidung bei der Mutter. Zum einen wird in diesem Zusammenhang angenommen, die Mutter übertrage das antisoziale Image, das sie von ihrem Ex-Mann habe, auf den Sohn, der auf diese Weise zu einer Identifizierung mit dem negativ besetzten Vater gedrängt werde. Andererseits versuche der Sohn die Verzweiflung und Hilflosigkeit der Mutter durch „kontraphobische Reaktionen" abzuwehren, indem er eine aggressive, gebieterische und herausfordernde Fassade aufbaut, um auf diese Weise seine Ängstlichkeit und Hilflosigkeit mit scheinbarer Sicherheit und Unverletzlichkeit zu verdecken (Fthenakis u.a. 1982, S. 133).

In der Scheidungsforschung werden außerdem Fälle beschrieben, in denen Erfahrungen von Ohnmacht und Demütigung sich längerfristig in der Weise auswirken, daß Söhne sich mit ihren gewalttätigen Vätern identifizieren und deren Tradition nach der Scheidung fortführen, und zwar nicht nur indem sie selbst Gewalt gegen ihre Mutter und ihre Freundinnen anwenden, sondern auch dadurch, daß sie der Mutter die Schuld an der Scheidung und dem Verlust des Vaters geben (Wallerstein und Blakeslee 1989, S. 147 ff). Dabei ist weniger die Idealisierung des Vaters, sondern eher die Diabolisierung der Mutter festzustellen. Es wird jedoch darauf hingewiesen, daß solche nach außen gerichteten Aggressionen längerfristig seltener sind als eine ausgeprägte Unterdrückung aggressiver Impulse, die zumindest tendenziell mit Passivität und Depression verbunden ist (Wallerstein und Blakeslee 1989, S. 185 ff).

In Fällen, in denen Gefühle der Schwäche oder Unzulänglichkeit hinter einer starken Fassade verborgen werden, kann das Erlebnis der Scheidung vermutlich genausowenig verarbeitet werden, wie von solchen Kindern, die die familiären Umbrüche zu ignorieren scheinen. Gerade die Möglichkeit zur offenen Erörterung der mit der Scheidung verbundenen Probleme wird jedoch als wichtige Bedingung für eine positive Entwicklung bei Scheidungskindern gesehen (Fthenakis u.a. 1982, S. 161; Raschke 1987, S. 616). Im Rahmen von Untersuchungen zu den Begleit- und Entstehungsbedingungen ethnozentrischer Orientierungen ist betont worden, daß zu ungünstigen Umständen der Sozialisation noch die Tendenz hinzukommt, erlebte Enttäuschung und Zurückweisungen zu leugnen (vgl. Adorno u.a. 1969, S. 340 ff; Hopf 1990, S. 383 ff). Die Beziehungen zu den Eltern werden idealisiert und die dabei erlebten Kränkungen, Trennungen oder Disziplinierungen werden verklärt oder bagatellisiert. Demzufolge ist auch im Fall einer elterlichen Scheidung vor allem dann mit der Ausprägung eines ethnozentrischen Weltbildes zu rechen, wenn die problematischen Aspekte der familiären Situation nicht offen thematisiert, sondern verharmlost oder verleugnet werden.

Im Rahmen der Scheidungsforschung wird deutlich, unter welch unterschiedlichen Bedingungen elterliche Trennungen stattfinden und welch unterschiedliche Konsequenzen für die davon betroffenen Kinder zu erwarten sind. Es wäre daher nicht realistisch, im Falle der elterlichen Scheidung generell bestimmte Folgen zu erwarten, z.B. eine ethnozentrische Orientierung. Dagegen können sowohl die oben skizzierten ungünstigen Bedingungen, mit denen Ehescheidungen für die Kinder verbunden sein können, als auch ein verleugnender Umgang mit diesen Erfahrungen auf allgemeiner Ebene als hinderlich für die Entwicklung des kindlichen Selbstwertgefühls, der Fähigkeit zur Empathie und auf die Regelung aggressiver Impulse angesehen werden. Unter einem spezielleren Blickwinkel kann vermutet werden, daß unter ungünstigen Umständen die Wahrscheinlichkeit ethnozentrischer Orientierungen zunimmt; etwa dann, wenn die Scheidung als gravierender Verlust eines Elternteils erlebt wird, die Beziehung zum sorgeberechtigten Elternteil empfindlich gestört wird und keine Möglichkeiten zur Kompensation bestehen, sei es durch Beziehungen zu anderen Menschen oder durch offene Thematisierung und Verarbeitung. Im folgenden werden diese Erwartungen einer Überprüfung anhand des Datenmaterials unterzogen.

7.2 Verschiedene Orientierungen junger Männer aus Scheidungsfamilien

Von den 25 jungen Männern, mit denen wir ausführliche Interviews führten, haben fünf in ihrer Kindheit oder Jugend die Scheidung der Eltern erlebt. Die konkreten Bedingungen unterscheiden sich in diesen Fällen erheblich voneinander, allein den Zeitpunkt der Scheidung betreffend. In einem Fall lag die Scheidung kurz vor oder nach der Geburt des Befragten, dessen Eltern inzwischen verheiratet sind - er ist also der Sohn des zweiten Mannes der Mutter, trägt allerdings den Familiennamen des ersten Ehemanns der Mutter. Zwei Probanden waren jeweils drei Jahre alt, als sich die Eltern scheiden ließen und wuchsen anschließend bei der Mutter und deren neuem Ehemann auf - einer von ihnen war in der Zwischenzeit für ein Jahr bei einer Pflegefamilie untergebracht. Ein anderer war wahrscheinlich zehn Jahre alt, als der Vater die Familie verließ; die Restfamilie lebte zunächst ohne erwachsenen Mann im Haus und - zum Zeitpunkt des Interviews - seit drei Jahren mit dem neuen Freund der Mutter zusammen. Der fünfte dieser Befragten war schon etwa 17, als die Eltern sich trennten; er lebt inzwischen allein, nachdem der Vater, bei dem er zunächst geblieben war, ihn zum Auszug bewegt hat.

Diejenigen, die zum Zeitpunkt der Scheidung jünger waren, können sich im Interview nicht mehr an dieses Ereignis, an das Verhalten der Beteiligten und an ihre damaligen Gefühle erinnern. Wenn man an der Situation und dem Ablauf der Trennung interessiert ist - worauf in der Scheidungsforschung großer Wert gelegt wird - sind auch die Angaben derjenigen, die die elterliche Scheidung bewußt erlebt haben, nicht sehr aufschlußreich. Dirk schildert in diesem Zusammenhang vor allem sein Unverständnis und seine Verunsicherung, Fred berichtet von ungewohnt heftigen Konflikten der Eltern, denen er auswich, so gut er konnte. Soweit dies aus den vorliegenden Interviews geschlossen werden kann, ist die Situation der elterliche Trennung bei den betroffenen „Kindern" also vor allem von mangelnden bzw. unklaren Erinnerungen sowie von der Vermeidung einer Einmischung in diese Konflikte gekennzeichnet. Die Gestaltung und das Erleben der Trennung kann im Rahmen der hier vorgenommenen Analyse daher nicht berücksichtigt werden. Ausgespart werden müssen auch die zahlreichen Möglichkeiten veränderter Beziehungen zwischen Eltern und Kindern, vor allem in der wichtigen Phase direkt nach der Scheidung - auch diesbezüglich sind die Angaben sehr unklar.

Generell sind in den meisten dieser Fälle Konfusionen auffällig, die eine Information über die familiären Verhältnisse erschweren. So werden z.B. Vater und Stiefvater durcheinandergebracht bzw. die Interviewenden können nur mit Mühe klären, von wem die Rede ist. In anderen Fällen wird der Halbbruder beständig als Stiefbruder bezeichnet oder über die Halbschwester wird nur als Schwester gesprochen. Oft werden widersprüchliche Angaben zum Zeitpunkt der Scheidung gemacht, so daß man die Familiengeschichte anhand von Indizien rekonstruieren muß.[3] Diese Unklarheiten und Widersprüche sind übrigens nicht von der Bereitwilligkeit abhängig, mit der über die Scheidung und die „alten" Verhältnisse gesprochen wird. Diesbezüglich fallen gravierende Unterschiede ins Auge: Während einer signalisiert, daß er jede Frage nach der familiären Vergangenheit als bedrohlich erlebt und sich in einem anderen Fall erst im dritten Interview zufällig herausstellt, daß es eine Scheidung gegeben hat - der Interviewenden war aufgefallen, daß der Befragte einen anderen Namen als seine Eltern trägt - sprechen andere dieses Ereignis und seine Bedeutung offen und bereitwillig an.

Auch wenn man sich die Ausführungen der Befragten zu Ausländern bzw. Eigen- und Fremdgruppen betrachtet, entsteht ein sehr uneinheitliches Bild: Einer äußert sich eindeutig ethnozentrisch, einer ist der teilweise ethnozentrischen Variante zuzurechnen, einer äußert sich widersprüchlich und zwei Befragte zeigen eine pluralistische Orientierung. In Hinblick auf Ethnozentrismus erweist sich die Gruppe der Befragten, die eine Scheidung erlebt hat demnach als sehr ausgeglichen - in drei Fällen (Dirk, Fred, Mark) sind deutliche Abwertungen

---

[3] Wegen dieser zum Teil ungenauen oder widersprüchlichen Informationen sind auch im folgenden nicht immer exakte Alters- oder Jahresangaben möglich. Aus diesem Grund werden diese Angaben häufiger mit dem Zusatz "etwa", "wahrscheinlich" oder "ungefähr" versehen. Im Zweifelsfalle beziehe ich mich auf die Daten, die durch die meisten begleitenden und konkreten Angaben gestützt werden - z.B. "damals war ich gerade in die Orientierungsstufe gekommen".

von Fremdgruppenangehörigen festzustellen, ebenfalls drei Mal (Fred, Jan, Rainer) können pluralistische Argumente registriert werden.

7.2.1 Vergleichende Betrachtung zweier Befragter aus Scheidungsfamilien

Über die Kriterien hinaus, die bei der Auswahl aller Befragten zu beachten waren, weisen Mark und Rainer in verschiedener Hinsicht vergleichbare Lebensbedingungen auf. Beide waren etwa drei Jahre alt, als ihre Eltern sich scheiden ließen. Beide wuchsen zusammen mit der Mutter und deren neuem Lebenspartner auf - mit dem diese auch verheiratet ist - und leben zum Zeitpunkt des Interviews immer noch in diesem Haushalt. Die Mütter beider jungen Männer sind berufstätig und haben auch die meiste Zeit gearbeitet, als ihre Söhne noch klein waren. Zum leiblichen Vater haben beide seit der Scheidung keinerlei Kontakt und können sich an die Zeit mit ihm auch gar nicht mehr erinnern. Zum Zeitpunkt des Interviews sind beide seit etwa einem Jahr mit einer jungen Frau befreundet und schildern diese Partnerschaft als verbindliche, zukunftsträchtige Beziehung.

Während Mark in deutlich ethnozentrischer Weise zur Abgrenzung und Abwertung von Fremdgruppen und zur Glorifizierung der Eigengruppe tendiert, gehört Rainer zu den Befragten, die sich pluralistisch äußern. Hinsichtlich des Erlebens familiärer Bedingungen und der Gestaltung familiärer Beziehungen sollen im folgenden verschiedene Faktoren thematisiert werden, die zu einem Verständnis dieser unterschiedlichen Orientierungen beitragen. Neben dem Verhältnis zwischen den „Eltern“[4], dem Kontakt der Befragten zu Mutter und Stiefvater sowie der Beziehung zu den Geschwistern wird außerdem die Art und Weise betrachtet, mit der Mark und Rainer im Interview über ihre familiäre Situation sprechen.

7.2.1.1 Das Verhältnis zwischen den Eheleuten

Im Falle Marks und Rainers - beide geben an, keinerlei Erinnerungen an die Zeit mit dem leiblichen Vater mehr zu haben - müssen wir uns auf die Berichte zum Verhältnis zwischen Mutter und Stiefvater beschränken. Das ist auch vor dem Hintergrund der schnellen Wiederverheiratung beider Mütter sinnvoll - die Söhne waren zu diesem Zeitpunkt etwa 5 Jahre alt.

Rainer zeichnet in diesem Zusammenhang das Bild zweier relativ autonomer Persönlichkeiten, von denen jede ihre Arbeit hat, die sich selten sehen und eher wenig Kontakt zueinander haben. Entscheidungen würden eher von der Mutter getroffen, da sie sich engagiere, sich viele Gedanken mache und sehr ausdau-

---

[4] Wenn hier und im weiteren Verlauf des Kapitels der Begriff "Eltern" in Anführungszeichen gesetzt ist, sind die aktuellen Eheleute gemeint, also zumeist die Mutter und der Stiefvater der Probanden. Ist von den Eltern - ohne Anführungszeichen - die Rede, beziehe ich mich auf die Ursprungsfamilie, also auf die leiblichen Eltern.

ernd sei. Sie stünde im Mittelpunkt der Familie und übernehme die Führung. Der Stiefvater sei demgegenüber eher ein „ruhiger Typ, der das alles so über sich hergehen läßt". Es entsteht der Eindruck, daß es u.a. aufgrund der unterschiedlichen Temperamente nicht zu Konflikten zwischen den Eheleuten kommt.

Ganz anders erlebt Mark die „Elternbeziehung". Er berichtet von „ziemlich viel Streit" zwischen Mutter und Stiefvater, wobei dieser darum bemüht sei, „seinen Kopf durchzusetzen". Das scheint ihm auch zu gelingen, da Mark ihn als Chef der Familie bezeichnet. In diesem Zusammenhang hat der Stiefvater ihn einmal für den Streit zwischen den Eheleuten verantwortlich gemacht. Seither „grübele" Mark, ob er schuld daran sei, wenn sich Mutter und Stiefvater streiten. Auch Marks Mutter arbeitet ganztags, wobei sich die Eheleute durch wechselschichtiges Arbeiten in der häuslichen Anwesenheit abwechseln und einander deswegen auch nicht sehr häufig sehen.

An dieser Stelle kann festgehalten werden, daß wir es im Falle des ethnozentrisch orientierten Mark mit (stief-)väterlicher Dominanz zu tun haben, während in der „Elternbeziehung" des pluralistisch eingestellten Rainer die Mutter dominiert. Während Rainer seiner Mutter explizit Kompetenz und Engagement bescheinigt, betont Mark, dem Stiefvater gehe es vor allem darum, seinen Kopf durchzusetzen. Bei Mark kommen noch die Schuldgefühle hinzu, von denen er im Zusammenhang mit den häufigen Konflikten zwischen den Eheleuten berichtet.

7.2.1.2 Das Verhältnis zwischen den Befragten und ihren „Eltern"

Bei Mark und Rainer fallen zunächst gewisse Ähnlichkeiten auf, wenn man versucht, sich ein Bild von den „Eltern"-Kind Beziehungen zu machen. In beiden Fällen wird ein eher distanziertes, von Erfahrungen der Abgrenzung und Zurückweisung geprägtes Verhältnis deutlich. Gemäß den Kategorien der Bindungsforschung (vgl. Abschnitt 8.2.1 dieser Arbeit) ist Mark dem unsicher-vermeidenden Typ zuzurechnen, während Rainer diesbezüglich nicht eindeutig zugeordnet werden kann, da sich bei ihm Elemente verschiedener Typen in ähnlich deutlicher Ausprägung feststellen lassen; zu den Anzeichen eines unsicher-vermeidenden Umgangs mit Bindungserfahrungen gibt es auch Äußerungen, in denen er auf reflektierte Weise seine emotionalen Bedürfnisse beschreibt, aber auch solche, aus denen auf eine verstrickte Bindung zur Mutter geschlossen werden kann. Neben diesen eher subtilen Unterschieden finden sich noch auffälligere Differenzen bezüglich des aktuellen und vergangenen Erlebens der Beziehung zur Mutter und zum Stiefvater.

Zwischen dem Zeitpunkt der elterlichen Scheidung und der erneuten Heirat seiner Mutter war Mark für ein Jahr bei Pflegeeltern untergebracht. An diese Zeit hat er keine konkreten Erinnerungen mehr. Die ersten Jahre mit Stiefvater und Mutter beschreibt er zum Teil positiv - er habe sich vom Stiefvater akzeptiert gefühlt. An anderer Stelle spricht er über diese Zeit, als habe er selbst keine

Erinnerungen mehr: „Mein Stiefvater soll mich gut aufgenommen haben". In den folgenden Jahren verschlechtert sich das Verhältnis zum Stiefvater. Zum Zeitpunkt des Interviews hat er nicht das Gefühl, sich mit ihm befriedigend verständigen zu können. Außerdem erlebt er den Stiefvater als muffig und unberechenbar, so daß er kein Vertrauen zu ihm hat. Mark reagiert auf dessen Unzugänglichkeit mit Rückzug: „Dann verkrümele ich mich lieber auf mein Zimmer". Er scheint auch die Mutter nicht als bereitwillige Gesprächspartnerin zu empfinden, wie sich aus seiner Schilderung eines Kontaktes zu einem Therapeuten schließen läßt: Es habe ihm geholfen, daß er mal jemanden gehabt hätte, mit dem er reden konnte. Zu diesem Eindruck paßt es, daß sich Mark weder daran erinnern kann, Anlaß besonderer Freude für seine „Eltern" gewesen zu sein noch daran, von ihnen belohnt worden zu sein.

Auch Rainer empfindet sein Familienleben zum Teil als defizitär, vor allem deswegen, weil die „Eltern" wegen ihres beruflichen Engagements häufig nicht verfügbar waren oder sind. Er betont jedoch ebenfalls, daß er sie als hilfreich und unterstützend erlebt hat. Die Mutter wird von ihm einerseits als strenge und durchsetzungsfähige Frau beschrieben, andererseits gibt er an, daß er sich als Kind gut verstanden fühlte, wenn er mit Problemen zu ihr kam.

> Rainer: Wenn mich da Jungs irgendwie geärgert haben oder sowas nä, dann bin ich da auch mal zu meiner Mutter hingerannt. Sie hat mich dann meistens in den Arm genommen und so und gefragt, warum das denn so wär oder so, das war dann meist auch gar nicht alles so schlimm, wie das jetzt aussah und hat die Jungen drauf angesprochen und so, warum sie das so machen und so, das fanden ich irgendwie ganz gut. (Frage: Und das fanden Sie gut, daß sie mitging?) Mhm, ja klar (Frage: War Ihnen das nicht irgendwie peinlich, daß die Mutter jetzt mit rauskam?) Nee, überhaupt nicht. Also sie hat ja nicht irgendwie rumgemeckert oder so, sie hat nicht gesagt: „Jungs warum macht ihr das oder verschwindet hier" oder so, sondern sie hat gefragt, warum er das gemacht hat oder so, dann war's dann meist so, daß sie denen dann auch irgendwas zu trinken angeboten hat oder so, nachher war's denn wieder gut nä, dann ham wer wieder zusammen gespielt oder so, und die Jungs oder so die fanden das dann alle ganz toll, das is immer ganz gut geregelt. Hat auch irgendwie keiner gesagt, ich bin jetzt äh -- Mamakind oder solche Sachen da, Heulsuse oder solche Sachen, sondern die fanden das dann ganz toll. Ham sich dann auch meist entschuldigt oder so, dann war das vergessen.

Dieser Erzählung zufolge ist Rainers Mutter mit Konflikten zwischen den Kindern so umgegangen, daß es keine Verlierer gab. Sie ermöglicht es allen Beteiligten, ihr Gesicht zu wahren und das Spiel auf dieser Grundlage fortzusetzen. Dieses Verhalten kann als Gegenmodell zu einer auf Stärke und Ausgrenzung beruhenden Erziehung verstanden werden. Seinen Schilderungen zufolge verhielt sie sich nicht nur ihm gegenüber empathisch, sondern begründete Gebote der Rücksichtnahme regelmäßig mit Verweisen auf Gefühle, Schwächen und Bedürftigkeiten anderer. Zum Teil entsteht allerdings auch bei Rainer der Eindruck, daß er Schuldgefühle entwickelt hat, die durch moralisierende Äußerungen seiner Mutter gefördert wurden. Das Verhältnis zu seinem Stiefvater beschreibt er uneingeschränkt positiv. Rainer habe ihn nicht nur als seinen richtigen Vater akzeptiert, sondern sie hatten gemeinsame Hobbys (z.B. Modelleisenbahnen) und außerdem habe der Stiefvater ihm vieles beigebracht.

Obwohl also in beiden Fällen kein durchweg befriedigendes Verhältnis zu den „Eltern" sichtbar wird, werden Differenzen deutlich. Während Rainer auch von Freude, Hilfsbereitschaft und Unterstützung berichtet, fehlen bei Mark konkrete Hinweise auf solche Erlebnisse mit den „Eltern". Nicht eingeschätzt werden kann hier, ob und wie sich Marks Erfahrung mit den Pflegeeltern ausgewirkt hat. Speziell die Beziehungen zu den Stiefvätern werden von beiden sehr unterschiedlich erlebt. Während in Rainers Schilderung Stabilität und Zufriedenheit dominieren, beschreibt Mark diesbezüglich verschiedene Beziehungsphasen, die auf eine gravierende Verunsicherung schließen lassen.

7.2.1.3 Das Verhältnis der Befragten zu ihren Geschwistern

Hinsichtlich der Beziehungen zu Geschwistern sind die Differenzen zwischen Rainer und Mark besonders auffällig. Rainer hat zwei große Schwestern, die fünf bzw. sieben Jahre älter als er sind. Beide wohnen inzwischen nicht mehr zuhause. Er berichtet, mit ihnen sehr gut auszukommen; dies sei auch schon früher der Fall gewesen. Er beschreibt ein durch gegenseitige Hilfe und Harmonie gekennzeichnetes Verhältnis zu ihnen, in dem es zwar gelegentliche Diskussionen, jedoch keinen Streit gegeben habe. Sich selbst sieht er in diesem Zusammenhang als „Nesthäkchen", das von diesen Beziehungen besonders profitiert habe: Auf ihn wurde aufgepaßt und er wurde bevorzugt, d.h. er erhielt mehr Zuwendung und durfte abends länger wegbleiben als die Schwestern im jeweils gleichen Alter. Es entsteht der Eindruck, daß die Schwestern teilweise für die Mutter eingesprungen sind, indem sie auf ihn aufpaßten, ihn bestraften und ihn umsorgten, wenn sonst keiner zur Stelle war.

Mark hat einen zwölfjährigen, also deutlich jüngeren Halbbruder. Auf geradezu anklagende Weise verbindet Mark die Geburt des Halbbruders mit seiner „Entthronung" als richtiger Sohn seines Stiefvaters. Er berichtet, sich seither vom Stiefvater vernachlässigt zu fühlen. Dieser kümmere sich mehr um den Halbbruder, außerdem werde ihm mehr erlaubt - so dürfe dieser länger draußen bleiben als Mark im entsprechenden Alter. Sein Verhältnis zum Halbbruder beschreibt er, abgesehen von gelegentlichen Auseinandersetzungen, als „wirklich gut". Keiner von ihnen würde sich häufiger durchsetzen oder den anderen sonst dominieren. Gegen diese brüderliche Harmonie spricht die Art, in der Mark vom Halbbruder erzählt: Er bezeichnet ihn konsequent als „Stiefbruder" - was ja hieße, daß dieser gar nicht der Sohn von Marks Mutter wäre. Auf rhetorischer Ebene könnte dies als Ausgleich für die Benachteiligung angesehen werden, der Mark sich dadurch ausgesetzt fühlt, daß er sich vom Stiefvater nicht als Sohn angenommen fühlt. Das Gefühl, gegenüber dem Bruder benachteiligt zu werden, bestimmt auch Marks Vorstellungen zur Erziehung eigener Kinder: Er würde darauf achten, seine Kinder nicht ungleich zu behandeln.

7.2.1.4 Zusammenfassende Fallbetrachtung und die Thematisierung der elterlichen Scheidung im Interview

Die hinsichtlich ethnozentrischer Tendenzen völlig unterschiedlichen Orientierungen Marks und Rainers lassen sich vor dem Hintergrund der beschriebenen Erfahrungen folgendermaßen deuten. In der durch „ziemlich viel Streit" geprägten Beziehung zwischen Mutter und Stiefvater hat Mark erlebt, daß der Stärkere „seinen Kopf durchsetzen will", ohne daß hierfür notwendigerweise gute Gründe sichtbar werden. Er beklagt sich über mangelnde Zuwendung der „Eltern", hat nicht das Gefühl, ihnen Anlaß zur Freude zu geben und berichtet auch nicht von Belohnung oder Lob durch die „Eltern". Erhebliche Enttäuschung bringt er über den Stiefvater zum Ausdruck, den er als unzugänglich erlebt, so daß ihm nur der Rückzug bleibe. Als Grund der unerfreulichen Entwicklung des Verhältnisses zum Stiefvater erlebt er den Halbbruder, demgegenüber er sich benachteiligt fühlt. Sowohl der Eindruck einer familialen Hierarchie, in der die Mutter dem Vater untergeordnet ist und in der er sich im Vergleich zum Halbbruder als Kind zweiter Klasse fühlt, als auch der Eindruck persönlicher Benachteiligung lassen Anknüpfungspunkte für das Verständnis der ethnozentrischer Orientierung Marks vermuten.

Die familiären Erfahrungen Rainers sehen ganz anders aus. In der Beziehung zwischen den „Eltern" dominiert die Mutter, die - wie hier vermutet wird - körperlich schwächere, die sich ihre Position im familialen Mittelpunkt durch Engagement, Kompetenz und Ausdauer erarbeitet. Der Stiefvater erscheint tendenziell eher konfliktscheu, so daß die „Eltern" nicht miteinander konkurrieren - jedenfalls berichtet Rainer nichts dergleichen. Obwohl deutlich wird, daß die „Eltern" viel arbeiten und deswegen wenig Zeit für ihn haben und hatten, fühlt sich Rainer von ihnen unterstützt und erinnert sich auch an Situationen, in denen seine „Eltern" stolz auf ihn waren, in denen zusammen gespielt und gelernt wurde. Gute Erinnerungen hat Rainer auch an die ausgleichende Art, mit der seine Mutter mit Konflikten zwischen den Kindern umgegangen ist und in denen ein Gegenmodell zu ethnozentrischen Vorbildern gesehen werden kann. Als unterstützend hat er auch seine älteren Schwestern erlebt, denen gegenüber er sich nicht nur als „Nesthäkchen" bevorzugt fühlt, sondern die vermutlich auch mütterliche Betreuungsdefizite ausgleichen konnten. In dieser Familie werden weder ausgeprägte Hierarchien, noch die Durchsetzung Stärkerer sichtbar. Ganz im Gegenteil, das Nesthäkchen fühlt sich privilegiert, so daß in dieser Hinsicht keine Notwendigkeit zu bestehen scheint, einen entsprechenden Mangel zu kompensieren.

Zu dem Bedingungsgefüge, das hinsichtlich ethnozentrischer Orientierungen erwartet werden konnte, paßt hingegen nicht die Art und Weise, in der Mark und Rainer im Interview über die familiäre Situation sprechen. Es wurde hier davon ausgegangen, daß Menschen, die in der Lage sind, Konflikte und Schwierigkeiten offen zu benennen, eher weniger auf die Verunglimpfung von Fremdgruppen angewiesen sind, auf die sie ihre negativen Empfindungen projizieren. Demgegenüber wurden solche Verschiebungen, die zu negativen Vorurteilen und nationaler Selbstüberhöhungen führen, bei denjenigen erwartet, die nicht offen über Konflikte sprechen, z.B. über ihre Probleme im Zusammenhang mit der elterlichen Scheidung.

Entgegen dieser Erwartung verschweigt Rainer die Scheidung seiner Eltern während des ersten Interviews gänzlich. Dies gelingt ihm, indem er vom Stiefvater zunächst einfach als „Vater“ spricht. Im Anschluß an das erste oder vor Beginn des zweiten Interviews - jedenfalls bei abgeschaltetem Tonbandgerät - informiert er die Interviewerin über die Ehescheidung seiner Eltern. Als er im zweiten Interview auf seinen leiblichen Vater angesprochen wird, signalisiert er sofort heftige und entschiedene Abwehr: „Der hat damit gar nichts zu tun“. Rainer behält diese abwehrende Haltung auch während der restlichen Interviews bei, so daß eine weitere Klärung nicht möglich ist. Es könnte vermutet werden, daß die Ehe der Eltern besonders problematisch verlief, so daß das Sprechen darüber in der Familie einem Tabu unterliegt. Wenn dies der Fall ist, geht Mark mit ähnlichen Belastungen jedoch ganz anders um: Er berichtet von Schilderungen seiner Mutter, denen zufolge der Vater viel und oft getrunken habe und sie verschiedentlich verprügelte. Überhaupt verhält sich Mark im Interview diesbezüglich ganz anders. Schon bei der ersten Gelegenheit, die sich bietet, spricht er offen über die Situation seiner Familie, indem er vom Zusammenleben mit seiner Mutter, dem Bruder und dem „Stiefvater“ berichtet. Im weiteren Verlauf der Befragung bezeichnet er die Scheidung der Eltern wiederholt als ein für ihn ganz entscheidendes familiäres Problem, das sich auf seine Persönlichkeitsentwicklung negativ ausgewirkt habe.

Es fällt jedoch auf, daß Mark seine familiäre Situation in der Weise thematisiert, daß er anderen Personen die Schuld an seinem Unglück gibt. Indirekt ist es der Halbbruder, dessen Geburt die als harmonisch geschilderte Situation verändert hat. Ganz massive Vorwürfe macht Mark in diesem Zusammenhang seinem Stiefvater, der ihn seither nur noch wie einen Sohn zweiter Klasse behandle. Im Zusammenhang mit Konflikten wird die Familie zumindest ansatzweise so geschildert, als zerfalle sie in zwei Lager: Mark und seine Mutter auf der einen, der Stiefvater und der Halbbruder auf der anderen Seite. Während Mark seinen Halbbruder und den Stiefvater für sein Familienunglück verantwortlich macht, wird die Mutter ausgespart. Es bleibt unklar, wie er sie erlebt und ob sich die Zuwendung der Mutter durch die Geburt des Halbbruders verringert hat. Ganz unabhängig von der Frage, inwieweit Marks Schilderung dem tatsächlichen Verhalten der verschiedenen Familienmitglieder entspricht, folgt sie dem Prinzip ethnozentrischer Darstellungen: Mark unterscheidet zwischen Eigengruppenangehörigen, von denen er als Opfer bzw. in neutraler Weise spricht - die „richtigen“ Familienmitglieder - und Fremdgruppenangehörigen, die er zu Tätern stilisiert bzw. die als Schuldige beschrieben werden - Stiefvater und Halbbruder, der überdies beständig als Stiefbruder bezeichnet wird.

7.2.2 Das Erleben der Scheidung im Falle Dirks

Die in den letzten Abschnitten thematisierten Bedingungen in den Familien Marks und Rainers stellen eine spezielle Möglichkeit für das Erleben der elterlichen Scheidung dar; die Betroffenen waren damals sehr jung, haben keine Erinnerungen mehr an die Zeit in der Ursprungsfamilie, außerdem hatten sie seither keinen Kontakt mehr zum leiblichen Vater, so daß die aktuelle Familiensituation zumindest von außen betrachtet als Normalfall empfunden werden könnte. Ganz anders gelagert sind solche Fälle, in denen die Kinder zum Zeitpunkt der Scheidung älter sind, so daß das Bewußtsein eines Bruchs zwischen der Zeit vor und nach der Scheidung wahrscheinlicher ist. Hier erinnert ein möglicherweise immer noch präsenter Vater an die Zeit vor der Scheidung und trägt dazu bei, daß die Rest-Familie zumindest zeitweise als nicht mehr komplett erlebt werden kann. Um auch solch einen ganz anderen Fall zu berücksichtigen, soll im folgenden kurz auf die Erfahrungen Dirks eingegangen werden.

Dirk war vermutlich 10 Jahre alt, als eine Eltern sich scheiden ließen. Er gibt an, damals gar nicht richtig kapiert zu haben, was das bedeute. Zusammen mit seiner fünf Jahre älteren Schwester blieb Dirk bei der Mutter. In den folgenden Jahren macht er zunächst seinen Vater für die Scheidung verantwortlich; er berichtet, ihn deswegen gehaßt zu haben - heute denkt er, daß man es nicht so einseitig sehen könne. Der Kontakt zum Vater ist sporadisch und bricht zwischendurch ganz ab - Dirk nimmt an, der Vater habe ihn nicht sehen wollen. Als besonders problematisch schildert Dirk auch das Verhältnis zur neuen Familie des Vaters, mit der er und seine Schwester nichts zu tun haben möchten. Das Verhältnis zu seiner inzwischen verheirateten Schwester bezeichnet er als gut. Sie habe ihm geholfen, über die Scheidung hinwegzukommen; dieses Erlebnis habe sie „fest aneinander gebacken". Seit einigen Jahren hat die Mutter einen neuen Lebensgefährten, der im selben Haushalt lebt. Zeitweise macht Dirk ihn dafür verantwortlich, daß er sich von seiner Mutter vernachlässigt fühlt. Zwischen den beiden Männern kommt es zu heftigen, fast handgreiflichen Konflikten. Durch seine Weigerung sich unterzuordnen, will Dirk klarstellen, daß der Freund der Mutter nicht der „König im Haus" ist.

Hier werden diverse, in der Scheidungsforschung thematisierte Faktoren deutlich. Der als hilfreich und unterstützend erlebten Beziehung zur Schwester stehen verschiedene Bedingungen gegenüber, von denen eine belastende Wirkung angenommen werden kann. Dirk fühlt sich von seinem Vater abgelehnt und bewertet die Beziehung zu ihm mehrfach mit den Worten „nichts Dolles". Aus der Zeit vor der Scheidung berichtet er von seinem Vater als einem wichtigen Verbündeten, so daß hier der Eindruck entsteht, es habe eine tiefgreifende Veränderung stattgefunden. Konkurrenzgefühle artikuliert Dirk sowohl gegenüber der neuen Familie des Vaters als auch gegenüber dem neuen Partner der Mutter. Gleichzeitig betont er jedoch auch die gute, fast partnerschaftliche Beziehung zwischen ihm und seiner Mutter - auch diesbezüglich eine Verkehrung der Prä-Scheidungsverhältnisse.

Die Scheidung seiner Eltern ist im Falle Dirks ein zentrales Thema, das implizit und explizit alle Interviews durchzieht. Bereitwillig und ausführlich spricht er bei jeder sich bietenden Gelegenheit über das familiäre Unglück und seine damit verbundenen Leiden. Neben seinen Berichten über die Konflikte mit dem Lebensgefährten der Mutter problematisiert er vor allem das Verhalten des Vaters. Einerseits relativiert er dessen „Alleinschuld" und spricht reflektiert über die Tendenz der Restfamilie, den Vater zum Sündenbock abzustempeln. Andererseits wirft er ihm mangelndes Interesse vor und gibt an, mit ihm und seiner neuen Familie nichts anfangen zu können. Im Gegensatz hierzu beklagt er sich zwar über die Vernachlässigung durch die Mutter, gleichzeitig idealisiert er seine Beziehung zu ihr und wünscht sich, von ihr den „Arsch voll" zu bekommen, so wie er es als Kind gelegentlich erlebte. Als besonders eng schildert er das Verhältnis zur Schwester, mit der er sich auch über das gemeinsame Verhalten gegenüber der neuen Familie des Vaters verständigt.

Dirk gehört zu den Befragten, bei denen eine teilweise ethnozentrische Orientierung festzustellen ist, d.h. bei ihm finden sich deutliche Diffamierungen bzw. Entwertungen der Angehörigen ethnischer Fremdgruppen, jedoch keine Bemühungen, die Deutschen diesen gegenüber zu verherrlichen. Schon bevor der Interviewer zu Ethnozentrismus-relevanten Punkten nachfragt, spricht Dirk von gewalttätigen Ausländern und von Skinheads als „Gesocks" und fordert halb scherzhaft, solche Leute „an die Wand" zu stellen. Er äußert große Angst vor gewalttätigen Angriffen, mit denen er aber glücklicherweise noch keine Erfahrungen gemacht habe, denn: „Dann würde ich wahrscheinlich hier auch nicht sitzen". Als Kehrseite dieser Bedrohungsphantasien können seine Vorstellungen zu Asylbewerbern angesehen werden, die er ablehnt, weil sie nur deswegen nach Deutschland kämen, „daß se immer gut was zum Kaufen haben (...) oder Klauen sogar". Außerdem befürchtet er, daß jede Familie in ihrer Wohnung demnächst Asylbewerber aufnehmen müsse, wenn die Zahl der Flüchtlinge weiter ansteigt.[5]

Auch in diesem Fall gehen ausgeprägte Tendenzen zur Abwertung ethnischer Fremdgruppen mit einer bereitwilligen Thematisierung der als problematisch erlebten Familiensituation einher. Einzelne Familienmitglieder werden zwar idealisiert bzw. die Beziehungen zu ihnen erscheinen verklärt, doch gibt es - abgesehen von der Beziehung zur Schwester - auch gegenläufige Tendenzen, so daß streckenweise Vorwürfe und Klagen dominieren. Ähnlich wie Mark konstruiert also auch Dirk in Kontext seiner Familie Eigen- und Fremdgruppen, die

[5] Diese konkrete Befürchtung, Asylbewerber in der eigenen Wohnung aufnehmen zu müssen, ist im Rahmen der vorliegenden Interviews selten geäußert worden. Neben Dirk assoziiert nur Jan eine ähnliche Möglichkeit, der sich ansonsten als entschiedener Kämpfer gegen Rassismus und Fremdenfeindlichkeit präsentiert. Auch in Jans Familie hat es eine Scheidung gegeben, nach seinen Angaben allerdings vor seiner Geburt. Es könnte vermutet werden, daß diese spezielle Befürchtung - das familiäre Zuhause zu verlieren oder teilen zu müssen - mit der Erfahrung der Scheidung zusammenhängt. Es wäre interessant, dieser Frage anhand einer größeren Fallzahl nachzugehen.

er sehr unterschiedlich bewertet. Dabei unterscheidet er zunächst zwischen Mutter, Schwester und ihm selbst auf der einen und dem Vater und dessen neuer Familie auf der anderen Seite. In dieser Situation überhöht er die Mutter und spricht auch von der Schwester sehr positiv. In bezug auf die letzten Jahre zieht er die Grenze zwischen dem neuen Mann der Mutter und sich selbst. Die Mutter sitze diesbezüglich zwischen den feindlichen Linien, einerseits tendiere sie zu ihrem Freund, so daß Dirk sich vernachlässigt fühlt, andererseits scheint der neue Mann ausgeblendet zu werden, so daß Dirk sich zumindest ansatzweise zum Partnerersatz stilisiert.

Einige der hier beschriebenen Bedingungen - Beziehung zwischen den Eltern, Eltern-Kind-Beziehung, modellhafte Differenzierung zwischen Eigen- und Fremdgruppen in der Familie - sind auch bei anderen Befragten von erkennbarer Bedeutung und werden im nächsten Kapitel thematisiert. Anders ist das bei Geschwisterbeziehungen, denen bei den Befragten, um die es in diesem Kapitel geht, offenbar eine besondere Bedeutung zukommt, so daß ich an dieser Stelle einen kurzen Exkurs für angebracht halte.

Exkurs: Beziehungen zu Geschwistern und Ethnozentrismus

Die Beziehungen zu Geschwistern werden zu den wichtigsten und einflußreichsten gerechnet, in die ein Mensch im Verlauf seines Lebens eingebunden ist. Diese Beziehungen gelten u.a. als bedeutsam dafür, daß Kinder lernen, Aggressionen zu regulieren und Impulse zu kontrollieren. Auch Empathie und prosoziales Verhalten werden im Kontakt zu Geschwistern erlernt (vgl. Schmidt-Denter 1993; Bank und Kahn 1989, S. 45). Wie in den letzten Kapiteln deutlich wurde, zeichnen sich ethnozentrische Orientierungen vielfach durch auffällige Aggressivität, instrumentelle Überlegungen und die mangelnde Bereitschaft zur Perspektivenübernahme z.B. gegenüber Flüchtlingen aus. Ethnozentrismus könnte daher als Mangel an solchen Fähigkeiten verstanden werden, die ganz entscheidend in Geschwisterbeziehungen erlernt werden. Einzelne Forschungsergebnisse stützen diese Vermutung. In den Studien zur Autoritären Persönlichkeit wird berichtet, Ethnozentriker neigten dazu, Brüder und Schwestern zu idealisieren und in einer Art und Weise von den Beziehungen zu ihnen zu berichten, bei der eher konventionelle Vorstellungen als genuine Gefühle betont werden (Adorno u.a. 1969, S. 377 ff).

Wenn es um die Bedeutung von Geschwistern geht, wird vor allem die Stellung in der Geburtsreihe beachtet. Besonderes Interesse gilt dabei Einzelkindern und Erstgeborenen. Im Vergleich zu den Nachgeborenen hätten sie weniger Gelegenheit und auch ein geringeres Bedürfnis, soziales Geschick bzw. prosoziales Verhalten zu entwickeln (Schmidt-Denter 1993, S. 346 f). Gemäß einer Umfrage des Allensbacher Instituts für Demoskopie finden sich bei den Rechtsextremen überdurchschnittlich viele Einzelkinder (W. Hopf 1991a, S. 54). Das hier vorliegende Datenmaterial stützt diese Vermutungen zum Teil. Alle drei Einzelkinder, die im Rahmen der Hildesheimer Untersuchung befragt wurden, zeichnen sich durch eine deutlich ethnozentrische Haltung aus. Solche Koinzidenzen sollten allerdings nicht überbewertet werden, da im Zusammenhang ethnozentrischer Orientierungen eine Vielzahl verschiedener Einflüsse zu berücksichtigen sind. Ganz abgesehen davon, läßt auch die Größe und Auswahl der Hildesheimer Befragtengruppe keine diesbezüglichen Aussagen zu. Sehr wohl lassen sich hier allerdings Rückschlüsse auf die Qualität geschwisterlicher Beziehungen ziehen, soweit diese in den Schilderungen der Befragten deutlich werden.

In diesem Kapitel zeigt sich, wie wichtig die Geschwister für den einzelnen im Fall der elterlichen Scheidung und der darauf folgenden Entwicklungen sein können. Für Rainer und Dirk sind die älteren Schwestern zentrale Bezugspersonen - teilweise kann man hier wohl von „Ersatzmüttern“ sprechen - und werden im Interview entsprechend positiv gewürdigt. Mark assoziiert mit seinem Halbbruder vor allem dessen Bevorzugung durch den Stiefvater, so daß er ihm gegenüber vor allem Eifersucht artikuliert. Bei aller Verschiedenheit ist diesen Fällen die tendenzielle Eindeutigkeit bei der Bewertung der Geschwisterbeziehung gemeinsam. Eine vergleichbare Dominanz positiver oder negativer Aspekte in der Beziehung zu Geschwistern wird sonst kaum beschrieben. Die Schilderungen der Kontakte zu Geschwistern werden eher von einem schwer faßbaren Neben- oder Nacheinander sehr verschiedener Gefühle dominiert, die nicht selten äußerst widersprüchlich sind.

Im hier vorliegenden Datenmaterial finden sich solche eher eindeutig beschriebenen „Ausnahme“-Beziehungen zu Geschwistern bei Befragten, in deren Familie es eine Scheidung gegeben hat und bei einem jungen Mann, dessen Mutter gestorben ist. Während eine vergleichbar negative Eindeutigkeit, wie sie bei Mark deutlich wird, sonst nicht vorkommt, werden ältere Schwestern von zwei dieser Befragten ähnlich positiv beschrieben, wie von Rainer und Dirk. So beschreibt z.B. Jan den Trost durch die ältere Schwester wesentlich anschaulicher, als die Zuwendung durch die Eltern, so daß auch hier der Eindruck einer besonders wichtigen Geschwisterbeziehung entsteht. Armin, der ansonsten großen Wert auf seine Unabhängigkeit legt und den Eindruck erweckt, sich von niemandem etwas sagen zu lassen, hört sich seinen Angaben zufolge die Ermahnungen seiner Schwester zumindest geduldig an. Auch wenn diese Angaben zu Geschwisterbeziehungen mit erheblichen Unsicherheiten behaftet sind, kann in ihnen doch eine Bestätigung für bestimmte Resultate der Geschwisterforschung gesehen werden.

> Intensive Geschwisterbindungen mit Konsequenzen für die Persönlichkeitsentwicklung entstehen, wenn es unter den Geschwistern in Kindheit oder Adoleszenz sehr viel Zugang und Kontakt gibt und ihnen zuverlässige elterliche Zuwendung vorenthalten werden. In dieser Situation sind Geschwister füreinander ein wesentlicher Einflußfaktor und Prüfstein für die Suche nach

persönlicher Identität. Emotional befriedigende Beziehungen z.B. zu Eltern, eigenen Kindern oder Partnern lassen die Geschwisterbindung schwächer und unwichtiger werden. (Bank und Kahn 1989, S. 24)

Dieser Einschätzung zufolge hat die Beziehung zu Geschwistern dann die deutlichsten Folgen, wenn die Beziehungen zu den Eltern schwach ausgeprägt sind, Defizite aufweisen oder aufgrund von Scheidung oder Tod ganz abgebrochen werden mußten (vgl. hierzu auch Stewart 1983). Vor diesem Hintergrund wirkt es plausibel, im Falle Rainers oder Marks zumindest in bestimmten Phasen von einem spezifischen Einfluß der Geschwister auszugehen, auch wenn bei anderen Befragten entsprechende Zusammenhänge nicht deutlich werden. Generell sollte man die Beziehungen zu Geschwistern jedoch nicht isoliert betrachten, sondern als Teil eines familiären Systems, in dem auch das Verhältnis zwischen den Geschwistern ganz entscheidend von den Eltern geprägt wird (vgl. Broderick 1993, S. 119).

7.3 Zusammenfassende Interpretation

Zunächst ist hier festzuhalten, daß die jungen Männer, in deren Familie es eine Scheidung gegeben hat und deren Lebensumstände von außen betrachtet sehr ähnlich sind, sich ganz unterschiedlich orientieren. Durch eine genauere Betrachtung lassen sich verschiedene Faktoren bestimmen, von denen anzunehmen ist, daß sie die Ausprägung einer ethnozentrischen Haltung fördern:

- Elterliche Vorbilder, die Beziehungen oder Verhaltensweisen vorleben, in denen es einem Partner darum geht, sich durchzusetzen;
- Eltern oder Stiefeltern, die in erster Linie als ablehnend oder vernachlässigend erlebt werden bzw. deren Fürsorge sich z.B. durch die Geburt eines weiteren Kindes verringert;
- Geschwister, von denen angenommen wird, daß sie privilegiert sind oder bevorzugt werden.

Demgegenüber werden im Fall Rainers, der sich pluralistisch äußert, Erlebnisse deutlich, die auf Zuwendung und Bestätigung durch „Eltern“ und Geschwister schließen lassen. Darüber hinaus kann sowohl in der Beziehung zwischen Mutter und Stiefvater als auch im mütterlichen Umgang mit Konflikten unter den Kindern ein Modell für eine Orientierung gesehen werden, bei der es darum geht, den Bedürfnissen aller Beteiligten gerecht zu werden.

Zum Teil bestätigt dieser Fallvergleich damit die Ergebnisse der Scheidungsforschung, in der auf die Möglichkeit ganz verschiedener Beziehungen verwiesen wird, die sich förderlich oder hinderlich auf die kindliche Entwicklung auswirken können - sowohl zwischen „Eltern“ und Kindern (Fthenakis u.a. 1982; Kaiser 1993) als auch zwischen den Geschwistern (Bank und Kahn 1989). Demgegenüber konnten keine Anzeichen für den positiven Einfluß einer offenen Thematisierung der Scheidungssituation gefunden werden, wie dies verschiedentlich beschrieben wird (vgl. Fthenakis u.a. 1982, S. 161; Raschke 1987, S. 616). Es hat sich auch die Erwartung nicht bestätigt, daß eher diejenigen zum Ethnozentrismus neigen, die die familiäre Situation nicht problematisieren, sondern sie idealisieren und schwierige Aspekte verleugnen (vgl. Adorno u.a 1969; Hopf 1990). Ganz im Gegenteil ist es vielmehr so, daß die Befragten, die von der Scheidung in ihrer Familie während der Interviews nicht oder nur sehr widerstrebend erzählen, sich zum Thema Ausländer eher liberal und pluralistisch äußern. Diejenigen, die ethnische Fremdgruppen abwerten, thematisieren dagegen bereitwillig ihre familiäre Situation und die Schwierigkeiten, unter denen sie in diesem Zusammenhang leiden. Es reicht offenbar nicht aus, hinsichtlich der Thematisierung problematischer familialer Bedingungen zwischen Verleugnung und offener Thematisierung zu differenzieren. Es scheint vielmehr so zu sein, daß man die Art und Weise, in der familiäre Beziehungen erlebt und thematisiert werden, berücksichtigen muß, wenn man Anhaltspunkte zur Entwicklung ethnozentrischer Orientierungen gewinnen möchte.

Es ist auffällig, daß sowohl Mark als auch Dirk ihre Familien in Eigen- und Fremdgruppen unterteilen. Die Mitglieder der jeweiligen familialen Eigengruppe werden nicht kritisiert, zum Teil sogar idealisiert, während die Fremdgruppenangehörigen für Probleme verantwortlich gemacht und zum Teil regelrecht diabolisiert werden. Solch eine Teilung der familiären Welt entspricht auffallend dem Muster ethnozentrischer Argumentationen, durch die die Angehörigen verschiedener Ethnien oder Nationen in ein ungleiches Verhältnis zueinander gesetzt werden. Um die Entwicklung ethnozentrischer Orientierungen besser zu verstehen, kann es hilfreich sein, danach zu fragen, ob grundlegende Differenzierungen zwischen „uns" und „denen" schon in der Familie bedeutsam waren und ob solche Gruppenbildungen mit gegensätzlichen Bewertungen verbunden waren. Vor dem Hintergrund dieser Ergebnisse scheint es dringend geboten, auch formal nicht intakte Familien differenzierter zu betrachten, anstatt aus - von außen betrachtet - abweichend erscheinenden Verläufen ohne weiteres auf die Entwicklung problematischer Orientierungs- oder Handlungsmuster zu schließen.

8. Die Beziehung zu den Eltern und ihre Bedeutung für die Entwicklung ethnozentrischer Orientierungen

Wenn im Zusammenhang mit der Entwicklung ethnozentrischer oder rechtsextremer Orientierungen auf die große Bedeutung der Familien hingewiesen wird (z.B. Heitmeyer 1988, S. 127), ist in der Regel entweder die Unterstützung durch die Eltern oder die Beziehung zu ihnen gemeint. Dabei kann zwischen solchen Ansätzen, die eher auf eine manifeste politische Vorbildfunktion abheben, und jenen, in denen diesbezüglich eher die allgemeinen Auswirkungen der Sozialisation im Vordergrund stehen, unterschieden werden. Im folgenden möchte ich zunächst auf solche Vorstellungen eingehen, die eine Übernahme politischer Einstellungen von den Eltern implizieren (8.1). Anschließend geht es um die Erkenntnisse zu den Auswirkungen der familialen Sozialisation, womit vor allem die Erfahrungen mit den Eltern gemeint sind, bei denen es auf den ersten Blick nicht um die Vermittlung politischer Vorstellungen geht (8.2). Im Zentrum dieses Kapitels steht dann anschließend die Analyse der verschiedenen Faktoren, die im Zusammenhang mit den Eltern für die Ausprägung ethnozentrischer Orientierungen von Bedeutung sind.

8.1 Die Einstellung der Eltern als Bedingung ethnozentrischer Orientierungen

Die Eltern gelten im Zusammenhang mit der politischen Sozialisation Jugendlicher als wichtig. Umstritten ist allerdings, ob und in welcher Weise sich die elterlichen Einstellungen auf die Orientierungen ihrer jugendlichen oder erwachsenen Kinder auswirken. Dabei stehen Erklärungsversuche, die eine Vorbildfunktion der Eltern annehmen und als „Transmissionshypothese" (Kracke u.a. 1993, S. 981) bezeichnet werden, solchen Ansätzen gegenüber, die eher die Abgrenzung von den Eltern akzentuieren - man könnte diese als „Protesthypothese" bezeichnen.

Empirische Untersuchungen, die zuverlässige Aussagen zur Übereinstimmung der politischen Ansichten von Jugendlichen mit denen ihrer Eltern zulassen, sind selten. Wenn es dabei um allgemeine politischen Orientierungen geht, dann ist eher vorsichtig von „Ähnlichkeiten" zwischen den Ansichten von Jugendlichen und ihren Eltern die Rede (Kracke u.a. 1993, S. 981). Auch hinsichtlich ethnozentrischer Orientierungen bleiben die Resultate unbefriedigend. Bei einer Befragung, die zu Beginn der 80er Jahre im Raum Frankfurt/Main durchgeführt wurde, zeigten sich Zusammenhänge zwischen ausländerfeindlichen Positionen Jugendlicher und entsprechenden Aussagen ihrer Eltern. 67 % der Eltern von Jugendlichen, die als rechtsextrem eingeschätzt wurden, plädierten dafür, Ausländer wieder in ihre Heimatländer zurückzuschicken. Allerdings wurde diese

Meinung auch von 42 % der Eltern solcher Jugendlicher vertreten, die sich selbst gegen solche Rückführungsmaßnahmen aussprachen (Fend 1994, S. 153 f). Von einem vorbildhaften Einfluß der Eltern auf die politischen Orientierungen ihre jugendlichen Kinder kann demnach in vielen Fällen keine Rede sein.

Hinzukommt, daß die politischen Einstellungen der Eltern solcher Jugendlicher, die sich ethnozentrisch orientieren, zumeist gar nicht bekannt sind. Die vorliegenden Ergebnisse basieren häufig auf den Angaben, die die Jugendlichen zur Übereinstimmung mit den Eltern machen (z.B. bei Wellmer 1994, S. 283) oder auf Vermutungen von Wissenschaftlern (z.B. bei Hartmann u.a. 1985, S. 89). Wenn über Zusammenhänge zwischen ausländerfeindlichen Haltungen von Eltern und denen ihrer jugendlichen oder erwachsenen Kinder geschrieben wird, müssen also erhebliche Unsicherheiten in Rechnung gestellt werden.

Im Falle von Jugendlichen mit rechtsextremer Gesinnung wird teilweise eine offene Identifikation mit Eltern oder Großeltern angenommen, die aus der Zeit des „Dritten Reiches" erzählen oder den Nationalsozialismus positiv bewerten (Bohleber 1994, S. 77; Chaussy 1989, S. 122; Inowlocki 1992, S. 60 f; Schiebel 1992, S. 75). Luise Wagner-Winterhager sieht darin die „eigenartige Tendenz zur Imitation der väterlichen oder der großväterlichen national-konservativen, aber auch faschistischen Ausdrucks- und Verhaltensweisen" (Wagner-Winterhager 1983, S. 397, zitiert nach Löchte und Sill 1994, S. 44). Wulf Hopf weist in diesem Zusammenhang darauf hin, mit welchen Unklar- bzw. Unsicherheiten entsprechende Angaben verbunden sind. Es kann nicht geklärt werden, ob entsprechenden Berichten von Jugendlichen tatsächlich prägende Kontakte zugrundeliegen oder ob es sich um irrationale Übersteigerungen handelt (W. Hopf 1991b, S. 255 f). Die „informell-private" Überlieferung historischer Vorbilder kann - den vorliegenden Untersuchungen nach zu schließen - also nur mit Vorsicht zu den Entstehungsbedingungen aktueller ethnozentrischer Orientierungen gerechnet werden. Im Zusammenhang mit den Auswirkungen des Nationalsozialismus auf die nachfolgenden Generationen wird außerdem die Verdrängung von Schuld- und Unrechtsempfinden problematisiert. Das kollektive Schweigegebot werde durch die wechselseitige Kontrolle der Familienmitglieder aufrechterhalten. Diese Tradition des Schweigens führe nicht nur zu einer Weitergabe von Schuldgefühlen an die nächste Generation, sondern auch zu neuem Antisemitismus, Fremdenhaß und Empfindungslosigkeit (Rosenthal 1992, S. 30 f).

Im Gegensatz zu den oben beschriebenen Ansätzen, die vor allem intergenerative Kontinuitäten beschreiben, werden ethnozentrische Orientierungen in letzter Zeit häufig auch als Protest gegen und Abgrenzung von den Eltern im Generationskonflikt gedeutet. Nach Ansicht von Bodo Morshäuser gehe es jeder Generation darum, den wunden Punkt der Eltern zu treffen. Aus diesem Grunde hätten die „68er" - d.h. die Generation der Studentenbewegung - die unbewältigte nationalsozialistische Vergangenheit ihrer Eltern angeprangert. Die Kinder der „68er" identifizierten sich nun mit dieser Großelterngeneration, auch um sich von den eigenen Eltern abzugrenzen (Morshäuser 1992). In diesem Zusammenhang ist auch die Rede davon, die Eltern seien durch eine konformistische bzw. unpolitische Haltung oder durch einen „hilflosen Antifaschismus" unglaubwürdig und förderten auf diese Weise die rechtsextreme Ausrichtung ihrer Kinder (Chaussy 1989, S. 123 f). Andere Autoren betonen die fehlende Autorität der Eltern - speziell der Väter - die zu Orientierungslosigkeit führe (Riehl-Heyse 1989, S. 148). In diesen Kontext gehört auch die in letzter Zeit häufiger veröffentlichte These, die antiautoritären „68er" hätten als lenkende Eltern versagt und die nächste Generation auf diese Weise in den Rechtsextremismus getrieben (vgl. Bohleber 1994).

Diesen hier nur kurz beschriebenen Reflexionen zu den Folgen intergenerativer Konflikte fehlt allerdings eine empirische Basis. Ganz im Gegenteil: Rechtsextreme Jugendliche berichten eher von Lebenszusammenhängen, die sich durch einen autoritären Umgangston auszeichnen (Fend 1994, S. 153). Auch an anderer Stelle wird dieser „Protesthypothese" widersprochen, so daß in diesem Zusammenhang vielmehr festgehalten werden kann: „Autoritäre Erziehung schafft autoritäre Charaktere, die für äußere Steuerung leicht verfügbar sind, weil innere Orientierungen und Hemmungen fehlen" (Merten 1993, S. 138). Demgegenüber sind mir keine konkreten Anhaltspunkte für die These bekannt, derzufolge sich die Kinder von antiautoritären „68ern" rechtsextrem orientieren.[1]

Solch eine „Protesthypothese" steht auch im Widerspruch zu jenen Erkenntnissen, denen zufolge Ethnozentriker sich eher an den Auffassungen der Eltern orientieren als Nicht-Ethnozentriker. Entsprechende Zusammenhänge beschreibt schon Daniel Levinson im Rahmen der Studien zur Autoritären Persönlichkeit (Adorno u.a. 1969, S. 192). Auch in neueren Untersuchungen geben Jugendliche mit rechtsextremer Orientierung überdurchschnittlich häufig an, daß sie mit den politischen Orientierungen ihrer Eltern übereinstimmen (vgl. Fend 1994, S. 154; W. Hopf 1991b, S. 257 f). Andererseits wird in letzter Zeit vereinzelt die Vermutung geäußert, daß die Übereinstimmung mit den politischen Vorstellungen der Eltern im Falle emotional befriedigender Beziehungen zu ihnen wahrscheinlicher wird (Kracke u.a. 1993, S. 976). Dies würde bedeuten, daß die Frage „Transmission" oder „Protest" nicht losgelöst von den Qualitäten der jeweiligen Beziehungen beantwortet werden kann.

[1] Gemäß den ersten Ergebnissen einer Untersuchung an der Freien Universität Berlin gibt es auch keine Anzeichen dafür, daß rechte Orientierungen bei Schülern mit tatsächlich bzw. vermeintlich linken Einstellungen ihrer Lehrer korrespondieren. Elke Bovier weist vielmehr darauf hin, daß Lehrer, die sich selbst „links" verorten, von ihren Schülern gar nicht als „links" eingeschätzt werden; auch hier liegen demnach keine Ansatzpunkte für die Deutung einer rechtsextreme Gesinnung als Protest gegen linke Positionen der älteren Generation. (Bovier 1995)

8.2 Die Beziehung zu den Eltern und ethnozentrische Orientierungen

Hinsichtlich möglicher Zusammenhänge zwischen den in der Familie gesammelten Beziehungserfahrungen und der Entwicklung ethnozentrischer Orientierungen sind zunächst die Ergebnisse aus dem Bereich der Autoritarismusforschung zu berücksichtigen. In den Studien zur Autoritären Persönlichkeit werden Vorurteile gegenüber den Angehörigen ethnischer Fremdgruppen mit hierarchisch geordneten Familienverhältnissen in Zusammenhang gebracht, bei denen sich die Kinder den elterlichen Vorstellungen zu beugen und die Frau sich dem Mann unterzuordnen hat sowie die Verschiedenheiten zwischen Frauen und Männer betont werden (vgl. auch für die folgenden Ausführungen Adorno u.a. 1969, S. 384 ff). Das Familienleben orientiere sich in diesen Fällen vornehmlich an äußeren Konventionen, während Gefühle eher nicht geäußert werden und folglich auch Kinder ihre Impulse zu unterdrücken und sich anzupassen haben. Diese Familien werden als vaterdominiert beschrieben; der Vater selbst werde in der Regel als streng und distanziert, die Mutter häufig als aufopferungsvoll erlebt. Den Kindern bleibe nur die Wahl, sich mit dem „starken“ Vater oder mit der „schwachen“ Mutter zu identifizieren - zumindest die Söhne entschieden sich in der Regel für den Stärkeren.

Die für die Kinder unbefriedigenden Verhältnisse - hierarchische Konfliktlösungen, mangelnde Zuwendung, strikte Disziplinierung - führten jedoch allenfalls zu unterschwelligen Aggressionen gegen die Eltern, die von ihnen ansonsten idealisiert werden. Die unterdrückte Aggression werde auf schwache Außenseiter verschoben, vor denen sie keine Angst haben und von denen sie sich auch nicht abhängig fühlen, wie dies gegenüber den Eltern der Fall ist. Gestützt werden diese Vorstellungen auch durch die Beobachtung, daß die Neigung zu einer ethnozentrischen Orientierungsweise in dem Maße abnimmt, in dem der einzelne seine Eltern weniger idealisiert (Frenkel-Brunswik u.a. 1958, S. 644 f). Offene Feindseligkeit gegenüber den eigenen Eltern, die mit der generellen Neigung zur Rebellion gegenüber Autoritäten in Verbindung stehe, wird hingegen eher bei solchen Befragten festgestellt, die besonders wenig zum Ethnozentrismus neigen (Adorno u.a. 1969, S. 388 f).

Christel Hopf hat in ihren Arbeiten, die auf eine Weiterentwicklung des Autoritarismus-Ansatzes abzielen, etwas andere Schwerpunkte gesetzt. Einerseits plädiert sie für eine stärkere Berücksichtigung der mütterlichen Einflüsse (Hopf 1990). Die bisher vorliegenden Ergebnisse der Hildesheimer Forschungen bestätigen diese veränderte Akzentuierung: Wenn man weniger die Dominanzverhältnisse in der Familie, sondern vor allem die emotionale Qualität der elterlichen Zuwendung beachtet, wird die große Bedeutung der Mütter evident, während die Väter in dieser Hinsicht weniger präsent sind (vgl. Hopf u.a. 1995, S. 85 ff). Darüber hinaus werden von Hopf neben der Idealisierung der Eltern noch andere Umgangsweisen mit ungünstigen familiären Erlebnissen herausgearbeitet. Sie verweist vor allem auf Tendenzen zur Normalisierung und Bagatellisierung belastender Erfahrungen sowie auf die Neigung, Probleme in der Eltern-Kind-Beziehung als irrelevant abzutun (Hopf 1992). Die Hildesheimer Forschungsergebnisse stützen auch diese Annahmen; ethnozentrisch argumentierende Befragte entwerten zum Teil die Bedeutung ihrer Erfahrungen im Elternhaus, ohne daß die Eltern dabei glorifiziert werden (Hopf u.a. 1995).

Für diese Modifikation einiger Aspekte der traditionellen Autoritarismusforschung erweist sich die Bezugnahme auf die theoretischen und empirischen Ergebnisse der Attachment-Forschung als besonders hilfreich. Einerseits werden die emotionalen Seiten der Beziehungen zwischen Eltern und Kindern in der Attachment-Forschung besonders eingehend thematisiert und analysiert. Andererseits wird auch die Verarbeitung bzw. der nachträgliche Umgang mit den Erfahrungen in der Kindheit noch gründlicher und systematischer untersucht und differenziert als in den Studien zur Autoritären Persönlichkeit. Eine an der Attachment-Forschung orientierte Weiterentwicklung der Autoritarismus-Tradition erscheint auch deswegen naheliegend, da einer der zentralen Bindungstypen der Attachment-Forschung große Ähnlichkeiten mit dem Typus des Autoritären aufweist (vgl. hierzu Hopf 1990).

8.2.1 Attachment: Theorie und Forschung

Die Attachment-Forschung basiert vor allem auf den theoretischen Arbeiten John Bowlbys, in denen die immense Bedeutung der frühkindlichen Bindung zu den primären Bezugspersonen, zumeist den Müttern, dokumentiert wird (vgl. Bowlby 1983, 1984 und 1985). Großen Stellenwert haben für den Kinderpsychiater Bowlby Vernachlässigungen, Trennungen und Verlusterlebnisse bzw. die Konsequenzen, die mit solchen und anderen Störungen der Eltern-Kind-Beziehung einhergehen. Eine empirische Bestätigung und systematische Erweiterung haben diese Erkenntnisse durch die Beobachtungs- und Experimentalstudien Mary Ainsworth' und ihrer Kolleginnen erfahren (Ainsworth u.a. 1978). Hinsichtlich der Beziehungen zwischen Kleinkindern und ihren Müttern differenzieren sie zwischen sicheren Bindungen, in denen die Mütter auf die kindlichen Bedürfnisse adäquat reagieren und ihren Kinder dadurch emotionale Offenheit und Verhaltenssicherheit ermöglichen, und unsicheren Bindungen, in denen dies nicht der Fall ist. Bei den unsicheren Bindungen wird zwischen dem Typ der unsicher-vermeidenden - die Mutter verhält sich vorhersehbar nicht hilfreich, so daß das Kind den Kontakt vermeidet und emotional verschlossen wirkt - und dem der unsicher-ambivalenten Bindung unterschieden - die Mutter verhält sich wechselhaft und für das Kind nicht vorhersehbar, so daß es verunsichert und ängstlich wirkt.

Michael Troy und Alan Sroufe haben bei ihren Beobachtungen spielender Kinder besonders auf solche Situationen geachtet, die mit dem Ausnutzen oder der Bestrafung eines Kindes verbunden waren („Victimization"). Solche, durch erhebliche Ungleichheit gekennzeichnete Konstellationen stellten sie vor allem dann fest, wenn eines der beteiligten Kinder zum unsicher-vermeidenden Typ gerechnet werden konnte. Unausweichlich schienen solche Konstellationen immer dann zu werden, wenn beide Kinder zuvor als unsicher-vermeidend eingeschätzt worden waren. Demgegenüber konnte bei keinem Paar, an dem ein sicher gebundenes Kind beteiligt war, eine entsprechende Situation beobachtet werden. Die unsicher-ambivalenten Kinder waren immer dann an entsprechenden Konstellationen beteiligt, wenn sie mit einem unsicher-vermeidenden spielten. Interessanterweise gerieten sie dabei immer in die Rolle des „Opfers", während die unsicher-vermeidenden ihnen gegenüber zu „Tätern" wurden (Troy und Sroufe 1987, S. 168 f). Die Beobachtungen aus weiteren Studien der Attachment-Forschung weisen darauf hin, daß Kinder, die sich unsicher-vermeidend verhalten, zu feindseligem und unsozialem Verhalten neigen und daß ihre Fähigkeit zur Empathie beeinträchtigt ist. Charakteristisch sei in ihrem Fall das Bemühen, Aggressionen zu verdecken und zu verschieben (vgl. Cassidy und Kobak 1988, S. 316).

Im Kontext der vorliegenden Arbeit ist ein Strang der Attachment-Forschung besonders interessant, der aus den ursprünglichen Beobachtungen des Bindungsverhaltens bei Kindern entwickelt wurde. Es geht dabei um die Repräsentation von Bindungserfahrungen - speziell solcher, die aus der Kindheit stammen - im Bewußtsein bzw. in der Persönlichkeitsstruktur von Erwachsenen (vgl. Main u.a. 1985). Eine Analyse der „Adult-Attachment-Interviews" (George u.a. 1985; vgl. auch Jacobsen 1993) ermöglichen sowohl eine detaillierte Bestandsaufnahme der Erinnerungen an die sozialen Beziehungen in der Kindheit als auch eine Analyse der Art und Weise, in der bindungsrelevante Zusammenhänge dargestellt, erinnert bzw. verklärt werden. Vergleichbar den Typen des Bindungsverhaltens bei Kindern können dadurch verschiedenen Typen der Bindungsrepräsentation bei Erwachsenen diagnostiziert werden.

Übersicht 8: Parallelen zwischen dem Bindungsverhalten bei Kindern und der Bindungsrepräsentation bei Erwachsenen gemäß den Modellen der Attachment-Forschung

Bindungs-verhalten bei Kindern	Sicher - kontaktfreudig - erkundend	Unsicher-Vermeidend - aggressiv - ablehnend	Unsicher-Ambivalent - ängstlich - anklammernd
Bindungsre-präsentation Erwachsener	Sicher-Autonom - freier und sachlicher Zugang zu Bindungserfahrung	Abwehrend-Bagatellisierend - leugnen und bagatellisieren von Bindungserfahrung	Verstrickt - unsachlich und konfus in bezug auf Bindungserfahrung

Diese Typisierung ist das Resultat einer detaillierten Auswertung der Adult-Attachment-Interviews, in denen die Befragten sich vor allem zu den Beziehungen äußern, die sie in der Kindheit zu ihren Eltern hatten. Es geht dabei zunächst um die Erfahrungen aus der Kindheit, die möglichst konkret berichtet werden sollen, um auf diese Weise verläßliche Informationen zur Qualität und Gestaltung dieser frühen Beziehung zu erhalten. Werden liebevolle Beziehungen geschildert oder berichten die Interviewten eher von Zurückweisung? Wie wurde mit Konflikten und Meinungsverschiedenheiten umgegangen, wie sahen Strafen bzw. Belohnungen aus? Darüber hinaus wird beachtet, wie die Befragten diese Erfahrungen, die Beziehungen zu den Eltern und ihre Kindheit beurteilen. Ganz entscheidend ist dabei die Frage, ob die Erfahrungen und Bewertungen zusammengenommen ein stimmiges, glaubwürdiges und nachvollziehbares Bild ergeben. Wichtig ist hier auch, ob sich ein Befragter bereitwillig an seine Kindheit erinnert oder ob er konkretisierende Nachfragen abblockt. Werden die Eltern differenziert bewertet oder werden sie idealisiert bzw. diabolisiert?

Die Beschreibung des *abwehrend-bagatellisierenden* Musters stellen Main und Goldwyn unter den Titel „Dismissing, devaluing or cut-off from attachment relationships and experiences“ (Main und Goldwyn, im Druck). Die frühen Erfahrungen dieser Befragten sind in der Regel durch den Mangel an liebevoller Zuwendung, Nähe und Unterstützung, zum Teil sogar durch aktive Zurückweisung seitens der Bezugspersonen geprägt. Im Bewußtsein der Betroffenen bleiben diese Erfahrungen jedoch „deaktiviert“. Dem einzelnen fehlen entweder konkrete Erinnerungen, die Eltern werden idealisiert oder diese Erfahrungen werden als unbedeutend abgetan. Stattdessen werden die eigene Stärke und Unabhängigkeit betont, was impliziert, daß Bindungserfahrungen nur wenig Einfluß auf die eigene Entwicklung hatten (vgl. Main u.a. 1985, S. 91).

Anders werden Beziehungserfahrungen von denjenigen thematisiert, bei denen eine *sicher-autonome* Bindungsrepräsentation festgestellt werden kann. „These individuals value attachment relationships and regard attachment-related experiences as influential, but they are relatively independent and objective regarding any particular experience or relationship.“ (Main und Goldwyn, im Druck) In diesen Fällen wird entweder das glaubwürdige Bild einer frühen Bindung zu solchen Eltern gezeichnet, die dem Kind liebevolle Zuwendung, Sicherheit und Nähe gewährt haben oder die Befragten machen deutlich, daß sie sich aus einer unbefriedigenden Bindung zu den Eltern inzwischen gelöst haben. Sie thematisieren ihre frühen Erfahrungen jedenfalls bereitwillig, wirken auch in bezug auf gegenwärtige Beziehungen reflektiert und akzeptieren „andere zu brauchen oder zu vermissen und von anderen gebraucht und vermißt zu werden“ (Fremmer-Bombik 1987, S. 44).

Einem dritten Typ werden in der Attachment-Forschung diejenigen zugerechnet, bei denen von einer *verstrickten* Bindungsrepräsentation gesprochen werden kann. Sie erwecken den Eindruck, übermäßig in frühe Beziehungen involviert zu sein, aus denen sie sich nicht lösen können. Die Bindungserfahrungen in der Kindheit waren auch in diesen Fällen problematisch. Neben der Möglichkeit liebloser und durch Zurückweisung gekennzeichneter Erfahrungen mit den Bezugspersonen wird in diesen Fällen vor allem „role-reversal" vermutet. Damit ist gemeint, daß das Kind - z.B. im Falle elterlichen Versagens - sich für eine Bindungsperson verantwortlich fühlte, was einer Überforderung gleichkommt. Auch als Erwachsene erwecken diese Befragten noch den Eindruck, solch problematische Aspekte entweder passiv hinnehmen oder sich unkonstruktiv an ihnen abzuarbeiten und zwar in einer Weise, die ihre Persönlichkeitsentwicklung behindert: „The sense of personal identity seems confused, weak or absent" (Main und Goldwyn, im Druck). Hier ist vor allem zwischen zwei Untertypen zu differenzieren.

- Die *Passiv-Verstricken* schildern die Beziehungen zu ihren Eltern als positiv, teilweise sogar auf verklärende Weise. Gleichzeitig werden Aspekte deutlich, die auf Probleme hinweisen, ohne daß diese verschiedenen Äußerungen auf kohärente Weise verbunden würden. Auf unreife Art scheinen diese Befragten immer noch in frühen Beziehungen eingebunden, wofür sowohl ihre zum Teil kindliche Sprechweise, als auch das Fehlen von Autonomiebestrebungen spricht.
- Die *Wütend-Verstrickten* fallen durch den engagierten Ärger auf, mit dem sie über ihre Kindheit bzw. über die Eltern sprechen, oft sehr ausgiebig und konfus, teilweise auch in analysierender Weise. Trotz dieser prononciert vorgetragenen Anschuldigungen oder Kritikpunkte entsteht nicht der Eindruck, daß sich von den Eltern gelöst wurde, sondern sie sind für den Betreffenden - man könnte sagen, als negative Bezugspunkte - von großer Bedeutung.

Obwohl in den Beschreibungen dieser Repräsentationsmuster verschiedene Umgangsweisen mit frühen Bindungen betont werden, sollten diese nicht als vollkommen verschiedene Persönlichkeitstypen aufgefaßt werden. Die Zuordnung zu einem dieser Muster zeigt vielmehr, welche Orientierung beim einzelnen dominant ist - in der Regel sind aber auch Kennzeichen anderer Typen zu erkennen. Dem Umstand das diese Muster sich überlagern können bzw. daß die Übergänge zwischen ihnen fließend sein können, trägt das „Adult Attachment Scoring and Classification System" auch durch seine Feintypisierung Rechnung.[2] Als „nicht klassifizierbar" gilt ein Fall dann, wenn kein Muster dominiert, sondern die Indizien verschiedener Typen als gleichgewichtig anzusehen sind. Die Bindungstypen, die keinem dieser Hauptmuster eindeutig zuzuordnen sind - entweder aufgrund spezifischer z.B. traumatischer Erfahrungen oder weil die Anzeichen verschiedener Typen ähnlich stark ausgeprägt sind -, spielen im Rahmen der vorliegenden Arbeit keine Rolle, weswegen sie hier vernachlässigt werden können.

---

[2] Abgesehen von den beiden oben skizzierten Untertypen des verstrickten Repräsentationsmusters ist diese Feintypisierung für die vorliegenden Arbeit nicht relevant, weswegen ich sie hier nicht weiter erläutere. (Vgl. hierzu Main und Goldwyn, im Druck; für eine Kurzfassung in deutscher Sprache Fremmer-Bombik 1987, S. 39 ff; zu den Untertypen des abwehrend-bagatellisierenden Musters siehe auch Hopf u.a. 1995, S. 113 f)

8.3 Zusammenhänge zwischen den Typen der Bindungsrepräsentation und ethnozentrischen Orientierungen

Hinsichtlicher der Bindungsrepräsentation werden hier die Resultate der Auswertungsarbeiten der Hildesheimer Forschungsgruppe (vgl. Hopf u.a. 1995) übernommen, die sich am Auswertungsmanual für Adult-Attachment-Interviews orientierten (Main und Goldwyn, im Druck). Gemäß diesem „Adult attachment scoring and classification system" haben wir dabei einerseits Dimensionen der Erfahrung berücksichtigt: Liebevolle Zuwendung, Zurückweisung und „Rollenumkehr". Darüber hinaus ging es um die Erzählweise bzw. um Indizien dafür, wie mit Bindungserfahrungen umgegangen wird, so daß die Interviews auch diesbezüglich auf verschiedenen Dimensionen bewertet wurden: Kohärenz der Erzählung, Idealisierung, Abblocken von Erinnerung, gegenwärtiger Ärger und unbewältigte Trauer. Soweit dies sinnvoll und möglich ist, wurden diese Dimensionen für beide Elternteile gesondert bewertet und zwar auf 9-Punkte-Skalen, die im Auswertungsmanual detailliert beschrieben sind. Im Anschluß an diese differenzierten Beurteilungen wurden die Befragten einem der Typen der Bindungsrepräsentation zugeordnet, auf die ich mich im folgenden beziehe.

Die Analyse ethnozentrischer Orientierungen hat gezeigt, daß wir es dabei vor allem mit unterschiedlichen Formen der Abwertung und Diffamierung von Fremdgruppen zu tun haben. Ist man an den Bedingungen interessiert, die die Entwicklung ethnozentrischer Orientierungen begünstigen, scheinen die drei oben skizzierten Haupttypen subjektiver Bindungsrepräsentation von unterschiedlicher Relevanz zu sein. Es wird hier angenommen, daß solch eine vorwiegend negative, zum Teil sogar menschenverachtende Perspektive eher von denjenigen entwickelt wird, die in frühen sozialen Beziehungen Unsicherheit erlebt haben und diese auch später nicht verarbeiteten konnten, folglich also nicht zum sicher-autonomen Typ zählen.

Bezüglich des Umgangs mit dem Mangel an Zuwendung und Bindungssicherheit werden erhebliche Unterschiede zwischen den Angehörigen der beiden Haupttypen berichtet, die eine unsichere Bindungsrepräsentation aufweisen. Vergleichbar den unsicher-ambivalenten Kindern, die sich an die Bezugspersonen klammern, können die Erwachsenen des verstrickten Typs nicht von ihrer Vergangenheit lassen; d.h. sie bearbeiten das Feld ihrer enttäuschenden Beziehungen immer wieder. Von den „Verstrickten" kann daher angenommen werden, daß sie ihre Probleme zu thematisieren und zu lösen versuchen, z.B. in einer Psychotherapie (Köhler 1992, S. 278).

Demgegenüber wird bei den Angehörigen des abwehrend-bagatellisierenden Typs ein ganz anderer Umgang mit der Vergangenheit deutlich. Bezüglich ihres Innenlebens sind sie verschlossen, soziale Kontakte werden eher gering bewertet, teilweise werden aggressive oder feindselige Züge deutlich. Problematische Erfahrungen und unangenehme Gefühle werden von solchen Menschen eher verleugnet (vgl. Hazan und Shaver 1990, S. 278; Kobak und Sceery 1988, speziell S. 143). Wenn die familiären Hintergründe gewaltbereiter oder fremdenfeindlich eingestellter Jugendlicher beschrieben werden, finden sich zum Teil genau die Kennzeichen dieses Typs, allerdings ohne theoretische Bezüge zur Autoritarismus- oder Attachmentforschung (van Dijk 1994, z.B. S. 33). Im Unterschied zu den „Verstrickten", von denen ausgeprägte Selbstzweifel erwartete werden können, ist von diesen Menschen eher zu erwarten, daß sie in typisch autoritärer Weise versuchen, andere für ihre Probleme verantwortlich zu machen und z.B. stellvertretend für die Eltern zu strafen. Eine ethnozentrische Haltung, in der eine Verschiebung des Konfliktfeldes von sich selbst zu beliebigen Fremdgruppen gesehen werden kann, ist daher vor allem beim Typus des ablehnend-bagatellisierenden zu erwarten.

Tabelle 8: Zusammenhänge zwischen den Typen der Bindungsrepräsentation und ethnozentrischen Orientierungen*

Ethnozentrismus / Bindungstyp	ethnozentrisch	teilweise ethnozentrisch	widersprüchlich	pluralistisch	Insgesamt
sicher-autonom	1	-	1	3	5
abwehrend - bagatellisierend	5	3	3	1	12
verstrickt	4	-	-	-	4
unklar, nicht zugeordnet	1	1	-	2	4
Insgesamt	11	4	4	6	25

Tabelle 8 gibt einen Überblick zu den Zusammenhängen zwischen den Typen der Bindungsrepräsentation, soweit diese im Rahmen der Hildesheimer Untersuchung zugeordnet werden konnten, und den mehr oder weniger ausgeprägten ethnozentrischen Orientierungen. Dabei zeigt sich, daß die Erwartungen bezüglich der Zusammenhänge zwischen den Beziehungserfahrungen in der Kindheit bzw. der Art, diese im Interview zu thematisieren und den Neigungen zu einem ethnozentrischen Weltbild sich teilweise erfüllen. Sowohl die Mehrzahl der Befragten, aus deren Äußerungen auf eine deutlich ethnozentrische Einstellung zu schließen ist (9 von 11) als auch die meisten derjenigen, die Fremde abwerten, ohne eine Eigengruppe demgegenüber explizit zu glorifizieren (3 von 4) sind einem der Typen unsicherer Bindungsrepräsentation zuzuordnen. Demgegenüber kann immerhin die Hälfte derjenigen mit pluralistischer Orientierung bezüglich ihrer Bindungsrepräsentation dem sicher-autonomen Typ zugeordnet werden. Lediglich einer der Befragten des sicher-autonomen Typs äußert ethnozentrische Vorstellungen; im Falle Norberts läßt sich die ethnozentrische Haltung demnach nicht aus einer emotional unzulänglichen Beziehung zu den Eltern erklären, so daß nach anderen Bedingungen gesucht werden muß.

Auf konsistente und glaubhafte Weise schildert Norbert ein befriedigendes und positiv bewertetes Verhältnis zu den Eltern, speziell zum Vater. Über die politische Einstellung der Eltern bzw. ihre Haltung gegenüber Ausländern teilt Norbert in den Interviews nichts mit. Dennoch kann vermutet werden, daß seine ethnozentrische Orientierung zumindest teilweise von den Eltern vermittelt wurde. Für diese Hypothese spricht, daß er in ganz verschiedenen Zusammenhängen berichtet, seinem als streng beschriebenen Vater sehr ähnlich zu sein, viel von ihm gelernt zu haben und sich an ihm zu orientieren. Am Beispiel des Grußverhaltens macht Norbert deutlich, wie konsequent er die elterlichen Vorgaben umsetzt.

> Norbert berichtet, bezüglich des Umgangs mit Menschen habe er viel von seinen Eltern gelernt. Im Gegensatz zu anderen Kindern, die noch nicht einmal 'Guten Tag' sagen könnten, habe er von seinen Eltern beigebracht bekommen, sich zu benehmen und auch zu grüßen. Im Verhältnis zu seiner Schwester hat er diese Erziehungsmaxime weitergegeben: „Früher als kleines Kind so in Sachen Gehorsam oder so, wenn wir irgendwo lang gegangen sind und einer sagt 'guten Tach' und sie hat nicht zurückgegrüßt, dann hab ich sie mir schon immer gepackt und ihr erstmal einen erzählt, ne?“

Hinsichtlich des 'guten Benehmens' hat das enge und emotional stabile Verhältnis zu den Eltern offenbar dazu beigetragen, daß Norbert die Wertvorstellungen seiner Eltern nicht nur übernommen hat, sondern sie auch aktiv vertritt, z.B. gegenüber der Schwester. Vor diesem Hintergrund kann vermutet werden, daß auch die ethnozentrische Position Norberts durch die Eltern mit geprägt ist. Obwohl auch andere Forschungsarbeiten Anhaltspunkte für die These liefern, daß emotional befriedigende Beziehungen zu den Eltern die Übernahme rechtsextremer oder ethnozentrischer Orientierungen begünstigen (vgl. Kracke u.a. 1993; Wellmer 1995), bedarf es zusätzlicher Untersuchungen, um die Bedeutung dieser Zusammenhänge besser einschätzen zu können.

Hält man sich die eingangs formulierten Hypothesen vor Augen, fällt bei einem Blick auf Tabelle 8 ferner auf, daß es auch in einigen Fällen unsicherer Bindungsrepräsentation Überraschungen gegeben hat. Es war erwartet worden, daß ein Teil der Befragten, die mit ihren Bindungserfahrungen abwehrend-bagatellisierend umgehen zum Ethnozentrismus neigen; dies paßt sowohl zu den Ergebnissen von Verhaltensbeobachtungen bei Kindern (Cassidy und Kobak 1988; Troy und Sroufe 1987) als auch zu den Untersuchungen bei Erwachsenen (Hazan und Shaver 1990; Kobak und Sceery 1988). Nicht zu erwarten war, daß alle Befragten deren Kindheitsberichte auf eine aktuelle Verstrickung in frühe Konflikte schließen lassen, hinsichtlich Eigen- und Fremdgruppen eine deutlich ethnozentrische Haltung einnehmen. Noch pointierter stellt sich die Frage nach diesen Zusammenhängen, wenn man einige Elemente der Argumentationsmuster bei den elf Befragten mit ethnozentrischer Orientierung berücksichtigt (vgl. hierzu auch Kapitel 4 dieser Arbeit).

Tabelle 9: Zusammenhänge zwischen den Typen der Bindungsrepräsentation und einzelnen Dimensionen der Argumentation bei Befragten mit ethnozentrischer Orientierung*

Dimensionen der Argumentation Bindungstyp	Phantasien, FdU und Gewaltbefürwortung *3 Elemente*	Phantasien und FdU oder Phantasien und Gewaltbefürwortung *2 Elemente*	Entweder Phantasien oder Gewaltbefürwortung *1 Element*	Keines dieser Elemente vorhanden	Insgesamt
sicher-autonom	-	-	-	1	1
abwehrend-bagatellisierend	1	3	1	-	5
verstrickt	3	-	1	-	4
unklar, nicht zugeordnet	1	-	-	-	1
Insgesamt	5	3	2	1	11

Tabelle 9 zeigt diesbezüglich gravierende Unterschiede. Während ethnozentrische Ansichten im Falle Norberts - des oben kurz beschriebene Ethnozentrikers mit sicher-autonomer Bindungsrepräsentation - auffallend moderat präsentiert werden und die Befragten des abwehrend-bagatellisierenden Typs ein gemischtes Bild bieten, fällt die extreme Position derjenigen auf, die in ihre Beziehungsgeschichte immer noch verstrickt sind. Gemäß den in Kapitel 4 herausgearbeiteten Charakteristika fallen 3 der 4 Befragten mit verstricker Bindungsrepräsentaton in Zusammenhang mit ihren ethnozentrischen Äußerungen durch folgende Argumentationsweisen auf:

- diese Befragten schimpfen in allen Interviews auf Ausländer, auch dann, wenn sie von den Interviewenden nicht darauf angesprochen worden waren, d.h. sie scheinen sich in das Feindbild Ausländer regelrecht „verrannt" zu haben;
- bezüglich in Deutschland lebender Ausländer oder hinsichtlich fremder Länder äußern die Befragten auffällig irrationale Phantasien, in denen sie vor allem Bedrohungen und beneidenswerte Umstände ausmalen;
- in kompromißloser und drastischer Weise wird von den in Deutschland lebenden Ausländern eine bedingungslose Unterordnung unter hiesige Vorstellungen und Gewohnheiten - bzw. das, was die Befragten darunter verstehen - gefordert (FdU);
- die Befragten erklären entweder, sie seien gegebenenfalls persönlich dazu bereit, sich an der gewaltsamen „Lösung des Ausländerproblems", d.h. an Vertreibung oder an Anschlägen auf Unterkünfte zu beteiligen, bei denen auch Personenschäden in Kauf genommen werden müßten oder sie heißen entsprechende Maßnahmen zumindest gut.

Im Rahmen der vorliegenden Untersuchung repräsentieren diese Befragten einen besonders radikalen Typ ethnozentrischer Orientierungen, bei dem sowohl irrationale, als auch aggressive bzw. gewalttätige Vorstellungen breiten Raum einnehmen. Der hohe Anteil, den die Befragten mit verstrickter Bindungsrepräsentation an dieser Gruppe haben und die Tatsache, daß solch deutliche Zusammenhänge nach dem oben referierten Forschungsstand überhaupt nicht zu erwarten waren, schafft hinsichtlich dieser Probanden erheblichen Klärungsbedarf. Im folgenden konzentriere ich mich daher auf diese Gruppe der „Verstrickten". Es stehen dabei solche Aspekte im Vordergrund, die mit der Thematisierung der Beziehung zu den Eltern zusammenhängen.

8.4 Ethnozentrische Orientierungen bei den „Verstrickten"

Zunächst erscheint es sinnvoll und notwendig, zwischen den unterschiedlichen Varianten des verstrickten Bindungstyps zu differenzieren. Auch wenn bei den „Verstrickten" generell eher nicht mit ethnozentrischen Orientierungen gerechnet wurde, kommen diese bei denjenigen ganz besonders unerwartet, die gegenüber ihren Eltern Wut und Ärger artikulieren. Es gilt hier also vor allem zwischen denjenigen, die auf eine wütende Weise verstrickt sind, und denjenigen, die dies nicht sind, zu unterscheiden. Im folgenden Abschnitt (8.4.1) betrachte ich zunächst die beiden jungen Männer, die als verstrickt anzusehen sind, ohne daß dabei Wut und Ärger auf die Eltern zum Ausdruck kommt. Anschließend (8.4.2) geht es um die beiden wütend-verstrickten Befragten.[3]

8.4.1 „Verstrickte" ohne massive Wut und Ärger auf die Eltern

Bezüglich ihrer Erinnerungen an die Kindheit und deren Thematisierung weisen diese beiden Fälle große Ähnlichkeit auf. Sowohl bei Bernd, als auch bei Uwe werden die Eltern als gut eingespieltes Team geschildert; sie unterstützen sich gegenseitig und ergänzen einander. In den Erzählungen der Befragten gibt es keine Anzeichen für Streit und Konflikte zwischen den Eltern. Im Falle Bernds orientiert sich diese Einschätzung vor allem am äußeren Schein; so führt er beispielsweise die Silberhochzeit der Eltern als Beleg für die Qualität deren Beziehung an. Bei Uwe werden bezüglich der Eltern Verständnis und gegenseitige Rücksichtnahme geschildert. Obwohl er Vater und Mutter zunächst als recht unterschiedliche Personen skizziert, hat Uwe Schwierigkeiten sie differenziert zu beschreiben und gibt mehrfach an, sein Vater sei eigentlich so wie seine Mutter.

In beiden Fällen wird ein Erziehungsstil deutlich, der als autoritär bezeichnet werden kann. Die Berichte aus der Kindheit geben keine konkreten Hinweise auf liebevolle Zuwendung durch die Eltern in nennenswertem Umfang. Umso stärker entsteht der Eindruck, daß die Kindheit der Befragten von Regeln, Anforderungen und Verboten sowie - bei Mißachtung dieser Gebote - durch Strafen oder deren Androhung geprägt war. Den Erzählungen aus der Kindheit sind in beiden Fällen regelmäßige Prügelstrafen zu entnehmen. Bei Bernd war der Vater, den er in diesem Zusammenhang als „Vollstrecker" bezeichnet, für die Schläge zuständig. Die Mutter hat ihm im Bedarfsfall Bescheid gegeben und zugesehen, wenn Bernd von seinem Vater geschlagen wurde. Uwe wurde eher von seiner Mutter geschlagen. Er beschreibt sie mit den folgenden Worten: „Die schlägt denn gleich zu, gnadenlos". In seinem Fall wurden auch kleinere „Delikte" in der Jugendzeit mit Schlägen bestraft, so bekam er z.B. „eine geschossen" als er einmal in angetrunkenem Zustand nach Hause kam. Vor dem

---

[3] Hans und Xaver entsprechen dem Untertypus „wütend-verstrickt", so wie er oben beschrieben wurde. Dem gegenüber ist die Zuordnung Bernds und Uwes zum Untertypus „passiv-verstrickt" nicht so eindeutig. Bernd wurde von uns zunächst zwar dieser Variante zugerechnet, allerdings zeigen sich bei ihm auch Merkmale des Musters „abwehrend-bagatellisierend". In späteren Auswertungen, die hier nicht mehr berücksichtigt wurden, führten diese ausgeprägten Anteile des Musters „abwehrend-bagatellisierend" allerdings dazu, daß der Fall als „nicht klassifizierbar" bewertet wurde. Bei Uwe haben wir auf eine Feintypisierung verzichtet, da uns in diesem Fall die Kennzeichen des „passiven" Typs nicht eindeutig genug waren, so daß er nur dem Hauptmuster „verstrickt" zugeordnet wurde.

Hintergrund solcher Schilderungen überrascht es nicht, daß weder Bernd noch Uwe von Bemühungen ihrer Eltern berichten, Ge- und Verbote zu begründen, indem sie beispielsweise auf die für andere Menschen negativen Folgen des kindlichen Handelns verweisen.

Wenn Bernd und Uwe ihre Erfahrungen mit den Eltern, deren Erziehungsstil und die Eltern-Kind-Beziehung auf allgemeiner Ebene bewerten, fallen vor allem zwei Dinge auf: Fehlende Dynamik und Idealisierung. Obwohl beide immerhin schon 22 Jahre alt sind, haben sie eher nicht das Gefühl, daß die Beziehung zu ihren Eltern sich seit den Tagen der Kindheit verändert hat. Folgt man ihrer subjektiven Bewertung, gibt es dafür auch gar keinen Anlaß, da sie für die Beziehung zu ihren Eltern nur lobende Worte finden. Uwe hebt in erster Linie die Konsequenz und Stärke seiner Mutter hervor, von der er offensichtlich immer noch sehr beeindruckt ist. Er bezeichnet seine Erziehung als „perfekte Mischung aus Respekt und Gutmütigkeit". Bernd rechtfertigt nachträglich auch die Prügel seines Vaters als voll und ganz gerechtfertigt, so daß die ganze Erziehung „ohne Makel" gewesen sei; wenn er an seine Eltern denke, falle ihm nur Positives ein. Es ist daher folgerichtig, daß beide angeben, sie wären froh, wenn sie es später einmal schaffen würden, den eigenen Kindern eine nur annähernd so gute Erziehung zukommen zu lassen.

Gemäß dem Ansatz der Studien zur Autoritären Persönlichkeit geht die Idealisierung liebloser, hart strafender und wenig empathischer Eltern mit einer Verschiebung der gegen die Eltern gerichteten Aggressionen auf andere Objekte einher. Für diese sogenannte „Displacement-These" gibt es im Falle Bernds und Uwes deutliche Indizien. In ihrer Jugendzeit verkehrten beide in rechtsgerichteten Skinheadgruppen; aus diesen Zusammenhängen berichten sie von harten Auseinandersetzungen mit solchen Jugendlichen, die sie als ihre Feinde empfunden haben. Obwohl beide - wahrscheinlich vor allem altersbedingt - inzwischen keine aktiven Skins mehr sind, haben sie sich nicht von der entsprechenden Einstellung distanziert, d.h. beide orientieren sich in deutlicher Weise ethnozentrisch. Uwe spricht mit unverhohlener Ehrfurcht von den Skinheads, denen er deswegen nicht mehr angehöre, da er nicht ihre „Klasse" habe und es daher als Anmaßung empfände, sich als Skin auszugeben. Auch Bernd, der zeitweise aktives Mitglied einer rechtsextremen Partei war, distanziert sich nicht von seiner Vergangenheit als Skinhead, an die er offensichtlich gerne zurückdenkt. Umso überraschender wirkt die Position, die er im Konflikt zwischen seinen Skinheadfreunden und seinen Eltern einnimmt.

> Bernd: Auf meine Eltern laß ich nichts kommen. Beispielsweise, daß mein Vadder damals wo ich extremer Skin war, mein Vadder beispielsweise Gewerkschaftler war und auch SPD-Wähler war, als was mein Vadder verteidigt, da gar nichts drüber kommen lassen, hab mich dafür geprügelt. Obwohl er eine andere Meinung hat als ich. Das ist das Paradoxe. Bloß ich muß, ich laß jedenfalls meine Eltern jetzt nicht durch den Dreck ziehen in dem Sinne. Da reagier ich also richtig stinkend, da kann ich ziemlich schnell aggressiv

werden. (Frage: Wenn en anderer dann gesagt hätte, „du mit Deinem blöden Sozi-Vater“, was hätten Sie dann gemacht?) Ich hätte vielleicht einmal gefragt: „Was hast du gesagt eben grade“ und wenn ers wiederholt hätte, hätt er gleich ein auf die Schnauze bekommen. Und dann gesagt: „Das machste nicht nochmal“ also „das sagste nicht nochmal“. Also da werd ich sofort aufbrausend, da saus ich ab wie ne Rakete, da werd ich zum Stier so, richtig nach dem Motto wutschnaubend und dann rot anlaufen und denn, denn kommt der Punkt denn lauf ich los und in dem Punkt also hau ich zu in dem Sinne, oder wenn ich zustoßen würde mit den Hörnern versuche wie beim Torero-Kampf denn halt denn, wenn jemand mit dem roten Tuch winken sollte . -- Auch wenn ich versuche, mich so lange wie möglich unter Kontrolle zu halten, aber des ist'n Punkt also, da brennt bei mir ne Sicherung raus

Unübersehbar ist das Verhältnis, das Bernd zu seinen Eltern hat, von Aggression und Gewalt geprägt. Als naheliegend erscheint hier eine Deutung, derzufolge die Wut, die Bernd in diesem Fall gegen „äußere Feinde“ richtet, dem eigenen Vater gilt, dessen Liebe und Zuwendung als mangelhaft erlebt wird. Gegenüber dem Vater wird diese Enttäuschung nicht als eigenes Gefühl zugelassen, sondern den Freunden angelastet, gegen deren Beleidigungen Bernd den Vater dann wiederum in Schutz nimmt. Diese geradezu klassische Verschiebung uneingestandener Gefühle bestätigt die Displacement-These und ist eine deutliches Indiz für die im Falle Bernds stark ausgeprägten Anteile einer abwehrend-bagatellisierenden Bindungsrepäsentation. Neben der hier zum Ausdruck kommenden Aggression gegen andere Menschen, äußert Bernd etwas später, als er auf die zitierte Passage zurückkommt, auch ganz andere Gefühle.

Bernd: Ich bin wirklich en ruhiger Typ also, bis zu bis zu dem einen Punkt was ich mal erzählt habe von der Familie, das ist wirklich der Nerv, wo man mich also richtig töten kann, das ist treffende Punkt einfach, das ist meine offene Wunde.

Gemäß dieser Selbsteinschätzung wird die blinde Wut als Reaktion auf eine Verletzung verständlich, die er mit der Familie in Verbindung bringt. Wenn an dieser offenen Wunde gerührt oder an sie erinnert wird, z.B. durch andere, die seinen Vater kritisieren, birgt dies für Bernd die Gefahr des Todes. Aus solch einer Todesangst wird auch der von ihm gewählte Vergleich mit dem um sein Leben kämpfenden Stier plausibel. Vermutlich ist Bernd nicht deutlich, mit welcher Klarheit er im Zusammenhang mit seiner Familie den Gefühlen Ausdruck verleiht, die eine tödliche Bedrohung für ihn darstellen. An dieser Stelle hat im Interview seine Kontrolle versagt, die ihn sonst verschiedentlich dazu brachte, kritische Aspekte zu vermeiden. Ganz konkret unternimmt er entsprechende Kontrollversuche im Interview z.B. dann, als die Interviewerin noch mehr über die kritische Haltung seiner Mutter zu einzelnen seiner Spiele erfahren möchte.

Bernd: Ha des ist des ist schlechtes Thema so, das muß ich ganz ehrlich sagen, da kann man so schlecht was von erzählen halt, das ist mehr so äh, --

sak, aus der Luft greifen will ich auch nix aber ich kann auch nix voreilig erzählen in dem Sinne.

Neben solchen offenen Kontroll- und Ablenkungsmanövern gibt Bernd jedoch auch Hinweise darauf, wie er mit problematischen Aspekten seiner Erfahrungen umgeht.

Bernd: Okay man hat natürlich auch schlechte Erfahrungen, das weiß man auch aber das wird irgendwie so, bißchen zur Seite gedrückt (...) aber die schlechten Sachen, das ist alles verdrängt worden.

Die offene Art, mit der Bernd seine Verletztheit im Zusammenhang familiärer Beziehungen beschreibt und seine Reflexionen zum Verdrängen unangenehmer Erinnerungen lassen den Schluß zu, daß er sich ein vages Bild von seinen Schwierigkeiten formt, auch wenn er daraus nicht den Schluß zieht, sie - z.B. in einer Psychotherapie - zu bearbeiten oder bewußt mit ihnen umzugehen. Dadurch unterscheidet sich seine Darstellung von der des abwehrend-bagatellisierenden Typs, bei dem uneingestandene Gefühle durchgängig abgewehrt werden und der Reflexion nicht zugänglich sind.

Unklar ist bislang noch, ob die familiären Erfahrungen Bernds und Uwes zur Ausprägung einer ethnozentrischen Orientierung beitragen und - wenn das der Fall ist - warum sie auf diese Erfahrungen in der spezifischen Weise reagieren, daß sie Aggression und Entwertung nach außen richten. Neben der schon häufiger angesprochenen Möglichkeit, entsprechende Erfahrungen in einer Psychotherapie zu thematisieren und zu bearbeiten, sind noch andere Wege denkbar; z.B. depressiver Rückzug, Alkoholismus, aber auch soziales Engagement, harte Arbeit oder kreative Umsetzung in künstlerischen Projekten. Bei genauer Betrachtung erscheint der bei Bernd und Uwe deutlich werdende Ethnozentrismus als plausible Konsequenz bestimmter Erfahrungen. So berichtet Bernd z.B. vom Verhalten seiner Mutter in einer Weise, daß dieses als Modell für aggressives Verhalten nach außen, das vermeintlich dem Schutz der Eigengruppe dient, verstanden werden kann. Bernd möchte die behütende Haltung seiner Mutter illustrieren und berichtet dafür eine Begebenheit, bei der ihm ein anderes Kind beim Spielen im Hof ein Bein gestellt hat, so daß er hinfiel und eine verschorfte Wunde erneut zu bluten begann.

Bernd: Ja, und des weiß ich jetzt genau da ist meine Mutter runtergegangen und hat dem Kerl eine Backpfeife gegeben daß er angefangen hat zu weinen. Also der hat richtig eine gescheuert gekriegt. Das weiß ich also, so weiß nicht, meine Mutter also, richtig so, meine Mutter hat wirklich aufgepaßt und auch immer das Beste von mir so für mich gewollt und auch immer versucht, das Beschissene von mir wegzuhalten, in dem Sinne, extrem jetzt zu sagen.

Die Aggression der Mutter gegen das andere Kind steht im Zentrum der Schilderung, mit der Bernd eine behütende Haltung illustriert. Die Frage, wie es ihm - dem verletzten Kind - dabei erging und wie sich die behütende Mutter um ihn gekümmert hat, gerät dabei in den Hintergrund. Erst auf Nachfrage schildert Bernd diese Aspekte.

> Bernd: Ja, also verarztet, verheilt undsoweiter. Nach oben gegangen jetzt weil weiß ich nicht saubergemacht halt, und denn halt en Pflaster draufgehauen oder irgendwas in der Art. Oder Verband ich könnts nicht sagen genau. Jedenfalls das weiß ich ganz genau noch. War ich richtig erschrocken war ich da. Meine Mutter die brastich so runtergekommen ist wie ne Rakete ging das

Es ist nur schwer nachvollziehbar, daß diese Erzählung unter dem Thema „behütende Haltung“ steht, da aggressive Aspekte hier eindeutig im Mittelpunkt stehen. Aggression wird dabei auch gegen Bernd deutlich, worauf nicht nur das „draufgehauene Pflaster“, sondern auch das mehrfach beschriebene Erschrecken vor der Mutter schließen läßt, die mit einer Rakete verglichen wird. Auch Uwe berichtet von entsprechenden mütterlichen Vorbildern:

> Uwe: Tjo, ja vielleicht daß, dieses eine, da war so nen beknackter Nachbar der hat ständig gemosert, wenn wa da Fußball gespielt haben, ne, also auf der, da ist so ne Umdrehe wo man mit'm Auto äh wenden kann (schnieft), da ham wa immer gebolzt wie die Wilden davor, ne. Und meistens ist dann der Ball auch bei dem Nachbarn da reingeflogen. Nja und paarmal ist er dann auch bei uns zu Hause angetanzt und wollte sich beschwern, da hat meine Mutter gleich gesagt „Sie könn gleich wieder ne Flitze machen, weil hier wird nicht rumgemosert und schon gar nicht auf unserm Grundstück also (pfeift)“.

In dieser Passage kommt ein ähnliches mütterliches Modellhandeln zum Ausdruck, wie bei Bernd. Es kann daraus geschlossen werden, daß es beiden Befragten von den Eltern, in diesem Fall sind es die Mütter, als richtig vermittelt wurde, militant für die Eigengruppe einzutreten, ohne daß übergeordnete Gesichtspunkte, wie Gerechtigkeit, Angemessenheit oder das Interesse an konsensuellen Lösungen deutlich werden. So ist es für Bernd beispielsweise selbstverständlich, daß er von seiner Familie auch dann gedeckt würde, wenn er sich bei einem Verkehrsunfall, bei dem ein Motorradfahrer schwer verletzt wurde, durch Fahrerflucht der Verantwortung entzieht. Er kommentiert die entsprechenden Wertmaßstäbe seiner Familie mit den lapidaren Worten: „Unsere Familie scheißt sich nicht gegenseitig an, so ist das nicht, da hält man zusammen“.

In Erzählungen aus seiner Kindheit schildert Uwe sich als dicklichen Jungen, der häufig gehänselt wurde und sich nur mit Mühe zur Wehr setzen konnte. In Zusammenhang mit entsprechenden Konflikten erinnert er sich an die Aufforderungen und Erwartungen seiner Mutter sowie an das seltene Glück, als der das Gefühl hatte, den mütterlichen Anforderungen zu entsprechen.

> Uwe: Da war so nen Typ, der war auch nen bißchen größer als ich, so'n blöder rothaariger aus unserm Dorf (schnieft) und der hat mich ständig genervt und andauernd, ne. Und das war, ist mir aber bis jetzt nur ein mal passiert.

> Und dann hab ich zu dem Typ irgendwann mal gesagt „ey halt jetzt die Schnauze“ (mit verstellter Stimme) ne und dann hab ich dem Typ völlig, voll ein aufs Brett gehaun ne, richtig aufs Auge, hat so nen Ding gehabt. Und dann bin ich nach Hause, auch nach Hause gegang hab gesagt „hier dem Typ hab ich eine aufs Mett gehaun“, dann meint meine Mutter „hast gut gemacht“. Tja das war nicht schlecht. Also da, das war nen erhebendes Gefühl, der hat nie mehr was zu mir gesagt. (Frage: Woran haben Sie gemerkt, daß Ihre Mutter das gefreut hat?) Ja, weil se bester Stimmung war danach (lacht). (Frage: Hat sie noch näher nachgefragt warum Sie dem eine reingeschlagen haben?) Nee weil, das wußt se sowieso schon. Weil das em, ich hab ihr mal gesagt, „Mensch der geht mir auf'n Keks“ oder so „der soll mich mal in Ruhe lassen“ und so. Denn hat se auch schon mal gesagt „Mensch denn hau den doch mal eine rein, setz dich mal durch man, bist doch kein Schlaffsack“ (mit verstellter Stimme). Naja und denn hab ich das einmal gemacht und denn war se richtig stolz auf mich, hat se denn gesagt, äh hat sich durchgesetzt und so.

Uwe hat in seiner Kindheit also nicht nur erlebt, daß die Mutter den „mosernden“ Nachbarn aggressiv vom eigenen Grund und Boden weist, sondern er sah sich ihren massiven Forderungen ausgesetzt, sich in seinem Umfeld ebenso zu verhalten. Als besonders wirksam können diese Forderungen auch deswegen angesehen werden, da Uwe den Eindruck hatte, die gute Stimmung seiner Mutter hänge davon ab, daß er kein „Schlaffsack“ ist. Für den Fall seines Versagens mußte er die Ablehnung durch seine Mutter befürchten. In diesem Verhältnis werden Ansätze von „Rollenumkehr“ - womit gemeint ist, daß die Kinder sich für das seelische Wohl der Eltern verantwortlich fühlen und nicht umgekehrt das Gefühl sicherer elterlicher Fürsorge haben - und von Zurückweisung deutlich, die miteinander verknüpft sind. Uwe und Bernd weisen diesbezüglich Ähnlichkeiten auf und entsprechen damit auf den ersten Blick nicht unbedingt dem „typischen Verstrickten“. Dies dürfte - vor allem im Falle Bernds - mit den deutlich ausgeprägten Anteilen einer abwehrend-bagatellisierenden Bindungsrepräsentation zusammenhängen. Darüber hinaus fällt auf, daß ungünstige Erfahrungen in den hier betrachteten Fällen vor allem in Form von Zurückweisung deutlich werden und weniger als „Rollenumkehr“. Es kann daher also auch vermutet werden, daß die Fälle verstrickter Bindungsrepräsentation, deren frühe Lebensgeschichte stärker von Zurückweisung als von „Rollenumkehr“ geprägt ist, im Rahmen der Adult-Attachment-Tradition bisher zu wenig beachtet wurden.

8.4.2 „Verstrickte“ mit massiver Wut und Ärger auf die Eltern

Bei den Wütend-Verstrickten fallen besonders im Vergleich zu den Fällen der oben betrachteten Variante einer nicht-wütenden Verstrickung diverse Unterschiede auf. In den konkreten Beschreibungen der frühen Beziehung zu den Eltern werden vor allem positive Erlebnisse geschildert. Deutlich werden gemeinsame Aktivitäten sowie Nähe und Unterstützung - so hat Hans als Kind z.B. stundenlang in der Küche gesessen und gespielt; Xaver kam bei Gewitter ins Bett der Eltern und hat sich zwischen sie gekuschelt. Aus späteren Kindheitsjahren werden zunehmend Erfahrungen berichtet, die explizit als Erlebnis von Zurückweisung geschildert werden. Beiden jungen Männern wurde in der späteren Kindheit beispielsweise damit gedroht, sie in ein Heim zu stecken. Darüber hinaus werden jedoch auch subtilere Erfahrungen von Zurückweisung deutlich.

> Xaver: Ja ich meine abgelehnt, ich meine ich mei- wie alt war ich en da, sieben oder acht uuuund ich hatte ja, wenn ich immer zu Bett gegangen bin, meinen Eltern en Kuß gegeben gehabt und auf einmal durfte meinem Vater keinen Kuß mehr geben und da hatte ich schon irgendwie son komisches Gefühl gehabt - der Ablehnung oder sonstwas. (...) Ich meine, das ist - schwer auszudrücken. Naja ich meine das so vielleicht sone als will er nix mehr von mir wissen oder so, nä?

In dieser Passage drückt sich zunächst die emotionale Nähe zum Vater aus, hier als Bedürfnis nach einem Gute-Nacht-Kuß. Vor diesem Hintergrund wird die Enttäuschung verständlich, die Xaver empfindet, als sein Vater ihm diese Geste plötzlich verweigert. Sowohl Hans als auch Xaver sprechen offen über diese beiden Seiten der Beziehung zu ihren Eltern. Obwohl auch unerfreuliche Aspekte in den Beziehungen zu den Eltern zum Teil ausführlich und konkret beschrieben werden, entsteht nicht der Eindruck einer überwiegend bedrohlichen Atmosphäre wie z.B. bei den Schilderungen Bernds und Uwes. Dazu mag beitragen, daß es hier keine Indizien für regelmäßige und schmerzhafte Prügel durch die Eltern gibt. Darüber hinaus werden in den Berichten beider Befragten Ansätze eines induktiven Erziehungsstils deutlich, d.h. die Eltern haben Ge- und Verbote zumindest teilweise begründet sowie auf die Konsequenzen bestimmter Handlungen verwiesen.

Bei genauerer Betrachtung entsteht bei Xaver und Hans der Eindruck, daß es vor allem im Verhältnis zum Vater einen Bruch gegeben hat. In den Erzählungen der jungen Männer steht einem früher als liebevoll, zugewandt und subjektiv bedeutsamen erlebten Vater ein späterer Vater gegenüber, der als unzulänglich, nicht ernst zu nehmend und schikanierend beschrieben wird. Auf diese Weise entwerfen sie zwei Bilder vom Vater, die auf den ersten Blick nichts gemeinsames haben. Ähnlich verschieden erlebte Phasen sind ansonsten nur im Falle Dirks festzustellen, dessen Eltern sich scheiden ließen, so daß das Familienleben durch einen Bruch gekennzeichnet ist (vgl. Abschnitt 7.2.2 dieser Arbeit). Ähnlich wie bei Dirk, dessen Leben sich durch die Scheidung der Eltern entscheidend verändert hat, kann die aktuelle Bewertung der Väter auch bei Xaver und Hans als Diabolisierung bezeichnet werden. Auch diesbezüglich stehen sie also in einem deutlich Gegensatz zu Bernd und Uwe, die ihre Eltern idealisieren.

Im Falle Xavers bietet sich die Assoziation der Scheidungskinder auch deswegen an, weil er diverse Hinweise auf eine scheidungsähnliche Problematik in seiner Familie gibt.

- Auf die zu Beginn des ersten Interviews gestellte Frage, ob er bei seinen Eltern aufgewachsen sei, bestätigt er dies nicht nur, sondern äußert darüber hinaus folgenden Zusatz: „bei beiden, also auch nicht geschieden oder so“.

- Im ersten Interview berichtet er von einem heftigen nächtlichen Streit der Eltern, in dessen Verlauf die Kinder von der Mutter aus dem Bett geholt werden; sie sollen sich sofort anziehen und mit ihr zur Oma kommen. Diese Krise konnte von den Eltern offenbar noch beigelegt werden und die Kinder werden wieder ins Bett geschickt. Xaver kommentiert den Vorgang folgendermaßen: „Naja, hab mich schon gefreut gehabt, daß wir endlich rauskommen (...) mit meinem Vater gings ja damals, aber wäre eigentlich auch nicht weiter schlimm gewesen, wenn se sich hätten scheiden lassen“.

- Im zweiten Interview mißversteht er die Frage, bei welcher Gelegenheit er zum ersten Mal von seinen Eltern getrennt war, nachdem er die Formulierung zunächst korrekt wiederholt: „Das erste Mal von meinen Eltern getrennt? Wie jetzt? (...) Ja eigentlich wenn getrennt also ich meine getrennt, also wie Du die Frage gestellt hast, hab ich gedacht irgendwie, daß die Eltern auseinander sind und neeneeneeneenee“.

Diese Passagen können als Hinweis darauf verstanden werden, daß für Xaver die Möglichkeit der Trennung seiner Eltern nach wie vor ein brisantes Thema ist, auch wenn er dies nicht explizit eingesteht. Im zweiten Zitat deutet sich ein bagatellisierender Umgang mit der Möglichkeit einer Trennung vom Vater an. Der Vater war nach seinen Berichten zu schließen in der Kindheit die zentrale Bezugsperson. Auch in der oben zitierten Äußerung gibt er an, daß es mit dem Vater „damals noch ging“, man also noch nicht von einem zerrütteten Verhältnis sprechen kann, das eine gleichgültige Haltung plausibel machen würde.

Generell kann außerdem festgestellt werden, daß das Verhältnis zwischen den Eltern von Xaver und auch von Hans als konflikthaft und unharmonisch beschrieben wird. Sie berichten sowohl aus der Zeit der Kindheit als auch aus ihrer Jugend von Konflikten zwischen den Eltern, die sie als gravierend erlebt haben. In den Erzählungen Xavers entsteht in diesem Zusammenhang der Eindruck unausgeglichener und unreifer Konfliktbewältigungsprozesse zwischen den Eltern. Seine Mutter „mosert immer wegen irgendwelcher Kleinigkeiten“, worauf sein Vater „immer mehr konfuses Zeug labert“, so daß sich regelmäßig große Streitigkeiten zwischen den Eltern entwickelten. Bei diesen Konflikten setzt sich nicht der Vater, der nach Xavers Ansicht eigentlich der Chef der Familie sein müßte, sondern die Mutter durch, „weil die wird immer lauter“. Hier entsteht nicht nur der Eindruck, daß die elterlichen Konflikte zu einer recht unangenehmen familialen Atmosphäre beitragen, sondern es deutet sich bei Xaver auch Enttäuschung über seinen Vater an, der „dann immer zurücksteckt“.

Den Berichten Hans' zufolge ist es in seiner Familie umgekehrt: Der Vater will alles bestimmen, während die Mutter versucht, Konflikte zu vermeiden. Die Streitsucht seines Vaters macht Hans dafür verantwortlich, daß seine Großmutter, die in seiner Kindheit mit im Haus gewohnt hat, in eine andere Stadt gezogen ist. Seinen Berichten nach zu urteilen, war die Großmutter für ihn wichtig, sie hatte immer Zeit und er war gerne mit ihr zusammen. Im Zusammenhang mit den Konflikten zwischen Oma und Eltern entwirft Hans das Bild gegenseitiger Intrigen, die hinter dem Rücken der Gegenpartei gesponnen wurden und zu einer vergifteten Atmosphäre beitrugen. Diese Situation habe sich über ein dreiviertel Jahr erstreckt, bis zum Auszug der Oma. Im Streit zwischen Eltern und Oma beschreibt Hans, wie er zwischen den Parteien hin und her lief - dennoch habe er den eigentlichen Konflikt damals gar nicht verstanden und deswegen auch nicht Position bezogen. Einen Streit zwischen den Eltern verbindet er an einer anderen Stelle seiner Erzählung direkt mit dem Gefühl, von ihnen zurückgewiesen zu werden.

> Hans: Als sie sich mal irgendwann gestritten haben, also da, da bin ich zu meinem Vater erst gelaufen, der hat mich so weggedrückt, und dann bin ich zu meiner Mutter gelaufen, die hat auch, die waren völlig miteinander beschäftigt, und da wohl (- hatte er das Gefühl, zurückgewiesen zu werden, P.R.).

In der Zeit seiner Kindheit erlebte Hans offenbar diverse Streitereien in seiner Familie, die er nicht verstanden hat, deren Auswirkungen er sich als Kind nicht entziehen konnte und die er auf sich bezieht. In seinen Erzählungen zu den Ereignissen späterer Jahre stehen wiederum unklare Konflikte im Vordergrund, diesmal jedoch zwischen ihm und seinem Vater. Einmal waren sie deswegen bei einer Erziehungsberatung, ohne daß der Grund oder ein Anlaß hierfür deutlich werden. Auch die aktuelle Beziehung zum Vater ist vor allem durch andauernde Streitereien geprägt, deren Hintergründe nicht plausibel erläutert werden können.

Bei Xaver, der in bezug auf seinen Vater ausgeprägte Haßgefühle schildert, ist im Zusammenhang mit seiner ethnozentrischen Orientierung ein zusätzliche Aspekt bemerkenswert. Er entwirft das Bild eines früheren Vaters, der - so suggeriert er - mit seiner eigenen Fremdenfeindlichkeit d'accord ginge. Während der Vater inzwischen ein Linker sei, der ihm beispielsweise zur Verständigung mit Punkern rate, sei er früher „auch rechts gewesen". Dieser nach Xavers Aussagen unverständliche Gesinnungswandel des Vaters trägt zu einer besonderen Verbitterung bei. Für ihn sei es ein Problem, „daß er (der Vater, P.R.) mich denn deswegen noch zur Verantwortung zieht, weil ich so geworden bin". In seiner Phantasie sieht sich Xaver demnach in einer gemeinsamen Tradition mit seinem Vater. Inwiefern hier ein tatsächlicher Gesinnungswandel des Vaters von Bedeutung ist, kann nicht geklärt werden. Auffällig ist zunächst, daß die Angaben zur früheren Einstellung des Vaters eher vage sind, außerdem bilden sie nur ein Element in der positiven Charakterisierung des früheren Vaters, der außerdem liebenswert und großzügig gewesen sei.

8.5 Eltern und Ethnozentrismus

Durch die Analyse der Fälle, bei denen von einer verstrickten Bindungsrepräsentation gesprochen werden kann, lassen sich verschiedene plausible Verbindungen zwischen den Erfahrungen mit den Eltern und ethnozentrischen Orientierungen herstellen. Zunächst wurden diejenigen betrachtet, deren verstrickte Bindungsrepräsentation nicht durch massive Wut auf die Eltern begleitet wird. Hierbei konnten folgende Charakteristika festgestellt werden.

- Die Eltern erscheinen als gut eingespieltes Team; sie streiten nicht miteinander und können kaum als individuelle Personen beschrieben werden, obwohl sie sehr verschieden erlebt werden.
- Die Erziehung durch die Eltern wird von den Befragten als autoritär, regeldominiert, hart strafend und wenig empathisch beschrieben, so daß auch in Zusammenhang mit Ge- und Verboten mögliche Konsequenzen des eigenen Handelns für andere nicht deutlich gemacht wurden.
- Im aktuellen Umgang mit diesen frühen Erfahrungen fällt auf, daß in den Beziehungen zu den Eltern keine Entwicklung wahrgenommen wird und daß zumindest ein Elternteil stark idealisiert wird.
- In Zusammenhang mit der Möglichkeit von Kritik an den Eltern werden teilweise sehr aggressive Vorstellungen, aber auch Verletzungen und große Empfindlichkeit deutlich. Wenn diese auch nicht auf reflektierte Weise thematisiert werden, so scheinen diese Erfahrungen den Befragten doch präsent zu sein, wofür verschiedene Versuche der Informationskontrolle und der Reflexion über Verdrängungsmechanismen sprechen.
- Das Verhalten der Eltern - in den vorliegenden Fällen sind es vor allem die Mütter - kann geradezu als Modell für eine ethnozentrische Haltung verstanden werden: Liebe innerhalb der Familie drückt sich in erster Linie durch Aggression nach außen aus. Als Verstärkung solche Modelle wirken explizit formulierte Anforderungen an die Kinder, sich z.B. „endlich mal durchzusetzen".

Die Erfahrungen dieser Befragten, sowie die Art, wie sie im Interview thematisiert werden, können einerseits als Bestätigung und Illustration der „Displacement-These" verstanden werden. Jegliche Kritik gegenüber den Eltern wird unterdrückt, obwohl deutlich wird, daß die emotionalen Bedürfnisse in der Kindheit durch die Eltern teilweise grob vernachlässigt worden sind; an anderer Stelle werden heftige Aggressionen gegenüber Außenseitern artikuliert, die offensichtlich mit diesen familialen Erfahrungen in Verbindung stehen. Dies kann als Ausdruck der Anteile einer abwehrend-bagatellisierenden Bindungsrepräsentation verstanden werden. Auf der anderen Seite entsteht dagegen der Eindruck, daß problematische Aspekte in den Beziehungen zu den Eltern nicht vollkommen verdrängt oder bagatellisiert werden. Die Befragten haben relativ ausgeprägte Erinnerungen an die unerfreulichen Seiten ihrer Beziehungen zu den Eltern und leugnen auch nicht den großen Einfluß den die Eltern auf sie ausübten. Es scheint fast so zu sein, daß sie ein Gespür für diese Probleme haben und sich mit ihnen im Interview sogar ansatzweise beschäftigen, auch wenn sie vor einer konsequenten Reflexion letztlich (noch?) zurückschrecken.

Hans und Xaver, die Befragten deren verstrickte Bindungsrepräsentation mit Wut und Ärger auf die Eltern einhergeht, akzentuieren in ihren Berichten andere Punkte.

- Aus den Beziehungen der Eltern werden Konflikte geschildert, mit denen diese eher nicht offen und konstruktiv umgehen, sondern in denen es den Beteiligten darum geht, sich gegen den Partner durchzusetzen.
- Die Erziehung durch die Eltern war offensichtlich weder von auffälligen Gewalttätigkeiten noch von dem durchgängigen Bestreben geprägt, die Kinder einzuschüchtern oder zum Gehorsam zu bringen, ohne ihnen Erklärungen zu geben.
- Bezüglich der Beziehungen zwischen den Befragten und ihren Eltern stehen sich Erinnerungen an liebevolle Zuwendung und gemeinsame Aktivitäten einerseits sowie Erinnerungen an Ereignisse, die mit Ablehnung und Enttäuschung verbunden sind, andererseits gegenüber.
- Bei der Beurteilung dieser Beziehungen dominiert die Tendenz einer Dichotomisierung: Früher war es gut - jetzt ist es schlecht. Auch in diesen Fällen wird also keine Entwicklung in der Beziehung zu den Eltern deutlich, sondern eher ein Bruch, der letztlich unklar bleibt. Aktuell kann bei Hans und Xaver geradezu von einer Diabolisierung, zumindest eines Elternteils, gesprochen werden.

Von einer Verschiebung solcher Aggressionen, die den Eltern gegenüber unterdrückt werden, kann in diesen Fällen keine Rede sein. Vielmehr kann nicht übersehen werden, daß vor allem die Väter als Objekte von Wut, Enttäuschung und Ärger fungieren. Umso erstaunlicher ist dies, wenn man berücksichtigt, daß die Befragten über verschiedene positive Kindheitserinnerungen mit ihren Vätern verfügen. Daneben sind aber auch Erinnerungen an Zurückweisung und Ablehnung vorhanden, die von ihnen offenbar besonders bewußt erlebt wurden. Bezüglich ihrer Väter kann hier von einer dichotomisierenden Einstellung gesprochen werden. Vereinzelte Hinweise auf einen entsprechenden retrospektiven Umgang mit dem Vater finden sich schon in früheren Untersuchungen. In biographischen Interviews mit rechtsextrem orientierten Jugendlichen konzentrierte sich Luise Wagner-Winterhager auf die Haltung gegenüber den Vätern, die Soldaten der Wehrmacht waren. Im Verhältnis zu diesen Vätern differenziert sie bei den rechtsextremen Söhnen zwischen folgenden Einstellungstypen:

- Eine ambivalente Haltung, die vom Haß gegen den Vater in der Gegenwart und von der Bewunderung des idealisierten Vaters der Kriegszeit gekennzeichnet ist;
- eine Haltung, die auf der völligen Entwertung des vermeintlich feigen und spießigen Vaters in der Gegenwart beruht, gegen den das Ideal des Kämpfers errichtet wurde;
- eine Haltung, beruhend auf der Verteidigung des Vaters und seiner Vergangenheit gegenüber einer Geschichtsdarstellung, die die Wehrmachtsangehörigen pauschal als nationalsozialistisch und verbrecherisch abqualifiziert. (Wagner-Winterhager 1983, S. 401, zitiert nach Löchte und Sill 1994, S. 44 f)

Bei zweien dieser Einstellungsmuster läßt sich in Verbindung mit dem Vater eine vergleichbare Dichotomisierung feststellen wie sie oben vor allem bei Xaver deutlich wurde: Gegenüber einem abgelehnten Vater der Gegenwart wird ein idealisierter Vater der Vergangenheit konstruiert. Als Konstruktion erscheint die Haltung zum Vater auch deswegen, da in diesen Fällen keine Entwicklung deutlich wird, sondern sich zwei unvereinbare Bilder gegenüberstehen. Auch bezüglich der Zufriedenheit mit den familiären Bedingungen in der Kindheit gibt es schon in früheren Untersuchungen Hinweise auf eine Verarbeitungsweise ungünstiger Bedingungen, die mit der Displacement-These nicht zu erklären ist. In der standardisierten Befragung von Noelle-Neumann und Ring berichten diejenigen mit rechtsextremer Orientierung seltener als die anderen von einer glücklichen Kindheit oder einem freien und ungezwungenen Aufwachsen. Überdurchschnittlich häufig wird von ihnen angegeben, zu Hause oft getadelt worden oder einsam gewesen zu sein (W. Hopf 1991a, S. 54). In diesen Ergebnissen kann zum einen ein Hinweis darauf gesehen werden, daß Rechtsextreme tatsächlich oft unter ungünstigen familiären Bedingungen aufgewachsen sind. Zum anderen zeigen sie aber auch, daß Rechtsextreme mit negativen Erfahrungen nicht notwendigerweise verleugnend oder verklärend umgehen, sondern sie auch thematisieren, z.B. bei einer wissenschaftlichen Befragung.

Diese Befunde bestätigen die Vermutung, daß die Beziehungen zu den Eltern und die Art und Weise, wie mit den Erinnerungen an die Kindheit umgegangen wird, für die gegenwärtigen Einstellungen der Befragten von Bedeutung sind. Die Chance für die Entwicklung einer ethnozentrischen Orientierungen ist offenbar besonders dann gegeben, wenn die Eltern-Kind-Beziehung durch Enttäuschungen und Zurückweisungen gekennzeichnet ist und diese Erlebnisse auch später nicht verarbeitet werden konnten. Neben diesen emotionalen Seiten der Eltern-Kind-Beziehung gibt es jedoch noch andere Aspekte, die beachtet werden müssen, wenn man die Entwicklung ethnozentrischer Orientierungen verstehen möchte. Die bisherigen Ergebnisse deuten vor allem auf zwei Punkte hin:

1. Die Qualität der Beziehung zwischen den Eltern und ihr Umgang mit ehelichen Konflikten;

2. die Eltern als Vorbilder für den ausgrenzenden Umgang mit Menschen, die nicht „dazugehören“ (- z.B zur Familie).

8.5.1 Die Beziehung der Eltern zueinander

Die Beschreibungen der elterlichen Beziehungen sind in den meisten Fällen wenig aussagekräftig. Aus eigener Initiative berichten die Befragten nur selten darüber und auf explizite Fragen geben sie im Interview eher oberflächliche Antworten. In der Regel wurde auch nicht in der Weise nachgefragt, daß die Bedeutung und Konsistenz dieser Angaben zuverlässig geklärt werden könnte. In einigen Fällen entsteht außerdem der Eindruck, daß die Beschreibung der Elternbeziehung sehr stark vom aktuellen Verhältnis zu einem Elternteil abhängt. Mit der „mütterlichen Dominanz“ ist u.U. gemeint, daß ein Befragter von der Mutter regelmäßig zum Aufräumen seines Zimmers angehalten wird. Wenn von einem harmonischen Verhältnis zwischen den Eheleuten die Rede ist, wird zumeist nicht deutlich, ob es sich um eine Idealisierung handelt, ob ein Partner den anderen beherrscht oder ob - und in welchem Ausmaß - sie sich um gleichberechtigte Lösungen bemühen. Aufschlußreich erscheinen mir die Beschreibungen der Elternbeziehungen jedoch dann, wenn Konflikte offen thematisiert werden.

Besonders bei denjenigen, bei denen von einer wütend-verstrickten Haltung gegenüber den Eltern gesprochen werden kann, hat Streit in der Familie offenbar besondere Bedeutung. Sowohl die Konflikte zwischen den Eltern als auch solche in der weiteren Familie wurden von den Befragten als schwerwiegend erlebt. Hans beschreibt, daß die Oma sich nach einem längeren Konflikt von der Familie trennt und in eine andere Stadt zieht; für Xaver besitzt die Möglichkeit der elterlichen Trennung offenbar immer noch aktuelle Relevanz. Hinzukommen bemerkenswerte Arten der Konfliktgestaltung: Während in der Familie von Hans offenbar über einen längeren Zeitraum Intrigen gesponnen wurden, beschreibt Xaver den dauerenden Streit zwischen den Eltern mit Ausdrücken wie „mosern“ oder „konfuses Zeug labern“. Schließlich ist festzustellen, daß sich beide Befragte in die elterlichen Konflikte involviert fühlen: Hans fühlt sich abgelehnt, wenn die Eltern streiten, Xaver denkt an die Trennung der Eltern, als er nach der ersten Trennung von seinen Eltern gefragt wird.

Demgegenüber beschreiben Bernd und Uwe ein konfliktfreies Verhältnis zwischen ihren Eltern, das für sie allerdings nicht immer erfreulich gewesen zu sein scheint. Verschiedentlich wird deutlich, daß sie die Eltern als Verbündete erlebten, gegen die sie selbst keine Chance hatten. Eine ähnliche Perspektive kommt ansonsten nur bei einem der anderen Befragten zum Ausdruck, der als Einzelkind aufgewachsen ist. Mehrfach äußerst Sebastian im Zusammenhang mit Konflikten, die er als Kind mit den Eltern hatte, die Formulierung „wieder mal verloren“. Der Besuch der Oma wird von ihm mit den folgenden Worten bewertet: „Ich fands schön, hab mich gefreut, weil ich endlich mal wieder einen hatte, der auf meiner Seite war“.

Diese verschiedenen Berichte deuten darauf hin, daß das Verhältnis der Eltern zueinander unter Umständen schwerwiegendere Auswirkungen auf die Kinder hat, als dies gemeinhin angenommen wird. Bezüglich der Konsequenzen, die die Qualität der Elternbeziehung für die Kinder haben, herrscht oft Zurückhaltung. Obwohl auf allgemeiner Ebene im „Umgang von Eltern mit ihren Kindern eine Art sozialer Kurzformel ihrer eigenen Beziehungs- und Handlungsprobleme“ (Beicht u.a. 1976, S. 126) gesehen wird, waren die Folgen des elterlichen Umgangs miteinander für die politische oder soziale Orientierungen ihrer Kinder meines Wissens bisher noch nicht Thema wissenschaftlicher Untersuchungen. In Ergänzung zu solchen Befunden, die vor allem das familiale Konfliktniveau für die kindliche Entwicklung verantwortlich machen, wird an anderer Stelle auf die besondere Relevanz der Symmetrie zwischen den Konfliktpartnern hingewiesen (Döbert und Nunner-Winkler 1983). Für die kindliche Moralentwicklung, speziell für die Frage, ob in der moralischen Orientierung eine „verläßliche“ oder „strategische“ Ausrichtung vorherrscht, ist gemäß den Ergebnissen von Döbert und Nunner-Winkler auch die Offenheit elterlicher Konflikte bedeutsam. Hinweise auf Zusammenhänge zwischen der Art elterlichen Konfliktlösung bzw. der Offenheit, mit der über solche Konflikte gesprochen wird, und der Persönlichkeitsentwicklung werden übrigens auch schon in den Studien zur Autoritären Persönlichkeit festgestellt (vgl. Adorno u.a. 1969).

8.5.2 Elterliches Modellhandeln

Die Befragten, die gegenüber ihren Eltern eine wütend-verstrickte Haltung einnehmen, erlebten in ihrer Familie offenbar heftige Streitereien, vor allem auch zwischen den Eltern. Diesen Erfahrungen entsprechend äußern diese Probanden gegenüber den verschiedensten Menschen selbst heftige Aggressionen. Neben den Eltern erscheinen Ausländer dabei als eine willkürlich gewählte Zielgruppe für diese Wut. Aus den Familien Bernds und Uwes werden dagegen kaum Konflikte berichtet. Im Gegensatz zu diesem Bild eines harmonischen Familienlebens steht jedoch die Beschreibung eines geradezu militanten Vorgehens gegenüber solchen Menschen, die nicht zur Familie gehörten. Vor allem die Berichte zum Verhalten der Mütter Bernds und Uwes verdeutlichen, daß sie bei der Beurteilung bestimmter Verhaltensweisen mit zweierlei Maß messen, je nachdem ob es sich um Angehörige der eigenen Familie oder um familienfremde Personen handelt.

Besonders auffällig ist das Auftreten der Mütter Bernds und Uwes gegenüber Nachbarn bzw. Nachbarskindern, wenn man es mit den Berichten vom Verhalten anderer Eltern vergleicht. So konnte im letzten Kapitel (Abschnitt 7.2.1.2) festgestellt werden, daß Rainers Mutter mit Konflikten zwischen ihrem und anderen Kindern ganz anders umging. Gemäß Rainers Erzählung wurden bei der mütterlichen Intervention die Bedürfnisse aller beteiligten Kinder berücksichtigt und auf diese Weise ermöglicht, daß sie ihr gemeinsames Spiel fortsetzten. Im

Gegensatz zu den segregativen Interventionen der Mütter Bernds und Uwes, bei denen die einseitige Parteinahme zugunsten der eigenen Söhne im Vordergrund steht, kann der mütterliche Eingriff, von dem Rainer berichtet, als integrativ bewertet werden. Es kann angenommen werden, daß sich derartiges Verhalten der Eltern vorbildhaft auf die Weltsicht der Söhne auswirkt. Es ließe sich vor diesem Hintergrund vermuten, daß ethnozentrische Orientierungen, in denen ebenfalls eine segregative Perspektive deutlich wird, stärker mit Erinnerungen von segregativen als mit integrativen Vorbildern einhergehen.

Die folgende Tabelle 10 zeigt, wie diese Zusammenhänge bei der gesamten Befragtengruppe aussehen. Es geht dabei um das Verhalten oder Äußerungen der Eltern, die in der beschriebenen Weise als vorbildhaft begriffen werden können. Berücksichtigt werden hier nur Berichte von solchen Konflikten, an denen die Befragten in ihrer Kindheit beteiligt waren und aus denen entweder eine im beschriebenen Sinne segregative oder integrative Intervention der Eltern ersichtlich wird.

Tabelle 10: Zusammenhänge zwischen elterlichem Modellhandeln - soweit dies in Berichten über Interventionen bei Konflikten unter Kindern geschildert wird - und ethnozentrischen Orientierungen

Ethnozentrismus / Elterliches Modellhandeln	ethnozentrisch	teilweise ethnozentrisch	widersprüchlich	pluralistisch	Insgesamt
Hinweise auf segregative Interventionen	3	2	2	-	7
Hinweise auf integrative Interventionen	-	-	2	2	4
Keine entsprechenden Hinweise	8	2	-	4	14
Insgesamt	11	4	4	6	25

In den meisten Fällen geben die Berichte aus der Kindheit keine Anhaltspunkte für entsprechende elterliche Vorbilder. Dann, wenn deutliche Interventionen durch die Eltern beschrieben werden, lassen sich durchaus Zusammenhänge im oben beschriebenen Sinn finden. Segregative Vorbilder lassen sich bei drei Ethnozentrikern, bei zweien, die sich teilweise ethnozentrisch äußern und bei zweien, deren Orientierung als widersprüchlich einzuschätzen ist, feststellen. Integrativ ausgerichtete Elterninterventionen werden von zweien mit widersprüchlicher und von zweien mit pluralistischer Orientierung berichtet. Falls entsprechendes Modellhandeln der Eltern zu erkennen ist, hat dies offensichtlicher einen gewissen Einfluß auf die Orientierungen der Befragten.

Das vorliegende Kapitel liefert keine direkten Hinweise auf eine politische Sozialisationsfunktion durch die Eltern, etwa in der Weise, daß einige Befragte mit rechtsextremen Orientierungsmustern schon aus dem Elternhaus vertraut sind. Es werden kaum Parallelen zwischen den politischen Ansichten der Eltern und eigenen Orientierungen verdeutlicht, so daß die Annahme einer „Transmission" (vgl. Kracke u.a. 1993) nicht bestätigt werden kann. Auch sind kaum Anzeichen für eine Identifikation (vgl. Bohleber 1994) mit den - oder eine Imitation (Wagner-Winterhager 1983) der - politischen Einstellungen von Eltern oder Großeltern zu erkennen. Wie im Falle Norberts ansatzweise deutlich wurde, sprechen einzelne Indizien dafür, daß eine Übernahme elterlicher Orientierungsmuster dann am wahrscheinlichsten ist, wenn eine emotional verläßliche Beziehung zu ihnen besteht. Im Kontext dieser Arbeit beschreiben die jungen Männer aber eher solche Einstellungen ihrer Eltern, die zu ihren eigenen im Gegensatz stehen. Die einzelnen gehen mit diesen Differenzen jedoch so unterschiedlich um, daß gegenüber verallgemeinernden Schlußfolgerungen Vorsicht geboten scheint. Weder die Vermutung einer grundsätzlichen Opposition gegen die eigenen Eltern, um den wunden Punkt vorangegangener Generation zu treffen (vgl. Morshäuser 1992), noch die These vom „hilflosen Antifaschismus" der Elterngeneration (Chaussy 1989) erscheint mir hinreichend differenziert, um auch nur einer Überprüfung unterzogen werden zu können.

Generell vermitteln die Befragten vielmehr der Eindruck, daß ihre Eltern keine sehr ausgeprägten Meinungen zu politischen Themen vertreten. Dies kann einerseits als Hinweis auf die tatsächlichen Einstellungen der Eltern gewertete werden. So formuliert schon Eike Hennig den Eindruck, daß die von ihm untersuchten Neonazis weder aus auffällig rechtsextrem noch aus links orientierten Elternhäusern kommen (Hennig 1982, S. 35). Darüber hinaus kann man die schwachen Verbindungen zwischen den Einstellungen von Eltern und ihren Kindern als Hinweis auf die fehlende Kommunikation zwischen den Generationen deuten. Wilhelm Heitmeyer sieht darin vor allem einen Hinweis auf die für das Jugend- bzw. junge Erwachsenenalter charakteristische „zumeist geringe politische Gesprächsdichte in der Familie" (vgl. Heitmeyer u.a. 1992, S. 580).

8.5.3 Abschließende Bemerkung zum Typ der verstrickten Bindungsrepräsentation

Abschließend sollen hier noch einige Überlegungen zum Typ der verstrickten Bindungsrepräsentation geäußert werden, die die in dieser Untersuchung auffällige Konzentration ethnozentrisch orientierter Probanden nicht erklären können, aber eventuell in der Lage sind, die diesbezügliche Verwunderung etwas zu mildern. Zunächst muß berücksichtigt werden, daß die Befragten der Hildesheimer Untersuchung nicht denjenigen entsprechen, die im Rahmen der Attachment-Forschung sonst zumeist befragt werden und für die Typenbeschreibungen damit auch Modellfunktion haben. Einerseits kann hier die Frage gestellt werden, ob die in den USA entwickelten Vorstellungen zu familiären Bindungen auf bundesrepublikanische Verhältnisse übertragen werden können (vgl. Lederer 1995, S. 41). Vordringlich erscheint mir jedoch der Umstand, daß die von Mary Main und ihren Mitarbeiterinnen untersuchten Probanden zumeist Frauen waren, oft Mütter, in der Regel aus der Mittelschicht. Bei einem Teil dieser Probanden kann sicherlich zu Recht angenommen werden, daß sie sich mit ihren persönlichen Problemen beschäftigen, sei es in Form von Rationalisierungen - Main und Goldwyn zufolge äußern sich die „Verstrickten" teilweise in einem pseudo-analytischen Psycho-Jargon - oder indem sie sich in therapeutische Behandlung begeben (Köhler 1992, S. 278). Bei jungen Männern, die in der Regel der Arbeiter- bzw. unteren Mittelschicht entstammen und zumeist noch bei ihren Eltern leben, kann vermutet werden, daß andere kulturelle Traditionen vorherrschen und von daher auch mit problematischen Aspekten in den Beziehungen zu den Eltern anders umgegangen wird. Ob und inwiefern dies der Fall ist, kann an dieser Stelle nicht geklärt, sondern müßte in einer vergleichenden Untersuchung ermittelt werden.

Darüber hinaus scheinen mir diese unerwarteten Ergebnisse auch auf bisher zu wenig beachtete Bereiche innerhalb der Attachment-Forschung zu verweisen. Einerseits stellen die „Verstrickten" in der Regel die kleinste Gruppe, so daß sich das Interesse stärker auf die abwehrend-bagatellisierenden und die sicher-autonomen Befragten richtet. Es ist von daher nicht verwunderlich, daß die verstrickten Bindungsrepräsentation innerhalb des Klassifikationssystems von den Haupttypen die am wenigsten elaborierte ist. Andererseits scheinen mir einzelne Elemente, die im Kontext der vorliegenden Untersuchung wichtig sind, im Zusammenhang einer verstrickten Bindungsrepräsentation bisher zu wenig beachtet worden zu sein. Der Stellenwert von Erfahrungen der Zurückweisung und eines verklärenden Umgangs mit Kindheitserinnerungen müßten für die „Verstrickten" m.E. klarer bestimmt werden. In verschiedenen Untersuchungen wird sich außerdem auf eine Differenzierung zwischen den Haupttypen beschränkt (z.B. Hazan und Shaver 1990; Kobak und Sceery 1988; Troy und Sroufe 1987), d.h. den Untertypen mit ihren verschiedenen Ausdrucksformen wird oft zu wenig Beachtung geschenkt. In mehrfacher Hinsicht besteht für diesen Typ der Bindungsrepräsentation und für seine unterschiedlichen Ausprägungen offenbar noch erheblicher Klärungsbedarf.

Schließlich sind eine ganze Reihe solcher Bedingungen zu berücksichtigen, von denen angenommen werden kann, daß sie unabhängig von oder in Ergänzung zur Bindungsrepräsentation eine ethnozentrische Orientierung begünstigen können. Für besonders wichtig halte ich neben den Beziehungserfahrungen mit den Eltern solche Modelle bzw. Vorbilder, die den Befragten in verschiedenen Beziehungen vorgelebt werden. In diesem Kapitel konnten verschiedene solcher Modelle aufgezeigt werden. Von großer Bedeutung könnten diesbezüglich aber auch Erfahrungen mit solchen Menschen sein, die nicht zur Familie gehören.

9. Beziehungen zu Gleichaltrigen und ethnozentrische Orientierungen

In den letzten Kapiteln konnten plausible Zusammenhänge zwischen den Beziehungen innerhalb der Familie und der Neigung zum Ethnozentrismus herausgearbeitet werden. Die Kontakte zu Eltern und Geschwistern sind jedoch nur ein sozialer Bereich, von dem entsprechende Einflüsse angenommen werden können. Wenn es um die Sozialisation Jugendlicher geht, wird der Einfluß der Familie regelmäßig in Frage gestellt. Stattdessen gelten in dieser Lebensphase zunächst die Beziehungen zu Freunden, später die zu Partnern bzw. Partnerinnen in Zweierbeziehungen als besonders prägend (vgl. Heitmeyer u.a. 1992, S. 580). In diesem Kapitel werden die verschiedenen Beziehungen zu Gleichaltrigen hinsichtlich ihres Einflusses auf die ethnozentrischen Orientierungen der einzelnen Befragten thematisiert.

9.1 Zur Bedeutung der Gleichaltrigen in der Fachliteratur

Im folgenden werden zunächst Erkenntnisse zur Bedeutung von Gleichaltrigencliquen und individuellen Freundschaften referiert, speziell auch in Hinblick auf Ethnozentrismus und Rechtsextremismus. In einem gesonderten Abschnitt geht es anschließend um Partnerbeziehungen, sofern diese mit ethnozentrischen Orientierungen in Zusammenhang gebracht werden.

9.1.1 Cliquen- und Freundschaftsbeziehungen

In den Sozialwissenschaften wird regelmäßig auf die große Bedeutung hingewiesen, die die Beziehungen zu Gleichaltrigen für Jugendliche und junge Erwachsene haben (vgl. Melzer und Hurrelmann 1990, S. 42). Die Zeit der Jugend erscheint dabei zunehmend als eigenständige Lebensphase (vgl. Gmür und Straus 1994, S. 228), in der die Herkunfsfamilie an Bedeutung verliert und dem einzelnen andere Möglichkeiten - z.B. Berufsleben oder Familiengründung - noch nicht zur Verfügung stehen, um Status oder Anerkennung zu erlangen. In dieser Situation wird die Orientierung an jugendlichen Subkulturen als besonders wichtig angesehen und auch zur Erklärung abweichenden Verhaltens herangezogen (vgl. Lamnek 1993, S. 142 ff). Während über die Existenz jugendspezifischer Kultur- und Gesellungsformen weitgehend Einigkeit besteht, gibt es verschiedene Auffassungen über das Verhältnis der Jugendlichen zur Welt der Erwachsenen.

Strukturfunktionalistische Theorieansätze betonen einerseits, daß Jugendliche in ihren peer-groups nach Unabhängigkeit von den Erwachsenen streben und wie empfindlich sie auf soziale Kontrollversuche durch Erwachsene reagieren. Zusätzlich weisen sie auf den hohen Konformitätsdruck innerhalb dieser Gruppe und auf die große Bedeutung der Loyalität zu Gleichaltrigen hin (vgl. Parsons 1969, S. 147). Andererseits gilt die Jugendphase dabei als notwendige und funktionale Zwischenstation, die eine Universalisierung partikularer Normen, wie sie durch die Familie vermittelt werden, ermöglicht. Aus dieser Perspektive wird daher auch eine grundsätzliche Übereinstimmung zwischen den Jugendlichen und der restlichen Gesellschaft konstatiert (Parsons 1969, S. 150).

Friedrich Tenbruck geht in seinen theoretischen Ausführungen von einer fast autonomen Jugendkultur aus; zur Welt der Erwachsenen gebe es innerhalb und außerhalb der Familie so gut wie keine Berührungen mehr, so daß von einer „Sozialisierung in eigener Regie" die Rede ist (Tenbruck 1962, S. 86 f u. 92). Empirische Untersuchungen konnten allerdings keine Belege für diese Sichtweise erbringen. Es wurden zwar Elemente spezifischer jugendkultureller Orientierungen festgestellt, im Vergleich zu anerkannten Familien- und Autoritätsnormen spielten diese jedoch nur eine untergeordnete Rolle (Elkin und Westley 1969, S. 105). Auch spätere Eltern-Kind-Befragungen erbrachten keine Evidenzen für eine grundsätzliche Entfremdung Jugendlicher von ihren Eltern (vgl. Oswald 1989, S. 609). Vor allem dann, wenn die Bedingungen beschrieben werden, die während der Adoleszenz zur Entwicklung einer stabilen Persönlichkeit führen, ist vielmehr von einer „Doppelorientierung sowohl an peers als auch an den Eltern" (Gmür und Straus 1994, S. 228; vgl. auch Streeck-Fischer 1994, S. 260) die Rede.

Auch im spezielleren Kontext solcher Forschungsarbeiten, in denen es um die politische Sozialisation und die Gewaltbereitschaft Jugendlicher geht, wird der Einfluß der peer-groups unterschiedlich eingeschätzt. In der - im weiteren Sinne - modernisierungstheoretisch orientierten Jugendforschung ist teilweise sehr unspezifisch von „Jugendzentrismus" die Rede (z.B. Melzer 1992, S. 55). Um die Bedingungen solcher Orientierungs- und Handlungsmuster, die als problematisch eingeschätzt werden, zu erhellen, konzentriert man sich hier weitgehend auf die Kontakte zu Gleichaltrigen. Dabei nimmt man an, die peer-groups übernähmen bei fortschreitender gesellschaftlicher Modernisierung für Jugendliche zunehmend die Funktion, die in traditionelleren Gesellschaften die Familie ausübt (Melzer 1992, S. 47). Folgerichtig gelten Jugendcliquen bei einigen Autoren als wichtigste Sozialisationsinstanz (z.B. Hafeneger 1993, S. 81; Pilz 1993, S. 35 ff). Nachdem auch Wilhelm Heitmeyer die Bedeutung der Gleichaltrigen zunächst besonders hervorhebt (Heitmeyer 1988, S. 122), relativiert er diese Einschätzung später. Im Verlauf des Untersuchunszeitraums der Bielefelder Langzeitstudie kann der zunehmende Bedeutungsverlust der Kontakte zu Gleichaltrigen festgestellt werden. Als besonders einflußreich werden spezifische Einflüsse der peer-groups allerdings hinsichtlich der Beteiligung an Gewalttätigkeiten genannt (Heitmeyer u.a. 1992, S. 580 f).

Andere Untersuchungen zeigen, daß der Einfluß der Gleichaltrigen vor dem Hintergrund der Beziehungen zu den Eltern bzw. zu Erwachsenen allgemein gesehen werden muß. So gelten beispielsweise Defizite in der Familie - z.B. das Aufwachsen ohne Vater - als entscheidende Bedingung dafür, daß peer-groups, in denen Gewalt eine große Rolle spielt, für den einzelnen sehr wichtig werden können (Montau 1995, S. 95 ff). Auch in einer Analyse der verschiedenen sozialen Beziehungen Ostberliner Jugendlicher werden die Einflüsse der Gleichaltrigen-Kontakte mit denen innerhalb der Familie in Zusammenhang gebracht. Besonders groß seien die Einflüsse der Gleichaltrigen dann, „wenn die Jugendlichen über keinen festen Anker in der Herkunftsfamilie verfügen“ (Kühnel 1995, S. 142). Netzwerkanalysen, wie Kühnel sie vorlegt, konzentrieren sich weitgehend auf die Frage der Vielfältigkeit sozialer Beziehungen, während deren Stabilität oder Qualität dabei weniger Beachtung findet.

Andere Prioritäten werden in psychoanalytisch orientierten Arbeiten gesetzt, in denen es um die spezifische Situation der männlichen Adoleszenz geht. Ethnozentrismus und Gewaltbereitschaft gelten hier als Ausdruck früher familialer Traumatisierungen, die in der Pubertät besonders deutlich zum Ausdruck kommen (Streeck-Fischer 1994, S. 262). Ein Zusammenhang zwischen Familie und peer-group wird auch deswegen vermutet, da die Beziehungsmuster in rechten Jugendcliquen denen in der Familie ähneln (Kahl-Popp 1994, S. 266). Aus psychoanalytischer Perspektive erscheint diese Entwicklung äußerst problematisch. Man nimmt an, die Gleichaltrigengruppe würde zum Ersatz für die Eltern, von denen sich die Jugendlichen dann nicht wirklich lösen könnten. Auf diese Weise bleibe der Weg zur Individuation versperrt (Streeck-Fischer 1992, S. 757). Subkulturelle Jugendgruppen dienen demnach vor allem der Stützung des ungenügend entwickelten Selbst; auch die häufig zu beobachtende Uniformierung wird als Ausdruck fehlender Individualisierung gedeutet (Streeck-Fischer 1994, S. 264).

Um die Bedeutung der Gleichaltrigen angemessen einschätzen zu können, müssen demnach die Beziehung zu Erwachsenen, speziell die zu den Eltern, berücksichtigt werden. Erst dann, wenn in diesen Beziehungen Defizite oder Schwierigkeiten auftreten, bekommen die Kontakte zu Gleichaltrigen eine entscheidende Bedeutung, die teilweise als Überforderung eingeschätzt wird. In der Forschungsliteratur finden sich verschiedene Erklärungen dafür, warum es unter diesen Bedingungen zur Ausprägung bzw. Stärkung ethnozentrischer Orientierungen kommen kann.

Wenn es im Zusammenhang mit Rechtsextremismus bei Jugendlichen um die Beeinflussung durch Gleichaltrige geht, stehen zumeist auffällige Subkulturen im Zentrum der Aufmerksamkeit. Das ist unter anderem in einer Untersuchung fremdenfeindlicher Straf- und Gewalttaten der Fall, in der man feststellt, daß es sich bei den Tätern überwiegend um junge Männer handelt, die bei ihren Angriffen in Gruppen auftreten (Homfeldt und Schenk 1995, S. 61). Im Zusammenhang mit Skinhead-Gruppen ist dann beispielsweise von einer sozial integrierenden und identitätsbildenden Funktion dieser Subkultur die Rede (Willems 1993, S. 177). Auch Rainer Erb geht davon aus, daß in solchen Jugend-Subkulturen fremdenfeindliche Normen vermittelt bzw. Hemmschwellen und Gewissensregungen abgebaut werden.

> Jugendliche erlernten diese Deutungen und Handlungsdispositionen in starkem Maße in altershomogenen Cliquen, die ihrerseits wieder vom Rand her durch Erwachsene belehrt, beeinflußt oder geführt werden. (Erb 1993, S. 278)

In diesem Zusammenhang nimmt man außerdem an, der Einfluß der Skinhead-Szene auf einzelne werde durch den inneren und äußeren Druck zum Verbleib in der Gruppe noch verstärkt (Sander 1993, S. 170). Um rechtsextrem motivierten Straftaten vorzubeugen, wird daher unter anderem empfohlen, den Kontakt der Jugendlichen zu ihren peer-groups zu reduzieren bzw. zu unterbrechen, um „eine Herausbildung oder Verfestigung rechtsextremer Motivstrukturen" zu verhindern (Merten 1993, S. 141). In Ergänzung zu solchen Annahmen über eine Beeinflussung der politischen Orientierung durch die Clique wird an anderer Stelle vor allem auf das Bedürfnis der Selbstbestätigung bzw. -behauptung in männlichen Jugendcliquen verwiesen. Folglich gelten im Zusammenhang mit rechten Jugendgruppen dann nicht die inhaltliche Vermittlung ethnozentrischer bzw. rechtsextremer Einstellung als entscheidend, sondern das Bedürfnis nach Abgrenzung von anderen gesellschaftlichen Gruppen (Sturzbecher u.a. 1994, S. 23 f).

Wie sinnvoll es ist, im Zusammenhang ethnozentrischer Orientierungen nicht nur die inhaltliche Ausrichtung bestimmter Subkulturen zu berücksichtigen, zeigt sich darin, daß Gewalt gegen Ausländer häufig auch von unauffälligen Freundesgruppen und Freizeitcliquen praktiziert wird, also von Gleichaltrigengruppen, die sich weniger auffällig präsentieren (Willems 1993, S. 178 f). An Plausibilität gewinnen diese Ergebnisse durch Beobachtungen, wonach Jugendcliquen generell zunehmend 'charakterlos' seien, d.h. sich nicht durch eine gemeinsame Orientierung oder bestimmte Ziele auszeichnen. Gerd Stüwe berichtet vielmehr von einer Tendenz, wonach diese „neuen peer-groups" sich aus immer jüngeren 'Mitgliedern' zusammensetzen, die sich zufällig begegnen und ungeplante kurzfristige Aktionen durchführen (Stüwe 1993, S. 343). In diesem Zusammenhang sind auch Erkenntnisse zu den Bedingungen vandalistischen Verhaltens von Jugendlichen interessant. Hinsichtlich Sachbeschädigungen in Schulen kann festgestellt werden, daß diese maßgeblich von Jugendlichen verübt werden, die einer Clique angehören. Entsprechendes Verhalten hängt dabei nicht unbedingt von der inhaltlichen Ausrichtung der einzelnen Clique ab, sondern schon die Zugehörigkeit zu einer Clique überhaupt korrespondiert stärker mit Vandalismus als dies bei anderen Bedingungen festzustellen ist (Klockhaus und Habermann-Morbey 1986, S. 65 f).

Generell ist bei Jugendlichen, die in erster Linie über viele lockere, eher unverbindliche Kontakte zu peer-groups verfügen, eine verstärkte Neigung zu gewalttätigem Handeln festzustellen (Kühnel 1995, S. 138 f). Plausibel erscheinen diese Ergebnisse, wenn man annimmt, daß der hohe Stellenwert von peer-groups mit einem Denken in Gruppenkategorien einhergeht. Unter diesen Umständen ist die Zugehörigkeit zu einer Gruppe wichtiger als individuelle oder persönliche Beziehungen. Für die eigene Identität sei dann die Identifikation mit der peer-group ganz entscheidend; gleichzeitig würden die Angehörigen anderer Gruppen anonymisiert, was ihre Diskriminierung ermögliche (Klatetzki 1993, S. 357 f).

Vor diesem Hintergrund sind auch Erkenntnisse von Interesse, die bereits in den Studien zur Autoritären Persönlichkeit - in denen es allerdings nicht speziell um Jugendliche oder junge Erwachsene ging - formuliert wurden. Im Zusammenhang mit Freundschaften konnten dabei ganz unterschiedliche Motive und Kriterien festgestellt werden. Ethnozentriker legen demnach eher keinen Wert auf Individualität, weder bei sich selbst noch bei anderen Menschen (Adorno u.a. 1969, S. 781). Bezüglich der Freundschaftsbeziehungen, die sie unterhalten, betonen sie nicht innere, persönliche Qualitäten, sondern äußerliche Kriterien, z.B. den akzeptablen sozialen oder ökonomischen Status ihrer Bekannten (Adorno u.a. 1969, S. 418).

Ist man an der Frage interessiert, ob und in welcher Weise ethnozentrische Orientierungen bei Jugendlichen, speziell bei jungen Männern, durch Gleichaltrige gefördert oder unterstützt werden, lassen sich auf der Grundlage vorliegender Forschungsarbeiten vor allem zwei Ansätze verfolgen.[1] Einerseits müßte geklärt werden, ob ethnozentrische Vorstellungen durch existierende Freundschaften bzw. Gruppenkontakte inhaltlich vermittelt werden oder wurden. Solch eine „Transmission“ ließe sich dann vermuten, wenn Kontakte zu einschlägigen Gruppen bestehen, z.B. zu rechtsgerichteten Skinheads. Andererseits wäre zu prüfen, welche Formen der Beziehung zu Gleichaltrigen jeweils von Bedeutung sind. Interessant könnte hierbei sein, die Bedeutung individueller Beziehungen zu bestimmen - in Abgrenzung zu eher kollektiven Kontakten.

9.1.2 Partnerbeziehungen

Die Freundschaft zu einer Partnerin bzw. zu einem Partner ist als ganz besondere Form der Beziehung anzusehen, die sich aus dem Kontext allgemeinerer Gleichaltrigenkontakte zu einer Beziehung mit exklusiver Bedeutung entwickelt hat. Wenn es um die Analyse der Beziehungen Jugendlicher geht, wird die „Partnerzentrierung“ - neben Familien-, Cliquen- und Freundschaftsbeziehun-

---

[1] Wenn fremdenfeindliche Gewalttaten rechter Jugendcliquen thematisiert werden, weist man unter dem Begriff „Gelegenheitsstrukturen“ auch regelmäßig auf die Bedeutung situativer Faktoren hin (Homfeldt und Schenk 1995, S. 85 ff; Willems 1993, S. 180 ff). Ist man, wie in dieser Arbeit, vor allem an bestimmten Orientierungsweisen interessiert, können situative Faktoren und die dadurch in Gang gesetzten Eskalationsprozesse m.E. vernachlässigt werden.

gen - dementsprechend als ein eigenes Muster beschrieben (Gmür und Straus 1994, S. 237). Gelegentlich wird die Bedeutung von Partnerbeziehungen auch im Zusammenhang mit rechtsextremen bzw. ethnozentrischen Orientierungen hervorgehoben. In der Bielefelder Rechtsextremismus-Studie wird an verschieden Stellen deutlich, daß Beziehungen zu Partnerinnen für die untersuchten jungen Männer sehr wichtig sind. Im Kontext einiger Biographien werden Zweierbeziehungen als einflußreiche Bedingung für die Persönlichkeitsentwicklung beschrieben (Heitmeyer u.a. 1992, S. 152, 235, 340). In anderen Fällen deuten die Autorinnen und Autoren den Verlust bzw. den unerfüllten Wunsch nach einer Partnerbeziehung als eine Bedingung fehlender Geborgenheit, die zur Akzeptanz rechtsextremer Orientierungsmuster beiträgt (vgl. Heitmeyer u.a. 1992, S. 397 bzw. 464).

In der Hildesheimer Untersuchung zeigte sich, daß die jungen Männer, die sich rechtsextrem orientieren, zum Befragungszeitpunkt seltener in einer längerfristigen Beziehung zu einer Freundin lebten als Befragte ohne rechtsextreme Orientierung (Hopf u.a. 1995, S. 158 ff). Martina Sanden-Marcus konnte außerdem herausarbeiten, daß diejenigen, bei denen eine rechtsextreme Einstellung festgestellt werden kann, aus früheren Beziehungen bzw. Beziehungsversuchen über gravierende Probleme berichten. Diese Schwierigkeiten können sich ganz unterschiedlich zeigen, entweder als Verunsicherung, Aggression, Abwertung, Gleichgültigkeit oder Verherrlichung bzw. in einer Kombination dieser Elemente (Hopf u.a. 1995, S. 172).

Psychoanalytisch orientierte Arbeiten verweisen im Kontext ethnozentrischer Orientierungen häufiger auf bestimmte Erfahrungen und Möglichkeit im Bereich der Sexualität. Erotische Befangenheit sowie mangelnde Hingabefähigkeit gelten dabei als Anzeichen von Mißtrauen und Kontaktunsicherheit, die auch mit der Bereitschaft zu Vorurteilen gegenüber Fremdgruppen assoziiert werden.

> Bedenkt man, daß unter den Vorurteilen gegen Ausländer und Asylbewerber oft eine ausgeprägtes Sexualmißtrauen eine Rolle spielt (Vermutung hoher Potenz, Promiskuität, viele Kinder), erscheint durchaus plausibel, daß, wer mit seiner eigenen Sexualität ungezwungen und befriedigend umgehen kann, in dieser Hinsicht weniger Grund zu Ressentiments gegen fremde Zuwanderer hat. (Richter 1992, S. 230)

Ein Zusammenhang zwischen sexueller Befriedigung und ethnozentrischen Einstellungen wird auch dort vermutet, wo man versucht, die Orientierungsweise jugendlicher Skinheads nachzuvollziehen. Der Eindruck, sexuelle Befriedigung könne nicht erreicht werden, habe das Bedürfnis nach einer „männlichen Ersatzidentität" zur Folge, das z.B. zur Übernahme einer rechtsextremen Ideologie führen könne (Streeck-Fischer 1994, S. 264). Im Unkehrschluß wird sexuelle Befriedigung dann teilweise sogar zum Mittel tendenzieller Immunisierung gegenüber ethnozentrischen Orientierungen stilisiert (Farin und Seidel-Pielen 1992, S. 114).

Neben der Existenz bzw. dem Mangel an partnerschaftlichen Kontakten wird im Zusammenhang mit ethnozentrischen Orientierungen auch die Frage der Beziehungsqualität erörtert. Die Studien zur Autoritären Persönlichkeit stellen diesbezüglich fest, daß Ethnozentriker über ihre Partnerwahl oder ihr Sexualleben weniger individualisierend sprechen, sondern eher konventionelle und fassadenhafte Aspekte in den Vordergrund stellen (Adorno u.a. 1969, S. 402 bzw. 395). Wenn diese Befragten sich zu Partnerbeziehungen äußerten, entstehe außerdem der Eindruck emotionaler Armut und der der Dominanz instrumenteller Motive. Außerdem würden vor allem Frauen in „gute“ und „schlechte“ - Heilige und Hure - unterteilt, was die Autoren als Ausdruck tiefsitzender Ambivalenz deuten. Diese Ambivalenz korrespondiere mit dem isolierten Erleben der Sexualität, die von den beteiligten Personen abgespalten würde (Adorno u.a. 1969, S. 404; vgl. hierzu auch Hopf u.a. 1995, S. 165 ff).

Im Unterschied zu den Erkenntnissen, die über die Gleichaltrigenbeziehungen in peer-groups vorliegen, lassen die in diesem Abschnitt referierten Resultate eher indirekte Verbindungen zwischen Partnerbeziehungen und ethnozentrischen Orientierungen vermuten. Neben der Frage individueller Beziehungsqualitäten sollte in meinen Augen auch nach Indikatoren für grundsätzliche Differenzierungen zwischen „uns“ und „denen“ gesucht werden. Sowohl prinzipielle Unterscheidungen zwischen Männern und Frauen, als auch solche, zwischen vermeintlich ganz verschiedenen Kategorien in einer der geschlechtlichen Subgruppen könnten hier von Bedeutung sein; ganz ähnlich konstruieren Ethnozentriker ja auch verschiedene soziale Gruppen anhand ethnischer Kriterien und setzen sie in ein antagonistisches Verhältnis zueinander.

9.2 Die verschiedenen Formen der Beziehungen zu Gleichaltrigen

9.2.1 Fragestellung und Datengrundlage

Im folgenden werden einige Aspekte der Beziehungen zu Gleichaltrigen näher untersucht, die der referierten Forschungsliteratur zufolge für die Entwicklung einer ethnozentrischen Haltung relevant sein können. Zunächst sollen hier verschiedene Beziehungsformen betrachtet werden, die von den Befragten geschildert, bevorzugt oder gewünscht werden. So werden ethnozentrische Orientierungen häufiger mit tendenziell pauschalem Denken in Gruppenkategorien in Zusammenhang gebracht, während von Nicht-Ethnozentrikern eine stärkere Gewichtung individuell geprägter Beziehungsformen berichtet wird (Adorno u.a. 1969). Es stellt sich daher zunächst die Frage, inwieweit unpersönliche Cliquenbeziehungen, bei denen der einzelne sich vor allem auf eine größere Gruppe bezieht, oder eher persönliche Beziehungen mit stärker individualisierten Zügen beschrieben oder gewünscht werden.

Darüber hinaus wird es darum gehen, ob sich ethnozentrische Orientierungen in den beschriebenen Freundschafts- und Gruppenbeziehungen entwickeln bzw. ob sie durch die dort propagierten Wertvorstellungen gefördert werden (vgl. Erb 1993; Willems 1993). Entsprechende Einflüsse könnten beispielsweise bei einer Zugehörigkeit zu rechtsgerichteten Skinheadgruppen oder bei Freundschaften mit ethnozentrisch eingestellten Personen angenommen werden.

Schließlich wird es um die Beziehungen zu Partnerinnen gehen, wobei sowohl die Qualitäten der aktuellen oder vergangenen Beziehungen als auch die Erwartungen bezüglich solcher Beziehungen generell zu thematisieren sind. Auf die grundsätzliche Bedeutung der Partnerbeziehungen läßt sich sowohl aus der Perspektive der Jugendforschung (Heitmeyer u.a. 1992) als auch aus psychoanalytischer Sicht (Richter 1992) schließen. Inwieweit das vorliegende Material speziellere Hinweise auf Zusammenhänge zwischen diesen Beziehungen und der Anfälligkeit für - bzw. Immunität gegen - ethnozentrische Orientierungen zuläßt, wird zu untersuchen sein.

Für die Klärung dieser Fragen beziehe ich mich vor allem auf Teile des ersten und des dritten Interviews. Explizit wurden dort alle Probanden nach den Freunden und Bekannten gefragt, mit denen sie sich in ihrer arbeits- bzw. ausbildungsfreien Zeit treffen. Sie wurden gebeten, diese Personen zu beschreiben und etwas dazu zu sagen, wie sie diese kennengelernt haben. Diese Punkte wurden auch für den „besten Freund" und für die „feste Freundin" geklärt, falls die Befragten entsprechende Beziehungen unterhielten. Im Falle der Partnerinnen fragten wir auch nach der Bedeutung von Sexualität und Treue, sowie nach kurzfristigen sexuellen Beziehungen, nach dem Wunsch länger zusammenzubleiben, zu heiraten und Kinder zu bekommen. Darüber hinaus versuchten wir zu klären, ob es - gemäß den Vorstellungen der Befragten - in diesen Beziehungen ein Machtgefälle gibt; u.a. durch die Frage, ob die Partnerin auch im Falle gemeinsamer Kinder berufstätig sein „dürfte". Es wurde auch erkundet, ob es den einzelnen wichtiger ist, ihre Freizeit in einer Freundesgruppe oder mit einzelnen Freunden bzw. der Freundin zu verbringen. Speziell auf Freundescliquen bezogen wurde nach Anführern und nach Sündenböcken, d.h. nach solchen Mitgliedern gefragte, die besonders häufig geärgert werden. Wir versuchten auch, diese Möglichkeiten hierarchischer Strukturierung für solche Gruppen zu klären, denen die Befragten früher angehört hatten. Neben diesen regelmäßig thematisierten Fragen, zu denen alle Untersuchungsteilnehmer Stellung nahmen, kamen Punkte, die im Kontext dieses Kapitels von Interesse sind, auch in anderen Teilen der Interviews zur Sprache; diese werden selbstverständlich ebenfalls berücksichtigt.

Hier ist allerdings zu berücksichtigen, daß die Datengrundlage bezüglich der Kontakte zu Gleichaltrigen weder so reichhaltig noch so dicht ist, wie die bezüglich der Beziehungen zu den Eltern, worauf der Schwerpunkt der gesamten Untersuchung lag. Dies hat zur Folge, daß die Konsistenz der in diesem Kapitel ausgewerteten Informationen nicht in gleicher Weise systematisch überprüft werden kann wie z.B im Falle der Elternidealisierung. Speziell die Angaben, die die Befragten zum demokratischen bzw. hierarchisch strukturierten Aufbau ihrer Freundesgruppen machen, wirken oft so unklar oder unglaubwürdig, daß ich mich hier entschieden habe, auf diese Berichte nicht zurückzugreifen.

9.2.2 Gruppenkontakte und individuelle Beziehungen

Es kann zunächst festgestellt werden, daß alle Interviewten spätestens auf Nachfragen von Gruppen berichten, in denen sie ihre Freizeit verbringen. Diese werden allerdings als sehr verschieden geschildert - sowohl hinsichtlich ihrer Struktur und Größe als auch in ihrer Bedeutung für den einzelnen. Eine Variante bildet hier die organisierte Freizeitgruppe, die zumeist allerdings nicht altershomogen ist. Fünf der jungen Männer verdeutlichen, daß sie einen Großteil ihrer Freizeit im Sportverein, bei der freiwilligen Feuerwehr und/oder im Kreise einer Musikkapelle verbringen. Ansonsten dominieren im Freizeitbereich eher unorganisierte Cliquen, die seltener mit spezifischen Interessen - Rockmusik machen, Badmington spielen etc. -, sondern zumeist mit diffusen Freizeitaktivitäten - z.B. Musik hören, Discos und Kneipen besuchen - assoziiert zu sein scheinen. Diesen peer-groups gehören den Angaben der Befragten zufolge zwischen drei und dreißig bis vierzig junge Leute an.

Die Größe dieser Gruppen scheint in einigen Fällen von besonderer Bedeutung zu sein. Verschiedene Befragte assoziieren mit einer großen Gruppe offenbar die Möglichkeit, die Qualität ihres Freizeitlebens zu steigern; oder, wie Sebastian es ausdrückt: „Um so mehr Leute da sind, um so lustiger wirds". Deutlich wird eine entsprechende Einstellung auch von Paul artikuliert, der schon zu den Spielen seiner Kindheit sagt: „Waren meistens immer viele, weil es ist immer lustiger gewesen". Diese Vorliebe für große Gruppen zeigt sich auch in seinen Berichten zu aktuellen Unternehmungen im Freundeskreis.

> Paul: Auch teilweise mit drei, vier, fünf Autos, die werden voll beladen, sind wir da so ungefähr 20 - 25 Leute. Weil da kommt en besserer Spaß auf. Machts auch mehr Spaß irgendwo hinzufahren.

Als Paul etwas später zu den Angehörigen seiner Clique gefragt wird, hat er allerdings Schwierigkeiten, konkretere Angaben zu machen: „Das wechselt", „die schwankt, die schwankt", „was weiß ich, wo die herkommen". Er verweist dann auch in diesem Zusammenhang wieder auf die Vielzahl seiner Freunde.

> Paul: Wenn ich die zählen müßte, die ich kennen würde, ich könnt Ihnen nicht sagen. Ich weiß es wirklich nicht. So 500 - 600 Leute müßten das mindestens sein, die ich so vom Sehen her kenne und ja vom Gesprä-

In diesen Passagen entsteht der Eindruck, als wolle Paul die fehlenden Gewißheiten, die seine Schilderungen zum Freundeskreis andeuten, durch die Präsentation beeindruckender Quantitäten ausgleichen. Er bestätigt mit dieser Erzählung jedenfalls die Vermutung, daß es sich bei seinen Freundschaften in erster

Linie um unverbindliche Kontakte handelt, um Leute, die er allenfalls vom Sehen kennt und von denen er nicht einmal weiß, wo sie herkommen. Diese fehlende Verbindlichkeit kommt auch in seiner Vorliebe für spontane Unternehmungen zum Ausdruck, die er kurz nach der oben zitierten Aussage folgendermaßen begründet: „Was langwierig geplant wird, geht sowieso meistens in die Hose“. Es könnte vermutet werden, daß sich hier eine diffuse Enttäuschung manifestiert, die allerdings nicht als solche thematisiert, sondern als veränderte Erwartungshaltung rationalisiert wird.

Eine ganz ähnliche Haltung kann bei Burkhard festgestellt werden. Wenn er von den Treffen seiner Clique berichtet, hebt auch er die quantitative Größe dieser Gruppe besonders hervor. Die Unverbindlichkeit dieser Kontakte wird deutlich, wenn Burkhard berichtet, nicht immer alle zu kennen, die bei diesen Gelegenheiten anwesend sind; die Getränke würden in der Weise organisiert, daß „sich jeder seinen Krempel eigentlich selber“ mitbringe. Wie sehr er diese unverbindlichen Kontakte zu einer größeren, teilweise anonymen Gruppe schätzt, macht er deutlich, als er danach gefragt wird, ob er sich häufiger mit der Clique oder mit seinem besten Freund treffe, den er seit seiner Kindheit kennt: „Mit der Gruppe. Weil zu zweit ist (es) ja auch langweiliger als mit mehreren irgendwie.“ Zum gleichen Thema ergänzt Norbert folgende Überlegungen.

> Norbert: Wenn man da mit der ganzen Gruppe ist und taucht dann da auf, son großer Haufen, das macht dann auch schon wieder irgendwie en bißchen mehr, das ist dann ganz andere Atmosphäre. Oder wenn man irgendwo reinkommt in so ne Diskothek und denn gleich fünf Autos vor der Tür und zwanzich Leute kommen dann da rein gewackelt, dann ist das ja schon anders als wenn man mit zwei oder drei Leuten ankommt (...) und dann nicht recht weiß, was man machen soll.

In dieser Schilderung wird die Möglichkeit einer intimeren Begegnung als fade und langweilige Alternative zum glanzvollen Aufmarsch von 20 Leuten mit fünf Autos präsentiert. Neben dem Spaß, der mit den Unternehmungen einer großen Gruppe verbunden ist, klingt dabei noch ein weiterer Aspekt an: Die Lust am massiven Auftreten einer nach außen eindrucksvollen Formation. Diese Darstellung könnte als Bestätigung solcher Deutungen verstanden werden, denen zufolge eine starke Gruppe für ihre Angehörigen, die sich einzeln als bedeutungslos erleben, eine kompensatorische Funktion erfüllt.

Wenn es um die Beziehungen zu Gleichaltrigen geht, werden individuellere Kontakte zumeist jedoch nicht in so deutlicher Weise verschmäht, wie oben beschrieben. Die meisten der befragten jungen Männer geben an sowohl Cliquenkontakte als auch stärker persönlich geprägte Freundschaften zu pflegen. Allerdings bleiben die Schilderungen dieser Freundschaften verschiedentlich eher blaß. D.h., die Freunde werden nicht in ihren persönlichen Eigenarten plastisch und die Berichte über diese Freundschaften bleiben teilweise auf der Ebene standardisierter Schlagworte (z.B. „Vertrauen“, „gleicher Musikgeschmack“), ohne daß diese erläutert oder durch Erzählungen konkretisiert würden. Solche

Berichte wecken Zweifel an der Bedeutung dieser individuelleren Freundschaften. So gibt Carsten auf die Frage nach seinem besten Freund beispielsweise an, inzwischen seien „alle der beste Freund". Neben solchen Eindrücken, gibt es verschiedentlich aber auch konkretere Hinweise auf eher zweifelhafte Beziehungsqualitäten.

In einigen Fällen stellen die Befragten ihre Bereitschaft, engere Freundschaften einzugehen, explizit in Frage. Bernd spricht in diesem Zusammenhang beispielsweise davon, er „hab(e) immer so ne kleine Distanz drin, en bißchen Abstand (...) laß ich immer Luft drin". Verbindliche Freundschaften werden hier als tendenziell bedrohlich wahrgenommen, so daß Vorsicht geboten scheint. Während Bernd ungeachtet seiner Bedenken gegenüber zu engen Beziehungen angibt, mit seinen Freunden über alles zu reden, weist Edgar die Vorstellung vertraulicher Gespräche zurück.

> Edgar: Ich glaube, daß wir das unter uns ausmachen - ich meine jetzt, jeder unter sich ausmacht, jetzt mit Freundinnen und so, da machen wir eigentlich nicht viel Tohuwabohu.

Im Gegensatz zu Bernd, der das Einhalten eines gewissen Abstands als persönliche Eigenart kennzeichnet und thematisiert, schildert Edgar seine unverbindlichen Freundschaften als normal - nicht weiter der Rede wert. Zu dieser Schilderung eher unverbindlicher Beziehungen zu seinen besten Freunden paßt es, wenn Edgar an anderer Stelle angibt, froh darüber zu sein, keinen aus der Gruppe zu kennen, mit der er den Urlaub verbringt: „Wenn ich in Urlaub fahre, dann will ich Leute kennenlernen und nicht mit welchen, die ich schon kenne, dann da rumhängen." Freunde und Bekannte werden hier offensichtlich als Ballast empfunden, mit dem man sich in den Ferien besser nicht belastet.

Neben solchen Äußerungen, die auf das Vermeiden individuellerer Freundschaften verweisen, ist teilweise auch eine ausgesprochen utilitaristische Sichtweise auf persönliche Freundschaften festzustellen, z.B. bei Christian, der im Zusammenhang mit Freundschaften ebenfalls für Unverbindlichkeit plädiert. Ohne daß in seinen Erzählungen eine freundschaftliche Beziehung deutlich würde, macht er sich über die Vorteile Gedanken, die er mit einem Gespräch mit einem guten Freund assoziiert: „Das baut einen wieder richtig auf"; „daß es einem Kraft gibt oder so"; „wenn man sich mit dem unterhält, dann ist man wieder praktisch alles los". Eine ähnliche Perspektive, wenn auch direkter formuliert, kommt diesbezüglich bei Volker zum Ausdruck.

> Volker: Ich habe auch noch einen Freund, wo ich ab und zu mal hinfahre, der wohnt in Großdorf und dann bin ich früher öfters mal hingefahren, wenn ich Langeweile hatte, wenn zum Beispiel alle nicht konnten, praktisch son Ersatzfreund, wenn alle andern Freunde irgendwie irgendwas anderes zu tun haben oder irgendwie weg sind oder was, fahr ich dahin, mit dem kann ich auch mal gut kann man sich echt astrein verstehen. (...) Und dann hab ich noch welche, ja der ist auch im Verein, ehm mit dem bin ich äh ja eigentlich

> kann man sagen, da fahr ich eigentlich auch nur hin, weil er eben meistens das macht, was ich gerne machen will. Wenn ich sage: „Wollen wir, das machen wir.“ Sagt er: „Ja, ist in Ordnung, machen wir.“ Der fährt auch en Auto und alles und ne eigene Wohnung.

Volker läßt sich seiner Erzählung zufolge planvoll und wohldosiert auf freundschaftliche Kontakte ein, vor allem dann, wenn diese für ihn mit Vorteilen verbunden sind. In anderen Fällen lassen die Befragten sich vor allem in der Weise auf individuelle Freundschaften intensiver ein, daß vieles gemeinsam unternommen wird. Sie pflegen gemeinsame Hobbys, fahren zusammen in Urlaub, helfen sich bei finanziellen Engpässen oder malen sich eine gemeinsame Zukunft aus. Besonders häufig werden vertrauliche Gespräche über die Probleme genannt, die man mit der Freundin oder mit den Eltern hat. Bei der Einschätzung solcher Äußerungen muß m.E. darauf geachtet werden, ob sie plausibel und glaubwürdig belegt werden, z.B. durch beispielhafte Erzählungen. Dabei läßt sich dann auch klären, ob diese Beziehungen eine exklusive Qualität haben, d.h. ob die Freunde als so besonders wahrgenommen werden, daß nicht der Eindruck der Austauschbarkeit entsteht. Zum Teil werden Freundschaftsbeziehungen in den Interviews explizit als herausgehoben gekennzeichnet. In Zusammenhang mit seinem Freund vermutet Nils, „vielleicht haben wir uns so gut kennengelernt, daß wir einfach irgendwie zusammengehören“; er wolle ihn deshalb, so oft er könne, bei sich haben. Ein anderer berichtet, mit seinem Freund alles gemeinsam zu tun, ihm alles zu erzählen, so daß dritte von den Freunden schon als „Zwillinge“ sprechen. Desweiteren stellt sich die Frage, ob Freundschaften in den Interviews so akzentuiert werden, daß individuelle Eigenarten oder die Persönlichkeit guter Freunde deutlich werden.

> Fred: Der ist fürchterlich ehrlich und der nimmt auch kein Blatt vorn Mund, wenn dem was nicht paßt, dann sagt er: „He, paß auf, das war Scheiße.“, und das schätze ich (...) Also nicht, daß auf der einen Seite jemand zu dir sagt: „Ja, schön gemacht“, und dann hintenrum zu anderen sagt: „Der Idiot!“ Sowas würde er nie machen. Der sagt einem ehrlich die Meinung ins Gesicht. Ist manches Mal nicht so vorteilhaft, aber man weiß wenigstens, woran man ist. (...) Er sagt mir auch oft genug: „Du machst ja nie mehr - mit Dir kann man gar nichts mehr machen, weil Deine Freundin immer dabei ist.“ Naja, so ist es nicht, man - hat er mal 'ne zeitlang gesagt, so in dem Fall, aber -- er weiß auch, wenn ich was sage - beispielsweise, wir sind mal - ich bin da gefahrn, er hinten drin mit'm andern Freund und hat dann Faxen gemacht und blöd rumgelabert, da habe ich gesagt - habe ich irgendwas zu ihm gesagt, hat er auch nichts mehr gesagt, da wußt er schon, wie das gemeint ist, ne. (...) Weil wir brauchen nicht viele Worte, uns zu verstehn. Das ist glaube ich auch wichtig.

In dieser Beschreibung wird der Freund als Individuum erkennbar und die Kommunikation mit ihm steht im Mittelpunkt der Darstellung. Hinzukommt, daß hier nicht nur ähnliche Interessen oder Übereinstimmung geschildert werden, sondern auch schwierige Situationen, in denen die Freunde verschiedener Ansicht sind oder die konflikthaft eskalieren. Gerade in solch problematischen Situationen kann eine Beziehung nur aufrecht erhalten werden, wenn die Beteiligten kooperieren. Dafür müssen die Perspektiven aller Beteiligten berücksichtigt und gewürdigt werden, wie Fred dies oben andeutet. Es kann angenommen werden, daß diese Fähigkeit im Kontakt zwischen Gleichaltrigen mühsam erworben werden muß und deswegen auch erst relativ spät ausgeprägt wird. Dafür spricht m.E. auch, daß im vorliegenden Material nur drei Befragte ihre Freunde in dieser Weise als Individuen charakterisieren, die mit 20, 22 und 25 Jahren zu den älteren Probanden gehören.

Vor diesem Hintergrund erscheint es ratsam, das Kriterium der individuellen Charakterisierung von Freunden tendenziell eher vorsichtig als Maßstab anzulegen. Demzufolge könnte man klären, in welchen Fällen neben Cliquenbeziehungen auch individuelle Freundschaften als bedeutsam beschrieben werden, ohne daß diese Beschreibungen widersprüchlich, unglaubwürdig oder mit starken Einschränkungen geäußert werden. Es wäre ideal, auch die Cliquenbeziehungen gemäß ihrer Bedeutung für den einzelnen zu differenzieren. Den Erzählungen sind vereinzelt durchaus plausible Indizien für die eher große bzw. eher geringe Bedeutung dieser Beziehungen zu entnehmen. In den meisten Fällen enthalten die Interviews allerdings keine auch nur halbwegs zuverlässigen Indikatoren, die als Grundlage einer solchen Differenzierung taugten.

Tabelle 11: Zusammenhänge zwischen den bevorzugt geschilderten Gleichaltrigenbeziehungen und ethnozentrischen Orientierungen

Ethnozentrismus / Beziehungen zu Gleichaltrigen	ethnozentrisch	teilweise ethnozentrisch	widersprüchlich	pluralistisch	Insgesamt
Vor allem Gruppenbeziehungen wichtig	9	2	2	3	16
Auch individuelle Freundschaften wichtig	2	2	2	3	9
Insgesamt	11	4	4	6	25

Tabelle 11 zeigt, ob und wie kollektive bzw. individuelle Beziehungsformen im Freundeskreis mit der Neigung zum Ethnozentrismus korrespondieren. In

Hinblick auf die Mehrzahl der hier erfaßten Orientierungsmuster zeigen sich dabei keine auffälligen Zusammenhänge zu den jeweils geschilderten Gleichaltrigenbeziehungen, wie sie oben erläutert wurden. Eine Ausnahme bilden diesbezüglich die Befragten, bei denen eine ethnozentrische Haltung in deutlicher Ausprägung festgestellt werden kann. Die Kontakte zu einzelnen Freunden werden in der Mehrzahl dieser Fälle als eher unbedeutend oder unverbindlich geschildert, so daß die peer-group hier die vorherrschende Beziehungsform zu sein scheint. Vor diesem Hintergrund ist die Frage interessant, inwieweit ethnozentrische Orientierungen durch Gruppen Gleichaltriger inhaltlich angeregt, vermittelt oder verstärkt werden.

9.2.3 Die Vermittlung ethnozentrischer Orientierungen durch die peer-group

Zunächst kann hier festgehalten werden, daß sowohl politische Themen im Allgemeinen als auch ethnozentrische Positionen im Besonderen im Zusammenhang individueller Freundschaftsbeziehungen kaum erwähnt werden. Im Kontext von Gruppenaktivitäten oder bei der Beschreibung von Cliquen finden sich dagegen häufiger entsprechende Bezüge. In einem dieser Fälle wird unter anderem auch die zeitweilige Zugehörigkeit zu einer rechtsextremen Organisation deutlich. Ansonsten werden Gruppenzusammenhänge geschildert, die eher lokker bzw. unorganisiert erscheinen.

Die Befragten bezeichnen die Gruppen, denen sie sich zurechnen oder zurechneten, zum Teil explizit als „Skinheads", „Rechte" oder „Hooligans". In anderen Fällen werden nur indirekte Hinweise auf entsprechende Gruppenzugehörigkeiten gegeben. Es heißt dann sinngemäß: „Wir hatten damals alle Bomberjacken an"; „wir sind wie Skinheads eingestellt, sehen aber nicht so aus"; „ich hing damals mit schlagkräftigen Leuten zusammen, so daß gewalttätige Ausländergangs die Finger von mir gelassen haben". Auf Nachfragen differenzieren die Befragten sehr unterschiedlich zwischen einzelnen Gruppen: Skinheads versus Skins, frühere „echte" Skins versus heutige Skins, „normale" Rechte versus extrem Rechte. Diese Differenzierungen dokumentieren einerseits die Vielfalt rechter Jugendszenen, andererseits können sie als Ausdruck subjektiver Perspektiven angesehen werden, die auch im Rahmen einzelner Interviews teilweise willkürlich und widersprüchlich erscheinen. Im folgenden beziehe ich mich daher nicht auf diese Etiketten, sondern orientiere mich an konkreten Schilderungen ethnozentrischer Aktivitäten oder Sichtweisen.

Generell vermitteln die Befragten den Eindruck, den Zenit ihres ethnozentrisch orientierten Gruppenlebens bereits überschritten zu haben. Einige äußern sich in der Weise, daß ihre „wilde Skinhead-Zeit" inzwischen vorbei sei bzw. daß sie selbst inzwischen ruhiger geworden seien. Ungeachtet dieser verbreiteten Tendenz erscheinen Ethnozentrismus-relevante Gruppenzusammenhänge in einige Fällen auch zur Zeit der Interviews noch von besonderer Bedeutung zu sein.

Xaver: Es sind sogar zwei, also für die ich mein Leben geben würde (...) weil ich haargenau weiß, daß ich mich auf die auch verlassen kann, egal was ist. Wenn irgendwo ne Boxerei oder sonstwas ist, ne, ich meine jetzt nicht grade beim Fußball oder sonstwo, sondern irgendwo in der Stadt und so, da sind von mir aus 10, 20 Kanaken oder so, ne. Entweder wir sagen beide, wir bleiben jetzt stehen, lassen uns die Birne zuhauen oder wir laufen. (...) Und das zählt für mich ne ganze Menge.

Xaver beschreibt in dieser Passage sein Verhältnis zu den Anführern einer von ihm als besonders hart und konsequent erlebten rechten Jugendclique, von der er auch an anderer Stelle voller Ehrfurcht und Bewunderung spricht. Diese Vorstellung kameradschaftlicher Treue bis in den Tod erhält seine besondere Bedeutung vor dem Hintergrund treulosen bzw. feigen Fluchtverhaltens, wie es von Xaver und anderen Befragten im Zusammenhang rechter Jugendgruppen häufiger beschrieben wird. Solch ein ungebrochen positives und - wie man vermuten könnte - idealisiertes Verhältnis zur eigenen Clique, wird in den Interviews sonst nur selten beschrieben. In der Mehrzahl der Fälle, in denen rechte Bezugsgruppen von aktueller Bedeutung zu sein scheinen, fehlt eine entsprechende Begeisterung. Häufiger ist festzustellen, daß diese Gruppierungen eher neutral beschrieben werden.

Sebastian: Aber es gibt halt wie gesagt auch nen paar darunter, die sind halt etwas rechter als rechts, aber, phhh, sind nicht viele. Nur ganz minimal. Die meisten sind eigentlich ganz normal national eingestellt.

Die Clique, die hier als „ganz normal" bezeichnet wird, war Sebastian zufolge schon mehrfach in gewaltsame Auseinandersetzungen mit Gruppen ausländischer Jugendlicher verwickelt und hat im sozialen Umfeld ein entsprechendes Image. Sebastian präsentiert dies als zwangsläufige Konsequenz einer von rivalisierenden Cliquen bestimmten Lebenswelt. Es gibt ihm zufolge nur drei Gruppen, in denen die einzelnen sich verorten können, aber auch dann noch müssen, wenn sie älter geworden und das Interesse an diesen Rivalitäten verloren haben: Rechte, Linke und Ausländer. Die Zugehörigkeiten zu diesen Gruppen sind für das Selbstverständnis des einzelnen von großer Bedeutung und bestimmen sowohl wessen Freund als auch wessen Feind man ist. Dementsprechend beschreibt Armin sein Verhältnis zu den Punks folgendermaßen: „Ich war Skinhead und dann war ich auch gleichzeitig ihr Feind". Ähnlich automatisch kommen gruppenvermittelte Feindschaften auch bei Carsten zum Ausdruck. Nach dem Grund seiner Abneigung gegen Punks befragt betont er außerdem noch deren Opposition gegen seinesgleichen. „Die sind eben dagegen, daß wir gegen Ausländer sind und ja das ist ja en Grund genug."

Im Unterschied zu solchen Einschätzungen aktuell bedeutsamer Gleichaltrigengruppen, die ein hohes Maß an Identifikation vermuten lassen, werden rechte Bezugsgruppen teilweise auch distanzierter beschrieben, vor allem dann, wenn die Befragten sich in der Zwischenzeit aus diesen Zusammenhängen gelöst haben.

Burkhard: Es ging mir nicht irgendwie um irgendwelche politischen Dinge wie alle Ausländer raus oder so nen Blödsinn ne, das ist ja totaler Quatsch (...) Worums mir ging eigentlich war nur, daß man halt nicht mehr wehrlos ist, daß man auch ne Gruppe ist, daß man dagegenhalten kann, wenns drauf ankommt. (...) In der Öffentlichkeit hat man sich natürlich anders gegeben mit „Sieg Heil" und so ne, weil (...) ist halt irgendwie, ja auch so Provoziern die ganzen Leute die da rumlaufen. Das war irgendwie nen irre cooles Gefühl, wenn man halt irgendsowas gemacht hat, alle gucken und haben voll Angst und so (lacht), obwohl man es im Prinzip gar nicht so meint.

Burkhard beschreibt hier anschaulich seine Haltung zu ausländerfeindlichen Positionen und benennt die Motive, die ihn als Jugendlichen zu den Skinheads führten. Ob er diese Haltung auch damals schon hatte, ist nachträglich kaum zu entscheiden, was m.E. aber auch nicht notwendig ist. Diese Schilderung spricht jedenfalls dafür, daß Burkhard inzwischen Distanz zu seiner ehemaligen Gleichaltrigengruppe gewonnen hat und sich nicht mehr mit der rechten Gruppe identifiziert, wie es z.B. in der oben zitierten Aussage Sebastians anklingt. Von einer noch deutlicheren Distanzierung von den Aktivitäten seiner ehemaligen Bezugsgruppe berichtet Armin, als es im Interview um die Parole „Deutschland den Deutschen, Ausländer raus" geht.

Armin: Ich war oft genug in der Situation, wo sowas gebrüllt wurde. Da hab' ich mich immer in die letzte Reihe gestellt und mich umgedreht und mich versucht davon zu distanzieren eben. Denn damit möcht' ich nichts zu tun haben mit solchen platten Sprüchen.

Noch deutlicher als Burkhard berichtet Armin in dieser und in anderen Passagen der mit ihm geführten Interviews von einer aktiven Auseinandersetzung mit den ethnozentrischen Manifestationen seiner rechtsextremen Bezugsgruppe, die - folgt man seinen weiteren Ausführungen - schließlich dazu führte, daß er sich von der Gruppe löste. In den meisten Fällen, in denen inzwischen keine Kontakte zu ethnozentrisch agierenden Gleichaltrigengruppen mehr zu bestehen scheinen, wird keine vergleichbare Auseinandersetzung mit deren Einstellungen oder Handlungen deutlich. Es entsteht zumeist der Eindruck, daß die Kontakte zu den Angehörigen dieser Gruppen weiterhin bestehen, d.h. daß nicht der einzelne, sondern die Gruppen als ganze sich von bestimmten auffälligen Formen ethnozentrischer Aktionen abgewendet hat. Ob und inwieweit mit diesen Veränderungen auch eine Wandlung der ethnozentrischen Haltung verbunden ist, wäre zu prüfen.

Tabelle 12 dokumentiert die Zusammenhänge zwischen den Erfahrungen in rechten peer-groups und den unterschiedlich ausgeprägten Orientierungen an ethnozentrischen Vorstellungen.

Tabelle 12: Zusammenhänge zwischen Erfahrungen in rechten peer-groups und ethnozentrischen Orientierungen

Ethnozentrismus / Erfahrungen mit rechten peer-groups	ethnozentrisch	teilweise ethnozentrisch	widersprüchlich	pluralistisch	Insgesamt
rechte Bezugsgruppen aktuell bedeutsam	5	-	-	-	5
rechte Bezugsgruppen früher bedeutsam	4	-	2	-	6
keine Erfahrungen mit rechten Bezugsgruppen	2	4	2	6	14
Insgesamt	11	4	4	6	25

Hier bestätigt sich die Vermutung, daß es Zusammenhänge zwischen ethnozentrischen Orientierungen und Erfahrungen mit entsprechend eingestellten und agierenden peer-groups gibt. Vor allem die Befragten, die sich auch zur Zeit der Interviews noch in entsprechenden Zusammenhängen verorten, orientieren sich ausnahmslos ethnozentrisch. Über die Richtung dieser Zusammenhänge kann hier nichts gesagt werden, d.h. es ist an dieser Stelle nicht zu klären, ob die Orientierung zur Gruppenzugehörigkeit führt oder ob diese umgekehrt durch die Bezugsgruppe geprägt wird. Vermutlich be- und verstärken sich Bezugsgruppe und individuelle Orientierung wechselseitig. Auch die meisten derjenigen, die sich solchen rechten Bezugsgruppen inzwischen nicht mehr zurechnen, äußern sich in den Interviews ethnozentrisch, was dafür spricht, daß ethnozentrische Orientierungen relativ konstant sind und nicht unbedingt der beständigen Bestärkung durch entsprechende Sozialkontakte bedürfen. Bei den Befragten, die inzwischen eine widersprüchliche Orientierung zeigen, ist - wie oben beschrieben - eine explizite Auseinandersetzung mit den ethnozentrischen Positionen ihrer ehemaligen Bezugsgruppe festzustellen. Es kann vermutet werden, daß der individuelle Prozeß der Auseinandersetzung in diesen Fällen dazu geführt hat, daß ethnozentrische Orientierungen in Zweifel gezogen werden.

Zwei der befragten jungen Männer, die sich im Interview ethnozentrisch äußern, geben keinerlei Hinweise auf Sympathie oder Zugehörigkeit zu rechten Bezugsgruppen, wie Skinheads oder Hooligans. Sie bezeichnen sich vielmehr als „Otto Normalverbraucher“ bzw. rechnen sich zur „sauberen Mittelschicht“. Für Gruppen rechter Jugendlicher haben sie kein Verständnis und plädieren für die soziale Ausgrenzung ihrer Mitglieder. Für Norbert gehören solche „Sondergruppen, diese Außenseiter“, „die nur Ärger machen“ bzw. sich nicht „fügen“, „nicht auf die Straße“, sondern „in ne Anstalt“. Noch deutlicher äußert sich Udo. Nach seiner Meinung zu gewaltsamen Angriffen auf Ausländer gefragt, verurteilt Udo diese „riesige Schweinerei“, die von „Skinheads“, „Rechtsradikalen“, „Nazis“ begangen würde. Udo erklärt sich diese Gewalttaten mit der geistigen Verfassung der Täter, die „geistesgestört“, „psychisch krank“ oder „nicht ganz normal“ sein müßten, weil kein „intelligenter“ oder „normal denkender Mensch“ so etwas tun würde. Wer 'Deutschland den Deutschen, Ausländer raus' rufe, sei „en bißchen bekloppt“ und gehöre in „ne Gummizelle eingesperrt“. Die seien „einfach bescheuert“ und außerdem seien es „alles Schmarotzer“, da sie sich z.B. weigerten, bei der Müllabfuhr zu arbeiten - ein gut bezahlter Job, den dann Türken erledigen würden. Leute, die dagegen 'Nazis raus' rufen, seien „teilweise sehr vernünftig“, bloß „bringen Gegendemonstrationen nichts“; „viel effektiver“ wäre es, wenn „alle jetzt zu den Nazis hingehen würden und denen kräftich eine in die Schnauze reinschlagen würden“. Eine „andere Sprache“ würden die sowieso nicht verstehen.

In diesen Bekenntnissen gegen Jugendliche, die rechtsextrem motivierte Gewalttaten verüben, werden ähnliche Diffamierungen und Handlungsvorschläge artikuliert, wie sie von Rechtsextremen gegenüber ihren Gegnern Anwendung finden. Die Kriterien, anhand derer hier ausgegrenzt wird, unterscheiden sich allerdings von denen der Skinheads. Vor allem Udo geht es um Intelligenz, Anpassung und Normalität, die ihm zufolge übrigens auch zu deutlichen Differenzierungen in seiner Gleichaltrigengruppe führen. Für ihn gibt es drei Gruppen: Seine Freunde, einige Neutrale und die „Nieten“, die „keine Leistung bringen“ und darüber hinaus noch einen „ekelhaften Charakter“ haben. Gegenüber denjenigen, die er nicht leiden kann, äußert er sich deutlich: „Wir grenzen gleich aus“. Prägnanter kann praktizierter Ethnozentrismus wohl kaum formuliert werden.

In diesem Abschnitt wurde klar, daß ethnozentrische Orientierungen mit entsprechend eingestellten Gruppen Gleichaltriger in deutlichem Zusammenhang stehen - auch dann, wenn diese Kontakte inzwischen nicht mehr bestehen. Ferner konnte gezeigt werden, daß diese Verbindungen keinesfalls zwangsläufig sind, sondern daß im Falle einer individuellen, reflektierten Auseinandersetzung mit den Motiven und Handlungsweisen solcher Cliquen Umorientierungen beobachtet werden können. Schließlich sprechen die beschriebenen Ergebnisse auch dafür, nicht nur ideologisch eindeutig rechte Bezugsgruppen zu berücksichtigen, um die Genese ethnozentrischer Orientierungen nachzuvollziehen. Vielmehr sollten hierfür auch solche Diffamierungs- und Ausgrenzungsbestrebungen einbezogen werden, die an anderen Kriterien - z.B. denen der bürgerlichen Mittelschicht - festgemacht werden.

9.2.4 Partnerbeziehungen und Frauenbild

Zu den Partnerbeziehungen hat Martina Sanden-Marcus im Kontext unserer Hildesheimer Studie bereits eine erste Analyse vorgelegt, die ich hier unter spezifischen Gesichtspunkten ergänzen möchte. In diesem Abschnitt werden dafür zunächst die aktuellen Partnerbeziehungen der Befragten thematisiert, wobei mögliche Verbindungen zu ethnozentrischen Orientierungen einzelner im Vordergrund stehen. Danach geht es um allgemeinere Vorstellungen gegenüber den Angehörigen des anderen Geschlecht, soweit diese im Kontext ethnozentrischer Einstellung von Bedeutung sind.

Zunächst sei daran erinnert, daß die meisten der Befragten, die eine rechtsextreme Orientierung aufweisen, nicht in einer längerfristigen Beziehung zu einer Freundin leben, so wie es bei der Mehrzahl der nicht-rechtsextrem Orientierten festzustellen ist (Hopf u.a. 1995, S. 158). Mit der eher formalen Definition einer 'längerfristigen Beziehung' - die seit ca. sechs Monaten oder länger besteht - ist noch nichts über die Qualität einer Beziehung gesagt. Auch die Bedeutung der Sexualität, die - wie oben beschrieben - teilweise besonders hervorgehoben wird, bedarf einer genaueren Betrachtung.

Nicht jeder der 15 Befragten, die nicht in einer längerfristigen Beziehung mit einer Frau leben, gibt an, momentan überhaupt keine Freundin zu haben. In drei dieser Fälle werden Verhältnisse beschrieben, an denen nicht nur eine kürzere Dauer, sondern vor allem eine gewisse Unverbindlichkeit auffällt. Gerade bei diesen Befragten entsteht der Eindruck, daß sie sich nur sehr begrenzt auf ein Beziehungsleben einlassen. Ihnen scheint es in diesen Beziehungen entweder um sexuelle Erlebnisse oder um einen eher intellektuellen Austausch zu gehen; beide Bereiche werden jedenfalls tendenziell als unvereinbar erlebt (vgl. Hopf u.a. 1995, S. 165 f). Außerdem beschreiben diese jungen Männer geradezu demonstrativ ihr Desinteresse an den Frauen, mit denen sie diese unverbindlichen Beziehungen eingegangen sind. Während z.B. Burkhard, dessen Freundin noch zur Schule geht, gar nicht weiß, welche Klasse sie besucht, zählt Hans seine Freundin nicht zu den Personen, mit denen er persönlich wichtige Themen bespricht.

Die jungen Männer, die zur Zeit des Interviews in einer verbindlicheren Partnerschaft leben, betonen demgegenüber die große Bedeutung, die ihre Freundinnen für sie haben. Sie verbringen in der Regel den größten Teil ihrer freien Zeit mit ihnen, sie sprechen von einer gemeinsamen Zukunft und bekennen sich zur partnerschaftlichen Treue. Soweit dies aus den Interviews zu erschließen ist, weisen diese Zweierbeziehungen jedoch gravierende Differenzen auf. Bei einem Teil der Interviewten entsteht der Eindruck sehr geringer bzw. fehlender emotionaler Beteiligung. So hat sich z.B. Thomas nur unter der Bedingung, daß ihm keine Kosten entstehen, inzwischen mit dem Gedanken an eine Heirat abgefunden. Wilfried beklagt, daß seine Freundin ihn nicht einfach in Ruhe lasse, was gelegentlich zu dem Bedürfnis führt, ihr eine „in die Schnauze zu hauen". In anderen Fällen wird das Beziehungsleben in der Weise beschrieben, daß der Eindruck entsteht, die Partner würden in erster Linie gemeinsam auf dem Sofa sitzen oder mit befreundeten Paaren eine Gastwirtschaft besuchen. Diese Schilderungen vermittelt den Eindruck, daß es in den jeweiligen Partnerschaften vornehmlich um die Sicherung formaler Abläufe bzw. konventioneller Fassaden geht. Hinzukommt, daß in diesen Fällen die Partnerinnen in ihren individuellen Eigenarten kaum sichtbar werden, und daß auch die Bedeutung, die die Beziehung für den einzelnen hat, nicht plastisch wird.

Im Zusammenhang anderer Zweierbeziehungen werden einerseits die Partnerinnen und die gemeinsamen Aktivitäten oder Gespräche sehr anschaulich beschrieben; andererseits verdeutlichen die Befragten in diesen Fällen, wie wichtig ihre Freundinnen für sie sind. Die entsprechenden Schilderungen können sich auf ganz unterschiedliche Themen beziehen. Teilweise sind es Fragen der beruflichen Entwicklung oder einer häuslichen Arbeitsteilung, die zwischen den Partnern entweder kontrovers diskutiert oder übereinstimmend geplant werden, wobei aber jeweils individuelle Standpunkte zum Ausdruck kommen. Ein Befragter beschreibt eine persönliche Krise, in der ihm der Beistand seiner Partnerin besonders wichtig war. In einem anderen Fall werden unterschiedliche sexuelle Bedürfnisse deutlich.

> Nils: Es gab auch mal Zeiten, da hatte sie irgendwie nie so richtig den Draht danach. Das konnt ich auf einmal gar nicht verstehn, das hat auch son bißchen gekriselt und so, da mußten wir ham wir uns auch lange drüber ausgesprochen, wie das aufeinmal kommt und so. Und das hat sich also sexuell absolut eingerenkt jetzt in der Richtung, das war auch nur ne kurze Phase, aber kam ich nicht mit klar, ehrlich gesacht. Und wie gesagt jetzt seit vier, fünf Wochen, wo wir letztes Mal son Streit hatten, ist jetzt wieder grad mal wieder so richtig schön in allen Richtungen, allen Beziehungen.

Diese Schilderung läßt auf einen freien und ungezwungen Umgang mit Sexualität schließen, so wie es in der Literatur (z.B. Richter 1992) teilweise als Bedingung einer befriedigenden Partnerschaft beschrieben wird. Bei den jungen Männern, um deren Äußerungen es hier geht, stellt dies allerdings ein Unicum dar. Bei einem der Befragten, die ihre Beziehung ebenfalls individuell und anschaulich beschreiben, wurde die Bedeutung der Sexualität im Interview nicht explizit thematisiert. Bei allen anderen, die eine verbindliche Beziehung unterhalten, spielt Sexualität ihren Angaben zufolge eine eher geringe Rolle. Auf die Frage, ob ihm und seiner Frau Sexualität wichtig sei, äußert sich beispielsweise Christian folgendermaßen.

> Christian: Pfffffffff (atmet lang aus, denkt) ich mein ja, gehört dazu, ich mein wenn man verheiratet ist, dann ist es nicht so, daß man es jetzt ausschließen sollte oder so, gehört einfach mit dazu.

Diese eher abwehrende Äußerung ist im Rahmen der hier analysierten Daten typisch für die Art, in der die jungen Männer, die in einer Partnerbeziehung leben, zur Bedeutung der Sexualität Stellung nehmen. Diese Beobachtung trifft auch auf einige derjenigen zu, die zur Zeit keine Freundin haben, im Interview aber über frühere Beziehungen sprechen. Andere dieser gegenwärtig Beziehungslosen verfügen bisher noch nicht über sexuelle Erfahrungen oder ihre Äußerungen - bzw. der Wunsch, nicht über Sexualität zu sprechen - lassen diesbezüglich auf einen eher problematischen Hintergrund schließen. Vier junge Männer - zu denen diejenigen gehören, die gegenwärtig kurzfristige und unverbindliche Beziehungen unterhalten - rühmen sich andeutungsweise ihrer sexuellen Erfahrungen, wobei sie entweder Ausschweifungen andeuten oder davon berichten, zu verschiedenen Frauen gleichzeitig sexuelle Beziehungen zu unterhalten. Solche sexuellen Aktivitäten werden jedoch eher mit stereotypen Ausdrücken geschildert und stehen teilweise im Widerspruch zu den Angaben, die in anderen Interviewpassagen gemacht werden, so daß sie nicht sehr glaubwürdig wirken.

Die große Bedeutung, die dem Sexualleben im Zusammenhang mit Fremdenfeindlichkeit zu Teil beigemessen wird, kann durch das vorliegende Material nicht bestätigt werden. Sehr wohl lassen sich jedoch Verbindungen zwischen verschiedenen Formen des aktuellen Beziehungslebens, wie sie oben beschrieben sind, und verschieden ethnozentrischen Orientierungen feststellen.

Aus Tabelle 13 geht hervor, daß verbindliche Partnerbeziehungen von Befragten mit unterschiedlichen Orientierungsmustern unterhalten werden. Beschränkt man sich jedoch auf die jungen Männer, die im Zusammenhang ihrer Beziehungen individuelle Qualitäten beschreiben, hat man es überwiegend mit pluralistisch Orientierten zu tun. Demgegenüber äußern sich zwei Drittel derjenigen, die zum Zeitpunkt der Interviews in gar keiner Partnerbeziehung leben, in deutlich ethnozentrischer Weise. Betrachtet man die Berichte zu konkreten Partnerschaften und zu Frauen allgemein genauer, können für die verschiedenen Gruppen jeweils bestimmte Punkte festgehalten werden, die im Zusammenhang ethnozentrischer Orientierungen interessant sind.

- Die Befragten, deren Schilderungen verbindlicher Beziehungen individuelle Qualitäten verdeutlichen, sprechen auch über andere Frauen in einer individuell akzentuierten Weise.
- Diejenigen, aus deren Äußerungen nicht ersichtlich wird, welche Bedeutung eine als verbindlich beschriebene Beziehung für sie persönlich hat, variieren in etwa mit der jeweiligen Ethnozentrismus-Neigung.
  a) Ein Ethnozentriker spricht von „typisch weiblichem Denken", worunter er eine Beschränkung versteht: „bis hierher und nicht weiter".
  b) Ein anderer Ethnozentriker und die beiden Befragten mit teilweise ethnozentrische Orientierung sind diesbezüglich unauffällig.

c) Die beiden Befragten mit pluralistischer Orientierung bezeichnen Frauen generell als bewunderungswürdig. Oskar nennt in diesem Zusammenhang die Belastungen, die er mit der Menstruation und dem Gebären von Kindern verbindet; Christian denkt an die Diskriminierung von Frauen in der Arbeitswelt und betont das besondere Engagement von Frauen.

Tabelle 13: Zusammenhänge zwischen verschiedenen Formen aktueller Partnerbeziehungen und ethnozentrischen Orientierungen

Ethnozentrismus / Aktuelle Partnerbeziehung	ethnozentrisch	teilweise ethnozentrisch	widersprüchlich	pluralistisch	Insgesamt
verbindliche Beziehung - individuelle Bedeutung wird deutlich	-	-	1	3	4
verbindliche Beziehung - individuelle Bedeutung wird nicht deutlich	2	2	-	2	6
unverbindliche Beziehung	1	-	2	-	3
keine Beziehung	8	2	1	1	12
Insgesamt	11	4	4	6	25

- Diejenigen, die unverbindliche Beziehungen unterhalten, äußern sich unabhängig von ihrer Ethnozentrismus-Neigung abfällig über gegenwärtige oder frühere Freundinnen. Eine wird beispielsweise als „orientierungslos, wie eigentlich viele Mädchen" beschrieben und eine andere erzählt angeblich „nur Mist". Hinzukommt bei diesen Befragten die ausgeprägte Tendenz zu einem

Frauenbild, das zwischen klugen, aber sexuell unattraktiven und weniger intelligenten, aber gleichzeitig sexuell begehrenswerten Frauen differenziert.

- Die Schilderungen der Befragten ohne aktuelle Partnerschaft zeichnen sich - abgesehen von denen einiger Ethnozentriker dieser Gruppe - durch ein „neutrales Desinteresse“ aus. Diese jungen Männer berichten von unerfreulichen Erfahrungen mit früheren Freundinnen, ihrem Wunsch nach Unabhängigkeit oder von anderen Interessen, ohne daß Frauen dabei abqualifiziert oder diskriminiert würden.

Es kann hier festgehalten werden, daß sich bei den meisten Befragten mit deutlich ethnozentrischer Orientierung - und bei den beiden „Widersprüchlichen“, die gegenwärtig unverbindliche Beziehungen unterhalten - deutliche Abwertungstendenzen gegenüber Frauen finden. Es kann vermutet werden, daß die Frauen dabei in ähnlicher Weise als Fremdgruppe konstruiert und diffamiert werden wie an anderer Stelle die Ausländer. Bemerkenswert ist dabei, daß die Neigung zur Abwertung von Freundinnen und Frauen allgemein nicht davon abzuhängen scheint, ob der Betreffende gegenwärtig in einer Partnerbeziehung lebt.

In diesem Zusammenhang ist noch eine andere Beobachtung interessant. Drei der besonders deutlich ethnozentrisch orientierten Befragten äußern im Kontext ihrer Ausführungen solche Vorwürfe bzw. Diffamierungen, in denen sie speziell türkischen Männern unterstellen, sie würden es darauf anlegen, deutschen Männern „ihre“ deutschen Frauen zu rauben. Ihnen werden in diesem Zusammenhang sexuelle Ausbeutungsabsichten bis hin zu Vergewaltigungen unterstellt. Einer dieser Befragten beklagt außerdem den Kinderreichtum von Flüchtlingsfamilien, den er sich mit sexuellen Ausschweifungen erklärt. Der partnerschaftliche Hintergrund dieser Befragten ist verschieden: Einer lebt in einer verbindlichen Partnerschaft, ein anderer hat offensichtlich problematische Erfahrungen mit einer Freundin gemacht, über die er nicht sprechen möchte, während der dritte offenbar noch keine feste Freundin hatte und sich über Frauen generell abfällig äußert. Soweit die Datengrundlage Aussagen zu diesem Punkt zuläßt, kann gesagt werden, daß auch diese Variante eines sexistischen Ethnozentrismus nicht unbedingt mit einer spezifischen Partnerschaftsproblematik erklärt werden kann, wie dies in der Literatur teilweise anklingt.

9.3 Die Beziehungen zu Gleichaltrigen in ihrer Bedeutung für ethnozentrische Orientierungen

Bei den jungen Männern, auf deren Äußerungen sich die vorliegende Untersuchung stützt, können unterschiedliche Beziehungen zu Gleichaltrigen festgestellt werden. Für die meisten sind vor allem größere Bezugsgruppen von Bedeutung, andere berichten daneben auch von wichtigen Kontakten zu einzelnen Freunden. Etwa die Hälfte der Befragten unterhält gegenwärtig eine Beziehung zu einer Freundin, in den meisten dieser Fälle entsteht der Eindruck einer verbindlichen Partnerbeziehung. Dieser Eindruck sehr verschiedener Beziehungen, die zu ungefähr gleichen Teilen bevorzugt bzw. unterhalten werden, besteht dann nicht mehr, wenn man zwischen den jungen Männern gemäß ihrer unterschiedlich ethnozentrischen Orientierung differenziert.

Die meisten Ethnozentriker sehen in Cliquenbeziehungen offensichtlich die wichtigsten Kontakte zu Gleichaltrigen. Nur in wenigen Fällen werden hier individuelle Freundschaften als bedeutsam beschrieben. Die Schilderungen der Kontakte, die diese Befragten zu Gleichaltrigen unterhalten, werden daher von kollektiven Unternehmungen bestimmt, die überwiegend unverbindlich wirken. Allerdings werden von einigen dieser Befragten auch sehr weitgehende Treuebekundungen gegenüber diesen peer-groups abgegeben - z.B. „da ist jeder für den anderen da", „für die würde ich mein Leben geben" - deren Relevanz hier nicht eingeschätzt werden kann. Generell scheint es jedenfalls so zu sein, daß die Beschränkung auf eher unverbindlichere Formen der Gleichaltrigenkontakte verstärkt mit ethnozentrischen und eventuell auch gewaltbefürwortenden Orientierungen einhergeht, so wie dies in der Literatur beschrieben wird (vgl. Klatetzki 1993; Kühnel 1995).

Im Rahmen der vorgelegten Analyse kann nicht eindeutig geklärt werden, ob die Ausrichtung einer Clique für den einzelnen auch inhaltlich prägend ist (vgl. Erb 1993; Willems 1993). Es zeigen sich zwar deutliche Zusammenhänge zwischen individuell geäußerten ethnozentrischen Orientierungen und Berichten über aktuelle oder frühere Zugehörigkeiten zu einschlägigen Jugendkulturen, vor allem zu Skinheadgruppen, aber die Richtung dieser Zusammenhänge kann nicht bestimmt werden.

Interessante Anregungen ergeben sich auch bezüglich der Bedingungen, die einen Ausstieg aus rechtsextremen Organisationen bzw. eine Distanzierung von ethnozentrischen Orientierungsmustern ermöglichen. Bei zwei jungen Männern lassen sich Anzeichen eines kritischen Reflexionsprozesses und einer bewußten Auseinandersetzung mit dem früheren Skinheaddasein erkennen. In den Äußerungen dieser beiden zum Themenbereich „Ausländer" finden sich neben ethnozentrischen Elementen auch pluralistische Argumente, so daß die Orientierungen dieser Befragten als widersprüchlich zu bezeichnen sind. Dies könnte man als Indiz dafür werten, daß neben befriedigenden sozialen Beziehungen (vgl. Schiebel 1992, S. 75) und der Möglichkeit einer sachlich-inhaltlichen Arbeitsmotivation (Heitmeyer u.a. 1992, S. 352 f) auch die inhaltliche Auseinandersetzung mit kritischen Phasen der eigenen Biographie zu den Voraussetzungen einer Neu- oder Umorientierungen gezählt werden muß. Die Relevanz eines solchen Prozesses zeigt sich auch darin, daß sich bei vier anderen Ex-Skinheads, deren Interviewäußerungen keine Anzeichen für eine Reflexion des damaligen Gruppenlebens enthalten, auch keine Ansätze einer Umorientierung zeigen, d.h.

die in bezug auf eine frühere Lebensphase geäußerten Auffassungen wirken offensichtlich fort.[2]

Neben solchen Erfahrungen in Skinheadgruppen, bei denen die Abwertung von Ausländern ideologisch vorgegeben ist, lassen sich bei zwei Befragten mit ethnozentrischer Orientierung, die nie entsprechenden Gruppen angehörten, vergleichbare Ausgrenzungsbestrebungen feststellen. Bezugspunkt ist hier der angepaßte Normalbürger oder die „saubere Mittelschicht“, von deren Standards keine Abweichungen geduldet bzw. mit äußerst militanten Sanktionen belegt werden - jedenfalls den Äußerungen dieser Befragten zufolge. Dies entspricht einer Tendenz, die bereits in den Studien zur Autoritären Persönlichkeit festgestellt werden konnte: Demnach geht die Neigung zu ethnozentrischen Orientierungen mit der Betonung konventioneller Standards einher (Adorno u.a. 1969).

Nur zwei der elf Befragten, bei denen eine ethnozentrische Orientierung diagnostiziert werden kann, leben in einer verbindlichen Beziehung zu einer Frau. Betrachtet man die Schilderungen dieser Beziehungen, zeigt sich, daß in keinem dieser Fälle individuelle Beziehungsqualitäten akzentuiert werden. Über solche Zusammenhänge hinaus, die ganz ähnlich auch an anderer Stelle beschrieben werden (Adorno u.a. 1969, S. 402 bzw. 395), können allerdings keine spezifischeren inhaltlichen Verbindungen zwischen partnerschaftlichen Erfahrungen und bestimmten Orientierungsmustern festgestellt werden. So lassen sich beispielsweise keine Zusammenhänge zwischen einer ausgrenzenden Haltung gegenüber Frauen, wie sie bei verschiedenen Ethnozentrikern festzustellen ist, und dem Fehlen partnerschaftlicher Beziehungserfahrungen feststellen. Das gilt auch für eine spezifische Variante ethnozentrischer Äußerungen, die als sexistisch bezeichnet werden kann: Diffamierungen, bei denen Ausländern sexuelle Ausbeutungs- und Vergewaltigungsabsichten gegenüber deutschen Frauen unterstellt werden bzw. die deren angeblich besonders auffällige Promiskuität thematisieren, stehen eher im Zusammenhang mit der Neigung zu besonders heftigen Diffamierungen auch auf anderen Feldern als mit bestimmten partnerschaftlichen Negativerfahrungen (- wie dies z.B. bei Richter 1992, S. 230, formuliert wird).

Die pluralistisch Orientierten berichten nicht nur häufiger von individuellen Freundschaften, sondern leben fast alle in einer verbindlichen Partnerschaft, die zu einem Großteil auch im Interview als wichtige und lebendige Austauschbeziehungen zwischen Individuen deutlich wird. Diese Beziehungsqualität ist in den Partnerbeziehungen von Ethnozentrikern gar nicht festzustellen. Bemer-

---

[2] Während auf die Konsequenzen einer mangelnden Be- oder Verarbeitung der eigenen Vergangenheit im Zusammenhang mit der Kriegsgeneration und deren Verstrickung in nationalsozialistische Untaten häufiger auch in Hinblick auf die nachfolgenden Generationen hingewiesen wird (z.B. Bauriedl 1992; Gekle 1994; Rosenthal 1992), wurde der Umgang mit der eigenen politischen Biographie im Zusammenhang aktueller Rechtsextremer - z.B. ehemalige Skinheads - meines Wissens bisher noch nicht thematisiert.

kenswert ist allerdings auch bei den Befragten mit pluralistischer Orientierung, daß Sexualität nur in einem Fall als wichtiger Bestandteil der Beziehung beschrieben wird. Ansonsten wird die Bedeutung der Sexualität - jedenfalls im Interview - regelmäßig als eher unbedeutend veranschlagt. Vor dem Hintergrund des hier zu konstatierenden, generell niedrigen Niveaus, was die Bedeutung der Sexualität anbelangt, scheint mir Vorsicht geboten, wenn Zusammenhänge zwischen der Qualität des Sexuallebens bei Jugendlichen und jungen Erwachsenen und rechtsextremen oder ausländerfeindlichen Einstellungen angenommen werden (z.B. Farin und Seidel-Pielen 1992; Streeck-Fischer 1994). Allerdings muß gerade dann, wenn es um Partnerschaft und Sexualität geht, eine gewisse Unsicherheit der Datengrundlage in Rechnung gestellt werden. Inwieweit die Befragten sich zu diesem Themenbereich, der als heikel und schwierig einzuschätzen ist, offen äußern, kann hier nicht mit Sicherheit gesagt werden.

Die Bedeutung, die die Beziehungen zu Gleichaltrigen für die Entwicklung, Bestätigung und Infragestellung ethnozentrischer Orientierungen haben, kann an dieser Stelle nicht abschließend geklärt werden. Einerseits konnte hier gezeigt werden, daß ethnozentrische Orientierungen mit verschiedenen Erfahrungen bzw. Vorlieben hinsichtlich der Beziehungen zu Gleichaltrigen in Zusammenhang stehen. Andererseits sollte man sich jedoch nicht auf die Gleichaltrigen beschränken. Vielmehr empfiehlt es sich, die verschiedenen Beziehungen, in denen die befragten jungen Männer leben oder lebten, nicht getrennt voneinander, sondern in ihrem Zusammenspiel zu betrachten.

10. Ethnozentrische Orientierungen: Modelle, Sozialisationsbedingungen, Konzeption

In der vorliegenden Untersuchung ging es zunächst um ethnozentrische Orientierungen in ihren inhaltlichen Ausprägungen und um die expressiven Qualitäten entsprechender Argumentationen. Darüber hinaus zeigten sich unterschiedliche Motivationen, die mit ethnozentrischen Äußerungen in Zusammenhang gebracht werden können. Auf sozialisationstheoretischer Grundlage konnte außerdem die Bedeutung verschiedener Beziehungserfahrungen für die Entwicklung und Bestätigung ethnozentrischer Orientierungsweisen verdeutlicht werden.

Um relevante Zusammenhänge zwischen den Bedingungen der Sozialisation und verschiedenen politischen Orientierungen verläßlich klären zu können, war es wichtig, eine gemäß ihren äußeren Lebensbedingungen homogene Gruppe zu untersuchen. Befragt wurden junge Männer aus Niedersachsen, die einen Haupt- oder Realschulabschluß aufweisen und als Arbeiter oder Auszubildende in Industrie- oder Handwerksbetrieben beschäftigt sind. Es ist also zu berücksichtigen, daß wir es hier mit Ergebnissen zu tun haben, die in ihren spezifischen Ausprägungen nicht unbedingt auf andere Gruppen unserer Gesellschaft übertragen werden können. In noch stärkerem Maß gelten diese Vorbehalte für den Bezug auf Menschen, die unter ganz anderen Bedingungen leben, speziell dann, wenn ihre Lebensumstände unmittelbare Relevanz für ethnozentrische Orientierungen haben. Die besondere Bedeutung, die Beziehungserfahrungen in Familien und mit Gleichaltrigen für die Entwicklung ethnozentrischer Orientierungen haben können, wirken sich vermutlich auf andere Weise aus, wenn ganze Gesellschaften von Nationalitäten- bzw. Religionskonflikten erschüttert sind sowie Vertreibungen und Massaker an ethnischen Kriterien festgemacht werden (- zu konfliktheoretischen Ansätzen in der Ethnozentrismus-Forschung vgl. LeVine und Campbell 1972, S. 29 ff).

Die vorliegende Bedingungsanalyse beschränkt sich somit auf wichtige Sozialisationsfaktoren, speziell auf die Erfahrungen in Primärgruppen bzw. deren Verarbeitung. Andere soziale Bedingungen bzw. Instanzen, die Ethnozentrismus auf ganz unterschiedliche Weise fördern oder hemmen können, liegen nicht im Bereich dieser Untersuchung. Dazu zählen:

- Erfahrungen in eher formalen sozialen Zusammenhängen, die Ethnozentrismus anregen, unterstützen oder in Frage stellen können - z.B. Schule (vgl. Schubarth und Melzer 1993), Arbeits- oder Ausbildungssituation (vgl. Heitmeyer u.a. 1992);

- kulturelle Traditionen bzw. Rituale, die - z.B. in der Periode der Adoleszenz - mit der Entwicklung einer spezifischen ethnischen Identität in Verbindung gebracht werden können, in der auch ethnozentrische Elemente angelegt sind (vgl. Erdheim 1993, S. 84 f);

- gesellschaftliche Institutionen - Wirtschaft, Gewerkschaften, Kirchen etc. - die in Vertretung ihrer jeweiligen Interessen absichtlich oder unwillkürlich ethnozentrische Positionen stärken (vgl. Heitmeyer 1993, S. 204 ff);

- nationalstaatliche Gewalt und deren symbolische Repräsentation - Grundgesetz, Ausländergesetzgebung, Nationalhymne etc. (vgl. hierzu Bartels 1991, S. 186 ff; Oberndörfer 1992, S. 178 f) - die als Ausdruck ethnozentrischer Realitäten angesehen werden können und individuelle Orientierungen ebenfalls prägen dürften.

Der Rahmen der vorliegenden Arbeit muß im Auge behalten werden, wenn die erzielten Ergebnisse in den folgenden Abschnitten diskutiert werden; zunächst unter dem Gesichtspunkt ethnozentrischen Denkens (10.1) und dann in sozialisationstheoretischer Perspektive (10.2). Abschließend wird es um das Ethnozentrismus-Konzept (10.3) und um Anknüpfungsmöglichkeiten für weitere Forschungsarbeiten (10.4) gehen.

10.1 Modelle ethnozentrischen Denkens - historische Vorbilder, politische Ideologien, persönliche Erfahrungen

Woher stammen die ethnozentrischen Positionen und Argumente, die die Befragten im Interview äußern? Dieser Frage wird hier nachgegangen, indem verschiedene Positionen geprüft werden, die den argumentativen Hintergrund ethnozentrischer Orientierungen beleuchten und ihre Ausprägungen erklären sollen.

Augenfällig sind in diesem Zusammenhang Ähnlichkeiten zu den Äußerungen von Politikern und zu Teilen der Medienberichterstattung. Sowohl die in den Interviews häufig geäußerten Kostenargumente bzw. die Angst, von Ausländern ausgebeutet zu werden, als auch die Mißbrauchs- und Kriminalitätsvorwürfe entsprechen prominenten Aspekten der veröffentlichten Asylrechtsdiskussion (vgl. Bade 1994, S. 91 ff; Gessenharter 1994, S. 229 ff; Heßler 1993, S. 12). Während Asylbewerber in politischen Äußerungen zeitweise zur bevorzugten Zielscheibe feindseliger Ressentiments werden, sichert man ausländischen Arbeitnehmern von höchster Stelle Solidarität zu (vgl. Funke 1993, S. 40 ff; Gessenharter 1994, S. 250). Dementsprechend richten sich auch die in den Interviews geäußerten Diffamierungen vor allem gegen Asylbewerber, während die ausländischen Arbeitnehmer, die geholfen haben, unseren Wohlstand zu mehren, von verschiedenen Befragten explizit gelobt werden; auf allgemeiner Ebene wird ihnen sogar von Ethnozentrikern das Recht zum Verbleib in

Deutschland zugestanden - was sie nicht daran hindert, in konkreten Fragen auch Arbeitsmigranten auszugrenzen (vgl. Abschnitt 3.1.1 dieser Arbeit).

Über die Vorstellungen hinaus, daß ethnozentrische Argumentationsmuster Teil sozialer Diskurse sind, die von der Politik entscheidend geprägt und über die Medien verbreitet werden (vgl. Jäger 1992, S. 285; van Dijk 1988, S. 137), bleibt zu klären, wie sie zum Bestandteil einer individuellen Position werden. Die in dieser Arbeit vorgenommenen Analysen lassen vermuten, daß die Befragten eigene Befürchtungen, Wünsche oder Phantasien mit den Erzählungen anderer und mit Berichten verbinden, die über die Medien verbreitet werden. Zur Zusammenballung dieses nur schwer zu identifizierenden Gemischs trägt offenbar auch bei, daß die Befragten die Notwendigkeit einer persönlichen Begründung sehen. Es kann nicht ausgeschlossen werden, daß dies mit der besonderen Situation der Interviews zusammenhängt. In dieser Situation bevorzugen sie jedenfalls die Strategie einer Biographisierung; d.h. sie geben diese Mischung aus Erlebtem, Gehörtem, Gelesenem und Phantasiertem als Bestandteil der eigenen Erfahrung aus und schaffen sich auf diese Weise den argumentativen Hintergrund für Forderungen nach Anpassung, Unterordnung oder Abschiebung von Ausländern.

Im Rahmen weitergehender Versuche, ethnozentrische Argumentationen zu erklären, lassen sich verschiedene Ansätze unterscheiden; man führt historische Bezüge an, beschreibt die Parallelen zu einschlägigen Ideologien oder bezieht sich auf die persönliche Lebenssituation der Ethnozentriker.

Zunächst zu den historischen Bezügen: Ethnozentrische oder rechtsextreme Orientierungen werden dabei vor dem Hintergrund einer fremdenfeindlichen Tradition in der deutschen Geschichte gedeutet (z.B. Bartels 1991). Bei Jugendlichen, die rechtsextremen Organisationen angehören, vermutet man in erster Linie eine Orientierung an der nationalsozialistischen Vergangenheit. Dabei kann nicht nur die Übernahme nationalsozialistischer Symbole festgestellt werden (Inowlocki 1992; Schiebel 1992), sondern es werden auch Anzeichen für die Identifikation mit Familienangehörigen gesehen, die ihre nationalsozialistische Vergangenheit positiv beurteilen (Bohleber 1994; Wagner-Winterhager 1983).

Die in dieser Arbeit analysierten Argumentationsmuster beziehen sich nur selten auf den Nationalsozialismus oder dessen Symbole, so daß hier von einer diesbezüglichen Orientierungsrelevanz (vgl. auch Heitmeyer u.a. 1992, S. 590) keine Rede sein kann. Häufiger finden sich allerdings Versuche der Relativierung deutscher Schuld bzw. die Befürwortung eines „Schlußstrichs“ unter diese problematische Periode deutscher Geschichte; diese Argumente verweisen insofern auf Ethnozentrismus, als Kritik an der nationalen Eigengruppe nicht zugelassen wird (vgl. Hopf u.a. 1995, S. 47 ff). Ob und inwiefern hier ein Zusammenhang zwischen fehlender Bearbeitung der nationalsozialistischen Vergangenheit und dem Weiterwirken entsprechender Tendenzen in nachfolgenden Generationen besteht, wie es in der psychoanalytisch orientierten Biographieforschung (vgl.

Bauriedl 1992, S. 157; Gekle 1994; Rosenthal 1992, S. 29 f) oder hinsichtlich der Aufklärung über historische Zusammenhänge - z.B. in der Schule (Hartmann u.a. 1985, S. 89 ff) - formuliert wird, läßt sich an dieser Stelle nicht klären.

Bei der Erläuterung oder Erklärung ethnozentrischer Orientierungen bezieht man sich außerdem auf rechtsextreme Ideologien (z.B. Pfahl-Traughber 1992). Bei der Analyse entsprechender Denkmuster zeigt sich, daß diese sich in erster Linie an Kriterien der Rassenbiologie bzw. eines völkischen Nationalismus ausrichten (vgl. Schwagerl 1993, S. 101 ff; Hundseder 1993, S. 8). So propagierte schon Carl Schmitt eine rechtsstaatliche Organisation ausschließlich für „blutsmäßige Volksgenossen" (Gessenharter 1994, S. 83). Da die biologische „Reinheit" hier zur Voraussetzung des sozialen Zusammenlebens erklärt wird, ist es nur folgerichtig, daß Schmitt fordert, „das Fremde und Ungleiche, die Homogenität Bedrohende zu beseitigen oder fernzuhalten" (zitiert nach Gessenharter 1994, S. 78). Die sogenannte „Neue Rechte" betont ebenfalls den Gedanken biologisch homogener, voneinander isolierter Volksgruppen und propagiert außerdem „die Notwendigkeit, Feinde zu haben" - so der Untertitel einer Publikation Kaltenbrunners aus dem Jahre 1980 (vgl. Gessenharter 1994, S. 87). Ihren aktuellen parteipolitischen Niederschlag finden diese Gedanken im Programm der „Republikaner" aus dem Jahre 1993, wo zum Thema Sozialstaat formuliert wird: „Nur eine homogene Bevölkerung ist in der Lage, solidarisches Verhalten als Norm praktisch zu verwirklichen" (Gessenharter 1994, S. 167).

Bei der Analyse ethnozentrischer Orientierungsmuster fiel auf, daß biologistische Kriterien vereinzelt herangezogen werden, um zwischen „uns" und „den anderen" zu differenzieren. Einer der Befragten äußert sogar den Slogan „Rassenmischung ist Völkermord", der sich ganz ähnlich in einschlägig rassistischen Schriften findet (z.B. bei Seeger 1981: „Ausländer-Integration ist Völkermord"). Solche direkten Anzeichen für den Einfluß rassistischer Ideologien auf ethnozentrische Orientierungen finden sich allerdings nur bei wenigen Befragten, so daß gegenüber den verbreiteten Rassismus-Diagnosen Vorsicht geboten ist. Auch die in den letzten Jahren häufiger formulierten Vorstellungen eines kulturell geprägten Rassismus (vgl. Balibar 1989; Essed 1992) konnten hier nicht bestätigt werden; der Stellenwert kulturalistischer Kriterien ist im Rahmen ethnozentrischer Argumentationen einfach zu gering.

Ohne an dieser Stelle die Gefährlichkeit bzw. Harmlosigkeit, die dauerhafte Verfestigung bzw. den vorübergehenden Charakter ethnozentrischer Orientierungen beurteilen zu wollen, bleibt festzustellen, daß die in dieser Arbeit analysierten Vorstellungen durch rechtsextreme Ideologien in den meisten Fällen nicht entscheidend geprägt zu sein scheinen. Vor diesem Hintergrund ist es wenig hilfreich, vorschnell historische Parallelen zu ziehen - z.B. zur Zeit des Nationalsozialismus - oder rechtsextremes Schriftgut zu analysieren, um aktuellen ethnozentrischen Orientierungen auf die Spur zu kommen.

Im Mittelpunkt anderer Erklärungsversuche steht daher auch eher die aktuelle Lebenssituation derjenigen, die sich ethnozentrisch äußern. So läßt sich die Verbreitung materialistischer Argumente zur Abwertung von Fremdgruppen als modernisierter „materieller Nationalismus" (Heitmeyer u.a. 1992, S. 596) deuten. Wilhelm Heitmeyer vermutet im Kontext der von ihm vertretenen Instrumentalisierungsthese Zusammenhänge zwischen bestimmten Erfahrungen in der „durchkapitalisierten Gesellschaft" (Verdinglichung, Austauschbarkeit etc.), der Entwicklung einer auf Selbstdurchsetzung abzielenden Haltung und ethnozentrischen Argumentationen, die sich auf die Verfügung über andere Menschen richten. Auch Rudolf Leiprecht sieht einen Zusammenhang zwischen konkreter Unzufriedenheit oder Benachteiligungsgefühlen und bestimmten Ausgrenzungs-Argumentationen gegenüber Fremdgruppen. Von Arbeits- oder Leistungsverhältnissen, die individuell als unbefriedigend erlebt werden, schließt Leiprecht auf materialistische Argumentation - z.B. Klagen über die angeblichen Privilegien und Zuwendungen an Ausländer (Leiprecht 1990a, S. 357).

Im Rahmen einer oberflächlichen Betrachtung ließen sich ähnliche Zusammenhänge auch im hier analysierten Datenmaterial beschreiben. Einerseits gehören materialistische Diffamierungen von Fremdgruppen zu den am deutlichsten vorgetragenen Ausgrenzungsargumenten (vgl. Abschnitt 3.1.1). Andererseits kann bei vielen Ethnozentrikern eine ausgesprochen instrumentelle Grundhaltung festgestellt werden - sowohl das eigene Leben als auch Beziehungen zu anderen Menschen betreffend (vgl. Abschnitt 6.2.1). Dementsprechend läge die Vermutung nahe, daß speziell solche Menschen, die sogar enge persönliche Beziehungen vorwiegend unter instrumentellen Gesichtspunkten bewerten, im Zusammenhang mit Ausländern zu materialistischen Kosten-Nutzen-Erwägungen neigen (vgl. in diesem Sinne auch Heitmeyer u.a. 1992, S. 574). Tatsächlich ist ein solcher Zusammenhang jedoch nur zum Teil festzustellen. Von denjenigen, die auch private Kontakte vorwiegend unter dem Gesichtspunkt ihres persönlichen Nutzens betrachten, argumentieren zwar auch die meisten im Zusammenhang mit Ausländern materialistisch; umgekehrt betrachtet finden sich bei immerhin 10 von 16 Befragten, die Ausländer mittels materialistischer Kriterien ausgrenzen, keine Hinweise auf eine Bewertung persönlicher Beziehungen unter vorwiegend instrumentellen Gesichtspunkten.

Hierfür bieten sich verschiedene Erklärungsmöglichkeiten an. In einigen Fälle kann davon ausgegangen werden, daß wir es mit „wertrationalen Ethnozentrikern" zu tun haben, etwa im Sinne Gertrud Nunner-Winklers (Nunner-Winkler 1995, S. 88; vgl. auch Abschnitt 6.3 dieser Arbeit). In diesen Fällen gibt es Anzeichen dafür, daß es den Befragten nicht in erster Linie um die Sicherung eigener Vorteile geht, sondern darum, positiv bewertete Einrichtungen zu bewahren. In den meisten Fällen gibt es solche Indikatoren allerdings nicht. An dieser Stelle kann nur vermutet werden, daß Argumente aus negativ-wertenden Medienberichten oder Diffamierendes aus anderen Quellen von diesen Befragten übernommen wurden, ohne daß eine spezifische persönliche Motivation vorliegt.

Unklarheiten und Widersprüche zeigen sich auch dann, wenn man im Zusammenhang ethnozentrischen Denkens andere Aspekte der persönlichen Lebenssituation berücksichtigt. Nach Leiprecht (Leiprecht 1990a, S. 357) ließe sich erwarten, daß vor allem solche Probanden, die in sozialen Beziehungen selbst zur Anpassung und Unterordnung bereit sind, von Fremden Anpassung bzw. Unterordnung fordern. Wenn man diejenigen betrachtet, die von den in Deutschland lebenden Ausländern die bedingungslose Unterordnung fordern (Abschnitt 4.2.3), entsteht ein unklares Bild: Zwei neigen selbst deutlich zur Unterordnung, einer tut dies gar nicht und die anderen sind einer Zwischengruppe zuzuordnen.[1] Wie im letzten Kapitel außerdem festgestellt werden konnte, werden sexistische Diffamierungen nicht unbedingt von solchen Befragten geäußert, bei denen besonders gravierende Defizite im Bereich von Partnerschaft oder Sexualität zu erkennen sind, wie dies verschiedentlich vermutet wird (z.B. Richter 1992, S. 230).

Hinsichtlich der hier erörterten Frage, inwieweit sich ethnozentrische Vorstellungen an historischen Vorbildern, politischen Ideologien oder persönlichen Erfahrungen orientieren, zeichnet sich also ein uneinheitliches Bild ab: In einigen Fällen lassen sich entsprechende Verbindungen erkennen, in anderen nicht. Bei genauerer Betrachtung wird deutlich, daß sich diese Verbindungen auf eine relativ konstante Gruppe konzentrieren. So finden sich bei etwa fünf Untersuchungsteilnehmern sowohl positive Bezüge zum Nationalsozialismus und/oder zu rassistischen Ideologien als auch Verbindungen zwischen der Ebene persönlicher Erfahrungen und dazu passenden Ethnozentrismus-Varianten. Diese Probanden gehören zu denjenigen, die in inhaltlicher Hinsicht deutlich zum Ethnozentrismus neigen (vgl. Kapitel 3), deren Argumentationsweise als vehement, wenn nicht sogar als ausgesprochen aggressiv bezeichnet werden kann (vgl. Kapitel 4) und bei denen ein ausgeprägter Instrumentalismus festzustellen ist (vgl. Kapitel 6).

In den Fällen, in denen entsprechende Bezüge nicht eindeutig festzustellen sind, läßt sich Unterschiedliches vermuten. Einerseits könnte dies mit den Grenzen des vorliegenden Datenmaterials zusammenhängen. So wäre es denkbar, daß die Verbindungen zwischen einer persönlichen Haltung - z.B. Unterordnung gegenüber sozial Stärkeren - und ethnozentrischen Argumentationen komplexer sind, als hier zu erkennen ist. Das Bekenntnis, selbst nicht zur Unterordnung bereit zu sein, ließe sich mit einem Ausdruck Christiane Schmidts (persönliche Kommunikation) gegebenenfalls als „pseudorebellisch" interpretieren, d.h. persönliche Autonomie wird vorgetäuscht, um sich Abhängigkeit nicht einzugestehen. Andererseits ließen sich die hier in einigen Fällen nicht nachweisbaren

---

[1] Die Bereitschaft der Befragten, sich in sozialen Beziehungen unterzuordnen, wurde von den Mitarbeiterinnen und Mitarbeitern der Hildesheimer Forschungsgruppe im Rahmen der gemeinsamen Auswertungsarbeiten ermittelt. Für diese Beurteilungen wurden relevante Passagen aus allen drei Interviews berücksichtigt; die Einordnung erfolgte auf einer Drei-Punkte-Skala (zum Verfahren vgl. Abschnitt 2.1.3 dieser Arbeit).

Bezüge zu ethnozentrischen Modellen mit der Erzählweise der Befragten erklären. Mit Rokeach könnte in diesen Fällen mangelnde Differenzierungsbereitschaft (Rokeach 1960, S. 58 f) angenommen werden oder man könnte mit Gessenharter von Entropie sprechen (Gessenharter 1994, S. 137), d.h. einem Prozeß, in dessen Verlauf die Quelle oder Ursache einer Position zwar unklar wird, aber weiterhin wirksam bleibt.

Es bleibt festzuhalten, daß die hier analysierten ethnozentrischen Orientierungsmuster nicht unbedingt mit inhaltlichen Modellen, seien es historische Vorbilder, politische Ideologien oder persönliche Erfahrungen bzw. der im Rahmen dieser Erfahrungen entwickelten Haltungen in einem erkennbaren Zusammenhang stehen. Oft entsteht vielmehr der Eindruck eines inhaltlich diffusen Ethnozentrismus-Syndroms, dessen Argumente austauschbar erscheinen. Um zu klären, warum einige Probanden deutlich zum Ethnozentrismus neigen, während dies bei anderen weniger oder gar nicht festzustellen ist, kann es hilfreich sein, verschiedene Erfahrungen in sozialen Beziehungen näher zu betrachten.

10.2 Bedingungen der Sozialisation von Ethnozentrikern

Generell sieht man die Bedingungen der Sozialisation im Zusammenhang mit ethnozentrischen Orientierungen als besonders wichtige und prägende Faktoren an (vgl. Melzer 1992, S. 22 ff; diverse Beiträge in Otto und Merten 1993; Silbermann und Hüsers 1995, S. 100). Bei genauerer Betrachtung werden die jeweils für relevant erachteten Faktoren allerdings recht unterschiedlich akzentuiert.

Besondere Beachtung finden gegenwärtig modernisierungstheoretische Ansätze, die eine Auflösung traditioneller Bindungen konstatieren (vgl. Beck 1986, S. 211 ff). Man nimmt dabei an, daß kollektive Lebenszusammenhänge ihre Integrationskraft zunehmend verlieren, so daß die Mitglieder moderner Gesellschaften immer stärker vereinzeln. In dieser Situation müßten die isolierten Individuen äußerst komplexe Bedrohungen bewältigen. Der Umgang mit Angst oder Unsicherheiten werde so zur Schlüsselqualifikation in der modernen „Sündenbockgesellschaft“ (Beck 1986, S. 101), in der unsichtbare Risiken geleugnet oder weginterpretiert werden. Für die Sozialisation von Kindern und Jugendlichen kann diese Überforderung ganz unterschiedliche Folgen mit sich bringen (vgl. Mansel 1995). Als eine besonders auffällige Konsequenz wurde in letzter Zeit die Übernahme rechtsextremer Orientierungen durch Jugendliche thematisiert (z.B. Heitmeyer 1988). Wenn davon die Rede ist, die Erfahrung von Vereinzelung sei eine Grundlage für die Akzeptanz rechtsextremer Orientierungen, müßte allerdings geklärt werden, was mit „Vereinzelung“ jeweils gemeint ist. Bezieht man sich in erster Linie auf die fehlende Einbindung in kollektive Zusammenhänge (Heitmeyer u.a. 1992, S. 17) - so wie es der Begriff

„Vereinzelung“ nahelegt - oder ist man eher an der „inneren“ Qualität bestimmter Beziehungen interessiert (Heitmeyer u.a. 1992, S. 579)?

Angesichts des ausgeprägten Kollektivbewußtseins und der Schilderungen gemeinschaftlicher Aktivitäten, kann von Individualisierung oder Vereinzelung im zuerst genannten Sinn oft keine Rede sein. Verschiedene der im Rahmen der Hildesheimer Studie befragten jungen Männer verdeutlichen vielmehr eine geradezu klassische Bindung an ihr soziales Milieu. Explizit betonen sie die Verwurzelung in ihrem Dorf oder die Zugehörigkeit zur „sauberen Mittelschicht“. Hinzukommen - in fünf Fällen - die aktive Beteiligung am traditionellen Vereinsleben und zahlreiche Schilderungen, die auf die große Bedeutung hinweisen, die gewachsene soziale Strukturen für den einzelnen haben. In diesen Fällen zeigen sich Ähnlichkeiten zu dem im Rahmen einer Netzwerkanalyse beschriebenen Muster „Familienclan“ (vgl. Gmür und Straus 1994, S. 233 f), das mit ausgeprägtem dörflichem Gemeinschaftsleben assoziiert wird. Bei diesen „traditionell Verwurzelten“ lassen sich ganz unterschiedliche Orientierungen feststellen, so daß in diesen Fällen weder Nähe noch Distanz zum Ethnozentrismus besonders deutlich ausgeprägt sind.

Nun gehören diese eher konservativen Milieus gewiß nicht zu denen, die Heitmeyer und Kollegen im Sinn haben, wenn sie im Hinblick auf rechtsextreme Orientierungsmuster auf die distanzsichernde Funktion traditioneller Milieus verweisen. Allerdings sind auch Jugendliche, die Organisationen der Arbeiterbewegung angehören, nicht unbedingt gefestigte Internationalisten: So konnte bei gewerkschaftlich organisierten Jugendlichen eine stärkere Verbreitung nationalistischer und fremdenfeindlicher Orientierungen festgestellt werden als bei einer nicht organisierten Vergleichsgruppe (Horn 1995, S. 488). Zunächst können solche Resultate als Hinweis auf die Notwendigkeit gewertet werden, andere Faktoren mit zu berücksichtigen - z.B. sozialstrukturelle Benachteiligungen (vgl. W. Hopf 1994, S. 207). Darüber hinaus wird dadurch m.E. aber nicht nur deutlich, daß es unzulässig ist, Vereinzelungsprozesse bzw. gelockerte soziale Beziehungen generell mit der Affinität zum Rechtsextremismus in Verbindung zu bringen, sondern es scheint fraglich, ob solche Milieus überhaupt die prägende Kraft haben, die ihnen oft zugeschrieben wird.

In dieser Arbeit habe ich mich daher auch eher auf die Erfahrungen mit unterschiedlichen Formen und Qualitäten solcher Beziehungen bezogen, die in Primärgruppen (Cooley 1962) bestehen und von denen besonders prägnante Einflüsse auf die Persönlichkeitsentwicklung anzunehmen sind. Sozialisationstheoretische Erklärungen ethnozentrischer Orientierungen, die sich auf Erfahrungen in Primärgruppen beziehen, setzen unterschiedliche Akzente. Häufig wird auf die große Bedeutung der Familie hingewiesen: Wert- und Verhaltensorientierungen Jugendlicher würden durch Eltern und Großeltern entscheidend geprägt. Als Beleg dieser These wird zum Teil pauschal auf die „innerhalb der bundesdeutschen Bevölkerung offensichtlich weit verbreiteten autoritären bis faschistoiden Tendenzen“ (Hartmann u.a. 1985, S. 89) hingewiesen. In anderen Studien wird konkreter auf die Übereinstimmung mit den Eltern in puncto Ausländerfeindlichkeit eingegangen (Fend 1994, S. 153 f; Wellmer 1994, S. 283). Die hierzu präsentierten Daten sind jedoch alles andere als eindeutig, d.h. von Übereinstimmung zwischen Eltern und ihren jugendlichen oder erwachsenen Kindern kann hier oft keine Rede sein. Dazu paßt es, daß die Befragten der Hildesheimer Studie die politischen Ansichten ihrer Eltern nicht in den Vordergrund stellen. Die Einstellungen der jungen Männer können daher weder durch eine entsprechende „Transmissionshypothese“ (Kracke u.a. 1993, S. 981) noch durch solche Vorstellungen, die den Protest gegen die Eltern betonen, plausibel erklärt werden. Vor diesem Hintergrund erscheint es ratsam, eine direkte politische Orientierungsfunktion der Eltern nicht allzusehr zu betonen (vgl. auch Heitmeyer u.a. 1992, S. 580) bzw. nach Zusammenhängen mit anderen Bedingungen zu suchen.

In anderen auf die Familie bezogenen Erklärungen stehen eher emotionale Aspekte im Vordergrund. Verunsicherungen und Destabilisierungen im Verhältnis zu den Eltern führten dazu, daß „Geborgenheit und Gemeinschaft außerhalb des familialen Kreises“ gesucht würden (Schiebel 1992, S. 76). In dieser Arbeit konnte gezeigt werden, daß die damit gemeinten auffälligen Störungen des Familienlebens - Scheidung der Eltern u.ä. - sehr viel differenzierter zu betrachten sind, um ethnozentrische Neigungen plausibel zu machen (vgl. Kapitel 7). Dementsprechend hat sich inzwischen die Erkenntnis durchgesetzt, daß auch nach außen intakte Familienverhältnisse daraufhin untersucht werden sollten, inwieweit sie dem einzelnen Unterstützung und Geborgenheit vermitteln (Heitmeyer u.a. 1992, S. 579). In diesem Zusammenhang wird allerdings zu wenig berücksichtigt, daß die aktuellen Beziehungen zu den Eltern oft erst vor dem Hintergrund früherer Erfahrungen sinnvoll gedeutet werden können.

Emotionale Aspekte im Verhältnisse zu den Eltern, die auch frühe Erfahrungen einbeziehen, wurden bereits in den Studien zur Autoritären Persönlichkeit recht eingehend thematisiert. Beim Typus des Autoritären - der sich ja auch durch eine ethnozentrische Orientierung auszeichnet - zeigt sich gemäß den Analysen Else Frenkel-Brunswiks eine Idealisierung der Eltern, d.h. undifferenzierten und stereotypen Lobpreisungen oberflächlicher Eigenschaften entsprechen keine substantielleren, auf Beziehungen oder Persönlichkeiten bezogenen positiven Informationen (Adorno u.a. 1969, S. 340 ff). Zum Teil ist diese Idealisierung mit Beschuldigungen verbunden, so daß gleichzeitig der Eindruck vermittelt wird, ein Opfer der eigenen Eltern zu sein. Frenkel-Brunswik schließt in diesen Fällen auf unterdrückte Ressentiments bzw. Feindseligkeit gegenüber den Eltern, die sich der einzelne jedoch nicht eingesteht (Adorno u.a. 1969, S. 347 f). Christel Hopf verwendet in diesem Zusammenhang die Begriffe „Leugnung“ oder „Verleugnung“ und plädiert außerdem dafür, nicht nur Idealisierungstendenzen, sondern auch die Abwehr oder Bagatellisierung problematischer Aspekte in den Beziehungen zu den Eltern zu berücksichtigen (vgl. Hopf 1990, S. 383 f). Mit Verweis auf die Attachment-Forschung schlägt sie vor, solche Leugnungstendenzen dadurch aufzudecken, daß generalisierende Aussagen und konkrete Schilderungen systematisch zueinander in Beziehung gesetzt werden (Hopf 1990, S. 385).

In der Hildesheimer Studie zeigten sich entsprechende Zusammenhänge zwischen der Idealisierung der Eltern bzw. der Bagatellisierung problematischer Aspekte in den Beziehungen zu ihnen und rechtsextremen Orientierungen. Es waren jedoch auch Fälle festzustellen, in denen die Neigung zum Rechtsextremismus nicht mit abgewehrten Aggressionen gegen die Eltern in Verbindung zu bringen sind (vgl. Hopf u.a. 1995, S. 133 f). Die Befragten, die sich offen aggressiv über ihre Eltern äußern, gehören sogar zu den besonders vehementen Vertretern ethnozentrischer Argumente (vgl. Abschnitt 8.3 dieser Arbeit). Solche Fälle, in denen von einer „Diabolisierung" der Eltern gesprochen werden könnte und in denen keine Tendenzen zur Leugnung problematischer Aspekte in den Beziehungen zu den Eltern zu erkennen sind, machen besonders deutlich, daß nach ergänzenden Erklärungen gesucht werden muß.

Eine Möglichkeit besteht in der Berücksichtigung weiterer familiärer Bedingungen. Zunächst kann dabei angenommen werden, daß die Beziehung zwischen den Eltern prägenden Einfluß auf die Orientierungen des einzelnen hat. Im Kontext kindlicher Moralentwicklung zeigten sich entsprechende Zusammenhänge hinsichtlich des elterlichen Umgangs mit Konflikten: Offenheit und Symmetrie zwischen den Konfliktpartnern konnten dabei als Bedingungen einer verläßlichen Orientierung benannt werden (Döbert und Nunner-Winkler 1983). Auch im vorliegenden Datenmaterial spricht verschiedenes für eine orientierungsrelevante Vorbildfunktion der Eltern (vgl. Abschnitt 8.5.1 dieser Arbeit). Neben den von Döbert und Nunner-Winkler genannten Bedingungen elterlicher Konfliktbewältigung, lassen sich außerdem Anzeichen für eine Konstruktion der innerfamilialen Beziehungen aber auch von Außenbeziehungen aufzeigen, die den ethnozentrischen Differenzierungen zwischen glorifizierter Eigengruppe und diffamierten Fremdgruppen entsprechen (siehe Abschnitt 8.5.2 dieser Arbeit).

Im Zusammenhang mit Fragen der politischen Sozialisation Jugendlicher wird außerdem auf die Bedeutung altershomogener Orientierungsmilieus verwiesen. Einstellungen und Verhaltensweisen würden durch solche Milieus oder Subkulturen entscheidend geprägt (vgl. Erb 1993, S. 278; Heitmeyer 1988, S. 191 ff; Willems 1993, S. 177). Auch diese Ergebnisse können hier bestätigt werden. Bei nahezu allen Befragten, die sich in deutlicher Weise ethnozentrisch orientieren, zeigen sich aktuelle oder vergangene Zugehörigkeiten zu den Skinheads oder zu ähnlichen Jugendkulturen (vgl. Abschnitt 9.2.3 dieser Arbeit). Hinzukommen aber noch Erfahrungen mit - bzw. Vorlieben für - unterschiedliche(n) Beziehungsformen, die in der Forschungsliteratur weniger Beachtung finden. Ethnozentriker schildern kaum verbindliche, individuell akzentuierte Freundschaftsbeziehungen - wie dies in anderen Fällen durchaus festzustellen ist -, sondern fast ausschließlich eher unverbindliche Cliquenbeziehungen (vgl. Abschnitt 9.2.2 dieser Arbeit). Außerdem unterhalten sie auch seltener Partnerbeziehungen (vgl. Hopf u.a. 1995, S. 157 ff). Wenn das doch der Fall ist, bevorzugen sie lockere Verbindungen bzw. machen deutlich, daß sie sich in diesen Partnerschaften emotional möglichst wenig engagieren wollen (vgl. Abschnitt 9.2.4 dieser Arbeit).

Theoretisch haben sich in der Jugendforschung solche Positionen weitgehend durchgesetzt, die die verschiedenen orientierungsrelevanten Bezüge Jugendlicher und junger Erwachsener betonen und nicht einseitig auf die Eltern oder die Gleichaltrigen verweisen (z.B. Oswald 1989). Bei der praktischen Umsetzung dieser Vorstellungen in empirischen Forschungszusammenhängen kann dann allerdings doch wieder die Unterscheidung zwischen diesen Bezügen festgestellt werden, so daß einzelnen Beziehungserfahrungen jeweils besondere Bedeutung beigemessen wird. So ordnet man beispielsweise die Probanden einer Netzwerkanalyse jeweils nur einem der folgenden Muster zu: „Familienclan", „Soziale Isolation", „Zugehörigkeit zu einer subkulturellen Szene", „Partnerzentrierung" oder „individualisiertes Freundschaftsnetzwerk" (Gmür und Straus 1994). Auf der Grundlage der vorliegenden Untersuchung erscheinen solche Differenzierungen als Schritt in die falsche Richtung. Es lassen sich vielmehr enge Zusammenhänge zwischen verschiedenen Beziehungsbereichen festhalten. Konkret heißt das beispielsweise folgendes: Befragte, die verbindliche und individuell akzentuierte Partnerbeziehungen beschreiben, machen häufig auch deutlich, daß sie individualisierte Freundschaften unterhalten. Andererseits gehen die intensive Teilnahme am dörflichen Gemeinschaftsleben und Familienclan-artige Verbindungen z.B. auch mit der Bevorzugung subkultureller Cliquen einher.

Auch wenn es darum geht, ethnozentrische oder rechtsextreme Orientierungen bei Jugendlichen zu erklären, werden einzelne Beziehungsaspekte häufig besonders betont. Bei der Würdigung der Bedeutung, die den Cliquen Gleichaltriger für die Orientierung am Rechtsextremismus zukommt, werden dann z.B. familiäre Beziehungen als weniger bedeutsam beschrieben (Hafeneger 1993; Pilz 1993) oder überhaupt nicht berücksichtigt (Sturzbecher u.a. 1994, S. 14 ff). Auch die zahlreichen anderen soziale Bezüge der jeweiligen Probanden werden im Kontext solch beschränkender Betrachtungen dann weitgehend vernachlässigt. Um die Neigung zu ethnozentrischen Orientierungen verständlich zu machen, scheint es mir jedoch notwendig zu sein, diese verschiedenen Aspekte aufeinander zu beziehen.

10.2.1 Ethnozentrische Beziehungsmodelle

Eine ethnozentrische Orientierung kann als Ausdruck einer Sichtweise angesehen werden, mittels derer die soziale Umgebung auf verhärtete Weise geordnet wird. Dabei dominieren willkürlich zugeschriebene Gruppenzugehörigkeiten, während für individuelle Verschiedenheiten kein Raum bleibt. Diejenigen, die jeweils einer Eigengruppe zugeordnet werden, bewertet der Ethnozentriker vorwiegend positiv, während er die anderen, die er einer Fremdgruppe zurechnet, negativ beurteilt. Es konnte gezeigt werden, daß diese Vorstellungen als Teil eines bestimmten Musters anzusehen sind, nach dem Ethnozentriker ganz verschiedene soziale Beziehungen strukturieren: Informelle und formelle Beziehungen, individuelle und kollektive Kontakte. Dieses Muster wird auf Familien, Gleichaltrigengruppen, Klassen und Nationen demnach in vergleichbarer Weise bezogen. Um welche Beziehungsebene es auch geht, es dominiert jeweils ein Denken in klaren Gegensatzpaaren - gut/schlecht, schwarz/weiß -, während Grauzonen, Ambivalenzen, Widersprüche oder Fragen nach Möglichkeit vermieden werden.

Dieses Muster der Verhärtung kann als Ausdruck eines Beziehungsmodells[2] verstanden werden, das in verschiedenen sozialen Bezügen entwickelt und modifiziert wird. Diesem Modell gemäß werden dann ganz verschiedene Sozialbeziehungen wahrgenommen und gestaltet. Die emotionale Grundlage ethnozentrischer Beziehungsmodelle kann in unbefriedigenden Erfahrungen liegen, in denen individuellen Bedürfnissen nicht ausreichend Rechnung getragen wird. Leben wichtige Bezugspersonen solch eine Umgangsweise mit emotionalen Verunsicherungen vor, bei der z.B. Dichotomisierungen oder einseitige Schuldzuweisungen dominieren, wird auch eine kognitive Basis für ethnozentrische Beziehungsmodelle erkennbar. Im folgenden sollen diese Vorstellungen anhand vorliegender Indizien konkretisiert werden. Ohne damit den Anspruch auf Vollständigkeit zu erheben, werden die in dieser Arbeit thematisierten Sozialisationsfaktoren als „Eckpunkte" eines vorläufigen Modells herangezogen, um die auf Bewußtseinsinhalte bezogenen und die emotionalen Beziehungsaspekte in ihrer Bedeutung für die Entwicklung, Bestätigung und Infragestellung ethnozentrischer Orientierungen zu integrieren.

Betrachtet man die verschiedenen Beziehungsaspekte, die in den letzten Kapiteln beschrieben wurden, entsteht der Eindruck eines Zusammenhangs, der sich folgendermaßen beschreiben läßt. Diejenigen mit einer unsicheren Bindungsrepräsentation in bezug auf ihre Eltern erwecken den Eindruck, ihre Beziehungen zu Gleichaltrigen eher unverbindlich zu gestalten. In diesen Fällen wird vor allem die Bedeutung größerer Cliquen betont. Dagegen sind individuelle Freundschaften und verbindliche Beziehungen zu Partnerinnen bei diesen Probanden selten; individuell akzentuierte Beschreibungen von Partnerbeziehungen kommen hier gar nicht vor. Auf der anderen Seite korrespondieren verbindliche Partnerbeziehungen und Freundschaften, speziell dann, wenn bei ihrer Beschreibung individuelle Züge deutlich werden, vor allem mit einer sicheren Bindungsrepräsentation und lassen sich außerdem in solchen Fällen feststellen,

---

[2] Frühe Formen eines solchen Modells sind dem vergleichbar, was John Bowlby im Rahmen der Attachment-Theorie als „working-model" bezeichnet hat (vgl. Bowlby 1985, S. 204 ff; Grossmann u.a. 1989, S. 38). Da es mir hier aber nicht nur um frühkindliche Erwartungen in bezug auf einzelne Bindungspersonen geht, sondern auch um später entwickelte oder aktualisierte, allgemeinere und stärker kognitiv geprägte Vorstellungen, ziehe ich es an dieser Stelle vor, von „Beziehungsmodell" zu sprechen.

in denen keine Zuordnung zu einem Typ der Bindungsrepräsentation getroffen werden konnte.

Von einigen Ausnahmen abgesehen gehen diese verschiedenen Beziehungserfahrungen - bzw. die Präferenzen für bestimmte Beziehungsformen - jeweils mit bestimmten der in dieser Arbeit untersuchten Orientierungsweisen einher. Eine sichere Bindungsrepräsentation bezüglich der Eltern und verbindlichere bzw. individuell akzentuierte Gleichaltrigenbeziehungen sind vor allem bei Befragten mit pluralistischer Orientierung festzustellen. Demgegenüber können ethnozentrische Orientierungen verstärkt bei denjenigen diagnostiziert werden, die im Verhältnis zu ihren Eltern eine unsichere Bindungsrepräsentation erkennen lassen und weniger oder gar keine verbindlichen, individuellen Kontakte zu Gleichaltrigen unterhalten.

Von dieser eher emotionalen Beziehungsebene abgesehen wurde Ethnozentrismus in diesen Beziehungen aber auch inhaltlich vermittelt, und zwar in einer Weise, die auf entsprechende Anregungen oder Lernmodelle zur kognitiven Umweltbewältigung (vgl. Neidhard 1973, S. 216 ff) schließen läßt. In einigen Fällen unsicherer Bindung wird aus der Kindheit von einem Verhalten der Eltern berichtet, das auf segregative Vorbilder schließen läßt. Es gibt in diesen Fällen Anzeichen dafür, daß die soziale Umwelt der Kinder von den Eltern in einer Weise vorstrukturiert wurde, die der entschiedenen Differenzierung zwischen „uns“ und „denen“ Vorschub leistet. Entsprechende Modelle werden im Zusammenhang mit Konfliktsituationen besonders deutlich, wobei in einigen Fällen innerfamiliale Auseinandersetzungen, in anderen eher Schwierigkeiten mit familienfremden Personen im Vordergrund stehen. Darüber hinaus finden sich Erfahrungen mit solchen sozialen Zusammenhängen unter Gleichaltrigen, die inhaltliche Anknüpfungspunkte zum Ethnozentrismus aufweisen - konkret handelt es sich dabei in der Regel um Skinheadgruppen - bei fast allen Befragten, die ethnozentrische Argumente in deutlicher Ausprägung äußern. Demgegenüber finden sich Anzeichen für integratives elterliches Modellhandeln nur in solchen Fällen, in denen pluralistische Orientierungsweisen zu erkennen sind. Von denen, deren Orientierung als pluralistisch eingestuft werden kann, verfügt keiner über Erfahrungen in Skinheadgruppen.

Die Angaben zur politischen Einstellung der Eltern bzw. zu ihrer Haltung gegenüber Ausländern wirken für sich genommen unklar. Zumeist werden hierzu gar keine oder nur spärliche Angaben gemacht, in einigen Fällen deuten sich Parallelen zur Haltung der Befragten an, in anderen Fällen wird von gegensätzlichen Einstellungen berichtet. Es sind jedoch Anzeichen dafür zu erkennen, daß es hilfreich ist, diese sachlich-inhaltlichen Aspekte in ihrem Zusammenwirken mit verschiedenen emotionalen Beziehungsqualität zu untersuchen. Die Fälle dreier Ethnozentriker lassen sich als Beispiele für die verschiedenen Varianten dieses Zusammenwirkens anführen.

- Die Berichte *Xavers* lassen auf eine unsichere Bindungsrepräsentation hinsichtlich der Eltern, speziell im Verhältnis zum Vater schließen. Abgesehen von den Perioden, in denen Vater und Sohn nicht miteinander sprechen, gibt es zwischen ihnen heftige Auseinandersetzungen über Xavers rechtsextreme Orientierungen und Aktionen. Den Vater bezeichnet er als „rote Drecksau", womit gemeint ist, daß dieser die SPD wählt. In diesem Fall einer besonders problematischen Beziehung zum Vater kann begründet vermutet werden, daß der Protest gegen den Vater eine Triebfeder für Xavers Ethnozentrismus darstellt (vgl. Abschnitt 8.4.2 dieser Arbeit).

- *Norbert* repräsentiert gegenüber seinen Eltern den Typ einer sicheren Bindung. In seinem Fall ist das Verhältnis zum Vater besonders innig. Obwohl er über dessen Einstellung zu Ausländern im Interview nichts mitteilt, läßt sich vermuten, daß seine eigene ethnozentrische Haltung durch die Identifikation mit dem Vater maßgeblich geprägt ist. Norbert bezeichnet ihn als unbedingte Autorität, er berichtet ferner, viel von ihm gelernt zu haben und verdeutlicht an verschiedenen Beispielen, wie er die Wertvorstellungen der Eltern im eigenen Leben aktiv umsetzt (vgl. Abschnitt 8.3 dieser Arbeit).

- Bei *Bernd* gibt es - wie bei Xaver - hinsichtlich der Eltern deutliche Hinweise auf eine unsichere Bindungsrepräsentation. Im Unterschied zu dem von ihm als sehr innig beschrieben Kontakt zur Mutter, bewertet er sein aktuelles Verhältnis zum Vater zwiespältig: Aspekte von Zurückweisung und Furcht stehen hier neben solchen der Bewunderung, Aufopferung und Loyalität. Im Verhältnis zu seiner eigenen, aggressiv ethnozentrischen Orientierung schildert er den Vater als unklar: Dessen SPD-Bevorzugung kontrastiert mit der Vorliebe Bernds für die „Republikaner", so daß es zwischen ihnen zu heftigen Diskussionen kommt; gemeinsam ist Vater und Sohn hingegen die Bewunderung für die Effizienz der „Wehrmacht" im Zweiten Weltkrieg, in der sie sich beim Betrachten von Fernsehberichten einig sind (vgl. Abschnitt 8.4.1 dieser Arbeit).

An diesen drei Fällen lassen sich unterschiedliche Varianten des Zusammenspiels zwischen emotionalen und sachlich-inhaltlichen Beziehungsaspekten bei der Entwicklung ethnozentrischer Orientierungen nachvollziehen. So zeigt sich am Beispiel Norberts, daß eine emotional stabile und verläßliche Beziehung die Grundlage für die Übernahme elterlicher Einstellungen bilden kann. Diesen Schluß lassen auch andere Forschungsarbeiten zu, in denen Jugendliche mit rechtsextremer Orientierung von einem guten Verhältnis zu den Eltern berichten (vgl. Kracke u.a. 1993, S. 976; Wellmer 1995, S. 39). Eine wenig stabile bzw. verläßliche Bindung zu den Eltern kann wie bei Xaver dazu führen, daß eine ethnozentrische Haltung auch deswegen eingenommen wird, um den Protest gegen die Eltern zu verdeutlichen. Im Falle Bernds zeigt sich allerdings auch eine widersprüchliche Variante, bei der nicht nur Indizien für eine Übernahme elterlicher Einstellungen, sondern auch solche zu erkennen sind, die für einen Protest sprechen.

Die hier festzustellenden Zusammenhänge zwischen bestimmten sozialen Erfahrungen auf emotionaler und kognitiver Ebene machen deutlich, wie wenig sinnvoll oder hilfreich es im Rahmen einer Analyse ethnozentrischer Orientierungen ist, verschiedene Sozialisationsbedingungen unabhängig voneinander zu untersuchen. Um die Einflüsse aktuell bedeutsamer Orientierungs- oder Unterstützungsmilieus beurteilen zu können, ist es demnach von großer Bedeutung, frühe Erfahrungen bzw. deren Verarbeitung ebenso zu berücksichtigen. Umgekehrt sind Kenntnisse über Gleichaltrigen-Beziehungen bzw. über die Angebote aktuell relevanter Milieus unverzichtbar, um intergenerative Zusammenhänge realistisch zu gewichten. Transmissions- bzw. Protestthesen, die aktuelle Bezüge ausblenden, erweisen sich vor diesem Hintergrund als unangemessen, genau wie solche Ansätze, die sich auf die gegenwärtigen Beziehungen beschränken.

10.3 Konzeptionelle Überlegungen

Abschließend ist hier festzustellen, daß sich der Bezug auf das von William Graham Sumner eingeführte Konzept des Ethnozentrismus als fruchtbar erwiesen hat, um die sozialen und politischen Orientierungen junger Männer differenzierend zu analysieren. Es war hilfreich, neben der Beurteilung von Fremdgruppen auch die von Eigengruppen zu berücksichtigen und beide Bereiche aufeinander zu beziehen. Dabei kann hier allerdings eine ganz bestimmte Deutung nicht bestätigt werden, die schon Sumner formulierte (Sumner 1959, S. 12 f) und die man seither regelmäßig aufgreift. Ethnozentrismus wird dabei häufig als Motor sozialer Integration verstanden; es heißt dann, der Zusammenhalt einer Gruppe bzw. die Loyalität innerhalb einer Gruppe würde dadurch gestärkt, daß man Aggressionen gegen Externe richtet (vgl. Murdock 1948, S. 614; Rosenblatt 1964, S. 142; LeVine und Campbell 1972, S. 214 f).

Im Rahmen der vorliegenden Untersuchung entstand demgegenüber der Eindruck, daß es Ethnozentrikern an einer Identifikation mit einer wie auch immer definierten Eigengruppe fehlt. Selbst solche Positionen, die eine positive Überhöhung des „eigenen" eindeutig formulieren, wirken bei genauerer Betrachtung nicht sehr überzeugend. Es zeigt sich, daß verschiedene Einschränkungen und Fragwürdigkeiten formuliert werden, so daß von einem Eigengruppen-Mythos gesprochen werden könnte, den die Befragten, die sich entsprechend äußern, selbst demontieren (vgl. Abschnitt 3.2 dieser Arbeit). Im Kontext ethnozentrischer Orientierungsmuster - so kann daraus geschlossen werden - wird mit Eigengruppen letztendlich genauso verfahren wie mit Fremdgruppen: Sie werden demontiert und diffamiert.

Dies spricht nicht nur gegen die oben beschriebene Vorstellung, soziale Zusammenhänge würden durch Ethnozentrismus objektiv gestärkt, sondern es widerspricht auch einer verbreiteten Deutung, wonach Ethnozentrismus subjektiv funktional sei; beschädigte individuelle Identität werde durch die Beschwörung nationaler Größe gestützt oder ersetzt (vgl. Bauriedl 1992, S. 163 f; Elwert 1989, S. 453). Auch Gertrud Nunner-Winkler beurteilt diese These kritisch; sie vermutet vielmehr, daß im Falle ethnozentrischer Orientierungen eine Norm zur

Gruppenloyalität als verpflichtend erlebt wird (Nunner-Winkler 1995, S. 81). Mit dieser Interpretation stellt sie die Affinität zur Eigengruppe - bzw. die Bindung an diese - ins Zentrum ihrer Ethnozentrismus-Konzeption. Angesichts der hier erzielten Resultate kann dieser Deutung nicht beigepflichtet werden. Es konnte festgestellt werden, daß der Typ des „wertrationalen Ethnozentrikers" eher die Ausnahme ist und vor allem die weniger eindeutigen Fälle entsprechend zu bewerten sind (vgl. Abschnitt 6.3 dieser Arbeit). Wie oben beschrieben, kann auch nicht übersehen werden, daß die Glorifizierung der Eigengruppe wesentlich seltener ist und auch nicht mit der Vehemenz vorgetragen werden, wie sie bei der Diffamierung von Fremdgruppen zu beobachten ist. Wenn man schon eine Kernkategorie ethnozentrischer Orientierungsmuster identifizieren will, müßten dies also eher die aggressiv und dringlich vorgetragene Abwertung von Fremdgruppen sein, nicht die spärlichen Ansätze zur Überhöhung der Eigengruppe.

In einer weiteren These schlägt Gertrud Nunner-Winkler vor, „Eigengruppenpräferenz und Fremdgruppendiskriminierung nicht als Endpunkte einer Dimension, sondern als Ausprägungen zweier voneinander unabhängiger Dimensionen" (Nunner-Winkler 1995, S. 88) anzusehen. Nach unseren Ergebnissen gibt es auf der Ebene ethnozentrischer *Argumentationen* zwar keinen automatischen Zusammenhang zwischen beiden Dimensionen, allerdings treten sie speziell dann gemeinsam auf, wenn Fremdgruppenabwertung oder Eigengruppenglorifizierung deutlich ausgeprägt sind; d.h. die klaren Fälle zeigen beide Dimensionen. Es kann auf der Ebene der *Orientierungen* außerdem als wahrscheinlich angesehen werden, daß selbst dann, wenn die Eigengruppe nicht ausdrücklich glorifiziert wird, eine entsprechende Haltung den Hintergrund bildet, vor dem Fremdgruppen diffamiert werden, d.h. jede Diffamierung von „anderen" impliziert die Höherbewertung des „eigenen". Konkret scheint die Eigengruppe oft nur indirekt definiert werden zu können, und zwar als das, was die anderen nicht sind. Auch wenn das Verhältnis zwischen Eigen- und Fremdgruppenbewertung alles andere als eindeutig erscheint und noch genauer untersucht werden müßte, würden interessante Erkenntnismöglichkeiten vergeben, wenn man sich darauf beschränkt, beide Dimensionen voneinander isoliert zu betrachten.

10.4 Ausblick

In meinen Augen wäre es wünschenswert, in zukünftigen Untersuchungen an dem unklaren Verhältnis zur Eigengruppe anzusetzen und zwar auch in der Weise, daß man die Bezüge zwischen der individuellen Konstruktion von Eigengruppen und den Erfahrungen in diesen Gruppen berücksichtigt. Es kann vermutet werden, daß Negativerfahrungen oder Mangelerlebnisse in diesen Beziehungen zu solch widersprüchlichen Positionen beitragen, wie sie im Rahmen dieser Arbeit festgestellt werden konnten. So zeigen sich bei genauerer Betrachtung verschiedene Tendenzen sozialer Isolation; neben einer fehlenden Identifikation mit der Eigengruppe ist es auffällig, daß ethnozentrische Argumente häufig aus Phantasien entwickelt werden, die als Teil der eigenen Biographie ausgegeben werden. Der Zugang zum Bereich des unmittelbar Erfahrbaren ist in diesen Fällen offenbar erheblich eingeschränkt und der Kontakt zur sozialen Umgebung erscheint fragwürdig.

Dieser Eindruck korrespondiert mit verschiedenen neueren Forschungsergebnissen. Häufig ist festzustellen, daß Ethnozentrikern die Möglichkeit bzw. Bereitschaft zum Kontakt mit Ausländern fehlt (vgl. Sturzbecher u.a. 1994, S. 152). Doch selbst unter günstigeren Bedingungen kommt es nicht unbedingt zu erfreulicheren Entwicklungen: Wie aus der Vorurteilsforschung bekannt ist, verändern sich Ressentiments auch durch Kontakte kaum oder gar nicht (z.B. Rippl 1995, S. 282). Eine andere Seite dieser Isolation kann in den Aussagen verurteilter fremdenfeindlicher Gewalttäter gesehen werden, deren Handeln durch die Androhung oder Verhängung von Sanktionen offenbar nicht entscheidend zu beeinflussen ist (vgl. Heitmeyer und Müller 1995, S. 176 ff). Ich halte es für dringend geboten, diese Prozesse zunehmender sozialer Abschottung und Isolation, für die es Indizien auf unterschiedlichen Ebenen gibt und deren längerfristige Auswirkungen nicht abzusehen sind, genauer zu untersuchen.

In weiteren Untersuchungen müßte auch die Bedeutung genauer bestimmt werden, die verschiedenen sozialen Beziehungen im Zusammenhang ethnozentrischer Orientierungen zukommt. Um die Angemessenheit des in dieser Arbeit entwickelten Beziehungsmodells zu prüfen und um Anhaltspunkte für Modifikationen zu erhalten, wäre es wichtig, andere Personen - Frauen, Akademiker oder Angehörige anderer Kulturkreise - in vergleichbare Studien einzubeziehen. Den größten Ertrag erwarte ich mir gegenwärtig von einer Berücksichtigung solcher Untersuchungsteilnehmer, die sich in späteren Lebensphasen befinden als die jungen Männer, auf die sich die vorliegende Arbeit bezieht. In den hier untersuchten Fällen werden relativ selten verbindliche Partnerbeziehungen deutlich, so daß es nur schwache Indizien für den Einfluß unterschiedlicher partnerschaftlicher Beziehungsqualitäten auf soziale und politische Orientierungsweisen gibt. In Fällen intensiveren Erlebens von Partner- oder Ehebeziehungen, bei Erfahrungen mit Trennung oder Elternschaft haben diese - lebensgeschichtlich betrachtet - späteren Beziehungen vermutlich ein wesentlich größeres Gewicht. Erst dann, wenn man auch diese Beziehungen berücksichtigt, ließe sich z.B. absehen, ob Erfahrungen mit unsicheren Bindungen in späteren Beziehungen modifiziert werden können (vgl. Köhler 1992, S. 277). Auf diese Weise ließe sich auch klären, ob die in der Herkunftsfamilie gesammelten Erfahrungen ihren prägenden Einfluß auf soziale Beziehungen und Orientierungsweisen beibehalten oder ob er sich abschwächt: Werden in späteren Beziehungen ganz andere Erfahrungen gemacht oder bestätigen sie die früheren Erfahrungen? Wenn es gelänge, eine breitere Palette von Erfahrungen in verschiedenen Liebesbeziehungen der Forschung zugänglich zu machen, könnte - um hier noch ein Fernziel zu formulieren - vielleicht auch geklärt werden, ob Eros und Demokratie wirklich zusammengehören, wie dies einmal formuliert worden ist (Adorno u.a. 1969, S. 976).

Anhang A:
Überblick zu den Themenbereichen der Interviews

Den drei Interviews liegt ein differenzierter Leitfaden zugrunde (vgl. Hopf und Schmidt 1993, Anhang A, S. 1-39). An dieser Stelle beschränke ich mich auf einen Überblick zu den Themen des Leitfadens.

Interview I

1. Fragen zum Themenbereich Schule, Beruf, Bundeswehr

1.1 Verlauf und Beurteilung des schulischen Werdegangs

1.2 Erfahrungen mit Lehrenden - Erinnerungen an positive und negative Beziehungen zu Lehrerinnen und Lehrern

1.3 Berufswahl: Motive und Verlauf der Berufswahl

1.4 Ausbildungsverlauf und gegenwärtige berufliche Situation

1.5 Einschätzungen und Pläne zur beruflichen Zukunft

1.6 Vorstellungen, Pläne und Motive zur Frage, ob der Befragte Wehr- oder Zivildienst leisten möchte/soll/wird

2. Fragen zur aktuellen Lebenssituation und zu gegenwärtigen Beziehungen

2.1 Wohnverhältnisse

2.2 Tagesablauf

2.3 Beziehung zu den Eltern

- Charakterisierung der Eltern
- Gemeinsame Aktivitäten
- Meinungsverschiedenheiten, Umgang mit Konflikten
- Beziehung der Eltern zueinander, Dominanzverhältnisse in der Familie

2.4 Beziehung zu Geschwistern

- Allgemeine Informationen und Einschätzungen
- Unterstützung, Konflikte, Dominanzverhältnisse
- Bevorzugung oder Benachteiligung einzelner Geschwister durch die Eltern

2.5 Beziehungen zu Freunden und Bekannten

- Allgemeine Informationen und Einschätzungen
- Gemeinsame Aktivitäten und Interessen

2.6 Beziehung zum besten Freund

- Charakterisierung, „Beziehungsgeschichte“
- Gemeinsame Aktivitäten und Interessen

2.7 Beziehungen zu Partnerinnen

- Aktuelle und vergangene Erfahrungen, Wünsche, Prioritäten
- Bedeutung von Sexualität in Partnerschaften und kurzfristige sexuellen Beziehungen, Treue
- Zukunftsvorstellungen zu Partnerschaft und Familie

3. Fragebögen, die Autoritarismus- und Rechtsextremismusskalen sowie Teile aus einem Persönlichkeitstest enthalten

Interview II

In diesem Interview geht es um die Kindheit der Befragten. Wir baten sie, Kinder- und Familienphotos mitzubringen, die als Einstieg und Erinnerungshilfe gedacht waren. Im Anschluß an das gemeinsame Betrachten und Erläutern der - bzw. Nachfragen zu den - Photographien folgten „Adult-Attachment-Interviews“. Hierfür haben wir den ursprünglichen Leitfaden dieser Interviews (vgl. George u.a. 1985) überarbeitet und ergänzt.

1. Allgemeine Fragen zur Lebenssituation in der Kindheit

1.1 Damalige Wohnung und Wohnumfeld

1.2 Tagesablauf

1.3 Bezugspersonen (Eltern, Großeltern etc.)

1.4 Berufstätigkeit der Eltern

1.4 Erfahrungen im Kindergarten und beim Spielen mit anderen Kindern

1.5 Erfahrungen mit Geschwistern

1.6 Familienaktivitäten (ins-Bett-bringen, Ausflüge, Festtage, Ferien etc.)

1.7 Beurteilung des damaligen Familienlebens

2. Speziellere Fragen zu den Bindungen während der Kindheit und zur aktuellen Beurteilung dieser frühen Beziehungen

2.1 Charakterisierung der damaligen Beziehung zu den Eltern - möglichst durch drei Begriffe oder kurze Sätze

2.2 Ängst, Probleme und Krankheiten in der Kindheit - Umgang mit diesen Erfahrungen

2.3 Frühe Erfahrungen mit Trennung und Zurückweisung - Umgang mit diesen Erfahrungen

2.4 Erinnerungen an Akzeptanz, Lob und Belohnung durch die Eltern

2.5 Elterliche Sanktionen und Begründungen für Strafen oder Drohungen

2.6 Erinnerungen an den Umgang der Eltern mit aggressivem kindlichem Verhalten

2.7 Zurückblickende Gesamteinschätzung zur Bedeutung der in der Familie gemachten Erfahrungen für die eigene Entwicklung

2.8 Zur Bedeutung weiterer Bezugspersonen

2.9 Frühe und spätere Verlusterfahrungen sowie Umgang mit Tod und Sterben

2.10 Veränderungen und Entwicklungen in den Beziehungen zu den Eltern

2.11 Konsequenzen für die Erziehung eigener Kinder - Ähnlichkeiten bzw. Differenzen zum Verhalten der Eltern

Interview III

1. Diskussion dreier Geschichten zu moralischen Konfliktsituationen - Den Befragten werden drei Geschichten vorgelegt und vorgelesen, die zunächst mit einer offenen Entscheidungssituation enden (a). Sie werden gebeten, sich in die Hauptakteure hineinzuversetzen, eine Entscheidung zu treffen und diese zu begründen. In einem zweiten Schritt wird ihnen die weniger moralische Möglichkeit als Entscheidung vorgegeben (b); auch hier sollen sie Stellung beziehen und ihre Gefühle für den Fall äußern, daß sie sich entsprechend verhalten hätten.

1.1 Autoverkauf

a) Jan ist auf einen Automarkt gefahren, um sein Auto zu verkaufen. Der erste Kunde hat ihn um 200 DM heruntergehandelt. Sie einigen sich und Jan verspricht ihm, zu warten und das Auto für ihn aufzuheben. Der Käufer fährt nach Hause, um das Geld zu holen. Inzwischen interessiert sich ein anderer Kunde für das Auto. Der ist bereit, 200 DM mehr zu bezahlen.

b) Jan verkauft dem zweiten Kunden das Auto und fährt nach Hause. Der erste Käufer kommt mit dem Geld und ist sehr enttäuscht.

1.2 Fahrerflucht

a) Hannes hat reichlich Bier getrunken und fährt trotzdem nachts von der Disco mit seinem Auto nach Hause. Im Dunkeln übersieht er einen Motorradfahrer und fährt ihn an. Dieser stürzt, aber er scheint nicht verletzt zu sein.

b) Hannes hält nicht an. Am übernächsten Tag liest er in der Zeitung, daß der Motorradfahrer verletzt ist und am Motorrad großer Schaden entstanden ist. Vom Täter fehlt jede Spur.

1.3 Mitfahrgelegenheit

a) Ulf will mit zwei Freunden zu einem Konzert ihrer Lieblingsgruppe nach Hamburg fahren. Heinz, den sie alle nicht ausstehen können, möchte mitfahren und fragt, ob noch Platz im Auto ist. Ulf überlegt, ob er einfach behaupten soll, daß das Auto schon voll ist.

b) Ulf behauptet, keine Platz in seinem Auto mehr zu haben. Heinz versucht zu trampen, wird aber nicht mitgenommen und erzählt Ulf am Montag, daß er das Konzert verpaßt hat und sehr traurig darüber ist.

2. Fragen zu aktuellen Gruppenbeziehungen - Verhältnis zu Hierarchien und zu Autoritäten

2.1 Allgemeine Informationen und Einschätzungen zu den Gleichaltrigengruppen der Befragten

2.2 Erfahrungen mit Hierachien in Gleichaltrigengruppen

- Verhältnis zu Anführern

- Erfahrungen mit „Sündenböcken“

2.3 Erfahrungen mit Hierachien am Arbeitsplatz

2.4 Erfahrungen bzw. Umgangsweisen mit Personen, die nicht gemocht oder sogar gehaßt werden

2.5 Erfahrungen bzw. Umgangsweisen mit Gruppen, die nicht gemocht oder sogar gehaßt werden

2.6 Erfahrungen mit Autoritäten

- Charakterisierung von Autoritätspersonen

- Erinnerungen an konkrete Erlebnisse, die mit Bewunderung, Ärger oder Angst verbunden sind

- Frauen als Autoritätspersonen

3. Fragen zum Themenbereich Ethnozentrismus

3.1 Beurteilung der aktuellen Situation von Flüchtlingen in Deutschland und Einschätzung zukünftiger Entwicklungen

- Vermutungen zu den Gründen, aus denen Flüchtlinge ihre Heimat verlassen
- Haltung zum Asylrecht und zu Forderungen einer Asylrechtsänderung
- Vorstellungen zur Behandlung und Unterbringung von Flüchtlingen
- Einschätzung zu den Forderungen von Politikern und deren Handlungsmöglichkeiten

3.2 Beurteilung und Einschätzungen zu Migranten, die in Deutschland leben

- Vorstellungen zu den Motiven für die Migration nach Deutschland
- Abwägung der Vor- und Nachteile dieser Migrationsentscheidungen
- Einschätzung des politischen Handlungsbedarfs angesichts der gegenwärtigen Situation

3.3 Erfahrungen mit persönlichen Kontakten zu Ausländern und Beurteilung dieser Kontakte

- Erfahrungen mit ausländischen Kollegen/Mitschülern/Ausbildern/Lehrern
- Beurteilung dieser Kontakte bzw. des Fehlens dieser Kontakte durch die deutschen Kollegen/Mitschüler
- Beurteilungen des Befragten

3.4 Erfahrungen und Einschätzungen in bezug auf Discotheken, in denen z.B. Türken nicht erwünscht sind bzw. nicht eingelassen werden

3.5 Erfahrungen und Einschätzungen in bezug auf gewaltsame Angriffe auf Ausländer - Vermutungen zu Motiven

3.6 Einschätzungen zu Neonazis und Beurteilung der Forderung „Nazis raus" - Eigene Erfahrungen mit Angriffen auf Ausländer bzw. mit Protestaktionen gegen solche Angriffe

3.7 Einstellung zum Umgang mit der deutschen Vergangenheit, zur Forderung nach einem „Schlußstrich" und zu Schuld bzw. Verantwortungsbewußtsein

4. Diskussion zweier Geschichten zu den Themen „Gehorsam" und „Gruppendruck" - Den Befragten werden zwei Geschichten vorgelesen; sie sollen sich in die Protagonisten hineinversetzen, eine Entscheidung treffen und begründen

4.1 Peter ist bei der Polizei. Eines Tages muß er zu einem Einsatz: Auf einer Demo randalieren Jugendliche und schmeißen Scheiben ein. Der Einsatzleiter sagt: „Wir müssen für Ruhe und Ordnung sorgen!" Er gibt Peter den Befehl, mit dem Schlagstock auf die Leute einzuschlagen. Peter hält das für falsch.

4.2 Heiner und seine Clique gehen in die Disco. Dort ist eine andere Gruppe von Jugendlichen, die auf ziemlich dreiste Art einige Mädchen anmachen. Im Laufe des Abends kommt es zu Pöbeleien zwischen den beiden Gruppen, und es ist nahe an einer Schlägerei. Zu Heiner, der sich dabei zurückhält, kommt ein Freund aus seiner Clique und sagt: „Komm, laß uns nicht hängen, die müssen eins draufkriegen". Heiner findet nicht gut, was die andere Gruppe macht, ist aber gegen eine Prügelei.

Anhang B:
Anmerkungen zur Transkription und zur Zitierweise von Interviewausschnitten

Die in dieser Arbeit zitierten Passagen aus unseren Interviews sind den Original-Transkripten der Interviews entnommen. In diesen Transkripten ist alles während der Interviews Gesprochene so wörtlich und vollständig wie möglich in anonymisierter Form verschriftet worden. Alle Namen, Daten etc. sind durch Phantasienamen oder allgemeine Bezeichnungen ersetzt. Auffällige Veränderungen der Lautstärke oder des Tonfalls wurden vermerkt, sowie Äußerungen wie „lachen“ oder „stöhnen“, längere Pausen, Versprecher, Unterbrechungen und anderes.

Zum besseren Verständnis der in dieser Arbeit zitierten Passagen aus den Interviews wurden kurze Zwischenbemerkungen wie z.B. „mhm“ und „ach?“, die von den Befragenden geäußert wurden, während die Interviewten weiterredeten, nicht übernommen. Zudem habe ich verschluckte Wortendungen (wie z.B. das „t“ bei „nicht“ oder „ist“) eingefügt und einige andere Besonderheiten gesprochener Sprache dem Schriftdeutsch angepaßt. Ich habe in den Zitaten für diese Arbeit auf eine völlig getreue Wiedergabe des Gesprochenen verzichtet, um die ohnehin gewöhnungsbedürftige Schriftform mündlicher Gesprächsbeiträge lesbarer zu machen. Von diesen kleinen sprachlichen Bereinigungen abgesehen, ist alles, was die Befragenden und Befragten gesagt haben, in den Zitaten wörtlich übernommen. Die Beiträge wurden nicht in druckreife Sprache verwandelt, um die Redeweise des Befragten möglichst genau wiederzuspiegeln.

Anhang C:
Fallübersicht zu ausgewählten Ergebnissen der Auswertung

Mit der folgenden Übersicht wird der Versuch unternommen, die wichtigsten Ergebnisse der dieser Arbeit zugrundeliegenden Auswertungsarbeiten fallbezogen darzustellen. Auf der ersten Doppelseite werden in den Spalten 2 bis 7 zunächst die verschiedenen Dimensionen ethnozentrischer Orientierungen dargestellt, die dann in Spalte 8 jeweils zu einem der vier, der in dieser Arbeit herausgearbeiteten Orientierungsmuster zusammengefaßt sind. In den Spalten 9 bis 11 geht es um die Merkmale ethnozentrischer Argumentationsweisen gegenüber Ausländern. Auf der zweiten Doppelseite der Übersicht finden sich die individuell mehr oder weniger ausgeprägten Neigungen zum Instrumentalismus, soweit diese in den Interviews (Spalte 12) und im Umgang mit den Geschichten zu moralischen Konfliktsituationen (Spalte 13) deutlich werden. Ferner geht es um die Eltern, einerseits um die Bindung zu ihnen gemäß den Repräsentationstypen der Attachment-Forschung (Spalte 14), andererseits um verschiedene Handlungsmodelle, sofern dicsc in den Interviews deutlich werden (Spalte 15). Die Spalten 16 bis 18 geben eine Überblick zu verschiedenen Beziehungen zu Gleichaltrigen.

Die Angaben zu solchen Dimensionen, die in Übersichten, Tabellen und der folgenden Fallübersicht mit einem Sternchen (*) gekennzeichnet sind, gehen auf die gemeinsamen Auswertungsarbeiten unserer Hildesheimer Forschungsgruppe zurück.

Befragter	Abwertung Fremdgruppen				Glorifizierung d. Eigengruppe	Pluralismus	Orientierungsmuster	Argumentationsweise		
	materialistisch*	kriminalisierend	rassistisch*	kulturalistisch				Phantasien	Forder. d. Unterordnung	Gewaltbefürwortung*
Armin	deutlich	nein	nein	nein	nein	liegt vor	widersprüch.	nein	nein	teilweise
Bernd	deutlich	deutlich	deutlich	deutlich	liegt vor	nein	ethnozentrisch	liegen vor	liegen vor	teilweise
Burkhard	teilweise	deutlich	k.A.	deutlich	nein	liegt vor	widersprüch.	liegen vor	nein	nein
Carsten	deutlich	deutlich	nein	deutlich	liegt vor	nein	ethnozentrisch	liegen vor	liegen vor	nein
Christian	teilweise	nein	nein	nein	nein	liegt vor	pluralistisch	nein	nein	nein
Dirk	deutlich	deutlich	nein	teilweise	nein	nein	teilw. ethnoz.	liegen vor	nein	nein
Edgar	deutich	teilweise	nein	nein	nein	liegt vor	widersprüch.	nein	nein	nein
Fred	deutlich	teilweise	teilweise	nein	nein	liegt vor	widersprüch.	liegen vor	nein	nein
Gerd	teilweise	nein	nein	nein	nein	liegt vor	pluralistisch	nein	nein	nein
Hans	deutlich	deutlich	nein	deutlich	liegt vor	nein	ethnozentrisch	liegen vor	liegen vor	deutlich
Jan	nein	nein	nein	nein	nein	liegt vor	pluralistisch	nein	nein	nein
Lars	nein	deutlich	nein	nein	nein	nein	teilw. ethnoz.	nein	nein	nein

Mark	deutlich	deutlich	nein	deutlich	liegt vor	nein	ethno-zentrisch	liegen vor	nein	nein
Nils	teilweise	teilweise	nein	nein	liegt vor	liegt vor	plura-listisch	nein	nein	teilweise
Norbert	deutlich	nein	nein	teilweise	liegt vor	nein	ethno-zentrisch	nein	nein	nein
Oskar	teilweise	teilweise	k.A.	teilweise	nein	liegt vor	plura-listisch	nein	nein	nein
Paul	deutlich	teilweise	nein	teilweise	nein	nein	teilw. ethnoz.	liegen vor	liegen vor	nein
Rainer	teilweise	nein	nein	nein	nein	liegt vor	plura-listisch	nein	nein	nein
Sebastian	deutlich	deutlich	nein	deutlich	liegt vor	nein	ethno-zentrisch	liegen vor	liegen vor	teilweise
Thomas	deutlich	deutlich	deutlich	deutlich	liegt vor	nein	ethno-zentrisch	liegen vor	liegen vor	deutlich
Udo	teilweise	deutlich	teilweise	deutlich	liegt vor	nein	ethno-zentrisch	liegen vor	liegen vor	nein
Uwe	deutlich	deutlich	k.A.	deutlich	liegt vor	nein	ethno-zentrisch	liegen vor	nein	nein
Volker	deutlich	deutlich	nein	teilweise	liegt vor	nein	ethno-zentrisch	liegen vor	liegen vor	nein
Wilfried	deutlich	nein	nein	teilweise	nein	nein	teilw. ethnoz.	liegen vor	nein	teilweise
Xaver	deutlich	deutlich	deutlich	teilweise	liegt vor	nein	ethno-zentrisch	liegen vor	liegen vor	deutlich

Befragter	Instrumentalismus (Interviews)	Instrumentalism./ Normbindung (Geschichten)*	Typ der Bindungsrepräsentation*	Modellhandeln der Eltern	Beziehungen zu Gleichaltrigen	Rechte Bezugsgruppen	Aktuelle Partnerbeziehung
Armin	teilweise vorhanden	eher instrumentell	abwehrend -bagatellisierend	segregativ	Clique u. individ. Freundschaften	früher bedeutsam	unverbindlich
Bernd	deutlich ausgeprägt	stark instrumentell	verstrickt	segregativ	Clique	aktuell bedeutsam	keine Beziehung
Burkhard	überwiegend	teils /teils	abwehrend -bagatellisierend	segregativ	Clique	früher bedeutsam	unverbindlich
Carsten	deutlich ausgeprägt	stark instrumentell	abwehrend -bagatellisierend	segregativ	Clique	aktuell bedeutsam	keine Beziehung
Christian	kaum vorhanden	stark normgebunden	sicher -autonom	nicht eingeordnet	Clique	ohne Bedeutung	verbindlich
Dirk	teilweise vorhanden	eher normgebunden	nicht eingeordnet	nicht eingeordnet	Clique u. individ. Freundschaften	ohne Bedeutung	keine Beziehung
Edgar	teilweise vorhanden	teils /teils	abwehrend -bagatellisierend	integrativ	Clique	ohne Bedeutung	keine Beziehung
Fred	nicht vorhanden	eher normgebunden	sicher -autonom	integrativ	Clique u. individ. Freundschaften	ohne Bedeutung	verbindlich -individuell
Gerd	kaum vorhanden	teils /teils	sicher -autonom	integrativ	Clique	ohne Bedeutung	keine Beziehung
Hans	teilweise vorhanden	teils /teils	verstrickt	nicht eingeordnet	Clique	früher bedeutsam	unverbindlich
Jan	teilweise vorhanden	eher instrumentell	nicht eingeordnet	nicht eingeordnet	Clique u. individ. Freundschaften	ohne Bedeutung	verbindlich -individuell
Lars	nicht vorhanden	eher normgebunden	abwehrend -bagatellisierend	segregativ	Clique	ohne Bedeutung	verbindlich

Mark	kaum vorhanden	eher norm-gebunden	abwehrend -bagatellisierend	nicht ein-geordnet	Clique	früher bedeutsam	verbindlich
Nils	kaum vorhanden	eher norm-gebunden	sicher -autonom	nicht ein-geordnet	Clique u. individ. Freundschaften	ohne Bedeutung	verbindlich-individuell
Norbert	über-wiegend	stark norm-gebunden	sicher -autonom	nicht ein-geordnet	Clique u. individ. Freundschaften	ohne Bedeutung	keine Beziehung
Oskar	über-wiegend	eher in-strumentell	abwehrend -bagatellisierend	nicht ein-geordnet	Clique	ohne Bedeutung	verbindlich
Paul	über-wiegend	eher in-strumentell	abwehrend -bagatellisierend	nicht ein-geordnet	Clique	ohne Bedeutung	keine Beziehung
Rainer	teilweise vorhanden	eher norm-gebunden	nicht eingeordnet	integrativ	Clique u. individ. Freundschaften	ohne Bedeutung	verbindlich -individuell
Sebastian	kaum vorhanden	eher in-strumentell	nicht eingeordnet	nicht ein-geordnet	Clique	aktuell bedeutsam	keine Beziehung
Thomas	deutlich ausgeprägt	stark in-strumentell	abwehrend -bagatellisierend	segregativ	Clique	aktuell bedeutsam	verbindlich
Udo	deutlich ausgeprägt	eher norm-gebunden	abwehrend -bagatellisierend	nicht ein-geordnet	Clique	ohne Bedeutung	keine Beziehung
Uwe	nicht vorhanden	eher norm-gebunden	verstrickt	segregativ	Clique u. individ. Freundschaften	früher bedeutsam	keine Beziehung
Volker	deutlich ausgeprägt	stark in-strumentell	abwehrend -bagatellisierend	nicht ein-geordnet	Clique	früher bedeutsam	keine Beziehung
Wilfried	über-wiegend	eher in-strumentell	abwehrend -bagatellisierend	nicht ein-geordnet	Clique u. individ. Freundschaften	ohne Bedeutung	verbindlich
Xaver	deutlich ausgeprägt	stark in-strumentell	verstrickt	nicht ein-geordnet	Clique	aktuell bedeutsam	keine Beziehung

Literatur

Adorno, Theodor W.; Else Frenkel-Brunswik; Daniel J. Levinson; R. Nevitt Sanford: The Authoritarian Personality. Norton, New York 1969 (zuerst 1950)

Ainsworth, Mary D. Salter; John Bowlby: An Ethological Approach to Personality Development. In: American Psychologist 46 (1991), S. 333-341

Ainsworth, Mary D. Salter; Mary C. Belhar; Everett Waters; Sally Wall: Patterns of Attachment. A psychological study of the strange situation. Erlbaum, Hillsdale N.J. 1978

Allport, Gordon W.: The Nature of Prejudice. Addison-Wesley Publishing, Cambridge (Mass.) 1954

Anderson, Benedict: Die Erfindung der Nation. Zur Karriere eines folgenreichen Konzepts. Campus, Frankfurt/M., New York 1988 (zuerst 1983)

Antias, Floya: Parameter kollektiver Identität: Ethnizität, Nationalismus, Rassismus. In: Institut für Migrations- und Rassismusforschung e.V. (Hg.): Rassismus und Migration in Europa. Argument-Verlag, Hamburg 1992, S. 88-103

Arbeitsgruppe Bielefelder Jugendforschung: Das Individualisierungs-Theorem - Bedeutung für die Vergesellschaftung von Jugendlichen. In: Wilhelm Heitmeyer; Thomas Olk (Hg.): Individualisierung von Jugend. Gesellschaftliche Prozesse, subjektive Verarbeitungsformen, jugendpolitische Konsequenzen. Juventa, Weinheim, München 1990, S. 11-34

Bade, Klaus J.: Ausländer - Aussiedler - Asyl: Eine Bestandsaufnahme. Beck, München 1994

Balibar, Etienne: Gibt es einen „neuen Rassismus“? In: Das Argument 175 (1989), S. 369-380

Balloff, Rainer; Eginhard Walter: Reaktionen der Kinder auf die Scheidung der Eltern bei alleiniger oder gemeinsamer elterlicher Sorge. In: Psychologie in Erziehung und Unterricht 38 (1991), S. 81-95

Bank, Stephen P.; Michael D. Kahn: Geschwister-Bindung. Junfermann, Paderborn 1989 (zuerst 1982)

Bartels, Karl: Dämme oder: Der projektiv verschobene Haß. Verlag für Akademische Schriften, Frankfurt/M. 1991

Barth, Fredrik: Introduction. In: Ders. (Hg.): Ethnic Groups and Boundaries. The social organization of culture difference. Universitetsforlaget, Bergen, Oslo 1969, S. 9-38

Bauriedl, Thea: Feindbild „Ausländer“. Zur Psychologie der Ausländerfeindlichkeit in unserer Gesellschaft. In: Namo Aziz (Hg.): Fremd in einem kalten Land. Ausländer in Deutschland. Herder, Freiburg 1992, S. 156-170

Beck, Ulrich: Risikogesellschaft. Auf dem Weg in eine andere Moderne. Suhrkamp, Frankfurt/M. 1986

Becker, Howard S.; Blanche Geer: Teilnehmende Beobachtung: Die Analyse qualitativer Forschungsergebnisse. In: Christel Hopf; Elmar Weingarten (Hg.): Qualitative Sozialforschung. Klett-Cotta, Stuttgart 1979, S. 139-166

Beckmann, Dieter; Elmar Brähler; Horst-Eberhard Richter: Der Gießen-Test (GT). Ein Test für Individual- und Gruppendiagnostik. Handbuch. 3. überarbeitete Aufl., Hans Huber, Bern u.a. 1983

Beicht, Wolfgang; Helmer Isecke; Gisela Krings-Huber; Klaus Mollenhauer: Familiale Kommunikationsstrukturen - Zwischenbericht einer Untersuchung. In: Klaus Hurrelmann (Hg.): Sozialisation und Lebenslauf. Empirie und Methodik sozialwissenschaftlicher Persönlichkeitsforschung. Rowohlt, Reinbek 1976, S. 104-126

Bergmann, Jörg; Claus Leggewie: Der Skin und der Kommissar. Beobachtungen aus der Mitte Deutschlands. In: Frankfurter Rundschau vom 18.9.1993

Bergmann, Werner: Antisemitismus und Ausländerfeindlichkeit - Eine empirische Überprüfung ihres Zusammenhangs. In: Manfred Heßler (Hg.): Zwischen Nationalstaat und multikultureller Gesellschaft. Einwanderung und Fremdenfeindlichkeit in der Bundesrepublik Deutschland. Hitit, Berlin 1993, S. 115-131

Bergmann, Werner; Rainer Erb: Antisemitismus in der Bundesrepublik Deutschland. Ergebnisse der empirischen Forschung von 1946 - 1989. Leske + Budrich, Opladen 1991

Billig, Michael: Prejudice, Categorization and Particularization: From a perceptual to a rhetorical approach. In: European Journal of Social Psychology 15 (1985), S. 79-103

Bogardus, Emory S.: Measuring Social Distances. In: Journal of Applied Sociology 9 (1925), S. 299-308

Bogardus, Emory S.: Social Distance and its Origins. In: Journal of Applied Sociology 9 (1925), S. 216-226

Bohleber, Werner: Autorität und Freiheit heute: Sind die 68er schuld am Rechtsextremismus? In: Psychosozial 17 (1994), Heft II, S. 73-85

Bortz, Jürgen: Lehrbuch der empirischen Forschung für Sozialwissenschaftler. Unter Mitarbeit von D. Bongers. Springer, Berlin u.a. 1984

Bovier, Elke: Linke Lehrer - rechte Schüler? Poster, präsentiert beim 27. Kongreß der Deutschen Gesellschaft für Soziologie, vom 3. bis 7. April 1995 in Halle/Saale

Bowlby, John: Bindung. Eine Analyse der Mutter-Kind-Beziehung. Fischer, Frankfurt/M. 1984 (zuerst 1969)

Bowlby, John: Separation. Anxiety and Anger. The Hogarth Press, London 1985 (zuerst 1973)

Bowlby, John: Verlust, Trauer und Depression. Fischer, Frankfurt/M. 1983 (zuerst 1980)

Broderick, Carlfred B.: Understanding Familiy Process. Basics of family systems theory. Sage Publications, Newbury Park u.a 1993

Brusten, Manfred: Einstellungen von deutschen Studenten in Ost und West zur Wiedervereinigung, zur Nation und zu ethnischen Minderheiten. Vortrag beim 27. Kongreß der Deutschen Gesellschaft für Soziologie vom 3. bis 7. April 1995 in Halle/Saale

Bureau of Applied Social Research, Columbia University: Das qualitative Interview. In: René König (Hg.): Praktische Sozialforschung 1 - Das Interview. Formen - Technik - Auswertung. Kiepenheuer & Witsch, Köln, Berlin 1965 (zuerst 1952), S. 143-160

Campbell, Donald T.; Robert A. LeVine: A Proposal for Cooperative Cross-Cultural Research on Ethnocentrism. In: Journal of Conflict Resolution 5 (1961), S. 82-108

Cassidy, Jude; R. Rogers Kobak: Avoidance and its Relation to other Defensive Processes. In: Jay Belsky; Teresa Nezworski (Hg.): Clinical Implications of Attachment. Erlbaum, Hillsdale N.J. 1988, S. 300-323

Chaussy, Ulrich: „Speerspitze der neuen Bewegung". Wie Jugendliche zu Neonazis werden. Ein Bericht über die „Junge Front". In: Wolfgang Benz (Hg.): Rechtsextremismus in der Bundesrepublik - Voraussetzungen, Zusammenhänge, Wirkungen. Fischer, Frankfurt/M. 1989, S. 108-129

Cicourel, Aaron V.: Methode und Messung in der Soziologie. Suhrkamp, Frankfurt/M. 1974 (zuerst 1964)

Cooley, Charles H.: Social Organisation. A study of the larger mind. New York 1962 (zuerst 1909)

Demirovic, Alex: Vom Vorurteil zum Neorassismus. Das Objekt „Rassismus" in Ideologiekritik und Ideologietheorie. In: Institut für Sozialforschung (Hg.): Aspekte der Fremdenfeindlichkeit. Beiträge zur aktuellen Diskussion. Campus, Frankfurt/M., New York 1992, S. 21-54

Deutsches Jugendinstitut (Hg.): Schüler an der Schwelle zur Deutschen Einheit. Politische und persönliche Orientierungen in Ost und West. Leske + Budrich, Opladen 1992

Dittrich, Eckhard J.: Das Weltbild des Rassismus. Cooperative, Frankfurt/M. 1991

Döbert, Rainer; Gertrud Nunner-Winkler: Moralisches Urteilsniveau und Verläßlichkeit. In: Georg Lind; Hans Hartmann; Roland Wakenhut (Hg.): Moralisches Urteilen und soziale Umwelt. Beltz, Weinheim, Basel 1983, S. 95-122

Doll, Jörg; Rosemarie Mielke; Michael Mentz: Formen und Veränderungen wechselseitiger ost-westdeutscher Stereotypisierungen in den Jahren 1990, 1991 und 1992. In: Kölner Zeitschrift für Soziologie und Sozialpsychologie 46 (1994), S. 501-514

Elias, Norbert: Wandlungen der Wir-Ich-Balance. In: ders: Die Gesellschaft der Individuen. Suhrkamp, Frankfurt/M. 1987, S. 207-315

Elias, Norbert; John L. Scotson: Etablierte und Außenseiter. Suhrkamp, Frankfurt/M. 1993 (zuerst 1965)

Elkin, Frederick; William A. Westley: Der Mythos von der Teilkultur der Jugendlichen. In: Ludwig von Friedeburg (Hg.): Jugend in der modernen Gesellschaft. Kiepenheuer & Witsch, Köln, Berlin 1969 (im amerikanischen Original zuerst 1955), S. 99-106

Elwert, Georg: Nationalismus und Ethnizität. Über die Bildung von Wir-Gruppen. In: Kölner Zeitschrift für Soziologie und Sozialpsychologie 41 (1989), S. 440-464

Endruweit, Günter; Gisela Trommsdorff (Hg.): Wörterbuch der Soziologie - Band 1. DTV/Enke, Stuttgart 1989

Erb, Rainer: Erzeugt das abweichende Verhalten die abweichenden Motive? Über Gruppen und ideologische Lernprozesse. In: Hans-Uwe Otto; Roland Merten (Hg.): Rechtsradikale Gewalt im vereinigten Deutschland. Jugend im gesellschaftlichen Umbruch. Bundeszentrale für politische Bildung, Bonn 1993, S. 277-284

Erdheim, Mario: Fremdeln. Kulturelle Unverträglichkeit und Anziehung. In: Bundeszentrale für politische Bildung (Hg.): Argumente gegen den Haß. Über Vorurteile, Fremdenfeindlichkeit und Rechtsextremismus (Band II, Textsammlung - ausgewählt von Klaus Ahlheim, Bardo Heger, Thomas Kuchinke). Bundeszentrale für politische Bildung, Bonn 1993, S. 79-85

Essed, Philomena: Multikulturalismus und kultureller Rassismus in den Niederlanden. In: Institut für Migrations- und Rassismusforschung e.V. (Hg.): Rassismus und Migration in Europa. Argument-Verlag, Hamburg 1992, S. 373-387

Esser, Hartmut: Ethnische Differenzierung und moderne Gesellschaft. In: Zeitschrift für Soziologie 17 (1988), S. 235-248

Essinger, Helmut: Rassismus in Schulen und im schulischen Umfeld und Ansätze für eine antirassistische Erziehung. In: Sjaak Kroon; Dietmar Pagel; Ton Vallen (Hg.): Multiethnische Gesellschaft und Schule in Berlin. Waxmann, Münster, New York 1993, S. 21-39

Farin, Klaus; Eberhard Seidel-Pielen: Krieg in den Städten. Jugendgangs in Deutschland. Rotbuch Verlag, Berlin 1991

Farin, Klaus; Eberhard Seidel-Pielen: Rechtsruck: Rassismus im neuen Deutschland. Rotbuch Verlag, Berlin 1992

Fend, Helmut: Ausländerfeindlich-nationalistische Weltbilder und Aggressionsbereitschaft bei Jugendlichen in Deutschland und der Schweiz - kontextuelle und personale Antecedensbedingungen. In: Zeitschrift für Sozialisationsforschung und Erziehungssoziologie 14 (1994), S. 131-162

Fiske, Susan T.: On the Road: Comment on the cognitive stereotyping literature. In: Journal of Social Issues 43 (1987), S. 113-118

Flohr, Anne Kathrin: Fremdenfeindlichkeit. Biosoziale Grundlagen von Ethnozentrismus. Westdeutscher Verlag, Opladen 1994

Flohr, Heiner: Biological Bases of Social Prejudices. In: Vernon Reynolds; Vincent Falger; Ian Vine (Hg.): The Sociobiology of Ethnocentrism. Croom Helm, London, Sydney 1987, S. 190-207

Fremmer-Bombik, Elisabeth: Beobachtungen zur Beziehungsqualität im zweiten Lebensjahr und ihre Bedeutung im Lichte mütterlicher Kindheitserinnerungen. Dissertation, Universität Regensburg 1987

Frenkel-Brunswik, Else: A Study of Prejudice in Children. In: Human Relations 1 (1948), S. 295-306

Frenkel-Brunswik, Else; Daniel J. Levinson; R. Nevitt Sanford: The antidemocratic personality. In: Eleanor E. Macoby; Theodor M. Newcomb; Eugene L. Hartley (Hg.): Readings in Social Psychology. Holt, Rinehart & Winston, New York 1958 (zuerst 1947), S. 636-646

Frenkel-Brunswik, Else; R. Nevitt Sanford: Die antisemitische Persönlichkeit. Ein Forschungsbericht. In: Ernst Simmel (Hg.): Antisemitismus. Fischer, Frankfurt/M. 1993, S. 119-147

Fritsche, Michael: Das Eigene und das Fremde - Sozialwissenschaften und Rassismus. In: Manfred Heßler (Hg.): Zwischen Nationalstaat und multikultureller Gesellschaft. Einwanderung und Fremdenfeindlichkeit in der BRD. Hitit, Berlin 1993, S. 105-113

Fritz-Vannahme, Joachim: Die optimistische Generation. In: DIE ZEIT, Nr. 43 (1995), S. 41-43

Fthenakis, Wassilios E.; Renate Niesel; Hans-Rainer Kunze: Ehescheidung. Konsequenzen für Eltern und Kinder. Urban & Schwarzenberg, München u.a. 1982

Fthenakis, Wassilios E.: Kindliche Reaktionen auf Trennung und Scheidung. In: Manfred Markefa; Bernhard Nauck (Hg.): Handbuch der Kindheitsforschung. Luchterhand, Neuwied 1993, S. 601-615.

Fuchs, Dieter; Jürgen Gerhards; Edeltraud Roller: Wir und die Anderen. Ethnozentrismus in den zwölf Ländern der europäischen Gemeinschaft. In: Kölner Zeitschrift für Soziologie und Sozialpsychologie 45 (1993), S. 238-253

Fuchs, Werner; Rolf Klima; Rüdiger Lautmann; Ottheim Rammstedt; Hanns Wienold (Hg.): Lexikon zur Soziologie. Westdeutscher Verlag, Opladen 1978 (zuerst 1973)

Funke, Hajo: Brandstifter. Deutschland zwischen Demokratie und völkischem Nationalismus. Lamuv, Göttingen 1993

Geertz, Clifford: Die künstlichen Wilden. Der Anthropologe als Schriftsteller. Hanser, München,Wien 1990

Gekle, Hanna: Die elementare Angewiesenheit des Ich auf sein Nicht-Ich. Über Herkunft und Ursachen der frei flottierenden antisemitischen und rassistischen Phantasien. In: Frankfurter Rundschau vom 25.1.1994

George, Carol; Nancy Kaplan; Mary Main: Adult-Attachment-Interview. Vervielfältigtes Manuskript. Department of Psychology, University of California, Berkeley 1985

Gessenharter, Wolfgang: Kippt die Republik? Die Neue Rechte und ihre Unterstützung durch Politik und Medien. Knaur, München 1994

Glaser, Barney G.; Anselm L. Strauss: Die Entdeckung gegenstandsbezogener Theorie. Eine Grundstrategie qualitativer Sozialforschung. In: Christel Hopf; Elmar Weingarten (Hg.): Qualitative Sozialforschung. Klett-Cotta, Stuttgart 1979, S. 91-111

Glaser, Barney G.; Anselm L. Strauss: The Discovery of Grounded Theory. Strategies for qualitative research. Weidenfeld & Nicolson, London 1968 (zuerst 1967)

Gmür, Wolfgang; Florian Straus: Die Netzwerkperspektive in der Jugendforschung - Beispiel einer Netzwerkanalyse. In: Zeitschrift für Sozialisationsforschung und Erziehungssoziologie 14 (1994), S. 227-244

Gronemeyer, Reimer: Vom weißen Kreuzzug gegen den schwarzen Müßiggang. In: ders. (Hg.): Der faule Neger. Rowohlt, Reinbek 1991, S. 13-79

Grossmann, Klaus E.; Petra August; Elisabeth Fremmer-Bombik; Anton Friedl; Karin Grossmann; Herrmann Scheuerer-Englisch; Gottfried Spangler; Christine Stephan, Gerhard Suess: Die Bindungstheorie: Modell und entwicklungspsychologische Forschung. In: Heidi Keller (Hg.): Handbuch der Kleinkindforschung. Springer, Heidelberg 1989, S. 31-55

Hafeneger, Benno: Rechte Jugendliche. Einstieg und Ausstieg: Sechs biographische Studien. KT-Verlag, Bielefeld 1993

Hamilton, David C.: Illusory Correlation as a Basis for Stereotyping. In: ders. (Hg.): Cognitive Processes in Stereotyping and Intergroup Behavior. Hillsdale (N.J.) 1981, S. 115-144

Hamilton, David C.: Some Thoughts on the Cognitive Approach. In: ders. (Hg.): Cognitive Processes in Stereotyping and Intergroup Behavior. Hillsdale (N.J) 1981, S. 333-352

Hartmann, Ulrich; Hans-Peter Steffen; Sigrid Steffen: Rechtsextremismus bei Jugendlichen. Anregungen, der wachsenden Gefahr entgegenzutreten. Kösel, München 1985

Hasselbach, Ingo; Winfried Bonengel: Die Abrechnung. Ein Neonazi steigt aus. Aufbau, Berlin, Weimar 1993

Haug, Wolfgang Fritz: Zur Dialektik des Anti-Rassismus. Erkundungen auf einem Feld voller Fallstricke. In: Das Argument 191 (1992), S. 27-52

Hazan, Cindy; Phillip R. Shaver: Love and Work: An attachment-theoretical perspective. In: Journal of Personality and Social Psychology 59 (1990), S. 270-280

Heitmeyer, Wilhelm: Die Gefahren eines „schwärmerischen Antirassismus". In: Das Argument 195 (1992), S. 675-684

Heitmeyer, Wilhelm: Gesellschaftliche Desintegrationsprozesse als Ursachen von fremdenfeindlicher Gewalt und politischer Paralysierung. In: Bundeszentrale für politische Bildung (Hg.): Argumente gegen den Haß. Über Vorurteile, Fremdenfeindlichkeit und Rechtsextremismus (Band II, Textsammlung - ausgewählt von Klaus Ahlheim, Bardo Heger, Thomas Kuchinke). Bundeszentrale für politische Bildung, Bonn 1993, S. 201-210

Heitmeyer, Wilhelm: Rechtsextremistische Orientierungen bei Jugendlichen. Empirische Ergebnisse und Erklärungsmuster einer Untersuchung zur politischen Sozialisation. Juventa, Weinheim, München 1988 (zuerst 1987)

Heitmeyer, Wilhelm; Heike Buhse; Joachim Liebe-Freund; Kurt Möller; Joachim Müller; Helmut Ritz; Gertrud Siller; Johannes Vossen: Die Bielefelder Rechtsextremismus-Studie. Erste Langzeituntersuchung zur politischen Sozialisation männlicher Jugendlicher. Juventa, Weinheim, München 1992

Heitmeyer, Wilhelm; Joachim Müller: Fremdenfeindliche Gewalt junger Menschen. Biographische Hintergründe, soziale Situationskontexte und die Bedeutung strafrechtlicher Sanktionen. Bundesministerium der Justiz, Bonn 1995

Held, Josef; Hans Horn; Rudolf Leiprecht: „Du mußt so handeln, daß Du Gewinn machst ..." Wohlstands-Chauvinismus jugendlicher Arbeitnehmer. In: Deutsche Jugend 39 (1991), S. 482-494

Hennig, Eike: Die Republikaner im Schatten Deutschlands. Zur Organisation der mentalen Provinz. In Zusammenarbeit mit Manfred Kieserling und Rolf Kirchner. Suhrkamp, Frankfurt/M. 1991

Hennig, Eike: Neonazistische Militanz und Rechtsextremismus unter Jugendlichen. In: Aus Politik und Zeitgeschichte 32 (1982), S. 23-37

Herrmann, Andrea; Peter Schmidt: Autoritarismus, Anomie und Ethnozentrismus. In: Gerda Lederer; Peter Schmidt (Hg.): Autoritarismus und Gesellschaft. Trendanalysen und vergleichende Jugenduntersuchungen 1945 - 1993. Leske + Budrich, Opladen 1995, S. 287-319

Heßler, Manfred: Einleitung. In: ders. (Hg.): Zwischen Nationalstaat und multikultureller Gesellschaft. Einwanderung und Fremdenfeindlichkeit in der BRD. Hitit, Berlin 1993, S. 7-20

Hillmann, Karl-Heinz: Wörterbuch der Soziologie. Kröner, Stuttgart 1994

Hoffman-Lange, Ursula; Christiane Eilders: Das rechtsradikale Potential unter Jugendlichen in der Bundesrepublik. In: Diskurs 0 (1990), S. 24-30

Hoffmann, Lutz; Herbert Even: Soziologie der Ausländerfeindlichkeit. Zwischen nationaler Identität und multikultureller Gesellschaft. Beltz, Weinheim, Basel 1984

Homfeldt, Hans Günther; Manfred Schenk: Fremdenfeindliche Gewalt junger Menschen. Ergebnisse einer Analyse von Strafakten 1991 - 1993 des Landes Schleswig Holstein. In: Hans Günther Homfeld; Günther Kahl; Manfred Schenk: Doppelkopf. Fremdenfeindliche Gewalt junger Menschen. Analysen und Impressionen. Landeszentrale für Politische Bildung Schleswig-Holstein, Kiel 1995, S. 23-112

Hopf, Christel: Autoritarismus und soziale Beziehungen in der Familie. Qualitative Studien zur Genese autoritärer Dispositionen. In: Zeitschrift für Pädagogik 36 (1990), S. 371-391

Hopf, Christel: Einleitung: Zu den Fragestellungen der Veranstaltung und den Begriffen „Ethnozentrismus“ und „Rassismus“. In: Bernhard Schäfers (Hg.): Lebensverhältnisse und soziale Konflikte im neuen Europa. Campus, Frankfurt/M., New York 1993, S. 379-381

Hopf, Christel: Eltern-Idealisierung und Autoritarismus. Kritische Überlegungen zu einigen sozialpsychologischen Annahmen. In: Zeitschrift für Sozialisationsforschung und Erziehungssoziologie 12 (1992), S. 52-65

Hopf, Christel: Qualitative Interviews in der Sozialforschung. Ein Überblick. In: Uwe Flick; Ernst v. Kardorff; Heiner Keupp; Lutz v. Rosenstiel; Stephan Wolff (Hg.): Handbuch Qualitative Sozialforschung. Psychologie Verlags Union, München 1991, S. 177-182

Hopf, Christel: Rechtsextremismus und Beziehungserfahrungen. In: Zeitschrift für Soziologie 22 (1993), S. 449-463

Hopf, Christel; Christiane Schmidt (Hg.): Zum Verhältnis von innerfamilialen sozialen Erfahrungen, Persönlichkeitsentwicklung und politischen Orientierungen. Dokumentation und Erörterung des methodischen Vorgehens in einer Studie zu diesem Thema. Universität Hildesheim 1993

Hopf, Christel; Peter Rieker; Martina Sanden-Marcus; Christiane Schmidt: Familie und Rechtsextremismus. Familiale Sozialisation und rechtsextreme Orientierungen junger Männer. Juventa, Weinheim, München 1995

Hopf, Christel; Walter Müller: Zur Entwicklung der empirischen Sozialforschung in der Bundesrepublik Deutschland. In: Bernhard Schäfers (Hg.): Soziologie in Deutschland. Leske + Budrich, Opladen 1995

Hopf, Wulf: Ethnozentrismus und Ökonomismus. Die „Leistungsgesellschaft" als Deutungsmuster für soziale Ausgrenzung. In: PROKLA. Zeitschrift für kritische Sozialwissenschaft 26 (1996), S. 107-130

Hopf, Wulf: Familiale und schulische Bedingungen rechtsextremer Orientierungen von Jugendlichen. In: Zeitschrift für Sozialisationsforschung und Erziehungssoziologie 11 (1991a), S. 43-59

Hopf, Wulf: Herkunftsfamilie und Rechtsextremismus von Jugendlichen. In: Sozialwissenschaftliche Informationen 20 (1991b), Heft 4, S. 254-259

Hopf, Wulf: Rechtsextremismus von Jugendlichen - kein Deprivationsproblem? In: Zeitschrift für Sozialisationsforschung und Erziehungssoziologie 14 (1994), S. 194-211

Horkheimer, Max: Der soziologische Hintergrund des psychoanalytischen Forschungsansatzes. In: Ernst Simmel (Hg.): Antisemitismus. Fischer, Frankfurt/M. 1993, S. 23-34

Horn, Hans-Werner: No Time for losers. Rechte Orientierungen gewerkschaftlich organisierter Jugendlicher. In: Gewerkschaftliche Monatshefte 46 (1995), Heft 8, S. 484-496

Hundseder, Franziska: Stichwort: Rechtsextremismus. Heyne, München 1993

Inowlocki, Lena: Ein schlagendes Argument. Geschichtliche Rechtfertigung und biographische Konstruktionen von Jugendlichen in rechtsextremistischen Gruppen. In: BIOS 1 (1988) Heft 2, S. 49-58

Inowlocki, Lena: Zum Mitgliedschaftsprozeß Jugendlicher in rechtsextremistischen Gruppen: Ergebnisse einer interpretativ-qualitativen Untersuchung. In: Psychosozial 15 (1992), Heft III, S. 54-65

Institut für empirische Psychologie (Hg.): Die selbstbewußte Jugend: Orientierungen und Perspektiven zwei Jahre nach der Wiedervereinigung. Die IBM Jugendstudie 92. Bund, Köln 1992

Jacobsen, Teresa: Granite or Rainbow? A brief history of the Adult-Attachment-Interview. In: Christel Hopf; Christiane Schmidt (Hg.): Zum Verhältnis von innerfamilialen sozialen Erfahrungen, Persönlichkeitsentwicklung und politischen Orientierungen. Dokumentation und Erörterung des methodischen Vorgehens in einer Studie zu diesem Thema. Universität Hildesheim 1993, S. 37-42

Jäger, Margret; Siegfried Jäger: Rassistische Alltagsdiskurse. In: Das Argument 195 (1992), S. 685-694

Jäger, Siegfried: Brandsätze, Rassismus im Alltag. DISS-Studien, Duisburg 1992

Jugendwerk der Deutschen Shell: Jugend '81: Lebensentwürfe, Alltagskulturen, Zukunftsbilder. Leske + Budrich, Opladen 1982

Kahl-Popp, Jutta: „Ich bin Dr. Deutschland." Rechtsradikale Phantasien als verschlüsselte Kommunikation in der analytischen Psychotherapie eines Jugendlichen. In: Praxis der Kinderpsychologie und Kinderpsychiatrie (1994) Heft 7, S. 266-272

Kaiser, Petra: Beziehungen in der erweiterten Familie und unterschiedliche Familienformen. In: Ann Elisabeth Auhagen; Maria von Salisch (Hg.): Zwischenmenschliche Beziehungen. Hogrefe, Göttingen u.a. 1993, S. 143-172

Kalpaka, Annita; Nora Räthzel: „Ausländerfeindlichkeit" und Rassismus in der BRD. Eine Kritik der gegenwärtigen Erklärungsansätze. In: Informationsdienst zur Ausländerarbeit (1988), Heft 1, S. 29-39

Kalpaka, Annita; Nora Räthzel: Wirkungsweisen von Rassismus und Ethnozentrismus. In: Dies. (Hg.): Die Schwierigkeit, nicht rassistisch zu sein. Express Edition, Berlin 1986, S. 32-91

Katz, Daniel; Kenneth W. Braly: Rassische Vorurteile und Rassenstereotypen. In: Anitra Karsten (Hg.): Vorurteil. Ergebnisse psychologischer und sozialpsychologischer Forschung. Wissenschaftliche Buchgesellschaft, Darmstadt 1978, S. 35-59 (zuerst veröffentlicht 1935)

Klatetzki, Thomas: Intergruppenverhalten als Grundlage sozialpädagogischen Handelns gegen Rassismus und Gewalt. In: Hans-Uwe Otto; Roland Merten (Hg.): Rechtsradikale Gewalt im vereinigten Deutschland. Jugend im gesellschaftlichen Umbruch. Bundeszentrale für politische Bildung, Bonn 1993, S. 356-364

Klockhaus, Ruth; Brigitte Habermann-Morbey: Psychologie des Schulvandalismus. Hogrefe, Göttingen u.a. 1986

Kobak, R. Rogers; Amy Sceery: Attachment in late Adolescence: Working models, affect regulation, and representations of self and others. In: Child Development 59 (1988), S. 135-146

Ködderitzsch, Peter; Leo A. Müller: Rechtsextremismus in der DDR. Göttingen 1990

Köhler, Lotte: Formen und Folgen früher Bindungserfahrungen. In: Forum der Psychoanlyse 8 (1992), S. 263-280

König, René (Hg.): Soziologie. Das Fischer Lexikon. Fischer, Frankfurt/M. 1958

Kohli, Martin: „Offenes" und „geschlossenes" Interview: Neue Argumente zu einer alten Kontroverse. In: Soziale Welt 29 (1978), S. 1-25

Kowalsky, Wolfgang: Moralisierender Anti-Rassismus. In: Das Argument 195 (1992), S. 695-701

Kracke, Bärbel; Peter Noack; Manfred Hofer; Elke Klein-Allermann: Die rechte Gesinnung: Familiale Bedingungen autoritärer Orientierungen ost- und westdeutscher Jugendlicher. In: Zeitschrift für Pädagogik 39 (1993), S. 971-988

Krauth, Cornelia; Rolf Porst: Sozioökonomische Determinanten von Einstellungen zu Gastarbeitern. In: Karl Ulrich Mayer; Peter Schmidt (Hg.): Allgemeine Bevölkerungsumfrage der Sozialwissenschaften. Campus, Frankfurt/M., New York 1984, S. 233-266

Kühnel, Wolfgang: Die Bedeutung von sozialen Netzwerken und Peer-group-Beziehungen für Gewalt im Jugendalter. In: Zeitschrift für Sozialisationsforschung und Erziehungssoziologie 15 (1995), S. 122-144

Lamnek, Siegfried: Qualitative Sozialforschung. Band 1 - Methodologie. Psychologie Verlagsunion, München 1988

Lamnek, Siegfried: Qualitative Sozialforschung. Band 2 - Methoden und Techniken. Psychologie Verlagsunion, München 1989

Lamnek, Siegfried: Theorien abweichenden Verhaltens. W. Fink, München 1993 (zuerst 1979)

Leach, Edmund R.: Political Systems of Highland Burma. G. Bell, London 1954

Lederer, Gerda: Die „Autoritäre Persönlichkeit“: Geschichte einer Theorie. In: Gerda Lederer; Peter Schmidt (Hg.): Autoritarismus und Gesellschaft. Trendanalysen und vergleichende Jugenduntersuchungen 1945 - 1993. Leske + Budrich, Opladen 1995, S. 25-51

Lehmkuhl, Ulrike: Erfahrungen von Kindern und Jugendlichen im Rahmen der Trennung - Empirische Daten. In: Zeitschrift für Familienforschung 3 (1991), Heft 2, S. 5-13.

Leiprecht, Rudolf: „... da baut sich ja in uns ein Haß auf ...“. Zur subjektiven Funktionalität von Rassismus und Ethnozentrismus bei abhängig beschäftigten Jugendlichen. Argument-Verlag, Hamburg 1990a

Leiprecht, Rudolf: Rassismus und Ethnozentrismus. Zu den unterschiedlichen Formen dieser ausgrenzenden und diskriminierenden Orientierungen und Praxen. In: Die Brücke 57 (1990b), Heft 6, S. 26-29

LeVine, Robert A.; Donald T. Campbell: Ethnocentrism. Theories of conflict, ethnic attitudes, and group behavior. Wiley, New York 1972

Liebhart, Ernst H.; Gerda Liebhart: Entwicklung einer deutschen Ethnozentrismus-Skala und Ansätze zu ihrer Validierung. In: Zeitschrift für experimentelle und angewandte Psychologie 18 (1971), S. 447-471

Löchte, Anita; Oliver Sill: Rechtsextremismus bei westdeutschen Jugendlichen. Erklärungsansätze und Interventionsmöglichkeiten aus Sicht der Sozialarbeit. Lit, Münster, Hamburg 1994

Maaz, Hans-Joachim: Gewalt, Rassismus und Rechtsextremismus in den östlichen Bundesländern. In: Hans-Uwe Otto; Roland Merten (Hg.): Rechtsradikale Gewalt im vereinigten Deutschland. Jugend im gesellschaftlichen Umbruch. Bundeszentrale für politische Bildung, Bonn 1993, S. 176-181

Main, Mary; Nancy Kaplan; Jude Cassidy: Security in Infancy, Childhood, and Adulthood: A move to the level of representation. In: Inge Bretherton; Everett Waters (Hg.): Growing Points of Attachment Theory and Research. University of Chicago Press, Chicago 1985, S. 66-104

Main, Mary; Ruth Goldwyn: Adult Attachment Scoring and Classification System. Manual in draft: Version 5.1-Dezember 1992. Wird in überarbeiteter Form erscheinen in: Mary Main (Hg.): Assessing Attachment through Discourse, Drawings, and Reunion Situations (Arbeitstitel). Cambridge University Press, New York - im Druck

Mann, Michael (Hg.): The MacMillan Student Encyclopedia of Sociology. MacMillan Press, London 1984 (zuerst 1983)

Mansel, Jürgen: Sozialisation in der Risikogesellschaft. Eine Untersuchung zu psychosozialen Belastungen Jugendlicher als Folge ihrer Bewertung gesellschaftlicher Bedrohungspotentiale. Luchterhand, Neuwied u.a. 1995

Marx, Rita: Rechtsradikale Jugendgewalt. Psychoanalytische Frageperspektiven. In: Hans-Uwe Otto; Roland Merten (Hg.): Rechtsradikale Gewalt im vereinigten Deutschland. Jugend im gesellschaftlichen Umbruch. Bundeszentrale für politische Bildung, Bonn 1993, S. 166-175

Mayer, Karl Ulrich: Zur Einführung: Die Allgemeine Bevölkerungsumfrage der Sozialwissenschaften als eine Mehrthemen-Wiederholungsbefragung. In: Ders; Peter Schmidt (Hg.): Allgemeine Bevölkerungsumfrage der Sozialwissenschaften. Campus, Frankfurt/M., New York 1984, S. 11-25

Meloen, Jos D.: The F-Scale as a Predictor of Fascism: An overview of 40 years of authoritarianism research. In: William F. Stone; Gerda Lederer; Richard Christie (Hg.): Strength and Weakness. The authoritarian personality today. Springer, New York 1993, S. 47-69

Melzer, Wolfgang: Jugend und Politik in Deutschland. Gesellschaftliche Einstellung, Zukunftsorientierungen und Rechtsextremismus-Potential Jugendlicher in Ost- und Westdeutschland. Leske + Budrich, Opladen 1992

Melzer, Wolfgang; Klaus Hurrelmann: Individualisierungspotentiale und Widersprüche in der schulischen Sozialisation von Jugendlichen. In: Wilhelm Heitmeyer; Thomas Olk (Hg.): Individualisierung von Jugend. Gesellschaftliche Prozesse, subjetive Verarbeitungsformen, jugendpolitische Konsequenzen. Juventa, Weinheim, München 1990, S. 35-59

Merten, Roland: Erziehung - Rechtsextremismus - Gewalt. Zur politischen Sozialisation Jugendlicher. In: Hans-Uwe Otto; Roland Merten (Hg.): Rechtsradikale Gewalt im vereinigten Deutschland. Jugend im gesellschaftlichen Umbruch. Bundeszentrale für politische Bildung, Bonn 1993, S. 126-146

Merton, Robert K.: Social Theory and Social Structure. Free Press, Glencoe 1957

Merton, Robert K.; Patricia L. Kendall: Das fokussierte Interview. In: Christel Hopf; Elmar Weingarten (Hg.): Qualitative Sozialforschung, Klett-Cotta, Stuttgart 1979, S. 171-204

Meyer, Peter: Ethnocentrism in Human Social Behavior. Some biosociological considerations. In: Vernon Reynolds; Vincent Falger; Ian Vine (Hg.): The Sociobiology of Ethnocentrism. Croom Helm, London, Sydney 1987, S. 81-93

Miles, Robert: Rassismus. Einführung in die Geschichte und Theorie eines Begriffs. Argument-Verlag, Hamburg 1991 (zuerst 1989)

Mitchell, G. Duncan (Hg.): A New Dictionary of Sociology. Routledge & Kegan Paul, London/Henley 1979

Montagu, A.: Man's most Dangerous Myth: The fallacy of race. Oxford University Press, New York 1974

Montau, Robert: „Durchboxen, das ist überall so.“ Zur Entwicklung von Gewaltbereitschaft von Jugendlichen. In: Psychosozial 18 (1995), Heft I, S. 79-98

Morshäuser, Bodo: Hauptsache Deutsch. Suhrkamp, Frankfurt/M. 1992

Müller, Harry; Wilfried Schubarth: Rechtsextremismus und aktuelle Befindlichkeiten von Jugendlichen in den neuen Bundesländern. In: Aus Politik und Zeitgeschichte 42 (1992) Heft 11, S. 16-28

Murdock, George P.: Ethnocentrism. In: Edwin R. A. Seligman; Alvin Johnson (Hg.): Encyclopedia of the Social Sciences. Macmillan Company, New York 1948, S. 613-614 (zuerst 1931)

Neidhard, Friedhelm: Strukturbedingungen und Probleme familialer Sozialisation. In: Dieter Claessens; Petra Milhoffer (Hg.): Familiensoziologie. Ein Reader als Einführung. Athenäum Fischer, Frankfurt/M. 1973, S. 205-232

Noelle-Neumann, Elisabeth; Erp Ring: Das Extremismus-Potential unter jungen Leuten in der Bundesrepublik Deutschland. Herausgegeben im Auftrag des Bundesministeriums des Innern. Institut für Demoskopie, Allensbach 1984

Nunner-Winkler, Gertrud: Ethnozentrismus: Abwehr gegen das Fremde - Zur Tragweite nicht-pathologisierender Erklärungsstrategien. In: Arthur J. Cropley; Hartmut Ruddat; Detlev Dehn; Sabine Lucassen (Hg.): Probleme der Zuwanderung - Band 2: Theorien, Modelle und Befunde der Weiterbildung. Verlag für Angewandte Psychologie, Göttingen 1995, S. 71-94

Nunner-Winkler, Gertrud: Identitätsbildung und Ethnozentrismus. In: Bernhard Schäfers (Hg.): Lebensverhältnisse und soziale Konflikte im neuen Europa. Campus, Frankfurt/M., New York 1993, S. 795-805

Oberndörfer, Dieter: Vom Nationalstaat zur offenen Republik. Zu den Voraussetzungen der politischen Integration von Einwanderern. In: Namo Aziz (Hg.): Fremd in einem kalten Land. Ausländer in Deutschland. Herder, Freiburg 1992, S. 171-186

Oesterreich, Detlef: Autoritäre Persönlichkeit und Gesellschaftsordnung. Der Stellenwert psychischer Faktoren für politische Einstellungen - eine empirische Untersuchung von Jugendlichen in Ost und West. Juventa, Weinheim, München 1993a

Oesterreich, Detlef: Jugend in der Krise. Ostdeutsche Jugendliche zwischen Apathie und politischer Radikalisierung. Eine Vergleichsuntersuchung Ost- und Westberliner Jugendlicher. In: Aus Politik und Zeitgeschichte 43 (1993b), S. 21-31

Oswald, Hans: Zur Konzeptualisierung der Jugend als Subkultur. In: Max Haller; Hans-Jürgen Hoffmann-Nowottny; Wolfgang Zapf (Hg.): Kultur und Gesellschaft. Campus, Frankfurt/M., New. York 1989, S. 600-613

Otto, Hans-Uwe; Roland Merten (Hg.): Rechtsradikale Gewalt im vereinigten Deutschland. Jugend im gesellschaftlichen Umbruch. Bundeszentrale für politische Bildung, Bonn 1993

Parsons, Talcott: Jugend im Gefüge der amerikanischen Gesellschaft. In: Ludwig von Friedeburg (Hg.): Jugend in der modernen Gesellschaft. Kiepenheuer & Witsch, Köln, Berlin 1969, S. 131-155 (im amerikanischen Original zuerst 1962)

Pfahl-Traughber, Armin: Ängste, Ideologien und Sozialprotest. Das rechtsextreme und ausländerfeindliche Einstellungspotential im vereinten Deutschland. In: Namo Aziz (Hg.): Fremd in einem kalten Land. Ausländer in Deutschland. Herder, Freiburg 1992, S. 56-74

Pfahl-Traughber, Armin: Das rechtsextreme und ausländerfeindliche Einstellungspotential in den neuen Bundesländern. In: Gewerkschaftliche Monatshefte 42 (1991), S. 765-775

Pilz, Gunther A.: Jugend, Gewalt und Rassismus. In: Wolfgang Kreutzberger u.a.: Aus der Mitte der Gesellschaft - Rechtsradikalismus in der Bundesrepublik. Materialis, Frankfurt/M. 1993, S. 27-39

Poliakov, Léon; Christian Delacampagne; Patrick Girard: Rassismus. Über Fremdenfeindlichkeit und Rassenwahn. Luchterhand, Hamburg, Zürich 1992 (zuerst 1976)

Puzzo, D. A.: Racism and the Western Tradition. In: Journal of the History of Ideas 25 (1964), S. 579-586

Raschke, Helen J.: Divorce. In: Marvin B. Sussman; Suzanne K. Steinmetz (Hg.): Handbook of Marriage and Familiy. Plenum Press, New York, London 1987, S. 597-624.

Reinhold, Gerd (Hg.): Soziologie-Lexikon. R. Oldenbourg, München, Wien 1991

Rex, John: „Rasse“ und „Ethnizität“ als sozialwissenschaftliche Konzepte. In: Eckhard J. Dittrich; Frank Olaf Radtke (Hg.): Ethnizität. Westdeutscher Verlag, Opladen 1990, S. 141-153

Richter, Horst-Eberhard: Umgang mit Angst. Hoffman und Campe, Hamburg 1992

Riehl-Heyse, Herbert: Bilder einer schaurigen Traumwelt. Beobachtungen in einem Prozeß gegen junge Neonazis. In: Wolfgang Benz (Hg.): Rechtsextremismus in der Bundesrepublik - Voraussetzungen, Zusammenhänge, Wirkungen. Fischer, Frankfurt/M. 1989, S. 146-150

Rieker, Peter: Kriterien und Prozeß der Befragtenauswahl. In: Christel Hopf; Christiane Schmidt (Hg.): Zum Verhältnis von innerfamilialen sozialen Erfahrungen, Persönlichkeitsentwicklung und politischen Orientierungen. Dokumentation und Erörterung des methodischen Vorgehens in einer Studie zu diesem Thema. Universität Hildesheim 1993, S. 19-24

Rieker, Peter: Unverständnis - Verständnis - Mißverständnis. Schwierigkeiten beim Zugang junger Ausländer zur Berufsausbildung. Projektbericht, Freie Universität Berlin 1991

Rippl, Susanne: Vorurteile und persönliche Beziehungen zwischen Ost- und Westdeutschen. In: Zeitschrift für Soziologie 24 (1995), S. 273-283

„Roger Bornemann - Tod eines Skinhead“: Dokumentarfilm von Andrea Morgenthaler, Südwestfunk 1989

Rokeach, Milton: Generalized Mental Rigidity as a Factor in Ethnocentrism. In: Journal of Abnormal & Social Psychology 3 (1948), S. 259-278

Rokeach, Milton: The Open and the Closed Mind. Investigations into the nature of belief systems and personality systems. Basic Books, New York 1960

Rosenblatt, Paul C.: Origins and Effects of Group Ethnocentrism and Nationalism. In: Journal of Conflict Resolution 8 (1964), S. 131-146

Rosenthal, Gabriele: Kollektives Schweigen zu den Nazi-Verbrechen. Bedingungen der Institutionalisierung einer Abwehrhaltung. In: Psychosozial 15 (1992) Heft III, S. 22-33

Runge, Irene: Jüterbog im November. Wer sind die Feinde, wo sind sie? In: Bahman Nirumand (Hg.): Angst vor den Deutschen. Terror gegen Ausländer und der Zerfall des Rechtsstaates. Rowohlt, Reinbek 1992, S. 124-138

Sander, Ekkehard: Skinheads - Gefangene des eigenen Mythos? In: Deutsches Jugendinstitut (Hg.): Gewalt gegen Fremde. Rechtsradikale, Skinheads und Mitläufer. Juventa, München 1993, S. 161-172

Sander, Elisabeth: Überlegungen zur Analyse fördernder und belastender Bedingungen in der Entwicklung von Scheidungskindern. In: Zeitschrift für Entwicklungspsychologie und Pädagogische Psychologie 20 (1988), S. 77-95

Schäfer, Horst; Dieter Baacke: Leben wie im Kino - Jugendkulturen und Film. Fischer, Frankfurt/M. 1994

Schiebel, Martina: Biographische Selbstdarstellung rechtsextremer und ehemals rechtsextremer Jugendlicher. In: Psychosozial 15 (1992) Heft III, S. 66-77

Schmidt, Christiane: Einige technische und methodische Aspekte der Auswertung. In: Christel Hopf; Christiane Schmidt (Hg.): Zum Verhältnis von innerfamilialen sozialen Erfahrungen, Persönlichkeitsentwicklung und politischen Orientierungen. Dokumentation und Erörterung des methodischen Vorgehens in einer Studie zu diesem Thema. Universität Hildesheim 1993, S. 57-63

Schmidt-Denter, Ulrich: Eltern-Kind und Geschwister-Beziehungen. In: Manfred Markefa; Bernhard Nauck (Hg.): Handbuch der Kindheitsforschung. Luchterhand, Neuwied 1993, S. 337-352

Schnabel, Kai Uwe: Ausländerfeindlichkeit bei Jugendlichen in Deutschland - eine Synopse empirischer Befunde seit 1990. In: Zeitschrift für Pädagogik 39 (1993), S. 799-824

Schubarth, Wilfried; Wolfgang Melzer (Hg.): Schule, Gewalt und Rechtsextremismus. Analyse und Prävention. Leske + Budrich, Opladen 1993

Schwagerl, H. Joachim: Rechtsextremes Denken. Merkmale und Methoden. Fischer, Frankfurt/M. 1993

Seeger, Wolfgang: Ausländer-Integration ist Völkermord. Das Verbrechen an den ausländischen Volksgruppen und am deutschen Volk. Pähl 1981

Silbermann, Alphons; Francis Hüsers: Der „normale" Haß auf die Fremden. Eine sozialwissenschaftliche Studie zu Ausmaß und Hintergründen von Fremdenfeindlichkeit in Deutschland. Quintessenz, München 1995

Stephan, Walter G.; David Rosenfield: Racial and Ethnic Stereotypes. In: Arthur G. Miller (Hg.): In the Eye of the Beholder. Contemporary issues of stereotyping. New York 1982, S. 92-136

Stewart, Robert B.: Sibling Attachment Relationships: Child-infant interactions in the strange situation. In: Developmental Psychology 19 (1983), S. 192-199

Stöss, Richard: Wieviel Rechtsextremismus darf's denn sein? In: Ideen (1991) Nr. IV, S. 5-20

Strauss, Anselm L.: Grundlagen qualitativer Sozialforschung. Datenanalyse und Theoriebildung in der empirischen soziologischen Forschung. Fink, München 1994 (im amerikanischen Original zuerst 1987)

Streeck-Fischer, Annette: „Geil auf Gewalt". Psychoanalytische Bemerkungen zu Adoleszenz und Rechtsextremismus. In: Psyche 46 (1992), S. 745-768

Streeck-Fischer, Annette: Männliche Adoleszenz, Fremdenhaß und seine selbstreparative Funktion am Beispiel jugendlicher rechtsextremer Skinheads. In: Praxis der Kinderpsychologie und Kinderpsychiatrie (1994) Heft 7, S. 259-266

Stüwe, Gerd: Jugendcliquen im Kontext von Gewalt. In: Hans-Uwe Otto; Roland Merten (Hg.): Rechtsradikale Gewalt im vereinigten Deutschland. Jugend im gesellschaftlichen Umbruch. Bundeszentrale für politische Bildung, Bonn 1993, S. 343-349

Sturzbecher, Dietmar; Peter Dietrich: Jugendliche in Brandenburg - Signale einer unverstandenen Generation. In: Aus Politik und Zeitgeschichte 43 (1993), S. 33-43

Sturzbecher, Dietmar; Peter Dietrich; Michael Kohlstruck: Jugend in Brandenburg 93. Staatskanzlei Brandenburg; Brandenburgische Landeszentrale für politische Bildung, Potsdam 1994

Sumner, William Graham: Folkways. A Study of the Sociological Importance of Usages, Manners, Customs, Mores and Morals. Dover Publications, New York 1959 (zuerst 1906)

Swartz, Marc J.: Negative Ethnocentrism. In: Journal of Conflict Resolution 5 (1961), S. 75-81

Tajfel, Henri: Cognitive aspects of prejudice. In: Journal of Social Issues 25 (1969) Nr. 4, S. 79-97

Tajfel, Henri; Michael G. Billig; R.P. Bundy; Claude Flament: Social Categorization and Intergroup Behavior. In: European Journal of Social Psychology 1 (1971), S. 149-178

Taylor, Shelley E.: A categorization approach to stereotyping. In: David C. Hamilton (Hg.): Cognitive processes in stereotyping and intergroup behavior. Hillsdale (N.J.) 1981, S. 83-114

Tenbruck, Friedrich H.: Jugend und Gesellschaft. Freiburg 1962

Troy, Michael; L. Alan Sroufe: Victimization among Preschoolers: Role of attachment relationship history. In: Journal of the American Academy of Child and Adolescent Psychiatry 26 (1987), S. 166-172

Tugendhat, Ernst: Probleme der Ethik. Reclam, Stuttgart 1984

van der Dennen, Johann M. G.: Ethnocentrism and In-group/Out-group Differentiation: A review and interpretation of die literature. In: Vernon Reynolds; Vincent Falger; Ian Vine (Hg.): The Sociobiology of Ethnocentrism. Croom Helm, London, Sydney 1987, S. 1-47

van Dijk, Lutz: Als Nazi geboren wird keiner. Gegen Fremdenhaß und Gewalt in Schule und Elternhaus. Patmos, Düsseldorf 1994 (zuerst 1993)

van Dijk, Teun A.: Communicating racism. Ethnic prejudice in thought and talk. Sage Publications, Newbury Park u.a. 1987

van Dijk, Teun A.: Der Diskurs der Elite und seine Funktion für die Reproduktion des Rassismus. In: Institut für Migrations- und Rassismusforschung e.V. (Hg.): Rassismus und Migration in Europa. Argument-Verlag, Hamburg 1992, S. 289-313 van Dijk, Teun A.: Prejudice in Discourse. An analysis in ethnic prejudice in cognition and conversation. John Benjamins Publishing, Amsterdam, Philadelphia 1984

van Dijk, Teun A.: Social Cognition, Social Power and Social Discourse. In: Text 8 (1988) Heft 1-2, S. 129-157

Vivelo, Frank Robert: Handbuch der Kulturanthropologie. Klett-Cotta, Stuttgart 1981

Vogel, Friedrich: Die biologische Grundlage von Gruppenunterschieden beim Menschen. In: Eckhard J. Dittrich; Frank-Olaf Radtke (Hg.): Ethnizität. Westdeutscher Verlag, Opladen 1990, S. 217-225

von Freyberg, Thomas: Anmerkungen zur aktuellen Welle von Fremdenhaß. In: Institut für Sozialforschung (Hg.): Aspekte der Fremdenfeindlichkeit. Beiträge zur aktuellen Diskussion. Campus, Frankfurt/M., New York 1992, S. 71-89

Wagner-Winterhager, Luise: Hitler als „Supermann"? Was suchen Jugendliche in rechtsextremistischen Organisationen? In: Die Deutsche Schule 75 (1983), S. 391-405

Wallerstein, Immanuel: Die Konstruktion von Völkern: Rassismus, Nationalismus, Ethnizität. In: Etienne Balibar; Immanuel Wallerstein: Rasse Klasse Nation. Ambivalente Identitäten. Argument-Verlag, Hamburg 1992, S. 87-106

Wallerstein, Judith S.; J.B. Kelly: Surviving the breakup: How children and parents cope with divorce. Basic Books, New York 1980

Wallerstein, Judith S.; Sandra Blakeslee: Gewinner und Verlierer. Frauen, Männer, Kinder nach der Scheidung - Eine Langzeitstudie. Droemer Knaur, München 1989

Wellmer, Matthias: Fremdenfeindliche Einstellungen bei Jugendlichen im Wuppertaler Raum. In: Newsletter, Forschungsnetzwerk, Ethnisch-kulturelle Konfliktforschung (1+2/95), Universität Bielefeld 1995, S. 33-41

Wellmer, Matthias: Ausländerfeindlichkeit und Gewalt ist nicht Protest, sondern Tradition! In: Neue Praxis (1994) Heft 3, S. 282-287

Willems, Helmut: Fremdenfeindliche Gewalt - Einstellungen, Täter, Konflikteskalation. Leske + Budrich, Opladen 1993 (zusammen mit Roland Eckert, Stefanie Würtz und Linda Steinmetz - mit einem Beitrag von Paul B. Hill)

Willems, Helmut: Fremdenfeindliche Gewalt: Entwicklung, Strukturen, Eskalationsprozesse. In: Gruppendynamik 23 (1992), S. 433-448

Wirth, Hans-Jürgen: „Die Leute weichen uns auf der Straße aus, weil sie Muffe haben". Anmerkungen über die Skinheads aus sozialpsychologischer Sicht: „Sich fühlen wie der letzte Dreck". In: Frankfurter Rundschau vom 22.1.1990

Witzel, Andreas: Das problemzentrierte Interview. In: G. Jüttemann (Hg.): Qualitative Forschungsmethoden der Psychologie. Beltz, Weinheim, Basel 1985, S. 227-255

Wodak, Ruth; Bernd Matouschek: Wir und die anderen: Diskurse über Fremde. In: Journal für Sozialforschung 33 (1993), S. 293-302

Wulff, Erich: Notiz zur Konstruktion von „Rassismus". In: Das Argument 195 (1992), S. 757-760

Zimmer, Dieter E.: Die Angst vor dem Anderen. In: DIE ZEIT, Nr. 28-30 (1993)

ZUMA; Informationszentrum Sozialwissenschaften (Hg.): ZUMA-Handbuch sozialwissenschaftlicher Skalen. Mannheim, Bonn 1983